भारतीय माध्यमिक शिक्षा का
21वीं शताब्दी में दिव्यदर्शन

भारतीय माध्यमिक शिक्षा का 21वीं शताब्दी में दिव्यदर्शन

Vision of Secondary Education in India in the Context of 21st Century

जे.सी. अग्रवाल

एस. गुप्ता

SHIPRA

First Published in 2011

ISBN: 978-81-7541-576-8

2014 Edition

Bhartiya Madhyamik Shiksha Ka 21vi Shatabdi Mein Divya Darshan

Published by:

SHIPRA PUBLICATIONS

H.O.: LG 18-19, Pankaj Central Market, I.P. Ext.,
Patparganj, Delhi 110092, Ph. 22235152, 22236152
Br. Off.: Ansari Road, Daryaganj,
New Delhi 110002; Ph.9650028065, 9810522367
Email: info@shiprapublications.com
Website: www.shiprapublications.com

विषय सूची

इकाई–I
भारत में शिक्षा का विकास
(Development of Education in India)

इकाई I/Unit I

भारत में शिक्षा का विकास
(DEVELOPMENT OF EDUCATION IN INDIA)

1

भारत में 1814 तथा 1947 के बीच शिक्षा के विकास का सिंहावलोकन
(An Overview of Educational Development in India between 1814 and 1947)

1.1 भूमिका (Introduction)

इस अध्याय में भूमिका के तौर पर निम्न तथ्यों पर प्रकाश डाला गया है:

1. 1813 का आज्ञा पत्र (Charter of 1813)
2. प्राच्य-पाश्चात्य विवाद तथा मैकॉले (Oriented-Occidental Controversy and Macaulay)
3. गवर्नर जनरल विलियम बैंटिक की विज्ञप्ति (Governer General Bentinck's Proclamation)
4. लॉर्ड ऑकलैंड की स्वीकृति (Acceptance by Lord Auckland) अन्य शिक्षा विकास सम्बन्धी घटनाएँ जो निम्नलिखित हैं, उनका विवरण अलग से दिया गया है:
   (1) एडम की शिक्षा सम्बन्धी रिपोर्ट (Adam's Report on Education)
   (2) लॉर्ड कर्जन तथा शिक्षा (Lord Curzon and Education)
   (3) वुड का घोषणा पत्र (Wood's Despatch)
   (4) बेसिक शिक्षा (Basic Education)
   (5) सार्जेंट रिपोर्ट (Sargent Report)

1.2 अंग्रेजी राज्य की भारत में स्थापना तथा शिक्षा पर प्रभाव
Establishment of English Government in India and Its Effect on Education

'यथा राजा तथा प्रजा'–यह कहावत प्राय: सत्य ही मानी जाती है। इसका अर्थ है, 'जैसा राजा, वैसी प्रजा'। अंग्रेज शासकों ने अपनी आवश्यकताओं के अनुरूप भारतीय शिक्षा, भारतीय अर्थव्यवस्था, भारतीय संस्कृति आदि अनेक पक्षों को प्रभावित किया।

23 जून 1757 ई. को प्लासी की लड़ाई में विजय के पश्चात् अंग्रेजों ने भारत पर अपना आधिपत्य स्थापित करने की प्रक्रिया शुरू की और 7 फरवरी 1856 को लॉर्ड डलहौजी (1848-1856) द्वारा अवध राज्य को ब्रिटिश साम्राज्य में मिलाए जाने के साथ यह क्रिया पूरी हो गई। लॉर्ड क्लाइव (1757-1760 और 1765-1767) को भारत में अंग्रेजी शासन का संस्थापक कहा जाता है। लॉर्ड माउण्टबेंटन भारत का अन्तिम वायसराय (1947-48) था। 15 अगस्त 1947 को अंग्रेजी शासन का भारत में अन्त हुआ परन्तु इसकी शिक्षा पर छाप अब भी दिखाई देती है।

1.3 1813 का आज्ञा पत्र (Charter of 1813)

1813 आज्ञापत्र की पृष्ठभूमि—इंगलिश ईस्ट इंडिया कम्पनी की स्थापना 1600 ई. को इंग्लैण्ड की रानी एलिजाबेथ प्रथम के 'आज्ञापत्र' द्वारा, पूर्वी देशों से व्यापार के लिए, की गई थी। परन्तु समय गुजरने पर इसने व्यापार बढ़ाने के लिए भारत में युद्ध करने आरम्भ किए तथा राजनैतिक सत्ता भी सम्भाल ली। सन् 1757 में प्लासी की विजय तथा सन् 1764 में बक्सर की विजय के पश्चात् तो कम्पनी ने शासन की बागडोर भारत के अनेक भागों में अपने हाथ में ले ली। पहले उच्च शिक्षा के क्षेत्र में कम्पनी ने उच्च शिक्षा की संस्थाएँ स्थापित करने में रुचि ली। 1781 में मुस्लिम उच्च शिक्षा के लिए कलकत्ता मदरसा स्थापित किया। 1791 में बनारस संस्कृत कॉलेज की स्थापना की।

1.4 सन् 1813 के आज्ञापत्र में शिक्षा का स्थान

इंगलिश ईस्ट इंडिया कम्पनी का 'आज्ञापत्र' प्रत्येक बीस वर्ष के पश्चात् ब्रिटिश संसद द्वारा पुनावर्तन किया जाता था। इस उद्देश्य से 1813 में 'आज्ञापत्र' से भारत में शिक्षा प्रसार का उत्तरदायित्व कम्पनी के ऊपर रखा गया। इसमें कहा गया, "साहित्य के पुनरुद्धार और उन्नति के लिए भारतीय विद्वानों को प्रोत्साहित करने के लिए और भारत में ब्रिटिश के अधीन क्षेत्रों में रहने वाले निवासियों में विज्ञानों के ज्ञान का प्रसार एवं विकास करने के लिए प्रतिवर्ष कम से कम एक लाख रुपये की धनराशि पृथक् रखी जाए और व्यय की जाए।"

आज्ञापत्र का प्रभाव—इस आज्ञापत्र ने यह स्पष्ट कर दिया कि भारत में कम्पनी शिक्षा के क्षेत्र में कार्य करेगी।

इस आज्ञापत्र ने निम्नलिखित प्रश्नों को जन्म दिया।

1. कम्पनी किस प्रकार के साहित्य का प्रसार करेगी—भारतीय अथवा पश्चिमी।
2. किस भाषा में साहित्य का प्रसार किया जाएगा?—भारतीय अथवा यूरोपियन।
3. किन विज्ञानों का प्रसार किया जाएगा? भारतीय अथवा पश्चिमी।

आज्ञा पत्र ने प्राच्य-पाश्चात्य विवाद को जन्म दिया।

1.5 प्राच्य-पाश्चात्य विवाद तथा मैकॉले (Oriental-Occidental Controversy and Macaulay)

प्राच्य-पाश्चात्य विवाद का कारण—1813 के आज्ञापत्र के अनुसार कई वर्षों तक शिक्षा के क्षेत्र में कोई कार्य न हो सका। जैसा कि ऊपर दर्शाया गया है, इस आज्ञापत्र ने कई विवादों को जन्म दिया।

जब लॉर्ड मैकॉले भारत में आया तो उस समय प्राच्य-पाश्चात्य (Anglo-Oriental) विवाद चरम सीमा पर था। 1813 के आज्ञापत्र (Charter) के अनुसार शिक्षा के लिए प्रतिवर्ष कम से कम एक लाख रुपये की धनराशि खर्च करने का प्रावधान था। परन्तु इस बात को स्पष्ट नहीं किया गया था कि यह राशि प्राच्य शिक्षा अथवा पाश्चात्य शिक्षा पर खर्च की जानी है तथा शिक्षा का माध्यम क्या हो? फलस्वरूप इस प्रश्न को लेकर वाद-विवाद आरम्भ हुआ। इस वाद-विवाद का हल मैकॉले ने किया।

1.6 विवाद के तीन पक्ष (Three Portion in the Controversy)

विवाद के मुख्यत: निम्नलिखित तीन पक्ष थे–

1. अरबी-संस्कृत के समर्थक। 2. प्रान्तीय भाषाओं के समर्थक। 3. अंग्रेजी के समर्थक।

अरबी-संस्कृत के समर्थक

भारतीय ब्रिटिश शासकों में शिक्षा-संबंधी तीन गुट थे। भारत में शिक्षा के विरोधियों का तो अंत हो रहा था क्योंकि अब पार्लियामेण्ट ने ही शिक्षा के लिए सरकारी प्रोत्साहन की नीति मान ली थी। इन गुटों में एक दल वारेन हैस्टिंग्ज और मिण्टो का अनुयायी था, जो भारतीय साहित्य, धर्म, दर्शनों आदि की शिक्षा के साथ ही पाश्चात्य दर्शनों तथा विज्ञानों की शिक्षा देना उचित मानता था, किन्तु इनका माध्यम अरबी तथा संस्कृत रखने के पक्ष में था। स्कूलों का संगठन भी ये भारतीय विधियों द्वारा ही करना चाहते थे जैसे बनारस संस्कृत कॉलेज का संगठन धर्मशास्त्र के नियमों के अनुसार हुआ था। इन स्कूलों में नि:शुल्क शिक्षा, अध्यापकों तथा शिष्यों के निकटतम संबंध द्वारा दी जाती थी। शिक्षा धर्म तथा संस्कृति को केन्द्र मानकर ही आगे बढ़ती थी। कलकत्ता मदरसा तथा बनारस संस्कृत कॉलेज को ही आदर्श मानकर शिक्षा-प्रसार करना चाहते थे। आवश्यकतानुसार वे उनके पाठ्यक्रम में कुछ परिवर्तन भी करने के पक्ष में थे, जैसे अंग्रेजी कक्षायें जोड़ देना।

भारतीय भाषाओं के समर्थक – इस दल की आस्था प्रांतीय भाषाओं के माध्यम पर थी। वे पाश्चात्य विज्ञान भी इन्हीं भाषाओं में अनुवादों द्वारा पढ़ाने के पक्षपाती थे। अंग्रेजी को ये वैकल्पिक रूप से इच्छुक विद्यार्थियों तक ही सीमित रखना चाहते थे। मुनरो तथा एलिफन्स्टन इस दल के नेता थे। वे देशी शिक्षालयों में सुधार तथा पाठ्यक्रम में विस्तार चाहते थे। अध्यापकों की योग्यता में वृद्धि करके वे उन्हें विस्तृत पाठ्यक्रम पढ़ाने के योग्य बनाना चाहते थे। निरीक्षण के भी ये हामी थे।

अंग्रेजी के समर्थक – तीसरा दल अंग्रेजी साहित्य तथा पाश्चात्य विज्ञानों की शिक्षा को अंग्रेजी माध्यम द्वारा देना ही उचित मानता था। इस दल के अनेक समर्थक थे और उनके दृष्टिकोण भी भिन्न थे। इसके समर्थक सभी प्रांतों में थे पर बंगाल में तुलनात्मक दृष्टि से कुछ अधिक थे। इन्हीं का अंत में जोर हुआ और इन्होंने भारत में नयी शिक्षा प्रणाली की नींव रखी।

सभी दलों में भारतीय भी थे। तीसरे दल के भारतीय समर्थकों में राजा राममोहन राय का नाम उल्लेखनीय है। ये बंगाल में स्थित उस भारतीय शिक्षित समाज के अगुआ थे जो अत्यन्त अल्पमत में था तथा जिसने ब्रिटिश संबंध से होने वाले लाभों के फेर में पड़कर क्रांति द्वारा अंग्रेजी राज्य के मूलोच्छेद की भावना को भुला दिया था। इस दल के उद्देश्य सरकार से सहयोग करके समाज की अधिकाधिक उन्नति और प्रगति करना था। उनके अल्पकालीन उद्देश्य थे अंग्रेजी शिक्षा द्वारा पदों की प्राप्ति, शिक्षितवर्ग की वृद्धि तथा सम्पन्नता।

इसी तीसरे गुट में बेंटिंग, ट्रवेलियन आदि भी थे जो शिक्षा द्वारा अंग्रेजी राज्य की नींव दृढ़ और ब्रिटिश शासन को दीर्घायु करना चाहते थे। उनके विचार में भारतीय शिक्षा उन्हें जाग्रत कर देगी। पर उसके विपरीत यह शिक्षा उन्हें अंग्रेजों पर आश्रित तथा अंग्रेजी सम्बंध के लिए कृतज्ञ बना देगी तथा शिक्षित समाज का जब तक बहुमत न होगा वह ब्रिटिश सत्ता का पोषक रहेगा, क्योंकि उसे भी जनता से भय रहेगा।

1.7 मैकॉले का विवरण पत्र (Macaulay's Minute 1835)

10 जून को लॉर्ड मैकॉले भारतीय गवर्नर जनरल की कौंसिल के सदस्य बनकर भारत आए। उन्हें यहाँ "जनरल कमेटी ऑफ पब्लिक इन्स्ट्रक्शन" का अध्यक्ष बनाया गया। सन् 1835 में मैकॉले ने गवर्नर जनरल की कौंसिल के सामने अपना प्रसिद्ध विवरण पत्र (Minute) रखा, जिसके अनुसार पाश्चात्य शिक्षा और अंग्रेजी माध्यम की सिफारिश की गई। 7 मार्च 1835 को लॉर्ड विलियम बैंटिक ने सरकारी नीति स्थिर करते हुए घोषणा की–"ब्रिटिश सरकार का महान् उद्देश्य है कि इस देश में यूरोपीय साहित्य तथा विज्ञानों की उन्नति हो और शिक्षा पर होने वाला समस्त व्यय अंग्रेजी शिक्षा पर ही करना उसका श्रेष्ठतम उपयोग होगा।"

1.8 मैकॉले के विवरण पत्र के कुछ अंश (Extracts from Macaulay's Minute's)

शिक्षा का उद्देश्य – मैकॉले शिक्षा के द्वारा भारत में ऐसे लोग निर्माण करना चाहता था जो "रंग-रूप में तो भारतीय हों किन्तु वेशभूषा, बातचीत, चिन्तन तथा विचारों में अंग्रेज हों।" मैकॉले की यह इच्छा आज भी कुछ पाश्चात्य शिक्षा प्राप्त भारतीय पूरी कर रहे हैं।

भाषा संबंधी विचार – मैकॉले ने इस प्रकार के विचार प्रस्तुत किए हैं–

1. "अच्छे यूरोपीय साहित्य की एक अलमारी अरब तथा भारत के समस्त साहित्य से अधिक महत्त्वपूर्ण है।"

2. "भारत के निवासियों में प्रचलित देशी भाषाओं में साहित्यिक एवं वैज्ञानिक ज्ञान कोष का अभाव है तथा वे इतनी अविकसित और गँवारू हैं कि जब तक उन्हें बाह्य भण्डार से सम्पन्न नहीं किया जाएगा, उनमें सुगमता से किसी भी महत्त्वपूर्ण ग्रन्थ का अनुवाद नहीं हो सकेगा।"

3. मैकॉले ने संस्कृत साहित्य का मज़ाक उड़ाते हुए लिखा कि उसमें ऐसे "चिकित्सा सिद्धांत पढ़ाए जाते हैं, जिन पर अंग्रेज पशु-चिकित्सकों को लज्जा आयेगी, ज्योतिष ऐसा है, जिस पर स्कूलों की अंग्रेज बालिकाएँ हँस पड़ेंगी, भूगोल ऐसा है जिसमें शीरे तथा मक्खन के समुद्रों के वर्णन हैं।"

4. अंग्रेजी भाषा की प्रशंसा करते हुए उन्होंने लिखा है, "यह भाषा पाश्चात्य भाषाओं में भी सर्वोपरि है, जो इस भाषा को जानता है, वह सुगमता से उस विशाल ज्ञान-भण्डार को प्राप्त कर सकता है जिसे विश्व की सबसे बुद्धिमान जातियों ने रचा है।"

5. इसके बाद मैकॉले ने लिखा था कि संस्कृत तथा अरबी के विद्यार्थियों को छात्रवृत्ति देनी पड़ती है जबकि अंग्रेजी के विद्यार्थी स्वयं फीस अदा करते हैं। "संसार के किसी भी कोने में लोगों को लाभदायक तथा रुचिकारक कार्यों के लिये वेतन नहीं देना पड़ता।"

6. "भारत में अंग्रेजी शासकों की भाषा है तथा राजधानियों में उच्च वर्ग के भारतीय भी इसे बोलते हैं। आस्ट्रेलिया तथा अफ्रीका में उन्नतिशील यूरोपियों की भी यही भाषा है।

यही पूर्वी व्यापार की भाषा बनने वाली है। अत: चाहे हम भाषा के महत्त्व पर विचार करें अथवा देश की परिस्थिति पर अंग्रेजी ही भारतीयों के लिए सबसे हितकर रहेगी।

7. 1813 के आज्ञापत्र के बारे में मैकॉले ने लिखा, "..... मेरी समझ में संसद के कानून का वह अर्थ किसी भी प्रकार नहीं लग सकता जो लगाया गया है। उसमें विशेष भाषाओं तथा विज्ञानों का नाम नहीं है, केवल विद्वानों के प्रोत्साहन तथा साहित्य के पुनरुद्धार के लिये एक धनराशि सुरक्षित की गई है। तर्क दिया जाता है कि साहित्य से संसद का अर्थ अरबी तथा संस्कृत साहित्य ही हो सकता है और भारतीय विज्ञान से उसका तात्पर्य न्यूटन का भौतिक शास्त्र नहीं हो सकता।........ यह अर्थ संतोषजनक नहीं है....... यह एक लाख रुपया 'साहित्य के पुनरुद्धार' के ही लिये नहीं है वरन् 'भारतीयों में विज्ञान के प्रसार' के लिए भी है। ये ही शब्द मेरे चाहे परिवर्तनों के लिये यथेष्ट हैं।"

8. "यदि कौंसिल मेरा प्रस्तावित अर्थ स्वीकार करे तो किसी नये कानून की आवश्यकता नहीं है वरना मैं एक छोटे कानून द्वारा 1813 के आज्ञापत्र के उस वाक्यांश को रद्द करने का प्रस्ताव करूँगा।"

9. *शिक्षा समिति से त्यागपत्र का प्रस्ताव* – "यदि जैसा कि मेरा अनुमान है, मेरे विचारों की पुष्टि समिति द्वारा की जाएगी, तो मैं समझूँगा कि मैंने अपना उत्तरदायित्व उत्साह तथा तत्परता से निभाया है। इसके विपरीत यदि मेरे विचारों की मान्यता नहीं है, तो मुझे समिति से त्यागपत्र देने की अनुमति प्रदान की जाए।"

1.9 मैकॉले के विवरण पत्र की समीक्षा (Critical Evaluation of Macaulay's Minute)

मैकॉले के अपने विचार–लॉर्ड मैकॉले ने 1836 में अपने पिता को लिखा था, "हमारे अंग्रेजी शिक्षालय आश्चर्यजनक गति से बढ़ रहे हैं। स्कूलों में सभी विद्यार्थियों को स्थान देना कठिन है.... हिन्दुओं पर इस शिक्षा का बड़ा प्रभाव पड़ता है। जितने हिन्दू यह शिक्षा प्राप्त करते हैं, उनका अपने धर्म से सच्चा लगाव नहीं रह जाता। कुछ नीतिवश उसे मानते रहते हैं......अन्य बहुतेरे ईसाई हो जाते हैं। मेरा दृढ़ विश्वास है कि यदि हमारी शिक्षानीति चलती रही तो तीस वर्ष बाद बंगाल के सम्मानित वर्गों में एक भी मूर्तिपूजक न रह जायेगा, और यह बिना धर्म-प्रचार के केवल ज्ञान और विचार से हो जायेगा। मैं इस संभावना से प्रसन्न हूँ"

मैकॉले की आलोचना (Criticism of Macaulay) – मैकॉले की अति आलोचना की गई है। उसने भारतीय साहित्य की प्रगति पर अंकुश लगा दिया और ऐसे वर्ग का निर्माण करना चाहा जो पसन्द, विचार, आचरण एवं विद्वता में अंग्रेज हो। इस प्रकार पाश्चात्य सभ्यता तथा संस्कृति के उपासक-वर्ग का निर्माण करके वह भारतीयों में फूट का बीजारोपण करना चाहता था। मैकॉले ने प्रान्तीय भाषाओं को बढ़ने का अवसर नहीं दिया। मैकॉले द्वारा चलाई गई शिक्षा प्रणाली ने भारत में दफ्तर में काम करने वाले बाबूओं का निर्माण किया। मैकॉले द्वारा चलाई गई शिक्षा प्रणाली ने भारतीय सांस्कृतिक धरोहर की अवहेलना की। मैकॉले द्वारा चलाई गई शिक्षा प्रणाली के परिणामस्वरूप भारत में बेरोजगारी की संख्या प्रतिदिन बढ़ती गई। आज भी भारत इस प्रणाली के दोषों से छुटकारा नहीं पा सका है।

संक्षेप में मैकॉले के सुझाव पर निर्मित शिक्षा प्रणाली के निम्न दोष उभर कर सामने आए हैं।

1. विदेशी भाषा को भारत पर थोपना। 2. विदेशी सभ्यता को भारत पर थोपना। 3. विदेशी साहित्य को भारत पर थोपना। 4. भारतीय संस्कृति की अवहेलना करना। 5. भारतीय साहित्य की अवहेलना करना। 6. भारतीय धर्म की अवहेलना करना। 7. पाश्चात्य शिक्षा तथा भाषा द्वारा भारत में शिक्षक वर्ग तथा जनसाधारण के बीच खाई उत्पन्न करना। 8. भारत में ऐसा शिक्षित वर्ग तैयार करना जो अंग्रेजी शासन को दृढ़ करे।

1.10 मैकॉले विवरण पत्र के समर्थक (Supporter of Macaulay's Minute)

मैकॉले भारतीय शिक्षा के पथ-प्रदर्शक – कुछ विचारक मैकॉले को भारतीय शिक्षा का पथ-प्रदर्शक मानते हैं। उनका विचार है कि अंग्रेजी शिक्षा द्वारा भारतीय पाश्चात्य देशों के समानता, स्वतन्त्रता एवं बन्धुत्व के सिद्धान्तों से परिचित हुए और उन्होंने राजनैतिक संघर्ष प्रारम्भ करके भारत को दासता की बेड़ियों से मुक्त किया। परन्तु यह मानने के लिए यथेष्ट प्रमाण नहीं है कि मैकॉले की नीति के कारण ही राष्ट्रीयता और एकता का भारत में विकास हुआ और उसके बिना भारत स्वतन्त्र नहीं होता। जापान, चीन, फ्रांस, जर्मनी तथा रुस जैसे देशों ने बिना किसी विदेशी भाषा के माध्यम से प्रगति की तथा राष्ट्रीयता के मूल्यों को अपनाया। उनकी अपनी भाषा द्वारा ही उन्नति हुई। फिर भी इस बात से भी इन्कार नहीं किया जा सकता कि मैकॉले की शिक्षा नीति ने भारत पर निम्नलिखित अच्छे प्रभाव डाले।

1. भारत के लिए विस्तृत ज्ञान-विज्ञान के द्वारा खोलना। 2. भारत की आधुनिक शिक्षा संरचना का शिलान्यास रखना। 3. भारत में राजनैतिक जागृति उत्पन्न करना।

मैकॉले का संक्षिप्त जीवन चरित्र – थॉमस बेबिंगटन मैकॉले (Thomas Babington Macaulay) का जन्म 25 अक्तूबर 1800 को राथले-टेटपल लीसेस्टर रॉयल (इंग्लैण्ड) में हुआ था। इंग्लैण्ड के एक प्रख्यात पब्लिक स्कूल में शिक्षा प्राप्त करने के पश्चात् 1818 में मैकॉले ने ट्रिनिटी कॉलेज, कैम्ब्रिज में प्रवेश किया। मैकॉले एक प्रतिभाशाली छात्र माने जाते थे। मैकॉले ने साहित्यिक कार्य में ख्याति प्राप्त की। 1830 में चुनाव जीत कर ब्रिटिश संसद में प्रवेश किया। वे उच्च कोटि के वक्ता थे।

1834 में वे भारत की सर्वोच्च परिषद् (Supreme Council of India) के कानूनी सलाहकार बने। बंगाल के गवर्नर जनरल की कार्यकारिणी के सदस्य बने। गवर्नर जनरल द्वारा गठित शिक्षा समिति के अध्यक्ष बने।

1.11 गवर्नर जनरल विलियम बैंटिक की विज्ञप्ति (Governor General William Bentinck's Proclamation)

भारत के गवर्नर जनरल विलियम बैंटिक (1828-35) ने 7 मार्च सन् 1835 को मैकॉले के विचारों का समर्थन करते हुए विज्ञप्ति जारी की तथा निम्नलिखित आदेश दिए।

1. "गवर्नर जनरल इन काउन्सिल' का मत है कि भारतीय लोगों में पाश्चात्य साहित्य एवं विज्ञान का प्रसार करना-यही ब्रिटिश सरकार का बड़ा उद्देश्य होना चाहिए। अतः शिक्षा पर जो कुछ भी निधि खर्च की जानी है, वह अंग्रेजी शिक्षा पर ही खर्च करना अधिक उपयोगी होगा।"

2. 'गवर्नर जनरल इन काउन्सिल' का यह अभिप्राय नहीं है कि जो भी संस्कृत भाषा की शिक्षा देने वाली संस्थाएँ चालू हों उन्हें बन्द कर दिया जाए..... अतः आदेश दिया जाता है कि इस प्रकार की संस्थाओं को जो कुछ भी सरकार की ओर से सहायता मिल रही हो, उसे आगे चालू रखा जाए। परन्तु भविष्य में इन संस्थाओं में प्रवेश पाने वाले किसी भी विद्यार्थी को कोई छात्रवृत्ति न दी जाए और यदि कोई शिक्षक का स्थान ऐसी संस्थाओं में रिक्त होता है तो उसे भरने के पूर्व सरकार को कक्षा में छात्र-संख्या तथा स्थिति सम्बन्धी एक विवरण प्रस्तुत किया जाए।

3. पूर्वी साहित्य की पुस्तकों के मुद्रण पर अधिक राशि न खर्च की जाए।

4. बची हुई निधि को अंग्रेजी माध्यम द्वारा दी जाने वाली शिक्षा पर खर्च किया जाए।

इस प्रकार बैंटिक ने भारत में अंग्रेजी शिक्षा की नींव को स्थायी रूप प्रदान किया।

1.12 शिक्षा के निस्पन्दन अथवा छनने का सिद्धान्त तथा लॉर्ड ऑकलैण्ड (1839) (Filteration Theory of Education and Lord Auckland—1839)

शिक्षा में निस्पन्दन सिद्धान्त का अर्थ–इस सिद्धान्त को इस प्रकार व्यक्त किया गया है, "शिक्षा ऊपर से प्रवेश करके, जनसाधारण तक पहुँचती थी। लाभप्रद ज्ञान, भारत के सर्वोच्च वर्ग से बूंद-बूंद करके नीचे टपकता था।"

इंगलिश ईस्ट इण्डिया कम्पनी व्यापारियों की कम्पनी थी। उसने व्यापार को बढ़ावा देने के साथ-साथ भारत पर अपना अधिकार भी जमा लिया था। कम्पनी भारतीयों की शिक्षा पर कम से कम खर्च करना चाहती थी। अतः उसने यह सिद्धान्त प्रतिपादित किया कि शिक्षा का नियोजन केवल उच्च वर्ग के लिए किया जाए। इन वर्गों से 'छनछन' कर शिक्षा स्वतः निम्न वर्गों तक पहुँच जाएगी।

निस्पन्दन के पक्ष में तर्क – कम्पनी के समर्थक इस सिद्धान्त के पक्ष में निम्नलिखित तर्क देते थे।

1. ईसाई मिशनरियों का विचार था कि यदि भारत के उच्च वर्ग के हिन्दुओं को अंग्रेजी शिक्षा देकर ईसाई धर्म का अवलम्बी बना लिया जाएगा तो उन के उदाहरण से प्रभावित होकर निम्न वर्ग के लोग स्वयं ही ईसाई धर्म को स्वीकार कर लेंगे।

2. व्यवसाय तथा सरकार चलाने के लिए कम्पनी को विभिन्न प्रकार के कर्मचारियों की आवश्यकता थी। इस कारण शिक्षित व्यक्ति अपेक्षित थे। अतः कम्पनी उच्च वर्गों को शिक्षा देना लाभदायक मानती थी।

3. जन-साधारण को शिक्षित करने के लिए कम्पनी के पास पर्याप्त निधि नहीं थी।

4. अंग्रेजी माध्यम से ब्रिटिश शिक्षा पद्धति में शिक्षा प्राप्त करने वाले को सरकारी नौकरी में अच्छे पद मिलेंगे और स्वाभाविक है कि फिर वे जनता को सरकारी शासन के विरूद्ध जाने से रोकने में अपने प्रभाव का प्रयोग करेंगे।

5. अंग्रेजी के माध्यम से शिक्षित उच्च वर्ग अंग्रेजी रहन-सहन अपनाएंगे और फिर निम्न वर्ग के लोगों को प्रभावित करेंगे।

6. कुछ लोगों को शिक्षित कर देने के बाद जन-सामान्य को शिक्षित करने का उत्तरदायित्व उन पर छोड़ा जा सकता है।

निस्पन्दन सिद्धान्त के प्रमुख समर्थक – फ्रांसिस वार्डन ने 23 दिसम्बर, सन् 1823 के अपने "विवरण पत्र" में इस प्रकार विचार व्यक्त किए–"बहुत-से व्यक्तियों को थोड़ा-सा ज्ञान देने के बजाय थोड़े से व्यक्तियों को बहुत-सा ज्ञान देना अधिक उत्तम और निरापद है।"

कम्पनी के संचालकों ने 29 सितम्बर, सन् 1830 के अपने "आदेश-पत्र" में मद्रास के गवर्नर को यह सलाह दी–"शिक्षा की प्रगति उसी समय हो सकती है, जब उच्च वर्ग के उन व्यक्तियों को शिक्षा दी जाए, जिनके पास अवकाश है और जिनका अपने देश के निवासियों पर प्रभाव है।"

मैकॉले ने अपने सन् 1835 के "विवरण पत्र" में "निस्पन्दन-सिद्धान्त" का समर्थन इस प्रकार किया–हमें इस समय एक ऐसे वर्ग का निर्माण करने का पूरा-पूरा प्रयत्न करना चाहिए, जो हमारे और उन लोगों के बीच में दुभाषिए का काम करे, जिन पर हम शासन करते हैं।

1.13 लॉर्ड ऑकलैण्ड (1836-1842) की स्वीकृति

भारत के तत्कालीन गवर्नर जनरल, लॉर्ड ऑकलैंड ने "निस्पन्दन-सिद्धान्त" को शिक्षा की सरकारी नीति के रूप में स्वीकार किया और 24 नवम्बर, सन् 1839 के अपने "विवरण पत्र" द्वारा अग्रांकित घोषणा की–"सरकार के प्रयास, समाज के उन उच्च वर्गों में उच्च शिक्षा का प्रसार करने तक सीमित रहने चाहिए, जिनके पास अध्ययन के लिए अवकाश है और जिनकी संस्कृति छन-छन कर जनसाधारण तक पहुँचेगी।"

2

विलियम एडम की शिक्षा सम्बन्धी रिपोर्टें: सिफारिशें (1835-1838)

(William Adam's Reports on Education: Recommendations)

2.1 विलियम एडम का संक्षिप्त जीवनवृत (Brief Life Sketch of William Adam)

विलियम एडम (1781-1868) स्कॉटलैण्ड का निवासी था जो भारत में 1818 में धर्म प्रचार-हेतु भारतवर्ष आया। 1835 में उसे ईस्ट इंडिया कम्पनी की सरकार ने देशज शिक्षा प्रणाली (परम्परागत) भारतीय शिक्षा प्रणाली के अध्ययन का कार्य सौंपा।

एडम ने बंगाल तथा बिहार की शिक्षा प्रणाली की वस्तुस्थिति पर तीन रिपोर्टें प्रस्तुत कीं–पहली रिपोर्ट (1835), दूसरी रिपोर्ट (1836) तथा तीसरी रिपोर्ट तथा संस्तुतियाँ (1838)

विलियम एडम एक सच्चे समाज सुधारक, समाज-सेवक, चिन्तक, विद्वान तथा शिक्षाविद् थे। 19 मार्च 1818 को वे भारत आए तथा लगभग 27 वर्षों तक भारत में रहे। भारत आकर उन्होंने बंगला तथा संस्कृत का अध्ययन किया। कलकत्ता में उनका परिचय राजा राममोहन राय से हुआ। राजा राममोहन ने एडम की सहायता से बाइबिल का अनुवाद बंगला में किया। परम्परा ईसाई चर्च की मान्यताओं से उनका मतभेद हो गया। उन्होंने कलकत्ता में एक अलग 'यूनिटेरियन चर्च' की स्थापना की।

एडम ने भारतीय शिक्षा व्यवस्था में बहुत रुचि ली। वे जन-साधारण की शिक्षा के पक्ष में थे तथा शिक्षा के छननी सिद्धान्त के विरूद्ध थे।

2.2 शैक्षिक सर्वेक्षण के लिए एडम की नियुक्ति (Appointment of Adam for the Survey of Education)

भारत के तत्कालीन गवर्नर जनरल विलियम बैंटिक भी सुधारक थे। एडम ने उन्हें दो पत्र–1829 तथा 1834 में लिखे। इन पत्रों में उन्होंने कहा कि भारत में शैक्षिक सुधारों से पूर्व वास्तविक स्थिति का सर्वेक्षण किया जाना चाहिए। 20 जनवरी 1835 को बैंटिक ने एडम को बंगाल की शिक्षा स्थिति का सर्वेक्षण करने का कार्य सौंपा। एडम ने, जैसा कि

ऊपर लिखा गया है, तीन रिपोर्टें दीं तथा तीसरी रिपोर्ट में शिक्षा नीति में सुधार संबंधी अपनी संस्तुतियाँ दीं।

प्रथम रिपोर्ट (1835) – प्रथम रिपोर्ट में निम्न बातों का उल्लेख था।

1. 4 करोड़ जनता के लिए एक लाख देशज प्राथमिक स्कूल थे। 2. प्रत्येक 400 व्यक्तियों के लिए एक स्कूल था। 3. ये स्कूल गाँव की चौपाल, अथवा मन्दिर अथवा किसी बड़े व्यक्ति के घर लगती थी। 4. शिक्षक अपनी उदरपूर्ति के लिए छात्रों तथा अभिभावकों पर निर्भर थे।

दूसरी रिपोर्ट (1836) – इस रिपोर्ट में राजशाही जिले के नैटोर थाने सम्बन्धी विवरण था। इस रिपोर्ट में निम्न बातों का उल्लेख किया गया।

1. नैतिक शिक्षा का अभाव था। 2. बालिकाओं की बहुत कम उपस्थिति थी। 3. मुस्लिम पाठशालाओं में अरबी, फारसी तथा बंगला पढ़ाई जाती थी। 4. नैटोर थाने में मुसलमान तथा हिन्दुओं की जनसंख्या का अनुपात 100:600 था। हिन्दुओं के 11 प्राथमिक स्कूलों में 192 छात्र थे तथा मुसलमानों के 17 प्राथमिक स्कूलों में केवल 20 छात्र थे।

एडम की तीसरी रिपोर्ट (1838) – यह रिपोर्ट बहुत महत्त्वपूर्ण थी क्योंकि यह रिपोर्ट उसकी अपनी खोज का परिणाम है तथा इसमें अनेक सुझाव हैं।

इस रिपोर्ट के दो भाग हैं। प्रथम भाग में बंगाल के 5 जिलों के सर्वेक्षण रिपोर्ट हैं तथा दूसरे भाग में सुझाव।

सर्वेक्षण के जिले थे–

1. मुर्शिदाबाद, 2. वीरभूम, 3. बर्दवान्, 4. दक्षिण बिहार, तथा 5. तिरहुत।

सर्वेक्षण रिपोर्टों की मुख्य बातें (Important Points of Survey Reports) – 1. शिक्षकों की औसत आयु लगभग 40 वर्ष थी। 2. अधिकांश शिक्षक कायस्थ जाति के थे। 3. कई स्कूलों में शिक्षक अपनी सेवाओं के लिए कुछ भी नहीं लेते थे। वे पुजारी का कार्य करते थे। 4. वेतन लेने वाले कुछ शिक्षक छात्रों को नि:शुल्क शिक्षा भी देते थे। 5. शिक्षकों का वेतन लगभग 13 आने था। 6. अधिकांश स्कूलों के अपने भवन नहीं थे। 7. छात्र लगभग 6 वर्ष की आयु में स्कूल में शिक्षा आरम्भ करते तथा 16-17 वर्ष में स्कूल छोड़ देते थे। 8. ब्राह्मण तथा कायस्थ छात्रों की संख्या सबसे अधिक थी। 9. कई स्थानों पर प्रौढ़ शिक्षा के साधन भी उपलब्ध थे।

2.3 एडम द्वारा निकाले गए निष्कर्ष (Conclusions Arrived at by Adam)

1. **शिक्षा का प्रसार**–बंगाल में कोई ऐसा गाँव नहीं है, जहाँ पर प्राथमिक स्कूल न हो।

2. **स्कूलों की संख्या**–बंगाल में लगभग एक लाख प्राथमिक स्कूल हैं।

3. **स्कूल का स्थान**–अधिकांश स्कूल घरो में थे।

4. **स्कूली शिक्षा का समय**–8 वर्ष तथा 14 वर्ष के बच्चे प्राथमिक स्कूलों में जाते थे।

5. **पाठ्यक्रम**–हिन्दू छात्र प्राय: बंगाली तथा संस्कृत भाषाएँ पढ़ते थे तथा मुस्लिम अरबी तथा फारसी।

6. **स्त्री शिक्षा**–स्त्री शिक्षा लगभग नहीं थी, स्त्री शिक्षा के 'नाम' से लोग बहुत डरते थे।

7. **सभी के लिए स्कूल**–स्कूल-प्रवेश में कोई भेदभाव न था। सभी को स्कूल में प्रवेश बिना किसी जात-पात के मिलता था।

8. **अध्यापक का वेतन**–अध्यापक की लगभग 5 रुपये मास की आय थी।

2.4 शिक्षा नीति संबंधी एडम की संस्तुतियाँ
(Adams Recommendations on Education Policy)

1. **शिक्षा नीति के आधार** – एडम ने इस संदर्भ में निम्न बातों पर बल दिया–

(i) शिक्षा प्रणाली सरल हो। (ii) शिक्षा इस प्रकार की हो जो कि जनता की भावनाओं तथा विचारों की अवहेलना न करे। (iii) शिक्षा सस्ती हो। (iv) शिक्षा इस प्रकार की हो जो भारतीयों को प्रेरित तथा उत्साहित कर सके। (v) शिक्षा में शासन की भी भागेदारी रहे अर्थात् सरकार का योगदान भी।

2. **सार्वजनिक शिक्षा के प्रसार के लिए सुझाव** – ये सुझाव इस प्रकार थे–

(i) वर्तमान देशी शिक्षा संस्थाओं को बढ़ावा दिया जाए। (ii) देशी भाषा शिक्षण को प्रोत्साहन दिया जाए। (iii) नयी संस्थाएँ खोलने के स्थान पर देशी संस्थाओं को प्रोत्साहित किया जाए।

3. **पाठ्य-पुस्तकें** – (i) नई पाठ्य-पुस्तकें तैयार की जाएं, जिनमें पाश्चात्य ज्ञान को भारतीय विचार-प्रणाली तथा भाषा में व्यक्त किया जाए। (ii) पाठ्य-पुस्तकें तैयार करने के लिए एक यूरोपीय-भारतीय संगठन को स्थापित किया जाए। (iii) कक्षा की पुस्तक में अमरसिंह की कोषावली तथा चाणक्य की नीति-वाक्य भी होने चाहिए। (iv) दूसरी पुस्तक में जीवनोपयोगी ज्ञान हो–जैसे व्यापार, कृषि, शिल्पकारी तथा यन्त्र सम्बन्धी बातें। (v) तीसरी पुस्तक में नीति-शासन तथा कानून सम्बन्धी ज्ञान प्रस्तुत किया जाए। (vi) चौथी पुस्तक में देश, विदेश तथा विश्व सम्बन्धी तथ्य हों। (vii) प्रत्येक जिले में एक सरकारी अधिकारी की नियुक्ति की जाए जो देशी-भाषा तथा अंग्रेजी से परिचित हो।

4. **शिक्षक** – शिक्षकों की परीक्षा सरकार द्वारा तैयार पाठ्य-पुस्तकों के आधार पर ली जाए।

5. **शिक्षक प्रशिक्षण स्कूल** – प्रत्येक जिले में शिक्षकों के प्रशिक्षण के लिए नॉर्मल स्कूल खोले जाएं। प्रशिक्षण काल में प्रशिक्षार्थियों को भोजन, आने-जाने का खर्च दिया जाए तथा उन्हें आर्थिक भार से मुक्त किया जाए।

6. **शिक्षा पर व्यय** – ब्रिटिश संसद द्वारा भारत में शिक्षा के लिए निर्धारित राशि का आधा भाग गरीब बच्चों की देशी शिक्षा पर व्यय किया जाए।

2.5 एडम की रिपोर्टों का मूल्यांकन
(Evaluation of Adam's Reports)

एडम की तीसरी रिपोर्ट से पहले ही मैकॉले के विचारों को स्वीकृति मिल चुकी थी। मैकॉले की भाँति एडम अंग्रेजी को शिक्षा का एकमात्र माध्यम बनाने के पक्ष में नहीं था। यद्यपि एडम की संस्तुतियाँ व्यावहारिक थीं परन्तु मैकॉले के विवरण-पत्र में उनकी भूमिका पर प्रश्नचिन्ह लग गया।

कुछ विद्वानों का मत है कि यदि एडम के सुझावों को मान लिया जाता तो भारत में राष्ट्रीय शिक्षा प्रणाली में पर्याप्त सुधार होते और वह भारतीयों की आशाओं के अनुरुप होती।

3

वुड का घोषणा पत्र अथवा आज्ञापत्र (1854)
(Wood's Despatch 1854)

3.1 वुड के घोषणा पत्र की पृष्ठभूमि (Background of Wood's Despatch)

1813 में सरकार ने भारतीय शिक्षा के सम्बन्ध में अपना प्रथम आज्ञापत्र जारी किया। इसके पश्चात् 1835 में मैकॉले की सिफारिशों के आधार पर एक दूसरा आदेश-पत्र प्रस्तुत किया गया। इसके पश्चात् शिक्षा में विकास का प्रयास लगातार चालू रहे। 1854 ई. में एक आज्ञापत्र प्रसारित किया गया। चूँकि चार्ल्स वुड उस समय ईस्ट इंडिया कम्पनी के 'बोर्ड ऑफ कंट्रोल' के प्रधान थे, अत: उन्हीं के नाम पर यह घोषणा-पत्र कहा गया।

3.2 घोषणा पत्र से मुख्य अंश (Main Extracts from the Despatch)

1853 में कंपनी का आज्ञापत्र बदलते समय ब्रिटिश संसद ने भारतीय शिक्षा के सम्बन्ध में बहुत लोगों से परामर्श किया। अधिकांश का मत था कि अंग्रेजी शिक्षा-विकास से ब्रिटिश शासन की नींव दृढ़ होगी और जब भारतीय साम्राज्य टूटेगा तो दोनों ओर सद्भावना बनी रहेगी। इनके मत में अशिक्षितों की अपेक्षा शिक्षितों पर शासन करना अधिक आसान है, तथा शिक्षित वर्ग को युद्धप्रिय अशिक्षित वर्ग से अपनी रक्षा करने के लिये ब्रिटिश सरंक्षण की आवश्यकता होगी।

अतएव आज्ञापत्र (1853) के बाद बोर्ड ऑफ कंट्रोल के सभापति चार्ल्स वुड ने सरकारी प्रयासों को संगठित कर शिक्षा बढ़ाने के लिये अपनी योजना प्रस्तुत की जो डायरेक्टरों ने 19 जुलाई 1854 को गवर्नर-जनरल के पास भेज दी। यही '1854 का आज्ञापत्र' (Wood's Despatch of 1854) है।

उद्देश्य–इस आज्ञापत्र के आरम्भ में ही भारतीयों की दशा सुधारने की इच्छा प्रकट करते हुए डायरेक्टरों ने लिखा था, "हमारे सामने जो अनेक महत्त्वपूर्ण समस्याएँ हैं। उनमें शिक्षा का स्थान सर्वोपरि है।"

इस प्रकार शिक्षा का महत्त्व स्वीकृत हो गया। उन्होंने शिक्षा का प्रथम और मुख्य उद्देश्य लोगों की नैतिक तथा आत्मिक उन्नति माना जो उपयोगी शिक्षा के प्रसार से ही संभव है। दूसरा उद्देश्य था सामाजिक कुरीतियों के निराकरण में भारतीयों की सहानुभूति एवं सहयोग

प्राप्त करना। शासन का उद्देश्य जनता की हितसाधना मान ली गई और इसके लिये आवश्यक था कि शिक्षा द्वारा जनता की नैतिक तथा मानसिक उन्नति करके उन्हें उत्तरदायी पदों पर रखा जा सके, क्योंकि जनहित अधिकारियों की ईमानदारी तथा योग्यता पर निर्भर है। तीसरे, भारतीयों की शिक्षा से इंग्लैण्ड को आर्थिक लाभ की भी आशा थी। "जब भारतीय अपने व्यावसायिक संगठन द्वारा अपने आर्थिक साधनों की उन्नति करेंगे तो भारतीयों को तो लाभ होगा ही, साथ ही हमें ऐसा माल मिल सकेगा जिसकी हमारी जनता तथा उत्पादकों को आवश्यकता है और हमारे मजदूरों के बनाये माल की भारत में उत्तरोत्तर माँग बढ़ेगी।"

इस प्रकार भारतीय शिक्षा ब्रिटेन के आर्थिक हितसाधन का भी अंग बन गई।

शिक्षा का स्वरूप–"हम घोषणा करते हैं कि हम भारत में जिस शिक्षा का प्रसार करना चाहते हैं उसका उद्देश्य है–उन्नत कलाओं, विज्ञान, दर्शन तथा यूरोपीय साहित्य का प्रसार; संक्षेप में यूरोपीय विद्या। पूर्वीय दर्शन तथा विज्ञान में बड़ी अशुद्धियाँ हैं। पूर्वी साहित्य में आधुनिक अनुसंधानों की कमी है। उससे हमारा उद्देश्य सिद्ध होगा। फिर भी हम विशेष विद्यालयों में संस्कृत, अरबी तथा फारसी साहित्य को पढ़ने की सुविधाएँ कम नहीं करना चाहते हैं।"

"हमें अत्यन्त संतोषजनक प्रमाण मिले हैं कि पिछले कुछ वर्षों में भारतीयों ने अंग्रेजी साहित्य तथा यूरोपीय विज्ञानों में उच्चकोटि की योग्यता प्राप्त की है। किंतु ऐसी योग्यता बहुत ही थोड़े लोगों तक सीमित है। अतः हमारी इच्छा है कि साधारण यूरोपीय ज्ञान प्राप्त करने के साधन भी बढ़ें। चाहे वह ज्ञान निम्नस्तर का ही हो परन्तु ऐसा अवश्य हो जो भारतीयों के लिए क्रियात्मक रूप से उपयोगी हो।"

शिक्षा का माध्यम–"प्रांतीय भाषाओं में यूरोपीय ज्ञान की पुस्तकों की कमी है। अतः उच्च ज्ञान के इच्छुकों को अंग्रेजी भाषा में निपुणता प्राप्त करनी होती है जो उक्त ज्ञान की कुंजी है। जो भारतीय उच्च शिक्षा चाहेंगे उनके लिये अंग्रेजी का ज्ञान सदा अनिवार्य रहेगा।"

"प्रांतीय भाषाओं के स्थान पर अंग्रेजी को स्थान देना न तो हमारा उद्देश्य है और न हमारी इच्छा। इन भाषाओं के द्वारा ही यूरोपीय ज्ञान जनसाधारण तक पहुँच सकता है।" "जनसाधारण की शिक्षा-योजना में अंग्रेजी वहीं पढ़ाई जाए जहाँ उसकी माँग हो किंतु उसके साथ ही प्रांतीय भाषा द्वारा साधारण ज्ञान दिया जाए।"

"इस कार्य का सफल संपादन अंग्रेजी-पढ़े (भारतीय) अध्यापकों तथा प्रोफेसरों द्वारा संभव है, जिनकी अंग्रेजी द्वारा यूरोपीय ज्ञान तक पहुँच हो और जो अपने देशवासियों को वह ज्ञान मातृभाषा में पढ़ा सकें। धीरे-धीरे यूरोपीय प्रगति से अवगत लोगों की पुस्तकों तथा अनुवादों से प्रांतीय भाषा-साहित्य भर जायेगा और इस प्रकार यूरोपीय ज्ञान जनसाधारण की पहुँच में आ जायेगा। हम यूरोपीय ज्ञान के प्रसार-हेतु प्रांतीय भाषा तथा अंग्रेजी दोनों को एक-साथ माध्यम बनाने और भारत के प्रत्येक विद्यालय में साथ-साथ पढ़ाने के इच्छुक हैं।"

शिक्षा-विभाग तथा निरीक्षण–"अब हम उन साधनों पर आते हैं जिन्हें हम शिक्षा के निर्देशन व निरीक्षण के लिये उपयोग करना चाहते हैं। हमने प्रत्येक प्रेसीडेंसी व प्रांत में शिक्षा-विभाग बनाने का संकल्प किया है।......अब तक यह कार्य शिक्षा-बोर्ड या शिक्षा-समिति करती आ रही है जिनमें कुछ यूरोपीय तथा भारतीय महानुभाव थे। उन्होंने यह कार्यभार शिक्षा तथा सभ्यता की उन्नति के लिये ले रखा था और यही उनका पारिश्रमिक था।.....किंतु अब हमने अपने प्रयत्नों को इतना बढ़ा दिया है, तो हमारी राय है कि हम शिक्षा के निरीक्षण एवं निर्देशन के कार्य को सुसंगठित आधार पर लायें.....।"

शिक्षा निदेशक–हम यह प्रस्ताव करते हैं कि प्रत्येक प्रांत में एक ऐसा ऑफिसर नियत हो जो शिक्षा-सम्बन्धी सभी व्यवस्थाओं को सँभाले एवं सरकार के प्रति उत्तरदायी हो। और हमारी इच्छा है कि यथेष्ट संख्या में योग्य निरीक्षक नियुक्त किये जायें। ये सरकारी तथा सहायता-प्राप्त शिक्षालयों की रिपोर्ट समय-समय पर भेजते रहेंगे। ये इन संस्थाओं की परीक्षाओं का संचालन करेंगे या इस कार्य में उनकी सहायता करेंगे और शिक्षकों को हर प्रकार के स्कूल तथा कॉलेज चलाने में परामर्श देते रहेंगे।

"भविष्य में यथेष्ट निरीक्षण हमारी शिक्षा-पद्धति का अभिन्न अंग होगा।"

विश्वविद्यालय–भारतीयों में उदारशिक्षा की तीव्र प्रगति सरकारी छात्रवृत्ति पाने में उनकी कुशलता, मैडिकल कॉलेजों की सफलता तथा यूरोपीय और एंग्लो-इंडियनों की बढ़ती जनसंख्या से हम इस परिणाम पर पहुँचे हैं कि भारतवर्ष में विश्वविद्यालय स्थापित होने का समय आ गया है जो कला तथा विज्ञान की विभिन्न शाखाओं में प्राप्त योग्यता के प्रमाणस्वरूप डिग्रियाँ प्रदान कर नियमित तथा उदार शिक्षा को प्रोत्साहित करे,......शिक्षा-कौंसिल ने लंदन विश्वविद्यालय को आदर्श मानने का प्रस्ताव किया था, हम उससे सहमत हैं।

"इस हेतु विश्वविद्यालयों में कुलपति, उपकुलपति तथा फेलो होंगे। इन सबको मिलाकर सेनेट बनेगा। सेनेट नियम बनाएगा जो तुम (गवर्नर-जनरल) स्वीकृत करोगे। विश्वविद्यालय के आय-व्यय की देखरेख भी सेनेट करेगा। वही कला एवं विज्ञान की विभिन्न शाखाओं के लिये परीक्षक नियुक्त कर परीक्षाओं का आयोजन करेगा। विश्वविद्यालय अपने अन्तर्गत कॉलेजों के उन विद्यार्थियों को डिग्री प्रदान करेगा जो उपर्युक्त परीक्षाओं में सफल होंगे।......डिग्री परीक्षाओं में धार्मिक विषय नहीं होंगे.....जिन विषयों की पढ़ाई का प्रबन्ध कॉलेजों में न होगा उनके लिये विश्वविद्यालय प्रोफेसर नियत करेंगे यथा विधि। ....सिविल इंजीनियरिंग के प्रोफेसर भी विश्वविद्यालयों में नियत किये जा सकते हैं, और सिविल इंजीनियरिंग की डिग्रियाँ भी योजना में सम्मिलित की जा सकती हैं।"

जनसाधारण की शिक्षा–"इस प्रकार हम भारतीय उच्चवर्ग के समक्ष शिक्षा से होने वाले लाभों को उतने स्पष्ट एवं व्यावहारिक रूप में रख चुकेंगे जितना कोई भी सरकार कर सकती है। अब हमारा ध्यान उस पर जाना चाहिए जो इससे भी कहीं अधिक महत्त्वपूर्ण है और जिस पर अभी तक बिल्कुल ध्यान नहीं दिया गया है। यह विषय है कि जनसाधारण, जो केवल अपने प्रयासों से उपयोगी शिक्षा जुटाने में असमर्थ है, उन्हें जीवन की विभिन्न परिस्थितियों के लिये उपयोगी शिक्षा कैसे दी जाए। हमारी इच्छा है कि भविष्य में सरकार की योजनाएँ इधर अधिक सक्रिय हों, जिसके लिए हम अधिकाधिक व्यय स्वीकार करने को तैयार हैं।

सहायक अनुदान प्रथा (Grant-Aid Practice)–"यह विचार करें कि सरकार स्वयं अकेले भारतीयों की शिक्षा के साधन जुटाने में असमर्थ है और उसने उन लोगों को अभी तक प्रोत्साहित नहीं किया है जो स्वेच्छा से शिक्षा के लिये सहायता दे सकते हैं, हम इस निष्कर्ष पर पहुँचे हैं कि सरकारी प्रयासों के साथ शिक्षित एवं धनिक वर्ग के प्रयास को जोड़ दिया जाए। अतः हमारे भारतवर्ष में सहायक अनुदान-प्रथा अपनाने का निश्चय किया है। स्कूलों को अनुदान धार्मिक शिक्षा में हस्तक्षेप न करने के आधार पर मिलेगा। अच्छी लौकिक शिक्षा देने वाले सभी विद्यालयों को सहायता मिलेगी यदि वे स्थानीय प्रबन्ध चलाते हों। स्थानीय प्रबन्ध (Local Management) से तात्पर्य एक या अधिक व्यक्तियों

से है जो स्कूलों की देखभाल करें, उसके स्थायित्व के लिये उत्तरदायी हों, जिनके मैनेजर स्कूलों के सरकारी निरीक्षण तथा अनुदान-सम्बन्धी नियमों को स्वीकार कर लें।......हमारी इच्छा यह है कि सहायता उन्हीं स्कूलों को मिले जो थोड़ी फीस लेते हों।

"इस सहायक अनुदान-प्रथा को अंग्रेजी माध्यम वाले स्कूलों में लागू करने में कोई कठिनाई न होगी। साथ ही इस प्रथा में उन सभी वर्नाक्युलर तथा एंग्लो वर्नाक्यूलर स्कूलों को भी सहायता मिलेगी जो अच्छी प्रारंभिक शिक्षा देते हों।"

"उन जिलों में सरकारी स्कूल तथा कॉलेज न खोले जाएँ जहाँ ऐसे स्कूल यथेष्ट संख्या में वर्तमान हैं जो सरकारी अनुदान द्वारा स्थानीय शिक्षा-सम्बन्धी आवश्यकताओं को पूरा कर सकते हैं। हम उस दिन की प्रतीक्षा करेंगे जब सरकारी स्कूलों में बिना भय (शिक्षा कम होने का भय) बन्द किया जा सके अथवा अनुदान-प्राप्त संस्थाओं को हस्तांतरित किया जा सके।"

अध्यापकों का प्रशिक्षण–"हमारी इच्छा है कि प्रत्येक प्रेसीडेंसी में प्रशिक्षण-कक्षाएँ तथा प्रशिक्षण संस्थाएँ स्थापित हों।"

प्रांतीय भाषाओं में साहित्य–"देशी भाषाओं में यूरोपीय ज्ञान-सम्बन्धी साहित्य प्रस्तुत करना अध्यापकों के प्रशिक्षण के समान ही महत्त्वपूर्ण है।"

स्त्री-शिक्षा–"भारतवर्ष में स्त्री शिक्षा का अत्यधिक महत्त्व है। हम गवर्नर-जनरल की इस घोषणा से पूर्णतया सहमत हैं कि भारतीय स्त्री-शिक्षा को सरकार की स्पष्ट तथा मैत्रीपूर्ण सहायता मिलनी चाहिए।"

3.3 घोषणा पत्र की प्रमुख सिफारिशें
(Main Recommendations of Wood's Despatch)

1. **शिक्षा के उद्देश्य**–आदेश-पत्र के अनुसार भारतीय शिक्षा के निम्नलिखित पांच उद्देश्य थे–

(i) शिक्षा द्वारा भारतीय की मानसिक तथा चारित्रिक उन्नति करना। (ii) भारतीयों को पाश्चात्य ज्ञान से अवगत कराना। (iii) भारतीयों को राजपदों के लिए तैयार करना। (iv) भारतीयों की भौतिक समृद्धि करना। (v) इंग्लैंड की भौतिक समृद्धि में सहायता देना।

2. **पाठ्यक्रम**–पाश्चात्य साहित्य एवं विज्ञान का अध्ययन ही भारतीयों के लिए उपयुक्त समझा गया यद्यपि संस्कृत, अरबी एवं फारसी की उपयोगिता स्वीकार कर ली गई।

3. **शिक्षा का माध्यम**–यूरोपीय ज्ञान के लिए अंग्रेजी भाषा को स्वीकार किया गया। अन्य के लिए शिक्षा का माध्यम देशी भाषाएँ रहीं। इस प्रकार अंग्रेजी तथा देशी भाषाओं को शिक्षा का माध्यम माना गया।

4. **लोक शिक्षा विभाग**–भारत के प्रत्येक प्रान्त में एक लोक शिक्षा विभाग स्थापित करने का आदेश दिया गया जिसका सर्वोच्च अधिकारी लोक-शिक्षा संचालक हो।

5. **विश्वविद्यालय**–घोषणा पत्र में कहा गया कि उच्च शिक्षा प्रदान करने के लिए कलकत्ता, बंबई और यदि आवश्यकता हो, तो मद्रास तथा अन्य स्थानों पर विश्वविद्यालय स्थापित किए जाएँ। इन विश्वविद्यालयों का निर्माण लंदन विश्वविद्यालय को आदर्श मानकर किया जाए। विश्वविद्यालय अपने से सम्बद्ध कॉलेजों के विद्यार्थियों की परीक्षा लेगा एवं उपाधियाँ प्रदान करेगा।

6. **क्रमबद्ध विद्यालयों की स्थापना**–शिक्षा के ढाँचे में शिक्षा संस्थाओं का क्रम इस प्रकार रखा गया–

(i) देशी प्राथमिक विद्यालय, (ii) मिडिल विद्यालय, (iii) हाई स्कूल, (iv) कॉलेज, (v) विश्वविद्यालय।

7. **जनसमूह की शिक्षा**–यह मान लिया गया कि जीवन के सर्वांगीण विकास के लिए शिक्षा सब के लिए हो न कि किसी विशेष वर्ग के लिए। यह सिफारिश भी की गई कि निर्धन किन्तु योग्य विद्यार्थियों को शिक्षा के सभी स्तरों पर छात्रवृत्तियाँ दी जाएँ जिससे वे शिक्षा प्राप्त करने से वंचित न रह सकें।

8. **अनुदान व्यवस्था**–बिना पर्याप्त धन के शिक्षा-सम्बन्धी समस्त कार्य सम्भव न थे। अतः अनुदान प्रणाली का सहारा लिया गया। सरकार की ओर से अनुदान स्कूल भवन, पुस्तकालय तथा छात्रवृत्तियाँ एवं अध्यापकों के वेतन आदि के लिए। यह अनुदान केवल धर्मनिरपेक्ष संस्थाओं को देने की घोषणा की गई।

9. **अध्यापकों का प्रशिक्षण**–इस बात पर बल दिया गया कि भारत में शिक्षा की दशा सुधारने के लिए आवश्यक है कि अध्यापकों के प्रशिक्षण का प्रबन्ध किया जाए। यह आशा भी व्यक्त की गई कि प्रशिक्षण काल में छात्रों को छात्रवृत्तियाँ दी जाएँ तथा शिक्षकों का वेतन बढ़ा दिया जाए।

10. **स्त्री-शिक्षा**–नारी शिक्षा के लिए स्कूलों को अनुदान दिया जाए।

11. **व्यावसायिक शिक्षा**–व्यावसायिक विद्यालयों की स्थापना की सिफारिश की गई।

12. **भारतीय भाषाओं को प्रोत्साहन**–यह सुझाव दिया गया कि देशी भाषाओं में पुस्तकें लिखवाई जाएँ तथा पाश्चात्य साहित्य एवं विज्ञान की पुस्तकों का भारतीय भाषाओं में अनुवाद कराया जाए।

13. **शिक्षा और रोजगार**–यह बात स्पष्ट कर दी गई कि नौकरियाँ देते समय व्यक्तियों की शिक्षा पर विशेष रूप से ध्यान दिया जाए और उन व्यक्तियों को प्राथमिकता दी जाए जिनकी शिक्षा-योग्यता अन्य व्यक्तियों से अधिक हो।

3.4 वुड के आज्ञा पत्र का मूल्यांकन (Evaluation of Wood's Despatch)

घोषणा पत्र के गुण – 1. ***जेम्स (James) के अनुसार*** – "1854 के घोषणा पत्र का भारतीय शिक्षा के इतिहास में सर्वोत्कृष्ट स्थान है। जो कुछ इसके पूर्व हुआ, वह इसकी ओर संकेत करता है और जो कुछ इसके बाद हुआ वह इसकी ओर संकेत करता है और जो कुछ इसके बाद हुआ वह इससे निकला है। जेम्स ने इसे भारत में अंग्रेजी शिक्षा का महाधिकार पत्र (Magna Carta of English Education in India) कहा।"

2. ***ए.एन. बसु (A.N. Basu)*** – "इस आदेश-पत्र को भारतीय शिक्षा का शिलाधार कहा जाता है। यह कहा जाता है कि इसने हमारी आधुनिक शिक्षा प्रणाली का शिलान्यास रखा।"

3. ***हैम्प्टन (Hampton)*** – "सन् 1854 का आदेश-पत्र एक युग का, शिक्षा का महान् अग्रदूतों के युग का अन्त करता है।

4. ***लॉर्ड डलहौजी (Lord Dalhousie) के मतानुसार*** – 'आदेश-पत्र' में सम्पूर्ण भारत की शिक्षा के लिए एक योजना थी। इस प्रकार की व्यापक एवं विस्तृत योजना की रूपरेखा प्रान्तीय अथवा केन्द्रीय सरकार द्वारा कदापि प्रस्तुत नहीं की जा सकती थी।

5. 'आदेश-पत्र' ने भारतीय शिक्षा के उद्देश्य का स्पष्टीकरण किया और इस प्रकार शिक्षा को एक निश्चित मार्ग की ओर अग्रसर किया।

6. 'आदेश-पत्र' के द्वारा कम्पनी ने अधिकृत रूप से मान लिया कि जनसाधारण को शिक्षा देना सरकार का प्रमुख कर्त्तव्य है।

7. 'आदेश-पत्र' ने प्रथम बार शिक्षा-योजना की रूपरेखा प्रस्तुत की, जिसमें प्राथमिक शिक्षा से लेकर विश्वविद्यालय तक की शिक्षा को स्थान दिया गया।

8. 'आदेश-पत्र' ने क्रमबद्ध (Graded) विद्यालयों की स्थापना का सुझाव देकर शिक्षा-प्रसार के कार्य को सफल बनाने का प्रयास किया।

9. 'आदेश-पत्र' ने 'निस्पन्दन सिद्धान्त' को ठुकराया तथा जन-शिक्षा को मान्यता दी।

10. 'आदेश-पत्र' ने भारतीय के महत्त्व को स्वीकार किया तथा प्राच्य-भाषाओं को पाठ्यक्रम में स्थान दिया गया।

11. 'आदेश-पत्र' ने व्यावसायिक शिक्षा-संस्थाओं पर जोर देकर बेकारी की समस्या को हल करने का प्रयत्न किया।

12. 'आदेश-पत्र' ने प्राच्य-साहित्य को प्रोत्साहन देने के लिए भारतीय भाषाओं में पुस्तकें लिखवाने की व्यवस्था की।

13. 'आदेश-पत्र' ने देशी प्राथमिक विद्यालयों को प्रोत्साहित करने की ओर सरकार का ध्यान आकर्षित किया।

14. 'आदेश-पत्र' ने अंग्रेजी के साथ-साथ, देशी भाषाओं को माध्यमिक शिक्षा के माध्यम के रूप में अपनाने पर बल दिया गया।

15. 'आदेश-पत्र' ने प्रत्येक प्रान्त में सार्वजनिक शिक्षा-विभाग की स्थापना करके और उसमें शिक्षा निदेशक, निरीक्षकों आदि की नियुक्ति करके शिक्षा को राज्य के अन्तर्गत एक सुव्यवस्थित तथा सुसंगठित रूप प्रदान किया।

16. 'आदेश-पत्र' के द्वारा शिक्षा के प्रत्येक स्तर पर विद्यालयों की संख्या में पर्याप्त वृद्धि पर जोर दिया गया और विश्वविद्यालयों की स्थापना करके उच्च शिक्षा के प्रबन्ध पर भी।

17. 'आदेश-पत्र' से प्रभावित होकर ब्रिटिश संसद ने भारतीय शिक्षा की नीति निर्धारित कर दी और उसे वैधानिक रूप देने का प्रयास किया।

18. 'आदेश-पत्र' के आधार पर सरकारी नौकरियों के लिए व्यक्तियों को तैयार करने के विचार से अंग्रेजी विद्यालयों की स्थापना तीव्र गति से होने लगी। सरकार ने उन्हीं पर शिक्षा-सम्बन्धी धन का अधिक भाग व्यय करना आरम्भ किया।

19. 'आदेश-पत्र' द्वारा स्वीकार किया गया कि स्त्री शिक्षा को प्रोत्साहित करना—सरकार का स्पष्ट कर्त्तव्य है।

20. 'आदेश-पत्र' ने निर्धन किन्तु योग्य छात्रों के लिए छात्रवृत्तियों की व्यवस्था की, जिससे कि वे सरलतापूर्वक शिक्षा प्राप्त कर सकें।

21. 'आदेश-पत्र' ने शिक्षकों के प्रशिक्षण के लिए नॉर्मल स्कूलों तथा प्रशिक्षण-विद्यालयों की स्थापना पर जोर दिया और छात्रवृत्तियाँ देकर योग्य व्यक्तियों को उनमें अध्ययन करने के लिए आकर्षित करने की संस्तुति की।

22. 'आदेश-पत्र' द्वारा शिक्षकों के अधिक वेतन की सिफारिश की गई, और इस प्रकार शिक्षा-विभाग की नौकरियों को आकर्षक बनाया गया।

23. 'आदेश-पत्र' ने सब प्रकार के स्कूलों के लिए सहायता अनुदान की प्रणाली प्रचलित की, जिससे शिक्षा के विस्तार की गति तीव्र होने की संभावना बढ़ गई।

24. 'आदेश-पत्र' ने यह बात स्पष्ट कर दी कि सरकारी नौकरियों में शिक्षित व्यक्तियों को प्राथमिकता दी जाएगी। फलस्वरूप जनसाधारण की शिक्षा में अधिक रुचि होने लगी।

आज्ञापत्र के दोष अथवा कमियाँ – 1. शिक्षा का माध्यम, अंग्रेजी हो जाने से भारतीय छात्रों को विभिन्न विषयों का समुचित ज्ञान प्राप्त करने में कठिनाई का अनुभव होने लगा। अत: छात्रों ने सरल उपाय खोज निकाले। वे बिना समझे विषय-वस्तु को रटने लगे। साथ ही, उन्हें इस कार्य में सहायता देने के लिए बाजार में पुस्तकों की टीकाओं तथा कुञ्जियों की बाढ़ आ गई। इन सबका छात्रों की स्वतन्त्र विचार-शक्ति पर अति दूषित प्रभाव पड़ा।

2. शिक्षा की नई प्रणाली में परीक्षाओं का स्थान सर्वोपरि हो गया। छात्रों का ध्येय–ज्ञान-प्राप्ति न रहकर, परीक्षा पास करना हो गया।

3. 'आदेश-पत्र' के द्वारा सहायता-अनुदान केवल उन्हीं स्कूलों को मिल सकता था, जो अपना आधा व्यय वहन करें। इस व्यय के लिए अंग्रेजी शिक्षा देने वाले स्कूलों को अनुदान प्राप्त हो जाता था, पर देशी शिक्षा-संस्थाओं को नहीं मिलता था।

4. 'आदेश-पत्र' ने शिक्षा को पूर्णत: राज्य के अधीन कर दिया।

5. 'आदेश-पत्र' द्वारा माध्यमिक तथा उच्च शिक्षा का माध्यम अंग्रेजी बना दिया गया, जिससे प्राच्य भाषाओं का शिक्षण में वह स्थान न रहा, जो पहले था।

6. 'आदेश-पत्र' ने प्राच्य साहित्य और देशी भाषाओं को संरक्षण तो दिया, पर अंग्रेजी को अधिक महत्त्व देकर उनकी प्रगति पर रोक लगा दी।

7. हिन्दू एवं मुस्लिम शिक्षा-पद्धतियों में धर्म का प्रमुख स्थान था। 'आदेश-पत्र' ने धर्म को शिक्षा से अलग कर दिया। इस प्रकार शिक्षा में भारतीय धर्म को स्थान न देकर इस प्रकार शिक्षा को पूर्ण रूप से लौकिक बना दिया। फलस्वरूप भारतीयों ने अध्यात्मवाद पर कम ध्यान देना शुरू कर दिया।

8. 'आदेश-पत्र' द्वारा संस्कृत, अरबी और फारसी की उपादेयता को तो स्वीकार कर लिया परन्तु शिक्षा का उद्देश्य–पाश्चात्य ज्ञान का प्रसार बताकर अप्रत्यक्ष रूप से उनके महत्त्व को कम करने का प्रयास किया।

9. 'आदेश-पत्र' ने स्पष्ट कर दिया कि केवल अंग्रेजी शिक्षित व्यक्तियों को ही राजपदों पर नियुक्त किया जाएगा। परिणामस्वरूप, देशी विद्यालयों में पढ़ने वाले छात्रों की संख्या में क्रमिक ह्रास होने लगा।

10. 'आदेश-पत्र' द्वारा शिक्षा का ढाँचा पूर्णत: विदेशी कर दिया गया।

11. 'आदेश-पत्र' में विश्वविद्यालयों की स्थापना के लिए लंदन के विश्वविद्यालय का आदर्श रखा गया। इस प्रकार, भारत के प्राचीन विश्वविद्यालय की आदर्श परम्पराओं की अवहेलना की गई।

12. 'आदेश-पत्र' द्वारा कुछ व्यावसायिक शिक्षा-संस्थाओं की स्थापना की गई। परन्तु इनसे भारतीयों का कोई विशेष हित नहीं हुआ क्योंकि इनका प्रमुख उद्देश्य-भारतीयों को नौकरी देकर राजनिष्ठ बनाना था।

आज्ञापत्र के कुछ विद्वान आलोचक – 1. **डॉ. मुकर्जी**–"आदेश-पत्र ने देश की

प्राचीन परम्पराओं का पता नहीं लगाया और इस बात पर लेशमात्र भी विचार नहीं किया कि भारत में शिक्षा धार्मिक संस्कार की थी।"

2. **परांज्ये** के शब्दों में, "यह घोषणा पत्र न तो भारतीयता की शिक्षा व्यवस्था करने की दिशा में प्रयास करता है और न ही राज्य को ऐसा कोई आदेश देता है कि एक निर्धारित आयु वर्ग के सभी बालकों को अनिवार्य रूप से शिक्षित करे।"

उपसंहार – भारतीय शिक्षा के इतिहास में वुड का घोषणा पत्र बेजोड़ है क्योंकि घोषणा पत्र ने भारतीय शिक्षा के उद्देश्य का स्पष्टीकरण कर दिया और इस प्रकार शिक्षा को एक निश्चित मार्ग की ओर अग्रसर किया। देश-भर में शिक्षा के संगठन का एक विस्तृत ढाँचा प्रस्तुत किया। सरकारी तथा गैर-सरकारी शिक्षा-प्रयासों को प्रतियोगी होने के स्थान पर पूरक बना दिया। सहायक अनुदान द्वारा जनता से शिक्षा के क्षेत्र में योगदान की अपील की। धार्मिक हस्तक्षेप से बचने के लिए सरकार ने धार्मिक शिक्षा स्कूलों के अनिवार्य कार्यक्रम से अलग कर दी तथा विद्यार्थियों एवं अध्यापकों की स्वेच्छा पर छोड़ दिया। अध्यापक-प्रशिक्षण, व्यावसायिक शिक्षा, स्त्री शिक्षा, प्रान्तीय भाषाओं में आधुनिकतम विषयों पर साहित्य-सृजन आदि अत्यन्त उपयोगी सुझाव दिए।

परन्तु इन सब प्रशंसनीय तत्त्वों के विपरीत इस घोषणा पत्र में अनेक कमियाँ थीं। शिक्षा के महान् उद्देश्यों की अवहेलना की गई और केवल नौकरी के लिए ही शिक्षा सीमित कर दी गई। व्यावहारिक रूप में अंग्रेजी को ही बढ़ावा दिया गया। भारतीय विश्वविद्यालयों का आदर्श लंदन विश्वविद्यालय रखा गया। शिक्षा प्रणाली भारत के औद्योगिक विकास में सहायक न बनाई गई। इसमें राष्ट्रीय शिक्षा का आधार बनने की क्षमता न थी।

इसमें सन्देह नहीं कि इस घोषणा पत्र ने सरकारी ढुलमुल शिक्षा योजना में जान फूँक दी।

3.5 वुड के आज्ञापत्र का कार्यान्वयन (Implementation of Wood's Despatch)

1. 1855 में बंगाल, मद्रास, बुम्बई, पंजाब तथा पश्चिमोत्तर प्रान्त (उत्तर प्रदेश) में 'लोक शिक्षा विभाग' (Department of Pubic Instruction) स्थापित हुए। इसका भार निदेशक को सौंपा गया तथा उसकी सहायता के लिए इन्सपेक्टर नियुक्त हुए। यही ढाँचा आज भी चल रहा है।

2. 1857 ई. तक मद्रास तथा कलकत्ता विश्वविद्यालय भी स्थापित हो गए। ये इंजीनियरिंग, चिकित्सा, विधि तथा कलाओं (विज्ञान-सहित) में परीक्षा लेते थे।

3. उच्चतर विद्यालयों तथा कॉलेजों को अनुदान मिलने लगा, यद्यपि सरकारी शिक्षालय स्थानीय प्रबन्ध में स्थानान्तरित नहीं किये गये। 1857 ई. तक बंगाल में अध्यापक-प्रशिक्षण के लिये चार नॉर्मल स्कूल खुल गए जिनमें 238 छात्राध्यापक पढ़ रहे थे। मद्रास में एक नॉर्मल स्कूल (सैदापेट) स्थापित हुआ। पश्चिमोत्तर प्रान्त में 'बनारस नॉर्मल स्कूल' तो था ही, तीन और स्कूलों की स्वीकृति भी 1856 में मिल चुकी थी। इन नॉर्मल स्कूलों में वर्नाक्यूलर तथा एंग्लो-वर्नाक्यूलर दोनों ही प्रकार के शिक्षक तैयार होते थे।

इसके अतिरिक्त अन्य प्रगति न हो पाई क्योंकि स्वतन्त्रता का युद्ध छिड़ गया। उसके असफल होने पर 1858 में महारानी विक्टोरिया ने कम्पनी को हटाकर सीधे शासन सँभाल लिया।

4

लॉर्ड कर्जन तथा शिक्षा
(Lord Curzon and Education)

4.1 लॉर्ड कर्जन (1899-1905) के शिक्षा के क्षेत्र में कार्य (Lord Curzon's Work in the Field of Education)

लॉर्ड कर्जन शिक्षा का अत्यन्त प्रेमी था। उसके कार्यकाल में शिक्षा में निम्नलिखित कार्य किए गए।

1. शिमला शिक्षा सम्मेलन (1901)। 2. भारतीय विश्वविद्यालय आयोग (1902)। 3. भारतीय विश्वविद्यालय अधिनियम (1904)। 4. शिक्षा नीति संबंधी प्रस्ताव (1904)। 5. शिक्षा के विभिन्न सत्रों में सुधार। 6. प्राथमिक शिक्षा में सुधार।

4.2 शिमला शिक्षा सम्मेलन (1901)

लॉर्ड कर्जन लगभग 6 वर्ष भारत के गवर्नर जनरल रहे। उसकी शिक्षा में विशेष रुचि थी। जिस समय लॉर्ड कर्जन भारत आया उस समय शिक्षा की स्थिति अत्यन्त शोचनीय थी। ऐसा माना जाता था कि वह काल भारत के शिक्षा के इतिहास में अत्यन्त अप्रगतिशील था। कर्जन को पूरा विश्वास था कि भारतीय प्रशासन के पुनर्गठन के कार्यक्रम में शिक्षा का महत्वपूर्ण योगदान है। अपने विचारों को क्रियात्मक रूप देने के लिए उसने सन् 1901 में एक शिक्षा सम्मेलन बुलाया। यह सम्मेलन लॉर्ड कर्जन के सभापतित्व में 15 दिन चला। इस सम्मेलन में उसने प्रत्येक प्रांत के शिक्षा निदेशक तथा मिशनरियों के प्रतिनिधियों को आमन्त्रित किया। लॉर्ड कर्जन ने इस सम्मेलन में भारतीयों के एक भी प्रतिनिधि को स्थान न दिया।

सम्मेलन में पारित प्रमुख प्रस्ताव – 15 दिन चलने वाले सम्मेलन में लगभग 150 प्रस्ताव पारित किए गए। उनमें मुख्य इस प्रकार थे–

1. शिक्षा के सभी क्षेत्रों पर प्रशासन का नियंत्रण हो। 2. शिक्षा केन्द्र द्वारा नियन्त्रित तथा संचालित हो। 3. सरकार शिक्षा के लिए अधिक धन राशि निर्धारित करे। 4. भिन्न-भिन्न स्थानों पर राजकीय स्कूल खोले जायें जो भारतीयों द्वारा स्थापित संस्थाओं के लिए आदर्श का काम करें।

सामान्यत: भारतीयों ने इस सम्मेलन को 'शंका' तथा 'भयंकर षड्यंत्र' की संज्ञा दी क्योंकि यह सम्मेलन गुप्त रखा गया था तथा इसमें किसी भारतीय प्रतिनिधि को नहीं बुलाया गया था। सम्मेलन की कार्यवाही को समाचार पत्रों में प्रकाशित भी नहीं किया गया।

4.3 भारतीय विश्वविद्यालय आयोग (1902)
(Indian Universities Commission)

आयोग की नियुक्ति के कारण – 27 जनवरी सन् 1902 को लॉर्ड कर्जन ने भारतीय विश्वविद्यालय आयोग की नियुक्ति की। आयोग ने उसी वर्ष जून में अपनी सिफारिशें दीं। आयोग की नियुक्ति के निम्नलिखित कारण थे–

1. विश्वविद्यालयों से सम्बद्ध कॉलेजों की संख्या में तीव्र गति से वृद्धि होने के कारण विश्वविद्यालयों का इतना कार्य-भार हो गया था कि वे अपने कार्यों का पर्याप्त कुशलता से पालन नहीं कर पाते थे। फलस्वरूप, कॉलेजों का शिक्षण-स्तर निम्न हो गया था। 2. सीनेट के सदस्यों की संख्या आवश्यकता से अधिक थी। 3. सीनेट में विश्वविद्यालय के अध्यापकों का उचित प्रतिनिधित्व नहीं था। 4. विश्वविद्यालय केवल परीक्षा लेने और मान्यता देने का कार्य करते थे। उनमें शिक्षण की, जो उनका मुख्य कार्य था, कोई व्यवस्था नहीं थी। 5. पंजाब विश्वविद्यालय को छोड़ कर भारत के सभी विश्वविद्यालयों का ढाँचा, लंदन विश्वविद्यालय को आदर्श मान कर किया गया था। लंदन विश्वविद्यालय का सन् 1898 में पुर्नसंगठन हो गया था। अतः भारतीय विश्वविद्यालयों को उसके अनुरूप परिवर्तित किया जाना आवश्यक था।

आयोग द्वारा जाँच के विषय (Terms of Reference of the Commission) – 1. ब्रिटिश भारत में विश्वविद्यालयों की वर्तमान दशा और उनकी भावी उन्नति की जाँच करना। 2. विश्वविद्यालयों के विधान और उनकी कार्यप्रणाली में सुधार करने के लिए प्रस्ताव प्रस्तुत करना। 3. विश्वविद्यालयों के शिक्षण-स्तर को ऊँचा उठाने और विद्या की उन्नति करने के लिए उपयुक्त विधियों का सुझाव देना।

आयोग की संतुतियाँ – 1. नए विश्वविद्यालयों की स्थापना नहीं की जानी चाहिए। 2. वर्तमान विश्वविद्यालयों द्वारा शिक्षण कार्य किया जाना चाहिए। 3. स्नातक-पूर्व शिक्षण का कार्य, सम्बद्ध कॉलेजों में और स्नातकोत्तर शिक्षण-कार्य, विश्वविद्यालयों में किया जाना चाहिए। 4. प्रत्येक विश्वविद्यालय की भौगोलिक सीमा स्पष्ट रूप से निश्चित कर दी जानी चाहिए। 5. सीनेट के सदस्यों की संख्या कम कर दी जानी चाहिए और उनकी सदस्यता की अवधि पाँच वर्ष की होनी चाहिए। 6. सिण्डीकेट (Syndicate) के सदस्यों की संख्या 9 से बढ़ा कर 15 तक होनी चाहिए और उनका निर्वाचन सीनेट (Senate) के द्वारा किया जाना चाहिए। 7. कॉलेजों और विश्वविद्यालयों के योग्य अध्यापकों को सीनेट में प्रतिनिधित्व दिया जाना चाहिए। 8. कॉलेजों को मान्यता देने के नियमों में कड़ाई की जानी चाहिए। 9. प्रत्येक सम्बद्ध कॉलेज का प्रबन्ध, एक संगठित समिति के द्वारा किया जाना चाहिए। 10. इण्टरमीडिएट की कक्षाओं को समाप्त किया जाए और स्नातकों का पाठ्यक्रम 3 वर्ष किया जाए। 11. मेट्रीकुलेशन का स्तर ऊँचा किया जाए। 12. छात्रों के लिए छात्रावासों की व्यवस्था की जाए।

विश्वविद्यालय आयोग की रिपोर्ट का मूल्यांकन – आयोग ने भारतीय विश्वविद्यालय व्यवस्था के आधारभूत पुनर्गठन के बारे में कोई ठोस सुझाव नहीं दिए।

कक्षा 11 से 12 वाले, अर्थात् इण्टरमीडिएट कक्षाओं, को तोड़ने की संतुति का बहुत विरोध हुआ।

आयोग की सिफारिशों के आधार पर भारतीय विश्वविद्यालय अधिनियम बनाया गया।

4.4 भारतीय विश्वविद्यालय अधिनियम (1904)
(Indian Univesities Education Act)

21 मार्च 1904 को भारतीय विश्वविद्यालय अधिनियम पास किया गया। इस अधिनियम के निम्नांकित प्रस्ताव थे जिन्हें लागू किया गया।

विश्वविद्यालयों संबंधी नियम – 1. विश्वविद्यालयों के कार्य-क्षेत्र को विस्तृत कर दिया गया। अब वे परीक्षाओं के अतिरिक्त शिक्षण कार्य भी कर सकते थे। 2. विश्वविद्यालय प्रयोगशालाओं तथा पुस्तकालयों का इस दृष्टि से विकास कर सकते थे कि उच्च विश्वविद्यालय की प्रगति हो सके। 3. अधिनियम ने सीनेट की अधिकतम 100 तथा न्यूनतम 50 सदस्यों की संख्या निर्धारित कर दी। 4. सीनेट के 'फैलो' के लिए चुनाव-प्रणाली लागू की गयी। 5. गवर्नर-काउन्सिल को अधिकार दे दिया कि वह विभिन्न विश्वविद्यालयों की प्रादेशिक सीमाएँ निर्धारित तथा निश्चित करे।

माध्यमिक शिक्षा – माध्यमिक शिक्षा के गुणात्मक विकास के लिए माध्यमिक स्कूलों की मान्यता के नियम कड़े किए गए।

प्राथमिक शिक्षा – प्राथमिक शिक्षा के संख्यात्मक विकास की दृष्टि से दिए जाने वाली अनुदान-राशि की मात्रा को दुगना कर दिया गया।

4.5 शिक्षा नीति सम्बन्धी सरकारी प्रस्ताव (1904)
(Government Resolution on Education Policy 1904)

लॉर्ड कर्जन के शिक्षा नीति संबंधी सरकारी प्रस्ताव को दो भागों में बाँटा जा सकता है–

1. प्रचलित शिक्षा नीति के दोष 2. शिक्षा की नीति निर्धारित करना।

प्रचलित शिक्षा नीति के दोष – 1. संख्यात्मक दोष 2. गुणात्मक दोष।

संख्यात्मक दोष – 1. पाँच में से चार ग्रामों में कोई स्कूल नहीं थे। 2. चार में से तीन बालक शिक्षा से वंचित थे। 3. चालीस में केवल एक बालिका शिक्षा पा रही थी।

प्रचलित शिक्षा नीति के गुणात्मक दोष – 1. पाठ्यक्रम पूर्ण रूप से पुस्तकीय थे। 2. परीक्षाओं पर आवश्यकता से अधिक बल दिया जाता था। 3. अंग्रेजी की शिक्षा पर अधिक ध्यान देने के कारण भारतीय भाषाओं की अवहलेना की गई थी। 4. उच्च शिक्षा का उद्देश्य केवल नौकरी प्राप्त करना है। इस कारण उच्च शिक्षा संकीर्ण बन गई थी। 5. स्कूलों तथा कॉलेजों में छात्रों की बुद्धि के विकास पर कम तथा स्मृति पर अधिक बल दिया जाता था।

शिक्षा नीति के विशेष तत्त्व – 1. प्राथमिक शिक्षा का प्रसार करना सरकार का प्रमुख कार्य होना चाहिए था। 2. प्राथमिक शिक्षा के पाठ्यक्रम में अंग्रेजी को कोई स्थान नहीं दिया जाना चाहिए था। 3. प्राथमिक स्तर पर भारतीय भाषाओं पर अधिक बल दिया जाना चाहिये था। 4. माध्यमिक शिक्षा का स्तर बढ़ाने के लिए मान्यता तथा अनुदान के नियमों में अधिक कड़ाई की जानी चाहिए थी। 5. कॉलेज तथा विश्वविद्यालय की शिक्षा के स्तर का उन्नयन किया जाना चाहिये था।

4.6 लॉर्ड कर्जन द्वारा किए गए शिक्षा में अन्य सुधार
(Other Reforms of Lord Curzon)

कला शिक्षा – कला शिक्षा के विकास के लिए कर्जन ने निम्न कार्य किए–

1. भारतीय कलाओं की शिक्षा कला विद्यालयों में दी जाने लगी। 2. कला विद्यालयों का स्वरूप व्यावसायिक विद्यालयों की भाँति न किए जाने पर बल दिया। 3. चुने हुए विषयों की शिक्षा कला विद्यालयों में देने पर जोर दिया। 4. कला विद्यालयों के छात्रों से शुल्क अवश्य लिया जाए इस बात पर बल दिया।

कृषि की शिक्षा पर विकास – 1. कृषि विषय को मिडिल तथा हाई स्कूलों के पाठ्यक्रम में शामिल किया जाए। 2. प्रत्येक प्रान्त में कृषि महाविद्यालय की स्थापना पर बल दिया। 3. किसानों को कृषि सम्बन्धी विषयों की जानकारी प्राप्त कराने के लिए विशेष कक्षाओं का प्रबन्ध किया। 4. कृषि शिक्षा को बढ़ावा देने के लिए भारतीय भाषाओं में कृषि की उपयुक्त पुस्तकें प्रकाशित करने पर बल दिया। 5. बिहार प्रान्त के पूसा स्थान पर कृषि अनुसंधानशाला की स्थापना की गई।

स्त्री शिक्षा का विकास – 1. लड़कियों के लिए उपयुक्त विद्यालयों की स्थापना पर बल दिया। 2. लड़कियों के स्कूलों में सुयोग्य अध्यापिकाओं की नियुक्ति पर बल दिया। 3. लड़कियों के स्कूलों के लिए अधिक धन राशि उपलब्ध कराने पर बल दिया।

4.7 शिक्षा के क्षेत्र में लॉर्ड कर्जन के कार्यों का मूल्यांकन (Evaluation of Lord Curzon's Work in Education)

लॉर्ड कर्जन के शिक्षा संबंधी सुधारों की प्रशंसा करते हुए नरूला तथा नायक ने इस प्रकार विचार व्यक्त किए, "जो कार्य कर्जन ने सात वर्ष में किए, उनको करने में किसी अन्य व्यक्ति को निश्चित रूप से दुगने समय की आवश्यकता पड़ती।"

ए.एन. बसु ने इसके विपरीत अपने विचार इस प्रकार प्रकट किए हैं, "यद्यपि रोग का निदान ठीक था, तथापि प्रस्तावित औषधि न तो उपयुक्त थी और न सामयिक। लॉर्ड कर्जन ने जो बातें कहीं, उनमें से अनेक सत्य थीं। किन्तु, जिस विधि से वह सुधार करना चाहता, उससे शिक्षित भारतीयों के मस्तिष्क में गम्भीर सन्देह की उत्पत्ति हो गई। उन्होंने यह समझा कि इस सुधार कार्य में कोई गहरी राजनीतिक चाल छिपी हुई थी।"

गोपाल कृष्ण गोखले ने कर्जन के शासन काल की तुलना औरंगजेब के काल से की।

निष्पक्ष तौर पर कर्जन के सुधारों का अवलोकन करने पर उसकी शिक्षा की देन निम्नलिखित है–

1. शिक्षा नीति पर प्रस्ताव पास करना। 2. विश्वविद्यालयों का पुनर्गठन तथा शिक्षा स्तर का उन्नयन। 3. प्राथमिक शिक्षा में सुधार लाना। 4. प्राथमिक तथा माध्यमिक स्तर पर भारतीय भाषाओं को शिक्षा का माध्यम बनाना। 5. कृषि शिक्षा की व्यवस्था करना। 6. केन्द्रीय शिक्षा विभाग की स्थापना करना। 7. माध्यमिक शिक्षा में अनुदान तथा मान्यता के कड़े नियम बनाना। 8. कला शिक्षा को प्रोत्साहन देना। 9. नैतिक शिक्षा पर बल देना। 10. विदेशों में अध्ययन हेतु छात्रवृत्तियाँ प्रदान करना।

उपसंहार – यद्यपि लॉर्ड कर्जन ने शिक्षा में सुधार के लिए अनेक कदम उठाए परन्तु भारतीयों ने इन्हें उचित न माना क्योंकि वह भारतीयों को हीन समझता था। उन्हें घृणा की दृष्टि से देखता था। इस कारण उसकी प्रत्येक नीति की आलोचना की जाती रही। वह पक्का साम्राज्यवादी था तथा भारत में अंग्रेजी राज्य को दृढ़ बनाने के लिए दमन की नीति में विश्वास रखता था।

5

वर्धा शिक्षा योजना/बेसिक शिक्षा/बुनियादी शिक्षा/नई तालीम (1937)

(Wardha Scheme of Education/Basic Education/ Buniyadi Shiksha/Nai Talim, 1937)

5.1 वर्धा शिक्षा योजना का अर्थ (Meaning of Wardha Scheme of Education)

वर्धा शिक्षा योजना वह शिक्षा योजना है जिसका सूत्रपात महाराष्ट्र के वर्धा नगर में महात्मा गाँधी द्वारा बुलाए गए राष्ट्रीय कार्यकर्त्ताओं के शिक्षा संबंधित सम्मेलन में हुआ तथा जिसकी विस्तृत रूपरेखा जाकिर हुसैन कमेटी द्वारा बनाई गई। यह सम्मेलन अक्तूबर 1937 में सम्पन्न हुआ था तथा कमेटी की रिपोर्ट मार्च 1938 में प्रकाशित हुई। इस रिपोर्ट को भारतीय राष्ट्रीय कांग्रेस के हरिपुरा सम्मेलन द्वारा, जो उसी मास में हुआ, स्वीकृति मिली।

वर्धा शिक्षा योजना का आधार शिक्षा को राष्ट्रीय जीवन से जोड़ना था तथा इसे स्वावलम्बी बनाना था। शिक्षा द्वारा गाँधीजी देश में अहिंसात्मक क्रान्ति लाना चाहते थे। वे एक महान् राजनायिक, स्वतन्त्रता सेनानी, समाजसेवक, चिन्तक एवं उच्च कोटि के शिक्षाशास्त्री थे। उनका दृढ़ विश्वास था कि शिक्षा ही एक ऐसा माध्यम है जिससे भारतीय समाज के सभी वर्ग उन्नति कर सकते हैं। शिक्षा के विभिन्न पक्षों पर गहन चिन्तन किया। शिक्षा पर अनेक लेख लिखे तथा पुस्तकें भी लिखीं। देश के प्रमुख शिक्षाविदों से विचार-विमर्श किया। अन्त में शिक्षा पद्धति को एक नई दिशा देने के प्रयास किए।

5.2 मैकॉले द्वारा प्रतिपादित अंग्रेजी शिक्षा प्रणाली के दोष तथा वर्धा शिक्षा योजना का प्रतिपादन (Defects of Macaulay's British System of Education and Formulation of Wardha Education System)

गाँधीजी का विश्वास था कि अंग्रेजों द्वारा प्रचलित की गई शिक्षा प्रणाली देश के अनुकूल नहीं थी। उन्होंने लिखा–"मुझे इस बात का निश्चय हो चुका है कि शिक्षा की वर्तमान प्रणाली केवल व्यर्थ ही नहीं, बल्कि निश्चित रूप से हानिकारक है। बहुत से लड़के अपने माता-पिता तथा व्यवसाय को त्याग देते हैं, जहाँ वे उत्पन्न हुए थे। वे बुरी आदतें ग्रहण

करते हैं, शहरी रंग-ढंग से प्रभावित होते हैं और किसी वस्तु का थोड़ा सा ज्ञान प्राप्त करते हैं, जो शिक्षा के अतिरिक्त कुछ भी हो सकता है।" गाँधी जी ने जोर देकर कहा-'शिक्षा का वर्तमान ढाँचा किसी भी रूप में देश की आवश्यकताओं को पूरा नहीं करता। उच्च शिक्षा के सभी क्षेत्रों में अंग्रेजी को माध्यम बना दिया गया है, जिससे थोड़े से अधिक शिक्षित व अनेक अशिक्षित लोगों के बीच स्थायी अंतर आ गया है। व्यावसायिक प्रशिक्षण न होने से शिक्षित वर्ग किसी उत्पादक कार्य के अयोग्य हो गया है। इससे उन्हें शारीरिक रूप से भी नुकसान पहुँचा है। प्राथमिक शिक्षा पर व्यय किया गया धन सर्व व्यर्थ है; क्योंकि जो कुछ थोड़ा पढ़ाया जाता है, वह शीघ्र भुला दिया जाता है और ग्रामों तथा शहरों के लिए थोड़ा या बिल्कुल ही कोई मूल्य नहीं रहता अर्थात् इसका कोई महत्त्व नहीं होता।

गाँधीजी फिर लिखते हैं-"अब तक हम केवल बालकों के मस्तिष्कों में प्रत्येक प्रकार का ज्ञान भरने के लिए ही ध्यान देते रहे हैं और अब हमें यह बंद कर देना उचित होगा, तथा उनके समुचित विकास के लिए उचित शिक्षा की व्यवस्था करनी चाहिए।"

5.3 गाँधीजी के विचार में शिक्षा का अर्थ (Views of Gandhiji on Education)

"शिक्षा से मेरा अभिप्राय है, बालक और मनुष्य के शरीर, मस्तिष्क और आत्मा में पाए जाने वाले सर्वोत्तम गुणों का चतुर्मुखी विकास......साक्षरता ही अपने आप में शिक्षा नहीं है। अत: मैं बालक की शिक्षा का आरंभ उसे कोई उपयोगी उद्योग सिखाने के साथ करूँगा, ताकि वह अपने प्रशिक्षण के आरंभ करने से ही कुछ उत्पादन कर सके। इस प्रकार प्रत्येक पाठशाला को आत्मनिर्भर बनाया जा सकता है। शर्त केवल यह है कि सरकार इन पाठशालाओं को स्थापित करने का भार अपने ऊपर ले।" गाँधीजी ने शिक्षा द्वारा भारत में आर्थिक एवं सामाजिक परिवर्तन लाने पर बल दिया।

गाँधीजी का विश्वास था कि इस प्रकार की शिक्षा प्रणाली द्वारा ही बालक के मस्तिष्क और आत्मा का विकास संभव है। प्रत्येक उद्योग की शिक्षा देनी है। यह मशीन भाँति नहीं जैसा कि आजकल होता है, बल्कि वैज्ञानिक ढंग से वह शिक्षा दी जानी चाहिए। बालक को प्रत्येक क्रिया के 'क्यों और किसलिए' आदि का ज्ञान होना चाहिए। मानसिक प्रेरणा का साधन शारीरिक प्रशिक्षण होना चाहिए।

5.4 तत्कालीन शिक्षा प्रणाली के प्रमुख दोष (Major Defects of the Prevailing System of Education)

वर्धा शिक्षा पद्धति के जन्म के समय जो शिक्षा पद्धति चल रही थी, उसके प्रमुख दोष निम्नलिखित थे-

1. शिक्षा जीवन से दूर थी। 2. शिक्षा का आदर्श संकुचित था। 3. शिक्षा केवल सैद्धान्तिक थी। 4. सार्वभौमिक शिक्षा का अभाव था। 5. शिक्षा में व्यापक अपव्यय तथा अवरोधन था। 6. अनिवार्य शिक्षा का अभाव था। 7. प्राथमिक शिक्षा नि:शुल्क नहीं थी। 8. छात्र पुन: निरक्षर हो जाते थे। 9. शिक्षा छात्रों के एकांगी विकास पर बल देती थी। 10. शिक्षा में स्वावलम्बन का अभाव था। 11. शिक्षा वर्ग भेद को जन्म देने वाली थी।

12. शिक्षा में सामाजिकता तथा नागरिकता का अभाव था। 13. शिक्षा व्यक्ति को अपंग बनाने वाली थी। 14. शिक्षा में श्रम की महत्ता न थी। 15. गाँवों की समस्याओं के अनुसार शिक्षा नहीं थी। 16. शिक्षा में मातृभाषा की उपेक्षा की जाती थी। 17. शिक्षा मनोवैज्ञानिक सिद्धान्तों की अवहेलना करती थी। 18. स्त्री शिक्षा की उपेक्षा की जाती थी। 19. शिक्षा भारतीय संस्कृति की अवहेलना करती थी।

5.5 वर्धा सम्मेलन में गाँधीजी के भाषण के कुछ महत्त्वपूर्ण अंश (अक्तूबर 22, 23, 1937)
(Extracts from Gandhiji's Speech at Wardha Conference)

"जो विचार मैं आपके सामने रखना चाहता हूँ, उनको कहने का ढंग नया है, यद्यपि उन विचारों के सम्बन्ध में मेरा अनुभव पुराना है। मेरा प्रस्ताव प्रारम्भिक तथा कॉलेज-शिक्षा दोनों के बारे में है किन्तु प्रारम्भिक शिक्षा पर हमें अधिक ध्यान देना है। माध्यमिक शिक्षा को मैंने प्रारम्भिक शिक्षा के अंतर्गत मान लिया है क्योंकि ग्रामीणों के एक अंश ही को यह शिक्षा उपलब्ध है।"

"मेरा दृढ़ विचार है कि प्रारम्भिक शिक्षा के संगठन में अपव्यय ही नहीं है, अपितु वह निश्चित ही हानिकारक है। अधिकांश लड़के अपने अभिभावकों और खानदानी उद्योगों के काम के नहीं रह जाते। वे बुरी आदतें सीख जाते हैं, शहरवालों के ढंगों की नकल करते हैं और थोड़ी-सी बातें पढ़ लेते हैं। यह सब और कुछ भी हो, शिक्षा नहीं है। अब प्रश्न यह उठता है कि प्रारम्भिक शिक्षा का स्वरूप कैसा हो? मेरे विचार में व्यावसायिक अथवा हस्त-कलाओं द्वारा शिक्षा देने से ही सुधार सम्भव है। मुझे टॉल्स्टॉय-फार्म में अपने पुत्रों तथा अन्य बच्चों को लकड़ी तथा चमड़े के काम द्वारा पढ़ाने का अनुभव है।"

"मेरी योजना का उद्देश्य तथा कथित उदार शिक्षा के साथ केवल कुछ हस्तकलाएँ सिखाना ही नहीं है। मैं चाहता हूँ कि सम्पूर्ण शिक्षा किसी हस्तकला अथवा उद्योग के माध्यम से दी जावे। मध्यकाल में उद्योगों की शिक्षा उन्हीं में कुशलता प्राप्त करने के लिए थी, और बुद्धि को विकसित करने का कोई प्रयास न होता था। इसी कारण उन उद्योगों का ह्रास हो गया।"

"प्रायोगिक शिक्षा द्वारा किसी उद्योग के नियमों तथा कला को सिखाने और उसी के द्वारा सम्पूर्ण शिक्षा देने से ही सुधार होगा। तकली से कताई सिखाने में कपासों की किस्में, उनके लिए उपयुक्त भारतीय प्रान्तों में भूखण्ड, इस उद्योग के ह्रास का इतिहास, गणित आदि की शिक्षा भी निहित है। मैं तकली को विशेष स्थान देता हूँ क्योंकि यह उद्यम भारतवर्ष भर में सिखाया जा सकता है।......1920 ई. की रचनात्मक खादी-योजना ही से सात प्रांतों में कांग्रेसी मंत्रिमण्डल बने हैं, और उनकी सफलता भी इसे कार्यरूप देने पर निर्भर है।"

"प्रारम्भिक शिक्षा में सफाई, हाईजीन, भोजन इत्यादि के साधारण नियमों के ज्ञान के साथ ही लड़कों को अपना काम स्वयं करने तथा माता-पिता की सहायता करने की शिक्षा देना भी आवश्यक है। वर्तमान पीढ़ी के लड़के सफाई और स्वावलम्बन से अनभिज्ञ हैं तथा उनका स्वास्थ्य दुर्बल है। अत: मैं संगीत के साथ ड्रिल द्वारा अनिवार्य शारीरिक शिक्षा का हिमायती हूँ।"

"मेरी योजना के आलोचक कहते हैं कि मैं उदार शिक्षा का विरोधी हूँ। यह विचार मुझ से बहुत दूर है। मैं तो उदार शिक्षा देने का मार्ग दिखाना चाहता हूँ। ....यह भी कहा जाता है कि हम बच्चों के श्रम से बेजा लाभ उठाना चाहते हैं और इस पद्धति में बड़ा अपव्यय होगा (अर्थात्

बहुतेरे बच्चे शिक्षा प्राप्त करने में असमर्थ रहेंगे। अनुभव इसे असत्य सिद्ध करता है। जहाँ तक बच्चों पर भार डालने अथवा उनके श्रम से बेजा लाभ उठाने का प्रश्न है, मैं पूछता हूँ कि क्या विपत्ति (बेकारी) से बचाना उन पर भार डालना है? तकली अच्छा खिलौना है, उत्पादक होने ही से क्या वह खिलौना नहीं रह जाता? बच्चे एक सीमा तक अपने माता-पिता के कारोबार में हाथ बँटाते ही हैं। अतः जब बच्चे सूत कातेंगे और कृषि-कार्यों में अपने माता-पिता की सहायता करेंगे तो उनमें यह भावना भी आ जाएगी कि वे अपने माता-पिता के ही नहीं हैं वरन् ग्राम तथा देश का भी उन पर अधिकार है और उन्हें उनका ऋण भी चुकाना चाहिए। यही एक मार्ग है। बच्चे शिक्षा-वितरण से आश्रित हो जायेंगे, किन्तु यदि वे अपने श्रम से अपनी शिक्षा का व्यय चुकावेंगे तो आत्मनिर्भर तथा साहसी होंगे। यही पद्धति हिन्दू, मुस्लिम, पारसी, ईसाई सभी के लिये होगी। लोग पूछते हैं कि मैं धार्मिक शिक्षा पर बल क्यों नहीं देता? मेरा कहना है कि मैं तो उन्हें स्वावलम्ब का व्यावहारिक धर्म सिखा रहा हूँ।"

"मेरी समझ में इस शिक्षा की कुशलता की कसौटी इसे स्वावलम्बी बनाना है। सात वर्ष के बाद बच्चों को अपनी शिक्षा पर किया गया व्यय चुका देना चाहिए और स्वयं कमाऊ बन जाना चाहिए।"

"कॉलेज-शिक्षा अधिकांशतया नगरों का प्रश्न है। मैं यह तो न कहूँगा कि प्रारम्भिक शिक्षा के समान यह भी पूर्णतया असफल सिद्ध हुई है किन्तु फिर भी फल यथेष्ट मात्रा में निराशाजनक हैं। एक भी ग्रैजुएट बेकार क्यों रहे?"

"यदि हम साम्प्रदायिक विद्वेष अन्तर्राष्ट्रीय झगड़ों को मिटाना चाहते हैं तो हमें नींव सुदृढ़ तथा शुद्ध रखनी चाहिए और उसके लिए नई पीढ़ी को मेरी योजना के अनुसार शिक्षा मिलनी चाहिए। इस योजना का आधार अहिंसा है। हमें अपने बच्चों को अपनी संस्कृति, अपनी सभ्यता और अपनी राष्ट्रीय प्रतिभा का यथार्थ प्रतिनिधि बनाना है। यह उन्हें स्वावलम्बी प्रारम्भिक शिक्षा दिये बिना असम्भव है। यूरोप का आदर्श हमारे लिये अनुपयुक्त है क्योंकि वहाँ की सभ्यता हिंसा और बेजा लाभ उठाने (Exploitation) पर निर्धारित है। हम बेजा लाभ उठाने की बात न तो सोच सकते हैं और न सोचेंगे। अतः अहिंसा पर आश्रित शिक्षा के अतिरिक्त हमारे पास कोई चारा नहीं है।"

5.6 वर्धा सम्मेलन में पारित प्रस्ताव (Resolution Passed in Wardha)

1. राष्ट्र के प्रत्येक बच्चे को 7 वर्ष तक निःशुल्क एवं अनिवार्य शिक्षा प्रदान की जाए। 2. शिक्षा का माध्यम मातृभाषा हो। 3. इस सम्पूर्ण काल में शिक्षा किसी हस्तकला अथवा उत्पादक कार्य के माध्यम से दी जाए। अन्य विषय इस केन्द्रीय कार्य से संबंधित किए जाएँ। बच्चों की सभी योग्यताओं का विकास अथवा उनको दिया जाने वाला शिक्षण उनके पूर्ण वातावरण से संबंधित हो। 4. सम्मेलन को आशा है कि धीरे-धीरे शिक्षा की इस प्रणाली से शिक्षकों का वेतन निकलने लगेगा।

5.7 जाकिर हुसैन समिति 1937-38 की रिपोर्ट (Zakir Husain Committee Report)

जाकिर हुसैन समिति के नौ सदस्य थे। समिति ने बेसिक शिक्षा को उपयुक्त मानकर संस्तुतियाँ दीं।

जैसा कि पहले लिखा जा चुका है जाकिर हुसैन समिति के प्रतिवेदन को कांग्रेस के हरिपुरा अधिवेशन (Haripura Session) में रखा गया और उसमें स्वीकृति की मुहर लग गई। इस प्रकार देश ने इस समिति के प्रतिवेदन को स्वीकार कर लिया।

5.8 वर्धा शिक्षा योजना द्वारा स्वीकृत पाठ्यक्रम (Curriculum Adopted by Wardha Scheme of Education)

वर्धा शिक्षा योजना में नीचे लिखे पाठ्य-विषयों का समावेश किया गया है–

1. **हस्तोद्योग**–कातना, बुनना, गत्ते का काम, चमड़े का काम, काष्ठ-कर्म, फल-सब्जियाँ उगाना, खेतीबाड़ी अथवा स्थानीय भौगोलिक परिस्थितियों के अनुसार कोई भी अन्य हस्तोद्योग जिसमें शिक्षा देने की सम्भावनाएँ हों। 2. मातृभाषा। 3. सामाजिक अध्ययन (इतिहास, भूगोल तथा नागरिकशास्त्र)। 4. सामान्य विज्ञान (वनस्पति-ज्ञान, पशु-विज्ञान, शरीर-विज्ञान तथा स्वास्थ्य-विज्ञान का सम्मिलित पाठ्यक्रम)। 5. अंकगणित। 6. संगीत। 7. चित्रांकन। 8. हिन्दुस्तानी। 9. गृह-विज्ञान।

इस शिक्षा योजना के अनुसार पाँचवीं कक्षा तक सह-शिक्षा होगी। अतएव इस प्रक्रम तक बालकों और कन्याओं का पाठ्यक्रम एक-जैसा रहेगा। छठी कक्षा से पाठ्यक्रम में परिवर्तन आयेगा और कन्याओं के पाठ्यक्रम में गृह-विज्ञान को सम्मिलित कर लिया जाएगा।

समय सारणी (Time Table)

बुनियादी पाठशालाओं की दैनिक समय सारणी इस प्रकार है–

विषय	*समय*
1. हस्तोद्योग	3 घण्टे 20 मिनट
2. मातृभाषा	40 "
3. संगीत, चित्रांकन तथा अंकगणित	40 "
4. सामाजिक अध्ययन तथा सामान्य विज्ञान	30 "
5. शारीरिक शिक्षा	10 "
6. खेलकूद	10 "
	कुल समय = 5 घण्टे, 30 मिनट

5.9 वर्धा शिक्षा योजना के पाठ्यक्रम में कालान्तर में परिवर्तन (Changes in Curriculum of Wardha Education Scheme in Due Course)

समय-समय पर परिवर्तनों के पश्चात् निम्नलिखित पाठ्यक्रम अपनाया गया।

विषय	*समय*
1. शारीरिक क्रियाएँ	20 मिनट
2. मातृभाषा	40 मिनट
3. सामाजिक ज्ञान तथा सामाजिक विज्ञान	60 मिनट
4. कला	40 मिनट
5. गणित	20 मिनट
6. हस्तकला तथा उससे सम्बन्धित विषय	150 मिनट
कुल समय	330 = 5 ½ घण्टे

अन्य विवरण – (क) 8 वर्ष की अनिवार्य निःशुल्क शिक्षा–प्राथमिक स्तर 5 वर्ष और माध्यमिक स्तर 3 वर्ष का होगा। (ख) शिक्षा का माध्यम मातृभाषा होगा। (ग) हस्तकला शिक्षा का आधार होगा। हस्तकला के अतिरिक्त बालक के सामाजिक और भौतिक वातावरण का शिक्षा से सम्बन्ध स्थापित करना होगा। (घ) परीक्षा का आधार दैनिक कार्य बनाया जाए। (च) यथासम्भव पाठ्य-पुस्तकों के प्रयोग को समाप्त किया जाए। (छ) सफाई, स्वास्थ्य, नागरिकता, खेल और मनोरंजन को शिक्षा में पर्याप्त स्थान दिया जाए।

5.10 वर्धा शिक्षा योजना की समीक्षा (Evaluation of Wardha Scheme of Education)

बुनियादी तालीम के मुख्य गुण (Chief Merits of Basic Education) – 1. *शिक्षा का आधार बालक* – बुनियादी तालीम बालक को शिक्षा का आधार मानती है इसलिए उसकी आवश्यकता का अध्ययन करना और उसे उन्हें उपलब्ध कराना स्वीकार किया है। रूसो, पैस्टोलोजी, फ्रोबेल, हरबर्ट, ड्यूवी जैसे महान् शिक्षाशास्त्रियों ने भी शिक्षा में इस बात पर बल दिया है कि बच्चों की आवश्यकताओं और रुचियों को विशेष महत्त्व दिया जाए।

2. *क्रिया द्वारा शिक्षा*–क्रिया द्वारा शिक्षा बुनियादी तालीम का आधार है। यह सोचना भारी भूल है कि पुस्तकों से ही शिक्षा प्राप्त होती है। ज्ञान-प्राप्ति में दूसरी प्रणालियाँ और साधन अधिक सहायक होते हैं। गांधीजी का विश्वास था कि स्कूल क्रियात्मक होना चाहिए। बुनियादी तालीम में बच्चे एक महत्त्वपूर्ण और उद्देश्यपूर्ण क्रिया के साथ औपचारिक विषयों का ज्ञान भी प्राप्त करते हैं।

3. *बुनियादी तालीम में हस्तकला, शिक्षा का आधार*–हस्तकला बुनियादी तालीम का माध्यम है। गाँधीजी ने कहा है कि मेरा हस्तकला सिखाने का सुझाव केवल उत्पादकता बढ़ाने के लिए नहीं है वरन् इसके द्वारा बालकों की अभिरुचियों को विकसित करना है। उनके विचारानुसार समस्त शिक्षा का आधार हस्तकला अथवा उद्योग होना चाहिए।

4. *आत्मनिर्भरता*–इस योजना का एक गुण सीखने के साथ आय प्राप्त करना भी है। भारत जैसे निर्धन देश में बुनियादी तालीम के 'आत्मनिर्भर' तत्त्व का स्कूलों में एक महत्त्व है। स्कूलों को बिना आत्मनिर्भर बनाए संविधान में प्रस्तावित अनिवार्य और निःशुल्क शिक्षा की व्यवस्था कठिन प्रतीत होती है।

5. *सम्पूर्ण शिक्षा*–बुनियादी तालीम में शिक्षा को सम्पूर्ण ज्ञान माना गया है। समस्त शिक्षा का पाठ्यक्रम तीन पहलुओं पर आधारित है–भौतिक वातावरण, सामाजिक वातावरण और हस्तकला कार्य।

6. *शिक्षा का जीवन से सम्बन्ध*–बुनियादी स्कूल का वातावरण सामाजिक जीवन के वातावरण से भिन्न नहीं है। शिक्षा का सम्बन्ध जीवन की आवश्यकताओं से है।

7. *नागरिकता का प्रशिक्षण*–बुनियादी तालीम का उद्देश्य क्रियात्मक क्रियाओं द्वारा बालकों में सद्भावना, सहयोग, नागरिकता के गुण, व्यक्तिगत उत्तरदायित्व और निपुणता जैसे मूल्य उत्पन्न करना है।

8. *आठ वर्ष की अनिवार्य और निःशुल्क शिक्षा*–अनिवार्य और निःशुल्क शिक्षा का अर्थ यह है कि माता-पिता को कोई शुल्क नहीं देना होगा और वे बच्चों को स्कूल भेजेंगे।

गाँधीजी ने लिखा है कि प्राथमिक शिक्षा का समय सात वर्ष होगा और इसका स्तर अंग्रेजी को छोड़कर मैट्रिक के बराबर होगा। बाद में यह समय 8 वर्ष कर दिया गया।

9. *मातृभाषा का महत्त्व*–गाँधीजी ने कहा था कि मातृभाषा द्वारा ही उचित शिक्षा दी जा सकती है। विदेशी भाषा के माध्यम द्वारा हम मौलिक कार्यों के अयोग्य हो जाते हैं। इससे केवल हम रटना और अंकगणित करना ही सीखते हैं। जब तक मनुष्य मातृभाषा में प्रभावपूर्ण लिखना और बोलना नहीं सीखता उसके विचारों में स्पष्टता नहीं आती। इसके द्वारा ही बालक को गौरवपूर्ण अतीत की जानकारी कराई जाती है। इस प्रकार उसे सामाजिक शिक्षा मिलती है, जिसके द्वारा नैतिक गुणों का विकास होता है। इतना ही नहीं, मातृभाषा अपने भावों को व्यक्त करने का एक अच्छा साधन है।

10. *अध्यापक और बालक को अधिक स्वतंत्रता*–बुनियादी तालीम में अनुशासन का अर्थ भय नहीं है वरन् स्वतन्त्रता का उचित प्रयोग करना है। अध्यापक को स्वयं सोचने और प्रयोग करने के अधिक अवसर मिलते हैं और इस प्रकार वह अपने विचारों और योजनाओं को क्रियात्मक रूप दे सकता है।

11. *बुनियादी तालीम किसी एक वर्ग के लिए नहीं है*–बुनियादी तालीम का उद्देश्य एक ऐसे समाज का निर्माण करना है जिसमें गरीब-अमीर का अन्तर नहीं होगा।

12. *ग्रामीण और नगर क्षेत्रों में बुनियादी तालीम*–यह सोचना भूल है कि बुनियादी तालीम गाँव के लिए है। बुनियादी तालीम राष्ट्रीय शिक्षा प्रणाली है। इसके अन्तर्गत गाँव और नगर दोनों ही आते हैं। स्थानीय परिस्थितियों और आवश्यकताओं को ध्यान में रखकर हस्तकला निश्चित की जा सकती है और इसके ही कारण विभिन्न क्षेत्रों का पाठ्यक्रम भिन्न हो सकता है।

5.11 बुनियादी शब्द का महत्त्व/बुनियादी शिक्षा का नामकरण (Importance of Basic System/Its Nomenclature)

बुनियादी शब्द का आधार नींव है; जिस पर भवन अथवा सिद्धान्त अथवा प्रणाली का निर्माण किया जाता है।

यह बुनियादी है क्योंकि इसका आधार प्राचीन भारतीय सभ्यता है।

यह बुनियादी है क्योंकि यह शिक्षा का न्यूनतम स्तर निश्चित करती है जिसे प्राप्त करने का अधिकार प्रत्येक भारतीय बालक को है।

यह बुनियादी है क्योंकि इसका सम्बन्ध बालक की मूल आवश्यकताओं और अभिरुचियों से है।

यह बुनियादी है क्योंकि यह स्थानीय साधनों का प्रयोग करती है।

यह बुनियादी है क्योंकि इसका सम्बन्ध समाज के व्यवसायों से है।

यह बुनियादी है क्योंकि इसका सम्बन्ध देश के साधारण लोगों से है जो राष्ट्रीय जीवन का आधार हैं।

यह बुनियादी है क्योंकि इसका स्थान प्रथम है। इसका अर्थ प्राथमिक शिक्षा अर्थात् शिक्षा क्षेत्र का प्रथम चरण है।

5.12 बुनियादी तालीम की आलोचना
(Criticism of Basic System of Education)

1. ***दोषयुक्त मनोवैज्ञानिक सिद्धान्तों पर आधारित***–इसमें बालक के मानसिक विकास से सम्बन्धित कोमल और महत्त्वपूर्ण सिद्धान्तों की अवहेलना की गई है। बालक को एक सिपाही अथवा सैनिक के रूप में समझा गया है। उसके महत्त्वपूर्ण व्यक्तित्त्व की अवहेलना की गई है। उसे एक उद्देश्य की पूर्ति में साधन समझा गया है। वह उद्देश्य जीविका कमाना है।

2. ***समन्वय का आधार हस्तकला एक अस्वाभाविक कार्य***–किसी भी सुदृढ़ शिक्षा प्रणाली में हस्तकला द्वारा पाठ्यक्रम के सभी विषयों का सम्बन्ध स्थापित करना एक अस्वाभाविक कार्य है। अध्यापन प्रभावपूर्ण होना चाहिए। इसलिए इसका सम्बन्ध बालक के निजी अनुभवों से होना चाहिए। अत: यह भारी भूल है कि समस्त ज्ञान का केन्द्र हस्तकला रखा जाए।

3. ***राष्ट्रीय गुणों की अवहेलना***–हमारे राष्ट्रीय आदर्शों के अनुसार शिक्षा का आधार धर्म होना चाहिए और इसे धारण करना उद्देश्य होना चाहिए। हस्तकला पर आधारित शिक्षा हमारे प्राचीन आदर्शों के विपरीत है।

4. ***औद्योगिक समय में बुनियादी तालीम की अनुपयुक्ता***–पंचवर्षीय योजना और सरकार की समस्त नीतियाँ औद्योगीकरण की हैं। ऐसी स्थिति में बुनियादी तालीम विचारधारा के लिए प्रयत्न करना आवश्यक नहीं है। हमारी शिक्षा प्रणाली का उद्देश्य मनुष्य का सामूहिक विकास करना है। अत: ऐसे देश में जहाँ सामूहिक आर्थिक विकास करना है वहाँ हस्तकला पर जोर देना बड़ी भूल है।

5. ***हानिकारक प्रतियोगिता***–इस योजना की हानिकारक प्रतियोगिता द्वारा कुशल कलाकारों को हानि होगी।

6. ***बुनियादी स्कूलों का असफल कार्य***–यांत्रिक गणित और शब्द अभ्यास की हानि हो रही है।

7. **बालक की अवहेलना**–हस्तकला की ओर अधिक ध्यान देने के कारण बालक की अवहेलना की जाती है। बुनियादी तालीम को एक आर्थिक कार्य का माध्यम समझा जाता है।

8. ***दूषित कार्य-विवरण***–बुनियादी स्कूलों में लगभग आधा समय विषय शिक्षण में लगता है और शेष हस्तकला को दिया जाता है। अधिकतर कार्यतालिका में शिक्षण कार्य को समय हस्तकला के बाद दिया जाता है, जिसका परिणाम यह होता है कि हस्त का कार्य सीख कर छात्र थक जाते हैं और वे शिक्षण-कार्य में रुचि नहीं ले पाते हैं।

9. ***साहित्य और अन्य जानकारियों पर बहुत कम स्थान है***–साहित्य और दूसरे महत्त्वपूर्ण विषयों को दूसरा स्थान दे दिया जाता है।

10. ***किसी भी हस्तकला में निपुणता का न माना***–विद्यार्थी लगभग स्कूल कार्य का आधा समय हस्तकला सीखने में लगाते हैं, फिर भी वे किसी भी कला में निपुण नहीं होते हैं।

5.13 बुनियादी तालीम से सम्बन्धित कुछ व्यंग्यात्मक विशेषण (Sarcastic Remarks on Basic Education)

1. बुनियादी तालीम एक भूल है। इसके कोई मनोवैज्ञानिक और अध्यापन सिद्धान्त नहीं हैं। 2. बुनियादी तालीम एक भुलावा है। इसके सिद्धान्त त्रुटिपूर्ण हैं और ठीक प्रकार से नहीं समझे गए हैं। 3. बुनियादी तालीम एक तमाशा है। योजना प्रयोगात्मक नहीं है। इसमें हस्तकला का सामान 'दिखावे' के लिए एकत्रित किया जाता है। जब अतिथि आते हैं तो सामान का प्रदर्शन किया जाता है। 4. बुनियादी तालीम एक धोखा है। इसे कुछ लोगों ने साधारण जनता पर थोपने का प्रयास किया है। 5. बुनियादी शिक्षा राजनीतिक चाल है जिसके माध्यम से राष्ट्रीय भावनाओं से खिलवाड़ किया गया है।

उपसंहार – वर्धा योजना भरसक प्रयत्न करने पर भी सफल न हो पायी। अब इसका उल्लेख केवल पुस्तकों तक ही सीमित रह गया है।

बुनियादी तालीम में निहित 'कार्य अनुभव' (Work Experience) को किसी न किसी रूप में अब शिक्षा का अभिन्न अंग मान लिया गया है। यही बुनियादी तालीम की देन है।

शिक्षा में विषयों तथा कार्यों में सह-सम्बन्ध (Correlation) पर बल देना नई तालीम की दूसरी देन है।

5.14 वर्धा शिक्षा योजना का कार्यान्वयन (Implementation of Wardha System of Education)

प्रान्तों में कांग्रेस मन्त्रिमण्डल (1937-39) तथा वर्धा शिक्षा प्रणाली – भारत सरकार अधिनियम 1935 के प्रावधानों के अन्तर्गत प्रान्तीय विधानसभाओं के 1937 में चुनाव कराए गए। चुनावों में कांग्रेस की उपलब्धि बहुत अच्छी रही। उस समय भारत 11 प्रान्तों में बँटा हुआ था। सात प्रान्तों, अर्थात् मद्रास (चैन्नई), बम्बई (मुम्बई), बिहार, उड़ीसा, मध्य प्रान्त, यू.पी. तथा पश्चिमोत्तर सीमान्त प्रान्त, में कांग्रेस मन्त्रिमण्डल बने। असम और सिंध में उसने मिले-जुले मंत्रिमण्डल बनाए। पंजाब तथा बंगाल में गैर कांग्रेसी मंत्रिमंडल बने। कांग्रेस मंत्रिमण्डलों ने लगभग 27 माह तक काम किया। वर्धा शिक्षा के क्षेत्र में उल्लेखनीय कार्य किया। 1939 में द्वितीय महायुद्ध आरम्भ हुआ। तीन सितम्बर 1939 को ब्रिटिश सरकार ने जर्मनी के विरूद्ध युद्ध की घोषणा कर दी। यह घोषणा करते समय ब्रिटिश सरकार ने कांग्रेस से विचार-विमर्श नहीं किया। अतः नवम्बर 1939 में कांग्रेस मंत्रिमण्डलों ने त्यागपत्र दे दिया।

5.15 स्वतन्त्र भारत में बेसिक शिक्षा का विकास (Progress of Basic Education in Free India)

देश की स्वतन्त्रता के पश्चात् देश में कांग्रेस सरकारों का गठन हुआ। स्वभावतः बेसिक शिक्षा को बल मिला। प्राथमिक स्तर पर बेसिक शिक्षा को राष्ट्रीय शिक्षा प्रणाली का एक अभिन्न अंग माना गया। महात्मा गाँधी द्वारा प्रतिपादित विचारधारा में कुछ

परिवर्तन किये गये, विशेष रूप से शिक्षा को 'स्वावलम्बन बनाने' में। यह पद्धति लागू करने के लिए उचित तैयारी भी न की गई। बेसिक शिक्षा के नाम पर प्रचुर धनराशि कुछ क्षेत्रों में दी गई परन्तु उसका भरपूर दुरुपयोग होने लगा। "रातोंरात परम्परागत प्राथमिक स्कूलों के साइनबोर्ड बदल दिए गए तथा उन्हें बेसिक स्कूलों का नाम दिया जाने लगा।" बेसिक शिक्षा संबंधी विवादों पर विचार के लिए कई सेमिनार आयोजित किए गए। कई समितियों द्वारा समीक्षा की गई। परन्तु उचित ढंग से बेसिक शिक्षा को व्यावहारिक रूप न दिया जा सका।

पहली चार पंचवर्षीय योजनाओं में बेसिक शिक्षा में प्रगति का विवरण नीचे दिया जा रहा है।

तालिका: पंचवर्षीय योजनाओं में बेसिक शिक्षा

प्राथमिक स्तर पर स्कूल	*पहली योजना*	*दूसरी योजना*	*तीसरी योजना*	*चौथी योजना*
1. जूनियर बेसिक स्कूल	33,379	42,971	1,00,000	1,53,000
2. कुल प्राथमिक स्कूलों का प्रतिशत	15.9	15.4	29.2	30.9
3. सीनियर बेसिक स्कूल	388	4,842	11,940	16,700
4. कुल सीनियर स्कूलों का प्रतिशत	2.9	22.3	30.2	28.9

5.16 शिक्षा आयोग (1964-66) का बेसिक शिक्षा पर कुठाराघात–बेसिक शिक्षा का 'मरण पत्र' (Death Blow to Basic System of Education by the Kothari Commission 1964-66)

लड़खड़ाती बेसिक शिक्षा पद्धति का पूर्ण अन्त, शिक्षा आयोग (1964-66) ने किया। शिक्षा आयोग ने इस पद्धति को नकार दिया। आयोग ने इसके विरूद्ध अपनी संस्तुतियाँ दीं। सन् 1968, 1986 तथा 1992 की शिक्षा नीति में बेसिक शिक्षा पद्धति का जिक्र तक नहीं है। शिक्षा आयोग ने 'कार्य अनुभव' पर जोर दिया। उसके पश्चात् कार्य अनुभव का स्थान 'सामाजिक दृष्टि से लाभदायक कार्य' ने लिया। अब बेसिक शिक्षा योजना/वर्धा शिक्षा योजना 'दस्तावेजों' में बन्द हो कर रह गयी है।

6

एबट–वुड कमेटी रिपोर्ट (1937) तथा सार्जेन्ट रिपोर्ट (1944)

(Abbott-Wood Committee Report 1937 and Sargent Report 1944)

6.1 एबट–वुड कमेटी की नियुक्ति (Appointment of the Abbott-Wood Committee)

केन्द्रीय शिक्षा सलाहकार बोर्ड (Central Advisory Board of Education—CABE) के 1935 के प्रस्ताव के अनुसार भारत सरकार ने सन् 1936 में शिक्षा संबंधी सुझाव देने के लिए इंग्लैण्ड के दो प्रसिद्ध शिक्षा–विशेषज्ञों को भारत आने के लिए आमंत्रित किया। ये विशेषज्ञ थे–

1. ए. एबट, इंग्लैण्ड के शिक्षा–बोर्ड के प्रौद्योगिक स्कूलों का भूतपूर्व चीफ इंस्पैक्टर।
2. एस. एच. वुड, इंग्लैण्ड के शिक्षा–बोर्ड के डायरेक्टर ऑफ इन्टेलिजेन्स।

6.2 जाँच के विषय (Terms of Reference)

1. क्या वर्तमान औद्योगिक एवं व्यावसायिक शिक्षा–संस्थाओं में सुधार किया जाना चाहिए। 2. क्या नवीन औद्योगिक एवं व्यावसायिक शिक्षा–संस्थाओं की स्थापना की जानी चाहिए। 3. ग्राम के बालकों के लिए, किस प्रकार की शिक्षा की विशेष व्यवस्था की जानी चाहिए? 4. क्या प्राथमिक, माध्यमिक एवं उच्चतर स्कूलों में किसी प्रकार का व्यावसायिक या व्यावहारिक प्रशिक्षण दिया जाना चाहिए? यदि हाँ, तो उसका स्वरूप और विस्तार क्या होना चाहिए?

वुड–एबट रिपोर्ट के दो भाग – वुड और एबट, नवम्बर सन् 1936 से मार्च 1937 तक भारत में रहे। उनके पास समय का अभाव था। अत: उन्होंने केवल दिल्ली, पंजाब और संयुक्त प्रान्त का दौरा करके भारतीय शिक्षा का अध्ययन किया और जून सन् 1937 में अपनी रिपोर्ट को भारत सरकार के समक्ष प्रस्तुत किया। इस रिपोर्ट का शीर्षक है–"Vocational Education in India with a Section on General Education and Administration." यह रिपोर्ट–"वुड–एबट रिपोर्ट" के नाम से प्रसिद्ध है। रिपोर्ट के दो भाग इस प्रकार हैं–

1. एबट द्वारा लिखित–"व्यावसायिक शिक्षा" (Vocational Education)। 2. वुड द्वारा लिखित–"सामान्य शिक्षा एवं प्रशासन" (General Education Administration)।

6.3 व्यावसायिक शिक्षा संबंधी संतुतियाँ
(Recommendations on Vocational Education)

1. व्यावसायिक शिक्षा का विस्तार, देश के उद्योगों की आवश्यकताओं को ध्यान में रखकर किया जाए।

2. प्रत्येक प्रान्त में व्यावसायिक शिक्षा का रूप वहाँ के उद्योगों, व्यापारों तथा परिस्थितियों के अनुसार निर्धारित किया जाए।

3. व्यावसायिक शिक्षा को उच्च पद और स्तर पर रखा जाए, साहित्यिक शिक्षा का हो।

4. सामान्य एवं व्यावसायिक शिक्षाओं को एक-दूसरे से विभिन्न न समझा जाए, अपितु इन्हें एक निरन्तर होने वाली प्रक्रिया का पूर्वकालीन एवं उत्तरकालीन चरण माना जाए।

5. सामान्य एवं व्यावसायिक शिक्षाओं के साधन तथा लक्ष्य विभिन्न हैं। अतः दोनों प्रकार की शिक्षा के लिए पृथक् स्कूलों की व्यवस्था की जाए।

6. कुटीर उद्योग-धन्धों में लगे हुए व्यक्तियों को उपयुक्त व्यावसायिक एवं व्यापारिक प्रशिक्षण दिया जाए।

7. उद्योग एवं व्यापार और उद्योग एवं शिक्षा में निकट सम्पर्क स्थापित करने के लिए प्रत्येक प्रान्त में 'व्यावसायिक शिक्षा की सलाहकार समिति' का संगठन किया जाए।

8. उद्योगपति–भवन, सामग्री और धन देकर व्यावसायिक शिक्षा को प्रोत्साहन दें।

9. पूर्णकालीन व्यावसायिक स्कूलों की स्थापना की जाए। ये स्कूल दो प्रकार के होने चाहिए–(1) जूनियर वोकेशनल स्कूल और (2) सीनियर वोकेशनल स्कूल। जूनियर स्कूल में छात्र 8वीं कक्षा पास करके प्रवेश करें और उनका पाठ्यक्रम 3 वर्ष का हो। सीनियर स्कूल में 11वीं कक्षा के उपरान्त 2 वर्ष का पाठ्यक्रम हो।

10. जो व्यक्ति विभिन्न व्यवसायों में लगे हुए हैं, उनको शिक्षा देने के लिए 'अंशकालिक व्यावसायिक स्कूल' स्थापित किए जाएँ। इनमें शिक्षा प्राप्त करने वाले इच्छुक कर्मचारियों को मालिकों द्वारा एक सप्ताह में $2\frac{1}{2}$ दिन की छुट्टी दी जाए।

11. कम-से-कम 50 हजार जनसंख्या वाले औद्योगिक क्षेत्रों में जूनियर और सीनियर टेक्नीकल स्कूलों की स्थापना की जाए।

12. व्यावसायिक शिक्षा का पाठ्यक्रम समाप्त करने वाले विद्यार्थियों को प्रमाण-पत्र दिये जाएँ।

13. ग्रामीण लोगों का प्रधान व्यवसाय–कृषि है। अतः ग्रामों में स्थापित किये जाने वाले निम्न और उच्च माध्यमिक स्कूलों में कृषि की शिक्षा को अनिवार्य विषय बनाया जाए एवं इस विषय के शिक्षण का विशेष प्रबन्ध किया जाए।

14. भारत सरकार को निम्नलिखित प्रकार के पूर्णकालिक (Full time) व्यावसायिक स्कूलों का शिलान्यास करना चाहिए–

(i) प्राथमिक शिक्षा प्राप्त छात्रों के लिए "ट्रेड स्कूल" (Trade Schools), (ii) आठवीं कक्षा पास छात्रों के लिए "जूनियर वोकेशनल स्कूल" (Junior Vocational Schools), (iii) दसवीं कक्षा पास छात्रों के लिए "सीनियर वोकेशनल स्कूल" (Senior Vocational Schools), (iv) बी.एस.सी. पास छात्रों के लिए "प्रौद्योगिक संस्थाएँ" (Technological Institutes)।

6.4 सामान्य शिक्षा-सम्बन्धी सिफारिशें (Recommendations on General Education)

1. विभिन्न स्तरों पर शिक्षा की अवधि इस प्रकार हो-(i) प्राथमिक शिक्षा-4 वर्ष (ii) निम्न माध्यमिक शिक्षा-4 वर्ष (iii) उच्च माध्यमिक शिक्षा-4 वर्ष (iv) स्नातक शिक्षा-4 वर्ष।

2. शिशु शिक्षा की उपयुक्त व्यवस्था की जाए।

3. प्राथमिक कक्षाओं में शिक्षा को पुस्तकों पर आधारित न करके बालकों की स्वाभाविक रुचियों, क्रियाओं और प्रवृत्तियों पर आधारित किया जाए।

4. निम्न माध्यमिक कक्षाओं में अंग्रेजी की शिक्षा पर बल न दिया जाए।

5. उच्च माध्यमिक कक्षाओं में अंग्रेजी की शिक्षा अनिवार्य रूप में दी जाए।

6. हाईस्कूल तक की शिक्षा-भारतीय भाषाओं के माध्यम से दी जाए।

7. अंग्रेजी की शिक्षा को साहित्यिक रूप न देकर, अधिक व्यावहारिक बनाने का प्रयत्न किया जाए।

8. रचनात्मक हस्तकार्य (Constructive Handwork) की शिक्षा के प्रति विशेष ध्यान दिया जाए और उसकी शिक्षा सभी स्कूलों में दी जाए।

9. ललित कलाओं (Fine Arts) की शिक्षा को प्रोत्साहित किया जाए और उनके शिक्षण के लिए प्रशिक्षित शिक्षकों की नियुक्ति की जाए।

10. ग्रामों के मिडिल स्कूलों के पाठ्यक्रम में वहाँ की आवश्यकताओं और परिस्थितियों के अनुसार पाठ्य-विषयों को स्थान दिया जाए।

11. स्कूलों का नियमित रूप से निरीक्षण करने के लिए स्कूल निरीक्षकों की नियुक्ति की जाए और उनको कार्य करने की स्वतन्त्रता प्रदान की जाए।

12. अध्यापकों के प्रशिक्षण की ओर विशेष ध्यान दिया जाए। प्राथमिक स्कूलों के अध्यापक कम-से-कम मिडिल पास होने चाहिए। उनके प्रशिक्षण की अवधि 3 वर्ष की होनी चाहिए और उनके लिए "अभिनवन पाठ्यक्रमों" (Refresher Courses) का आयोजन किया जाए।

13. स्कूलों का प्रबन्ध करने वाली स्थानीय संस्थाओं पर सरकार अधिक नियन्त्रण रखे।

14. स्कूलों के नियमित निरीक्षण के लिए निरीक्षकों की नियुक्ति की जाए तथा उन्हें अधिक से अधिक स्वतन्त्रता दी जाए।

6.5 एबट-वुड रिपोर्ट का मूल्यांकन (Evaluation of Abbott-Wood Report)

समय के अभाव के कारण दोनों शिक्षाविद् केवल दिल्ली, पंजाब तथा संयुक्त प्रान्त का ही दौरा कर सके तथा उनकी परिस्थितियों के सूक्ष्म अवलोकन के आधार पर अपनी

संतुतियाँ दीं। सम्भवत: यह भारत के शिक्षा के इतिहास में पहला अवसर था कि व्यावसायिक शिक्षा के संबंध में किसी शिक्षा समिति अथवा शिक्षा आयोग ने इतने विस्तारपूर्वक संतुतियाँ दी हों। संतुतियाँ समयानुकूल तथा व्यावसायिक थीं। परन्तु इन संतुतियों पर कोई कार्यवाही न की जा सकी क्योंकि 1939 में दूसरा विश्वयुद्ध छिड़ गया।

6.6 सारजेन्ट रिपोर्ट–1944 (Sargent Report, 1944)

भूमिका – दूसरे महायुद्ध की समाप्ति के पश्चात् युद्धग्रस्त देशों ने पुनर्निमाण की योजनाएँ बनाईं। भारत में भी अनेक विकास योजनाओं की शुरूआत की। इन योजनाओं में शिक्षा योजना भी बनाई गई। भारत के गवर्नर जनरल की प्रबन्धकारिणी कौंसिल की पुनर्निमाण समिति (Reconsruction Committee of Governor General's Council) में केन्द्रीय शिक्षा सलाहकार बोर्ड को भारत में शिक्षा योजना बनाने का निर्देश दिया। यह योजना बोर्ड के अनुरोध पर तत्कालीन शिक्षा सलाहकार जॉन सार्जेन्ट ने तैयार की तथा 1944 में बोर्ड के समक्ष प्रस्तुत किया।

रिपोर्ट को निम्न नामों से पुकारा जाता है–

1. सार्जेन्ट रिपोर्ट (Sargent Report) 2. सार्जेन्ट योजना (Sargent Plan) 3. भारत में युद्धोत्तर शिक्षा-विकास योजना (Plan of Post-War Educational Development in India) 4. केन्द्रीय शिक्षा सलाहकार बोर्ड की रिपोर्ट (Report of the Central Advisory Board of Education)।

रिपोर्ट का उद्देश्य – योजना का उद्देश्य 313 करोड़ रुपए प्रति वर्ष खर्च करके 40 वर्ष की अवधि में भारत में शैक्षिक योजनाओं के उसी स्तर का निर्माण करना था, जिस पर इंग्लैण्ड पहुँच चुका था।

रिपोर्ट ने (White Paper on Education of England) में इस प्रकार कहे गए कथन पर बल दिया, "इस देश का भविष्य यहाँ के लोगों की शिक्षा पर निर्भर करता है।"

6.7 आयोग की सिफारिशें (Recommendations of the Report)

आयोग की सिफारिशें निम्नलिखित 12 भागों में बाँटी गई हैं–1. पूर्व प्राथमिक शिक्षा, 2. प्राथमिक अथवा बेसिक शिक्षा, 3. हाई स्कूल अथवा माध्यमिक शिक्षा, 4. विश्वविद्यालय शिक्षा, 5. प्राविधिक, वाणिज्य एवं कला शिक्षा, 6. प्रौढ़ शिक्षा, 7. अध्यापक प्रशिक्षण, 8. छात्र-स्वास्थ्य, 9. विकलांग छात्रों की शिक्षा, 10. विनोदात्मक तथा सामाजिक क्रियाएँ, 11. भर्ती कार्यालय, 12. प्रशासन तथा प्रबंध।

पूर्व प्राथमिक शिक्षा – 1. पूर्व प्राथमिक अथवा नर्सरी शिक्षा की उचित व्यवस्था की जाए। 2. नर्सरी शिक्षा का मुख्य उद्देश्य बच्चों को सामाजिक अनुभव तथा शिष्टाचार की शिक्षा देना है न कि सामान्य शिक्षा। 3. नर्सरी शिक्षा नि:शुल्क दी जाए। 4. नर्सरी शिक्षा 3 से 6 आयु-वर्ग के बच्चों के लिए हो।

प्राथमिक शिक्षा (बेसिक शिक्षा) – 1. छ: वर्ष से चौदह वर्ष तक की अवस्था के समस्त बच्चों के लिए नि:शुल्क एवं अनिवार्य प्राथमिक या बेसिक शिक्षा की व्यवस्था की

जाए। 2. अपव्यय को रोकने के लिए शिक्षा को अनिवार्य बनाना आवश्यक है। 3. रिपोर्ट में बेसिक शिक्षा के मौलिक सिद्धान्तों का समर्थन, परंतु शिक्षा को आत्मनिर्भर बनाने का विरोध किया गया। 4. बेसिक शिक्षा को दो भागों में विभक्त किया गया–जूनियर बेसिक (6-11) और सीनियर बेसिक (11-14)। 5. शिक्षा का माध्यम बच्चों की मातृभाषा हो। 6. शिक्षा को अनिवार्य बनाने के लिए "उपस्थिति-निरीक्षक-पदाधिकारियों" (Attendance Officers) की नियुक्ति की जानी चाहिए। 7. बेसिक शिक्षा किसी आधारभूत शिल्प के माध्यम से दी जाए। 8. जूनियर बेसिक स्कूलों के पाठ्यक्रम में अंग्रेजों को स्थान न दिया जाए। 9. प्राथमिक स्कूलों में सह-शिक्षा प्रचलित की जा सकती है। 10. सीनियर बेसिक स्कूलों में अंग्रेजों की शिक्षा साधारणतया न दी जाए। किन्तु, यदि किसी प्रान्त में अंग्रेजी की माँग है, तो "प्रान्तीय शिक्षा-विभाग" उसकी पढ़ाई की अनुमति दे सकता है। 11. दोनों प्रकार के स्कूलों में बाह्य परीक्षा के बजाय आन्तरिक परीक्षा की व्यवस्था की जानी चाहिए। 12. परीक्षा में उत्तीर्ण होने वाले छात्रों को सर्टिफिकेट दिए जाने चाहिएं।

'प्राथमिक शिक्षा सबके लिए' की अवधि 1884 तक निर्धारित की गई अर्थात् इस लक्ष्य की प्राप्ति का समय चालीस वर्ष रखा गया।

हाई स्कूल/माध्यमिक शिक्षा – 1. हाई स्कूल की शिक्षा 6 वर्ष की अर्थात् 11 से 17 वर्ष तक की आयु के बालकों और बालिकाओं के लिए होनी चाहिए।

2. हाई स्कूलों में केवल उन्हीं छात्रों को प्रवेश दिया जाना चाहिए, जिनकी क्षमताएँ औसत छात्रों से ऊँची हों।

3. जूनियर बेसिक स्कूलों की शिक्षा समाप्त करने वाले छात्रों में से लगभग 20 प्रतिशत को हाई स्कूलों में प्रवेश दिया जाना चाहिए।

4. हाई स्कूलों में 11 वर्ष से कम आयु के छात्रों को प्रवेश नहीं दिया जाना चाहिए।

5. हाई स्कूलों में प्रवेश लेने वाले छात्रों को 14 वर्ष की आयु की समाप्ति तक अनिवार्य रूप से शिक्षा ग्रहण करनी चाहिए।

6. हाई स्कूलों में अध्ययन करने वाले छात्रों में से केवल 50 प्रतिशत छात्रों से शुल्क लिया जाना चाहिए और 50 प्रतिशत को निःशुल्क शिक्षा दी जानी चाहिए।

7. हाई स्कूल दो प्रकार के होने चाहिए–(1) साहित्यिक हाई स्कूल, और (2) तकनीकी हाई स्कूल।

8. दोनों प्रकार के हाई स्कूलों में अग्रांकित विषयों की शिक्षा सामान्य रूप से दी जानी चाहिए–(1) मातृभाषा, (2) अंग्रेजी, (3) आधुनिक भाषाएँ, (4) भारत तथा विश्व का इतिहास, (5) भारत तथा विश्व का भूगोल, (6) गणित, (7) विज्ञान, (8) अर्थशास्त्र, (9) कृषि, (10) कला, (11) संगीत, और (12) शारीरिक शिक्षा।

9. हाई स्कूलों में शिक्षा का माध्यम–मातृभाषा होनी चाहिए।

10. अंग्रेजी की शिक्षा, द्वितीय अनिवार्य विषय के रूप में दी जानी चाहिए।

11. हाई स्कूलों का पाठ्यक्रम–विश्वविद्यालय-शिक्षा का आधार-मात्र न होकर, अपने आप में पूर्ण होना चाहिए, ताकि इस पाठ्यक्रम को पूर्ण अध्ययन करने के उपरान्त छात्रों को किसी व्यवसाय को करने की योग्यता प्राप्त हो जाए।

12. उक्त सामान्य विषयों के अतिरिक्त साहित्यिक हाई स्कूलों में प्राच्य-भाषाओं (Classical Languages) और नागरिकशास्त्र की भी शिक्षा दी जानी चाहिए। बालिकाओं को गृह-विज्ञान की शिक्षा देने की विशेष व्यवस्था की जानी चाहिए।

13. तकनीकी हाई स्कूलों में उल्लिखित विषयों के अतिरिक्त नीचे दिए विषयों की भी शिक्षा दी जानी चाहिए-(1) काष्ठ-कला, (2) धातु-कला, (3) साधारण इंजीनियरिंग, (4) ड्राइंग, (5) वाणिज्य संबंधी विषय, (6) बुक कीपिंग, (7) शॉर्ट-हैण्ड, (8) टाइप-राइटिंग, (9) अकाउण्टेंसी, और (10) व्यापार-पद्धति।

14. हाई स्कूलों में अध्यापकों एवं छात्रों का अनुपात 1 : 20 होना चाहिए।

विश्वविद्यालय शिक्षा – 1. बी.ए., बी.एस.सी. आदि स्नातक उपाधि प्राप्त करने की न्यूनतम अवधि 3 वर्ष की होनी चाहिए।

2. इण्टरमीडिएट कक्षाओं को भंग कर दिया जाना चाहिए। उनकी 11वीं कक्षा को हाई स्कूल से और 12वीं कक्षा को विश्वविद्यालय से सम्बद्ध कर दिया जाए।

3. विश्वविद्यालयों के प्रवेश नियमों को इतना कठोर बना दिया जाना चाहिए कि माध्यमिक शिक्षा समाप्त करने वाले 15 छात्रों में से केवल 1 छात्र ही विश्वविद्यालय में प्रवेश कर सके।

4. विश्वविद्यालयों के शिक्षा स्तर का उन्नयन करने के लिए अग्रांकित 3 उपाय अपनाए जाने चाहिए-(1) योग्य शिक्षकों की नियुक्ति, (2) शिक्षकों के वेतन-क्रम में वृद्धि, और (3) शिक्षकों की सेवा-शर्तों (Conditions of Service) में सुधार।

5. भारत के सब विश्वविद्यालयों में एकरूपता स्थापित करने के लिए विश्वविद्यालय-अनुदान-आयोग (University Grants Commission) का संगठन किया जाना चाहिए।

6. विश्वविद्यालयों में छात्रों और शिक्षकों के पारस्परिक संबंधों में घनिष्ठता उत्पन्न करने के लिए "ट्यूटोरियल प्रणाली" (Tutorial System) का प्रचलन प्रारम्भ किया जाना चाहिए।

अध्यापक प्रशिक्षण – सार्जेन्ट रिपोर्ट में यह स्पष्ट किया गया कि उसके द्वारा प्रस्तावित शिक्षा योजना को सफल बनाने के लिए प्रशिक्षित अध्यापकों की विशाल संख्या की आवश्यकता है।

रिपोर्ट ने शिक्षकों की संख्या का अनुमान इस प्रकार लगाया-

1.	प्रशिक्षित गैर-स्नातक	लगभग 20 लाख
2.	प्रशिक्षित स्नातक	लगभग 20 लाख

इतनी विशाल संख्या में शिक्षकों को प्रशिक्षित करने के लिए रिपोर्ट ने यह सिफारिश की है कि निम्नांकित तीन प्रकार की प्रशिक्षण-संस्थाएँ समुचित संख्या में स्थापित की जानी चाहिए-

1. पूर्व-प्राथमिक स्कूलों के शिक्षकों के लिए। 2. जूनियर और सीनियर बेसिक स्कूलों के शिक्षकों के लिए। 3. हाई स्कूलों के शिक्षकों के लिए।

रिपोर्ट ने शिक्षक-प्रशिक्षण के संबंध में चार महत्त्वपूर्ण सुझाव दिए हैं-

1. प्रशिक्षण-संस्थाएँ यथासम्भव आवासीय (Residential) होनी चाहिए। 2. प्रशिक्षण-संस्थाओं के छात्राध्यापकों से शुल्क नहीं लिया जाना चाहिए। 3. सब प्रकार के शिक्षकों के लिए "अभिनवन पाठ्यक्रम" (Refresher Course) की व्यवस्था की जानी चाहिए। 4. योग्य व्यक्तियों को शिक्षण-व्यवसाय के प्रति आकृष्ट करने के लिए अध्यापकों के वेतन में वृद्धि की जानी चाहिए।

अन्य सिफारिशें (Other Recommendations) – "सार्जेन्ट रिपोर्ट" में उपर्युक्त के अतिरिक्त और भी सिफारिश की गईं हैं। इनमें निम्नलिखित महत्त्वपूर्ण हैं–

(1) छात्रों के स्वास्थ्य की देखभाल की उचित व्यवस्था,

(2) विकलांगों (Handicapped) के लिए विशिष्ट विद्यालयों का आयोजन,

(3) छात्रों के लिए मनोरंजनात्मक और सामाजिक कार्यों का संयोजन,

(4) छात्रों को व्यवसाय का चयन करने में परामर्श देने के लिए स्थान-स्थान पर "सेवा-योजनालयों" (Employment Bureaus) की स्थापना,

(5) राष्ट्रीय शिक्षा-प्रणाली की स्थापना के लिए केन्द्रीय एवं प्रान्तीय सरकारों में निकट सहयोग,

(6) पूर्णकालिक तथा अंशकालिक तकनीकी शिक्षा संस्थाओं की स्थापना, और

(7) प्रजातन्त्र की सफलता के लिए वयस्कों के लिए वयस्क शिक्षा का आयोजन करना।

वित्तीय प्रावधान (Financial Provision) – रिपोर्ट की संतुतियों के क्रियान्वयन पर रु. 312.6 करोड़ खर्च करने का अनुमान लगाया गया। कुल राशि में रु. 200.0 करोड़ प्राथमिक स्तर के विकास के लिए थे।

6.8 रिपोर्ट द्वारा निर्धारण टारगेट (लक्ष्यांक)
(Proposed Targets of the Report)

1. कुल समय — 40 वर्ष (1945-84)
2. वार्षिक व्यय — 312.6 करोड़
3. अनुमानित जनसंख्या — 29.0 करोड़
4. प्रति व्यक्ति खर्च — रु 11, 1939 के मूल्यों पर।
5. नर्सरी स्तर की शिक्षा — 21 बच्चों में से एक की शिक्षा तथा देखभाल का लक्ष्य।
6. बेसिक शिक्षा प्रणाली के आधार पर सभी बच्चों के लिए निःशुल्क अनिवार्य शिक्षा।
7. 11-14 वर्ष की आयु के बच्चों की कुल संख्या के 4/5 बच्चों के लिए अनिवार्य सीनियर बेसिक शिक्षा।
8. प्राथमिक स्तर की शिक्षा प्राप्त करने वाले छात्रों में से प्रतिभा के आधार पर पाँच में से एक छात्र के लिए माध्यमिक शिक्षा की व्यवस्था करना।
9. तकनीकी शिक्षा की व्यवस्था करना।
10. प्रौढ़ अक्षरता का उन्मूलन करना।

वित्तीय विवरण (रु. मिलियन में)

क्रम.सं.	मद	अनुमानित सकल वार्षिक आय	पब्लिक निधियों के अतिरिक्त आय के अनुमानित स्रोत	पब्लिक निधियों से प्रमुख अनुमानित खर्च
1.	बेसिक शिक्षा (प्राथमिक तथा मिडिल)	2000	–	2000
2.	नर्सरी शिक्षा	32	–	32
3.	हाई स्कूल	790	290	500
4.	विश्वविद्यालय शिक्षा	96	29	67
5.	तकनीकी आदि शिक्षा	100	20	80
6.	शिक्षा वयस्क	30	–	30
7.	अध्यापक प्रशिक्षण	62	17	45
8.	मनोरंजनात्मक तथा समाज सेवाएँ	10	–	10
9.	रोजगार ब्यूरो	6	–	6
10.	प्रशासन	–	–	–
11.	स्कूल स्वास्थ्य शिक्षा	–	–	–
12.	विकलांगों की शिक्षा	–	–	–
	कुल	3126	356	2770

6.9 सार्जेन्ट रिपोर्ट का मूल्यांकन (Evaluation of the Sargent Report)

सार्जेन्ट रिपोर्ट का भारतीय शिक्षा के इतिहास में अपना विशेष महत्त्व तथा स्थान है। यह पहला अवसर था जबकि भारतीय शिक्षा के सभी स्तरों तथा सभी पक्षों पर व्यापक रूप से अध्ययन के पश्चात् रिपोर्ट तैयार की गई। सम्पूर्ण भारतीय शिक्षा का सर्वेक्षण किया गया। सबसे महत्त्वपूर्ण बात यह थी, कि इस रिपोर्ट की संतुतियों के कार्यान्वयन में व्यय तथा इसके स्रोतों का अनुमान भी लगाया गया। प्राथमिक शिक्षा को अनिवार्य तथा निःशुल्क बनाने के लिए समय तथा खर्च संबंधी लक्ष्य निर्धारित किए गए। सम्भवतः शिक्षा से संबंधित ऐसा कोई भी पक्ष नहीं था जिस पर विस्तारपूर्वक चर्चा न की गई हो।

भारत के प्रसिद्ध शिक्षाविद् डॉ. के.जी. सैमदैन ने इस रिपोर्ट को अत्यन्त उपयोगी बताते हुए लिखा, "सार्जेन्ट रिपोर्ट राष्ट्रीय शिक्षा की प्रथम व्यापक योजना है। यह इस धारणा को स्वीकार नहीं करती कि शिक्षा के क्षेत्र में भारत अन्य राष्ट्रों से सदैव निम्नतर स्तर पर रहेगा। यह इस विश्वास पर आधारित है कि अन्य राष्ट्रों ने शिक्षा के क्षेत्र में जो सफलता प्राप्त की है, उसे प्राप्त करने की इस राष्ट्र में भी पर्याप्त क्षमता है।"

नरुला तथा नायक ने सार्जेन्ट रिपोर्ट में निम्न दोष पाए हैं–

1. इस रिपोर्ट ने देश के सामने लक्ष्य बहुत नीचे रखे हैं। 2. इसने वित्तीय साधनों को बहुत सावधानी से नहीं देखा है। 3. यह ब्रिटिश आदर्शों तथा व्यवस्था पर आधारित है।

यदि हम स्वतन्त्र भारत में अनिवार्य तथा निःशुल्क प्राथमिक शिक्षा के संदर्भ में निर्धारित लक्ष्यों को देखें तो यह कार्य 1960 सन् तक पूरा हो जाना चाहिए था परन्तु अभी तक यह सम्पन्न नहीं हो पाया है। स्पष्ट है कि उस समय इस रिपोर्ट पर भारतीयों की जो

प्रतिक्रिया थी, वह अनुचित थी। केवल उच्च आदर्श तथा लक्ष्य निर्धारण करना ही पर्याप्त नहीं है। उनकी प्राप्ति के लिए अन्य पक्षों को भी ध्यान में रखा जाना आवश्यक है।

संक्षेप में सार्जेन्ट रिपोर्ट के गुण – 1. यह रिपोर्ट अर्थपूर्ण थी। 2. यह रिपोर्ट अत्यन्त व्यापक समीक्षा के पश्चात् बनाई गई थी। 3. यह रिपोर्ट अत्यन्त गहन तथा विस्तृत थी। पहली बार भारत में शिक्षा के सभी अंगों की समीक्षा की गई थी। 4. पहली बार लक्ष्य निर्धारित किए गए जिन्हें मापा जा सकता था। 5. शैक्षिक लक्ष्यों का निर्धारण वित्तीय साधनों के संदर्भ में था। 6. रिपोर्ट ने शैक्षिक क्षेत्र में सारे भारत के लिए योजना बनाने का मार्गदर्शन प्रस्तुत किया। 7. राष्ट्रीय शिक्षा प्रणाली को प्रारम्भ करने का सुझाव दिया गया। 8. यह स्वीकार किया गया कि भारत भी अन्य राष्ट्रों की भाँति शिक्षा के स्तर को ऊँचा उठा सकता है। इस प्रकार का विश्वास रिपोर्ट में स्पष्ट था। 9. पूर्व प्राथमिक शिक्षा पर भी पहली बार इतना बल दिया गया। 10. अध्यापकों के प्रशिक्षण की आवश्यकता पर जोर देते हुए एक व्यापक तथा क्रमबद्ध योजना प्रस्तुत की।

सार्जेन्ट रिपोर्ट के दोष इस प्रकार बताए गए हैं– 1. यह रिपोर्ट भारतीय आदर्शों के अनुकूल नहीं थी। 2. इस रिपोर्ट के लक्ष्य बहुत साधारण थे। 3. वित्तीय साधन 1939 सन् के मूल्यों पर आधारित थे। 4. अनिवार्य तथा नि:शुल्क प्राथमिक शिक्षा की प्राप्ति का समय 40 वर्ष रखा गया जो कि बहुत अधिक था।

रिपोर्ट के लगभग तीन वर्ष बाद भारत स्वतन्त्र हो गया। ये तीनों वर्ष भी राजनैतिक उथल-पुथल के थे। इस कारण इस रिपोर्ट पर कोई कार्यवाही न हो सकी।

इसमें कोई सन्देह नहीं है कि सार्जेन्ट रिपोर्ट में शिक्षा सुधार की एक व्यापक योजना थी तथा इसने शिक्षा में सुधारों के लिए योजना बनाने के मार्गदर्शक सूचक प्रस्तुत किए।

7

अंग्रेजी शासन काल में भारतीय शिक्षा का सिंहावलोकन

(Overview of Indian Education During the British Rule)

7.1 शैक्षिक सुविधाओं का विकास (Expansion of Educational Facilities)

तालिका 7.1: शैक्षिक सुविधायों में विकास (1855-56 से 1946-47)
Expansion of Educational Facilities (1855-56 to 1946-47)

	1855-56	*1901-02*	*1921-22*	*1946-47*
1. विश्वविद्यालय	–	5	14	17
2. सामान्य शिक्षा के कॉलज	21	145	172	496
3. व्यावसायिक तथा अन्य कॉलेज	13	46	74	130
4. माध्यमिक स्कूल सामान्य	281	1170	1248	5297
5. माध्यमिक स्कूल व्यावसायिक तथा तकनीकी	–	94	292	665
6. स्पेशल तथा अन्य स्कूल	7	990	3729	4746
7. मिडिल स्कूल	–	4323	6739	11162
8. प्राथमिक स्कूल	50676	97854	160070	172681

तालिका 7.2: छात्रों का नामांकन (1855–56 से 1946–47)
(Enrolment by Stages (1855–56 to 1946–47)

	1855-56	*1901-02*	*1921-22*	*1946-47*
1. विश्वविद्यालय				
– कुल	4355	23007	57837	237546
– लड़कियाँ	N.A.	264	1529	23207

	1855–56	1901–02	1921–22	1946–47
2. माध्यमिक स्तर				
– कुल	33801	82312	218606	370812
– लड़कियाँ	N.A.	1677	5818	83270
3. मिडिल स्तर				
– कुल	–	1080670	385372	2036109
– लड़कियाँ	–	8133	24655	281606
4. प्राथमिक स्तर				
– कुल	885624	3564122	6404200	14105418
– लड़कियाँ	–	380282	1297643	3728793

Note: Enrolment of pupils at the primary stage includes enrolment in primary departments of secondary stage.

Sources: (1) Basu, Aparna, '***Essays in the History of Indian Education***' 1981.

(2) Nurullah and Naik in '*A Students' History of Education in India*' 1949 gives the number of Universities as 19 with 241,794 students.

(3) '*The Education Commission 1964-66*' puts the number of Universities at 20.

Dr. Veena Bhalla of the Association of Indian Universities, New Delhi, gives the following figures for the year 1947 in '*University News*', 39(2), January 08, 2001.

(i) Students enrolled in General Higher Education	183238
(ii) Students enrolled in professional—Special Higher Education	45643
Total	228881

Table 7.3: Sexwise Middle and High Schools 1946-47

Type of Schools	*Number*			*Enrolment*		
	Boys	*Girls*	*Total*	*Boys*	*Girls*	*Total*
Middle English Schools	4169	620	4789	540441	85484	625925
Middle Vernacular Schools	2914	567	3481	404377	92300	496677
High Schools	3061	576	3637	1381038	178341	1559279
Total for 1946-47	10144	1763	11907	2325836	356125	2681981
Total for 1936-37		13036				2287872

Source: *Student History of Education in India*, Nurullah and Naik
Note: Figures are for United Punjab.

Table 7.4: Expansion of Primary Education (1881-82 to 1946-47)

Year	*No. of Primary Schools*	*No. of Pupils*
1881-82	82916	2061541
1901-02	97854	3204336
1921-22	160070	6310400
1936-37	197227	10541790
1946-47	172681	13036248

Source: '*Second Yearbook*': Elementary Education' (1964), NCERT, New Delhi.

7.2 भारत में शिक्षा की अंग्रेजी पद्धति की मुख्य त्रुटियाँ और नकारात्मक प्रभाव (Chief Demerits and Negative Impact of British System of Education)

1. वह भारत की जरूरतों से संबंधित नहीं थी। 2. यह एक ग्राम-प्रधान देश में शिक्षा की शहरी पद्धति थी। 3. पाठ्यचर्या में अंग्रेजी को अधिक महत्त्व दिया गया था। 4. शिक्षा पद्धति बहुत किताबी थी। 5. पद्धति परीक्षा-अभिमुखी थी। 6. पद्धति बहुत फिजूलखर्ची वाली थी। 7. पद्धति का उद्देश्य मुख्यत: क्लर्क पैदा करना था। 8. पद्धति एक लीक पर चलती थी। 9. पद्धति सुनियोजित नहीं थी। 10. पद्धति में व्यावसायिक, वाणिज्यिक और तकनीकी प्रशिक्षण की उपेक्षा की गई थी। 11. पद्धति बहुत महँगी थी। 12. पद्धति एक धर्मनिरपेक्ष तथा लोकतांत्रिक स्वरूप की आवश्यकताओं के अनुरूप नहीं थी। 13. पद्धति में महिला शिक्षा की उपेक्षा की गई थी। 14. पद्धति में वैज्ञानिक और तकनीकी शिक्षा पर कोई ध्यान नहीं दिया गया। 15. पद्धति भारतीय संस्कृति के संरक्षण और विकास की उपेक्षा करती थी। 16. पद्धति भारतीय भाषाओं के विकास की उपेक्षा करती थी। 17. पद्धति जन-सामान्य की शिक्षा पर बहुत कम ध्यान देती थी। 18. पद्धति पश्चिमी विचारधारा एवं संस्कृति को बढ़ावा देने पर बहुत जोर देती थी। 19. पद्धति में अंग्रेजी भाषा के महत्त्व को बढ़ा-चढ़ा कर बताया गया था। 20. पद्धति के फलस्वरूप अशिक्षित वर्ग में बेरोजगारी फैली।

7.3 शिक्षा की अंग्रेजी पद्धति के सकारात्मक प्रभाव (Positive Impact of British System of Education)

(i) आधुनिक विचारधारा का प्रसार। (ii) लोकतांत्रिक मूल्यों का प्रसार। (iii) शिक्षित भारतीयों के एक वर्ग में साम्राज्यवाद-विरोधी विचारों का पैदा होना। (iv) आर्थिक और सामाजिक समानता के विचारों का प्रवर्तन। (v) जागरूकता पैदा होना जिसके फलस्वरूप धार्मिक और सामाजिक सुधार हुए। (vi) भावनात्मक और राष्ट्रीय एकता की निष्ठा का विकास। (vii) मानसिक परिधि का विस्तार और पश्चिमी संसार के साथ संपर्क।

8

शिक्षा से संबंधित भारतीय संविधान की धाराएँ

(Articles of Indian Constitution Related to Education and their Educational Implication)

8.1 शिक्षा समवर्ती सूची में (Education in the Current List)

भारतीय संविधान में शासन सम्बन्धी विषयों को तीन सूचियों में विभक्त किया गया है।

सूची I में वे सारे विषय आ जाते हैं जिन पर कार्य करने का अधिकार/उत्तरदायित्व केन्द्रीय सरकार का है। इस सूची के अन्तर्गत 97 विषयों का उल्लेख किया गया है।

सूची II में वे सारे विषय दिए गए हैं जिन पर राज्यों का अधिकार है। इन विषयों की कुल संख्या 66 है।

सूची III समवर्ती (Concurrent) है। इसमें उन सभी विषयों का उल्लेख है जिनके सम्बन्ध में केन्द्र तथा राज्य सरकारें दोनों कार्य कर सकती हैं।

शिक्षा मुख्य रूप में 1976 से पहले राज्यों के अधिकार में थी। 1976 में यह अनुभव किया गया कि शिक्षा के क्षेत्र में जिस मात्रा में शिक्षा का विकास किया जाना था, वह न हो पाया। अतः शिक्षा को समवर्ती सूची में रखा गया ताकि केन्द्र भी इस सन्दर्भ में अपनी भूमिका जोरदार तरीके से निभा सके।

शिक्षा को समवर्ती सूची में लाने का अर्थ है कि केन्द्र तथा राज्य सरकारें दोनों इस क्षेत्र में नीतियाँ निर्धारण कर सकती हैं तदानुसार शिक्षा के परिमाणात्मक तथा गुणवत्तात्मक विकास में वांछित कार्य कर सकती हैं। इस सन्दर्भ में यह भी उल्लेखनीय है कि यदि किसी नीति के कार्यान्वयन में कोई मतभेद होता है तो केन्द्रीय सरकार का निर्णय सर्वोपरि होगा।

समवर्ती सूची के सन्दर्भ में यह लिखना भी आवश्यक है कि निम्न विषयों पर जो सूची I में है, उनका उत्तरदायित्व केवल केन्द्र सरकार का है। ये विषय सूची I में प्रविष्टि (Entry) 63 से 66 तक में हैं। सूची I में केवल संघीय क्षेत्र के विषय ही दिए गए हैं।

प्रविष्टि 63: इस संविधान के प्रारम्भ पर काशी हिन्दू विश्वविद्यालय, अलीगढ़ मुस्लिम विश्वविद्यालय और दिल्ली विश्वविद्यालय नामों से ज्ञात संस्थाएँ; अनुच्छेद 371ङ के अनुसरण में स्थापित विश्वविद्यालय; संसद द्वारा, विधि द्वारा, राष्ट्रीय महत्त्व की घोषित कोई अन्य संस्था।

प्रविष्टि 64: भारत सरकार द्वारा पूर्णतः या भागतः वित्तपोषित और संसद् द्वारा, विधि द्वारा, राष्ट्रीय महत्त्व की घोषित वैज्ञानिक या तकनीकी शिक्षा संस्थाएँ।

प्रविष्टि 65: संघ के अभिकरण और संस्थाएँ जो–(क) वृत्तिक, व्यावसायिक या

तकनीकी प्रशिक्षण के लिए हैं जिसके अन्तर्गत पुलिस अधिकारियों का प्रशिक्षण है; या (ख) विशेष अध्ययन या अनुसंधान की अभिवृद्धि के लिए हैं; या (ग) अपराध के अन्वेषण या पता चलाने में वैज्ञानिक या तकनीकी सहायता के लिए है।

प्रविष्टि 66: उच्चतर शिक्षा या अनुसंधान संस्थाओं में तथा वैज्ञानिक और तकनीकी संस्थाओं में मानकों का समन्वय और अवधारण।

8.2 संविधान में शिक्षा से संबंधित धाराएँ अथवा उपबन्ध (Constitutional Provisions Related to Education)

1. धारा 21A–शिक्षा का अधिकार (Right of Education): "राज्य, छह वर्ष से चौदह वर्ष की आयु वाले बच्चों के लिए निःशुल्क और अनिवार्य शिक्षा देने की ऐसी रीति में, जो राज्य विधि द्वारा, अवधारित करे, उपबन्ध करेगा।"

नोट: पहले इस सन्दर्भ में धारा 45 थी जिसमें 2002 वर्ष में संशोधन किया गया। यह मूल धारा नीचे दी गई है।

प्राथमिक शिक्षा में विकास तथा शिक्षा का मूल अधिकार (Provision for Free and Compulsory Education): धारा 45 में लिखा गया था, "बालकों के लिए निःशुल्क और अनिवार्य शिक्षा का प्रबन्ध–राज्य, इस संविधान के आरम्भ से दस वर्ष की अवधि के भीतर सभी बालकों को चौदह वर्ष की आयु पूरी करने तक निःशुल्क और अनिवार्य शिक्षा देने के लिए उपबन्ध (Provision) का प्रयास करेगा।" सन् 2002 में इसमें ऊपरलिखित संशोधन किया गया।

2. धारा 45 छोटे बच्चों की देखभाल तथा शिक्षा (Provision for Early Childhood Care and Education): राज्य प्रारम्भिक अवस्था में बच्चों की देखभाल तथा शिक्षा के लिए उपबन्ध करने का प्रयास करेगा।

3. अभिभावकों का कर्त्तव्य (Duty of Parents): धारा 51A (के)–अभिभावक तथा संरक्षक का कर्त्तव्य होगा कि वह छः वर्ष तक चौदह वर्ष के बीच आयु वाले बच्चों को शिक्षा के अवसर प्रदान करेगा। (यह धारा मूल संविधान में नहीं थी। 2002 में जोड़ी गई।)

4. धारा 28 धार्मिक शिक्षा (Religious Education): ***कुछ शिक्षा संस्थाओं में धार्मिक शिक्षा या धार्मिक उपासना में उपस्थित होने के बारे में स्वतन्त्रता (Freedom as to Attendance at Religious Instruction or Religious Worship in Certain Educational Institutions)*:** 1. राज्य-निधि से पूर्णतः पोषित किसी शिक्षा संस्था में कोई धार्मिक शिक्षा नहीं दी जाएगी।

2. खण्ड (1) की कोई बात ऐसी शिक्षा संस्था को लागू नहीं होगी जिसका प्रशासन राज्य करता है किन्तु किसी ऐसे विन्यास या न्यास के अधीन स्थापित हुई है जिसके अनुसार उस संस्था में धार्मिक शिक्षा देना आवश्यक है।

3. राज्य से मान्यता प्राप्त या राज्य-निधि से सहायता पाने वाली संस्था में उपस्थित होने वाले किसी व्यक्ति को ऐसी संस्था में दी जानी वाली धार्मिक शिक्षा में भाग लेने के लिए या ऐसी संस्था में या उससे संलग्न स्थान में की जाने वाली धार्मिक उपासना में उपस्थित होने के लिए तब तक बाध्य नहीं किया जाएगा जब तक कि उस व्यक्ति ने, या यदि वह अवयस्क है तो उसके संरक्षक ने, इसके लिए अपनी सहमति नहीं दे दी है।

संस्कृति और शिक्षा सम्बन्धी अधिकार
(Cultural and Educational Rights)

5. धारा 29 अल्पसंख्यक-वर्गों के हितों का संरक्षण (Protection of Interest of Minorities): 1. भारत के राज्यक्षेत्र या उसके किसी भाग के निवासी नागरिकों के किसी अनुभाग को, जिसकी अपनी विशेष भाषा, लिपि या संस्कृति है, उसे बनाए रखने का अधिकार होगा।

2. राज्य द्वारा पोषित या राज्य-निधि से सहायता पाने वाली किसी शिक्षा संस्था में प्रवेश से किसी भी नागरिक को केवल धर्म, मूलवंश, जाति, भाषा या इनमें से किसी के आधार पर वंचित नहीं किया जाएगा।

6. धारा 30–शिक्षा संस्थाओं की स्थापना और प्रशासन करने का अल्पसंख्यक-वर्गों का अधिकार (Right of Minorities to Establish and Administer Educational Institutions): (1) धर्म या भाषा पर आधारित सभी अल्पसंख्यक-वर्गों को अपनी रुचि की शिक्षा संस्थाओं की स्थापना और प्रशासन का अधिकार होगा।

कमजोर वर्गों की शिक्षा
(Education of Weaker Sections)

7. धारा 46–अनुसूचित जातियों, अनुसूचित जनजातियों और अन्य दुर्बल वर्गों की शिक्षा और अर्थ सम्बन्धी हितों की अभिवृद्धि (Promotion of Educational and Economic Interests of Scheduled Castes, Scheduled Tribes and other Weaker Sections): राज्य जनता के कमजोर वर्गों और विशेष तौर से अनुसूचित जाति एवं जनजातियों के शैक्षिक एवं आर्थिक दायित्वों की विशेष रक्षा करेगा तथा उनको सभी प्रकार के शोषण से सामाजिक न्याय की सुरक्षा प्रदान करेगा।

8. धारा 239–संघ क्षेत्रों का प्रशासन (Administration of Union Territories): यदि संसद द्वारा अथवा कानून द्वारा कोई और प्रबन्ध न किया गया हो तो प्रत्येक संघ क्षेत्र पर राष्ट्रपति का शासन उस सीमा तक जहाँ तक वह उचित समझे, एक शासक द्वारा जिसे वह नियुक्त करेगा, चलाया जाएगा" स्पष्ट है कि संघ क्षेत्र में शिक्षा केन्द्र के अधिकार क्षेत्र में है।

9. अनुसूचित क्षेत्रों के प्रशासन और अनुसूचित जन-जातियों के कल्याण के बारे में संघ का नियन्त्रण (Control of the Union and the Administration of Scheduled Areas and the Welfare of the Scheduled Tribes): राष्ट्रपति, राज्यों के अनुसूचित क्षेत्रों के प्रशासन और अनुसूचित जन-जातियों के कल्याण के बारे में आयोग की नियुक्ति करेगा।" शिक्षा से सम्बन्धित कुछ विषय भी इसके अन्तर्गत आ जाते हैं।

अल्पसंख्यकों के बच्चों की मातृभाषा में शिक्षा
(Education of the Children of the Minorites)

10. धारा 350(क)–प्राथमिक स्तर पर मातृभाषा में शिक्षा की सुविधाएँ (Article 350A—Facilities for Instruction in Mother Tongue at the Primary Stage): "प्रत्येक राज्य तथा प्रत्येक राज्य में स्थानीय सत्ता का प्रयास होगा कि वह राज्य

में भाषाई अल्पसंख्यक वर्गों के बच्चों के लिए प्राथमिक स्तर पर मातृभाषा में शिक्षा देने की व्यवस्था करेगा तथा राष्ट्रपति राज्य को ऐसे आदेश, जो वह आवश्यक समझे, इन सुविधाओं को सुनिश्चित करने के लिए निर्देश दे सकता है।

अन्य देशों से सम्पर्क
(Relations with Other Countries)

11. संघी सूची (I) की प्रविष्टि 13 (Entry 13 of Union List): "अन्तर्राष्ट्रीय सम्मेलनों, संगमों और अन्य निकायों में भाग लेना और उनमें किए गए और उनमें लिए गए निर्णयों का कार्यान्वयन करना।"

आर्थिक तथा सामाजिक योजना
(Economic and Social Planning)

12. समवर्ती सूची (सूची III) की प्रविष्टि 20 (Entry 20 of Concurrent List (List III): इसमें लिखा है, "आर्थिक तथा सामाजिक योजना" चूंकि शिक्षा का आर्थिक तथा सामाजिक योजना से घनिष्ठ सम्बन्ध है, इस कारण शिक्षा योजना बनाने में केन्द्रीय सरकार तथा राज्य सरकारों दोनों का योगदान आवश्यक है।

13. धारा 243 (ए)–पंचायतों की शक्तियाँ, प्राधिकार और उत्तरदायित्व (Powers, Authory and Responsibily of the Panchayat): आर्थिक विकास और सामाजिक न्याय के लिए योजनाएँ बनाना।

यूनैस्को के साथ सम्पर्क (Liaison with UNESCO)

14. सातवीं अनुसूची की सूची I प्रविष्टि 12 (List I of Seventh Schedule, Entry 12): इसमें यूनैस्को का उल्लेख है। यूनैस्को द्वारा शिक्षा के क्षेत्र में अनेक प्रकार के कार्यक्रमों का आयोजन किया जाता है। भारत में इस कार्य के ताल-मेल के लिए 'Indian National Commission for Cooperation with UNESCO' की स्थापना की गई है।

8.3 राष्ट्रीय शिक्षा नीति 1986 तथा संशोधित नीति 1992, संविधान में शिक्षा सम्बन्धी प्रावधानों पर (National Policy of Education on Constitutional Provisions in the Constitution)

राष्ट्रीय शिक्षा नीति के पैरा 3.13 सार्थक सहभागिता (Meaningful Partnership) में इस प्रकार दर्शाया गया है। "वर्ष 1976 का संविधान संशोधन, जिसके द्वारा शिक्षा को समवर्ती सूची में शामिल किया गया है, एक दूरगामी कदम था। उसमें यह निहित है कि शैक्षिक वित्तीय तथा प्रशासनिक दृष्टि से राष्ट्रीय जीवन के इस महत्वपूर्ण पहलू के सम्बन्ध में केन्द्र और राज्यों के बीच एक नए प्रकार की सहभागिता हो। शिक्षा के क्षेत्र में राज्यों की भूमिका और उत्तरदायित्व में मूलतः कोई परिवर्तन नहीं होगा, लेकिन शिक्षा के राष्ट्रीय तथा समाकलनात्मक (Integrative) रूप को बल देने, गुणवत्ता एवं स्तर बनाए रखने (जिसमें सभी स्तरों पर शिक्षकों के शिक्षण-प्रशिक्षण की व्यवस्थाएँ शामिल हैं), विकास

के निमित्त जनशक्ति की आवश्यकताओं के लिए शैक्षिक व्यवस्थाओं के अध्ययन और उसकी देख-रेख रखने, शोध एवं उच्च अध्ययन की जरूरतों को पूरा करने, शिक्षा संस्कृति एवं मानव संसाधन विकास (Human Resource Development) के अन्तर्राष्ट्रीय पक्षों की देखभाल करने और सामान्य तौर पर शिक्षा में प्रत्येक स्तर पर उत्कृष्टता (Excellence) लाने के लिए केन्द्रीय सरकार अधिकांश दायित्व स्वीकार करेगी। समवर्ती एक ऐसी भागेदारी है जो स्वयं में सार्थक व चुनौतीपूर्ण है और राष्ट्रीय शिक्षा नीति इसे हर मामले में पूरा करने की ओर उन्मुख (Oriented) रहेगी।"

8.4 शिक्षा को भारतीय संविधान की समवर्ती सूची में रखने के पक्ष में तर्क (Arguments in Favour of Putting Education in the Concurrent List)

1. विश्वविद्यालय शिक्षा आयोग 1948 (University Education Commission): विश्वविद्यालय आयोग ने कहा कि उच्च शिक्षा में न्यूनतम मानक आश्वस्त करने के लिए राज्यों के साथ-साथ केन्द्र भी अहम भूमिका निभाए। आयोग ने इस सम्बन्ध में जोर देकर कहा कि राज्यों के बहुसंख्यक प्रतिनिधि भी इसी पक्ष में हैं।

2. राष्ट्रीय समाकलन कमेटी 1962 (National Emotional Integration Committee 1962): राष्ट्रीय समाकलन कमेटी ने अनुभव किया कि शिक्षा सशक्त राष्ट्रीय एकता की भावना के विकास में बहुत महत्वपूर्ण भूमिका निर्वाह कर सकती है। अत: इसमें महत्वपूर्ण परिवर्तन लाए जाएँ ताकि केन्द्र तथा राज्य सरकारें इस दिशा में प्रभावी कदम उठा सकें।

3. संसद के सदस्यों की उच्च शिक्षा समिति (Committee of Members of Parliament on Higher Education): *पी.एन. सपरु (P.N. Sapru)* ने उच्च शिक्षा की समवर्ती सूची में रखने की संतुति की। इस कमेटी का गठन उच्च शिक्षा के बारे में संविधान में दिए गए प्रावधानों की समीक्षा करना था।

4. एम.सी. छागला (M.C. Chagla): श्री छागला, केन्द्रीय शिक्षा मन्त्री ने राज्यों के शिक्षा मन्त्रियों के सम्मेलन में 1964 में बल देकर कहा कि केन्द्र को शिक्षा में गुणवत्ता लाने के लिए विशेष योजनाएँ चलानी चाहिए।

5. शिक्षा आयोग 1964-66 (Education Commission 1964-66): स्वतन्त्र भारत में यह शिक्षा के क्षेत्र में पहला आयोग था, जिसने शिक्षा के सभी पक्षों का सभी स्तरों पर अध्ययन किया। उस समय शिक्षा मुख्य रूप से राज्यों का विषय था। आयोग ने केन्द्रीय सरकार की भागेदारी के सन्दर्भ में कई संतुतियाँ दीं।

6. श्री पी.एन. कृपाल (Shri P.N. Kirpal) तथा डॉ. वी.एस. झा (Dr. V.S. Jha): श्री कृपाल शिक्षा मंत्रालय में शिक्षा सचिव थे। श्री झा भी प्रसिद्ध शिक्षाविद् थे। इन्होंने सम्पूर्ण शिक्षा को समवर्ती सूची में रखने का समर्थन किया।

7. शिक्षा नीति पर भारत सरकार का प्रस्ताव-1968 (Government of India Resolution on National Policy on Education): सम्भवत: स्वतन्त्र भारत में शिक्षा नीति का यह पहला प्रस्ताव था जो शिक्षा आयोग 1964-66 की संतुतियों के आधार पर निर्मित किया गया। शिक्षा के महत्व को स्वीकार करते हुए प्रस्ताव में कहा गया, "भारत सरकार मानती है कि शिक्षा का पुनर्निमाण सरल कार्य नहीं है। न केवल साधनों की कमी है, वरन् समस्याएँ अधिक जटिल हैं। यह देखते हुए कि शिक्षा विज्ञान एवं अनुसंधान का योगदान भौतिक तथा जन-साधनों

के विकास के लिए बहुत महत्वपूर्ण है, भारत सरकार केन्द्रीय क्षेत्र के कार्यक्रमों का बीड़ा उठाने के अतिरिक्त राज्य सरकारों को राष्ट्रीय महत्व के उन कार्यक्रमों के कार्यान्वयन में सहायता देगी जहां राज्य और केन्द्र के समन्ति प्रयत्नों की आवश्यकता है।"

8. स्वर्ण सिंह समिति–1976 (Swarn Singh Committee): 1976 में गठित इस समिति ने कहा कि शिक्षा का देश के विकास में महत्वपूर्ण योगदान होता है। अत: इसे समवर्ती सूची में रख लिया जाए ताकि राज्य सरकारें तथा केन्द्र दोनों इस दिशा में मिल-जुलकर कार्य करें।

राष्ट्रीय शिक्षा नीति 1986 तथा संशोधित नीति 1992 (National Policy on Education 1986 and Revised NPE 1992): इस विषय पर पहले ही चर्चा की जा चुकी है। इस नीति में शिक्षा को समवर्ती सूची में शामिल करने के लिए सराहना की गई है।

मौटे तौर पर शिक्षा को समवर्ती सूची में रखने के पक्ष में निम्नलिखित तर्क दिए गए हैं:

1. यह अनुभव किया गया कि 1950 तथा 1975 के दौरान शिक्षा के क्षेत्र में विशेषकर प्राथमिक स्तर पर वांछित विकास नहीं हुआ है। इसका मूल कारण बताया गया कि केन्द्रीय सरकार की भागेदारी का अभाव था।

2. देश में स्वतन्त्रता के पश्चात् शिक्षा के विकास सम्बन्धी कई आयोगों तथा समितियों ने अपनी संतुतियों में केन्द्र की शिक्षा में भागेदारी पर बल दिया।

3. केन्द्रीय शिक्षा सलाहकार बोर्ड (Central Advisory Board of Education—CABE) की अनेक संतुतियों पर राज्यों ने ठोस कदम नहीं उठाए।

4. यह तर्क दिया गया कि जब तक शिक्षा योजना बनाने तथा क्रियान्वयन (Implementation) का विशेष उत्तरदायित्व केन्द्रीय सरकार पर नहीं होगा तब तक आर्थिक तथा सामाजिक योजनाओं को प्रभावी ढंग से चलाया नहीं जा सकेगा।

5. देश की शिक्षा नीति का स्वरूप राष्ट्रीय होना चाहिए। यह तभी हो सकता है जब शिक्षा के क्षेत्र में केन्द्रीय सरकार की सक्रिय भागेदारी हो।

6. धारा 45 में नि:शुल्क तथा अनिवार्य शिक्षा का संकल्प तब तक पूरा नहीं हो सकता जब तक शिक्षा समवर्ती सूची में नहीं होगी।

7. शिक्षा एक सामाजिक सेवा भी है। इसलिए केन्द्र को भी अपने ऊपर इसका उत्तरदायित्व लेना चाहिए।

8. केन्द्र, राज्य सरकारों को प्रभावी नेतृत्व प्रदान कर सकता है।

9. राष्ट्रीय एकता तथा समाकलन के मूल्यों को साकार करने के लिए केन्द्र का भी विशेष दायित्व है।

10. केन्द्र के पास वित्त के साधन तथा अधिकार विस्तृत हैं। केन्द्र राज्यों को वित्त आयोग (Finance Commission) की संतुतियों के अनुसार आवंटन करता है। अत: शिक्षा पर होने वाले व्यय पर उसका निर्देशन अवश्य है।

8.5 शिक्षा का उत्तरदायित्व केन्द्रीय सरकार के होने के पक्ष में तर्क (Arguments in Favour of Education as the Responsibility of the Central Government)

इस सन्दर्भ में निम्नलिखित तर्क दिए जाते हैं:

1. केन्द्र के पास आय के विस्तृत साधन हैं। 2. एक शक्तिशाली केन्द्र ही शिक्षा के क्षेत्र में प्रभावी कदम उठा सकता है। 3. एक शक्तिशाली केन्द्र देश में भावात्मक संकलन का वातावरण स्थापित कर सकता है। 4. शिक्षा की राष्ट्रीय नीति बनाने तथा कार्यान्वयन के लिए आवश्यक है कि सम्पूर्ण शिक्षा का दायित्व केन्द्रीय स्तर पर हो।

8.6 शिक्षा को राज्य का विषय बनाने के लिए तर्क (Arguments in Making Education State Subject)

शिक्षा को राज्य का विषय होना चाहिए, इस विचार के पक्ष में निम्नलिखित तर्क दिए जा रहे हैं:

1. प्रजातान्त्रिक मूल्यों के आधार पर शिक्षा का विकेन्द्रीयकरण किया जाना चाहिए।

2. राज्यों की पहलशक्ति (Initiative) के लिए जरूरी है कि राज्य शिक्षा का उत्तरदायित्व निभाएँ।

3. भारत एक विशाल देश है। राज्यों की शिक्षा सम्बन्धी अपनी-अपनी आवश्यकताएँ होती हैं। अत: उन्हें इसमें पूर्ण स्वतन्त्रता मिलनी चाहिए।

4. केन्द्र का शिक्षा में हस्तक्षेप 'लालफीता शाही' (Red tapism) को बढ़ावा देता है।

5. भारत के विभिन्न राज्यों में कई संस्कृतियों के मानने वाले लोग रहते हैं। उनके संरक्षण के लिए आवश्यक है कि राज्य शिक्षा में सम्पूर्ण उत्तरदायित्व संभालें।

उपसंहार: भारतीय संविधान में शिक्षा के महत्व को स्वीकार करते हुए अनेक धाराओं में शिक्षा के विभिन्न पक्षों के विकास के लिए प्रावधान किए हैं। शिक्षा के प्रसार तथा गुणवत्ता में सुधार के लिए केन्द्रीय सरकार, राज्य सरकारों तथा पंचायती संस्थाओं के उत्तरदायित्वों पर प्रकाश डाला है। शिक्षा के क्षेत्र में इन सभी की सार्थक सहभागिता के महत्व पर बल दिया गया है। संविधान में प्राथमिक स्तर की शिक्षा को तो मौलिक अधिकार का रूप प्रदान किया है।

शिक्षा को समवर्ती सूची में शामिल करना एक बहुत ही महत्वपूर्ण तथा प्रभावी कदम है।

8.7 स्वतन्त्र भारत में राष्ट्रीय स्तर पर केन्द्र की भागेदारी (Role of Central Government in Education)

संविधान में केन्द्र का शिक्षा संबंधी उत्तरदायित्वों को निभाने का कार्य मुख्य तौर पर इस समय मानव संसाधन विकास मंत्रालय (Ministry of Human Resource Development) पर है। इस मन्त्रालय के नामों में निम्नलिखित परिवर्तन आते रहे हैं:

1947 शिक्षा मंत्रालय (Ministry of Education)

1958 1. शिक्षा मंत्रालय (Ministry of Education)
2. शैक्षिक अनुसंधान तथा सांस्कृतिक मामलों का मंत्रालय (Ministry of Scientific Research and Cultural)

1967 शिक्षा तथा युवा सेवाएँ मंत्रालय (Ministry of Education and Youth Services)

1971 शिक्षा तथा कल्याण मंत्रालय (Ministry of Education and Social Welfare)

1985 मानव संसाधन विकास मंत्रालय (Ministry of Human Resource Development)

मानव संसाधन विकास मंत्रालय (शिक्षा विभाग)
(Ministry of Human Resource Development)

(1) प्राथमिक शिक्षा तथा साक्षरता विभाग (Elementary Education and Literacy Department)

(2) माध्यमिक तथा उच्च शिक्षा विभाग (Secondary and Higher Education Department)

8.8 मन्त्रालय के अधीन प्रमुख संस्थाएँ तथा संगठन (Main Institutues and Organisations under the Ministry)

1. राष्ट्रीय अध्यापक शिक्षा परिषद (National Council of Teacher Education)

2. प्रौढ़ शिक्षा निदेशालय (Directorate of Adult Education)

3. राष्ट्रीय प्रौढ़ शिक्षा संस्थान (National Institute of Adult Education)

उच्च *शिक्षा* (Higher Education): 4. विश्वविद्यालय अनुदान आयोग (Universtiy Grants Commission)

5. केन्द्रीय विश्वविद्यालय (Central Universities)

6. भारतीय उच्च अध्ययन संस्थान (Indian Institute of Advanced Studies, Shimla)

7. भारतीय सामाजिक विज्ञान अनुसंधान पारिषद (Indian Council of Social Science and Research)

8. भारतीय इतिहास अनुसंधान परिषद (Indian Council of Historical Research)

9. भारतीय दार्शनिक अनुसंधान परिषद (Indian Philosophical Research Institute)

10. भारतीय विश्वविद्यालय संघ (Association of Indian Universities)

11. अखिल भारतीय तकनीकी परिषद (All India Council of Technical Education)

12. भारतीय प्रोद्योगिकी संस्थान (Indian Institutues of Technology)

13. क्षेत्रीय इंजीनियरी कॉलेज (Regional Engineering Colleges)

14. भारतीय प्रबंध संस्थान (Indian Management Institutes)

15. एजुकेशनल कन्सलटैंटस ऑफ इण्डिया लिमिटेड (Educational Consultants of India Ltd.)

16. भारतीय विज्ञान संस्थान (Indian Science Institute)

17. आयोजन तथा वास्तुकला विद्यालय (School of Planning and Architecture)

18. तकनीकी अध्यापक परिषद (Technical Teachers Council)

19. राष्ट्रीय औद्योगिक इंजीनियरी संस्थान (National Industrial Engineering Institute)

20. राष्ट्रीय शैक्षिक आयोजन तथा प्रबन्धन संस्थान (2006 से विश्वविद्यालय) (National Institute (Since 2006 University) of Planning and Administration Educational)

माध्यमिक शिक्षा **(Secondary Education):** 21. राष्ट्रीय शैक्षिक अनुसन्धान तथा प्रशिक्षण परिषद (National Council of Educational Research and Training—NCERT)

22. केन्द्रीय माध्यमिक शिक्षा बोर्ड (Central Board of Secondary Education)

23. राष्ट्रीय मुक्त विद्यालय संस्थान (National Institute of Open Learning)

24. नवोदय विद्यालय संगठन (Navodaya Vidyalaya Organisation)

केन्द्रीय शिक्षा सलाहकार बोर्ड (Central Advisory Board of Education): सन् 1921 में स्थापित तथा समय पर पुनर्गठित सलाहकार बोर्ड मानव संसाधन विकास मंत्रालय भारत सरकार की समस्त क्रियाओं की महत्वपूर्ण धुरी है जिसके चारों ओर सम्पूर्ण कार्यक्रम फैला हुआ है।

बोर्ड के प्रमुख कार्य हैं: 1. किसी भी शिक्षा संबंधी समस्या पर जो केन्द्रीय सरकार या राज्य सरकार द्वारा उसके समक्ष प्रस्तुत की जाए, परामर्श देना।
2. शिक्षा के विभिन्न स्तरों पर शैक्षिक विकास तथा प्रसार करने एवं शिक्षा संबंधी परिवर्तनों में नेतृत्व करना।

3. शैक्षिक प्रकरणों, विवादों एवं विषयों पर केन्द्रीय तथा राज्य सरकारों को समय-समय पर परामर्श देना।

केन्द्रीय शिक्षा सलाहकार बोर्ड के अध्यक्ष मानव विकास संसाधन मंत्री, भारत सरकार हैं। सभी राज्यों तथा संघ शासित क्षेत्रों के शिक्षा मंत्री। शिक्षा से संबधित कई सदस्य।

8.9 स्कूली शिक्षा का उत्तरदायित्व (Responsibility of School Education)

मोटे तौर पर कहा जा सकता है कि स्कूली शिक्षा के विशेष उत्तरदायित्व राज्य सरकारें निभाती हैं। केन्द्रीय सरकार इस क्षेत्र में कुछ परियोजनाएँ चलाती हैं जिनमें केन्द्रीय सरकार तथा राज्य सरकारों की भागेदारी रहती है। केन्द्रीय सरकार शिक्षा आयोगों तथा समितियों का गठन करती है। आंकड़ों का संकलन करती हैं। ऊपर दी गई संस्थाओं तथा संगठनों के माध्यम से राज्यों का मार्गदर्शन करती हैं।

9

महत्त्वपूर्ण प्रावधानः धारा 29, 30, 45; संविधान संशोधन 42, 72, 73 तथा शिक्षा का अधिकार तथा इनका शैक्षिक प्रभाव

(Important Provision: Article 29, 30, 45; Amendments 42, 72, 73 and Right to Education and Their Educational Implications)

9.1 भूमिका (Introduction)

भारतीय संविधान में शिक्षा के महत्त्व को देखते हुए इसमें शिक्षा के विकास हेतु अनेक प्रावधान किए गए हैं। इनका संक्षिप्त उल्लेख पिछले अध्याय में किया गया है। इस अध्याय में कुछ प्रावधानों पर विशेष रूप में चर्चा की गई है।

9.2 भारत के संविधान की उद्देशिका (भूमिका) (Preamble of the Constitution of India)

भूम्किा में शिक्षा व्यवस्था तथा नीति सम्बन्धी मार्गदर्शक दिशाएँ को बोध होता है। वर्ष 1976 में जब संविधान में संशोधन 42 किया गया तो उसमें समाजवाद (Socialisom) तथा धर्मनिर्पेक्ष (Secularism) शब्द जोड़े गए। अतः संक्षेप में यहाँ पर इन पर भी चर्चा की जाएगी।

The Constitution of India

PREAMBLE

We THE PEOPLE OF INDIA, having solemnly resolved to constitute India into a SOVEREIGN SOCIALIST SECULAR DEMOCRATIC REPUBLIC and to secure to all its citizens:

JUSTICE, soical, economic and political;
LIBERTY of thought, expression, belief,
faith and worship;

EQUALITY of status and of opportunity;
and to promote among them all
FRATERNITY assuring the dignity of the individual and the unity and integrity of the Nation;
IN OUR CONSTITUENT ASSEMBLY this twenty-sixth day of November, 1949, do HEREBY ADOPT, ENACT AND GIVE TO OURSELVES THIS CONSTITUTION.

भारत का संविधान

उद्देशिका:

हम, भारत के लोग, भारत को एक संपूर्ण प्रभुत्व-संपन्न समाजवादी पंथनिरपेक्ष लोकतंत्रात्मक गणराज्य बनाने के लिए, तथा उसके समस्त नागरिकों को:
सामाजिक, आर्थिक और राजनैतिक न्याय,
विचार, अभिव्यक्ति, विश्वास, धर्म
और उपासना की स्वतंत्रता,
प्रतिष्ठा और अवसर की समता
प्राप्त कराने के लिए,
तथा उन सब में
व्यक्ति की गरिमा और राष्ट्र की एकता
और अंखडता सुनिश्चित करने वाली बंधुता
बढ़ाने के लिए
दृढसंकल्प होकर अपनी इस संविधान सभा में आज तारीख 26 नवंबर, 1949 ई. (मिति मार्गशीर्ष शुक्ला सप्तमी, संवत् दो हजार छह विक्रमी) को एतद्द्वारा इस संविधान को अंगीकृत, अधिनियमित और आत्मार्पित करते हैं।

नोट: 42 संशोधन

9.3 भारतीय समाज के समाजवादी आदर्श (Socialist Ideals of Indian Society)

स्वतन्त्रता संग्राम के नेताओं ने स्वतन्त्र भारतीय समाज की परिकल्पना भी की थी। गाँधी जी के कई आन्दोलनों से स्पष्ट होता है कि वे राजनैतिक स्वतन्त्रता के साथ-साथ सामाजिक पक्षों पर भी आधारित थे। उदाहरणार्थ: खादी का विकास, घरेलू तथा कुटीर धन्धों का विकास, हरिजन सुधार आन्दोलन, नशाबंदी, बेसिक शिक्षा आन्दोलन आदि समाज में नए ढाँचे से सम्बन्धित थे। वर्ष 1937 में भारत के नौ राज्यों में (उस समय कुल 11 राज्य थे) भारतीय राष्ट्रीय कांग्रेस ने सरकारें गठित कीं। इन सरकारों ने कई ऐसे कार्य किए जो समाज़वादी ढाँचे की तस्वीर प्रस्तुत करते हैं। उदाहरणार्थ: 1. श्रमिक संघों को अपनी गतिविधियाँ चलाने की अनुमति दी। 2. कृषि कानून पारित करके काश्तकारों को कई प्रकार के अधिकार दिए गए। ऋणी किसानों की सुरक्षा की व्यवस्था की। 3. चुने हुए क्षेत्रों में नशाबन्दी लागू की। 4. खादी तथा कई कुटीर उद्योग धन्धों को संरक्षण दिया। 5. बुनियादी शिक्षा को सामाजिक क्रान्ति का अग्रदूत माना।

9.4 समाजवाद के आदर्शों के निर्माण हेतु मूलभूत सिद्धान्त (Basic Principles for the Establsihment of Basic Principle of Socialism)

ऊपर दिए गए विवरण से यह स्पष्ट हो जाता है कि समाज के सामाजिक आदर्शों की प्राप्ति हेतु निम्नलिखित आधारभूत सिद्धान्त हैं:

1. समता का सिद्धान्त (Principle of Equality)
2. समान अधिकरों का सिद्धान्त (Principle of Equal Rights)
3. सभी को रोजगार उपलब्धि का सिद्धान्त (Principle of Providing Employment of Every Citizen)
4. सभी के लिए रोजगार के समान अवसरों का सिद्धान्त (Principle of Equality of Opportunity in Employment)
5. पर्याप्त भोजन व्यवस्था का सिद्धान्त (Principle of Adequate Food for All)
6. सभी के लिए स्वास्थ्य का सिद्धान्त (Principle of Health for All)
7. सामाजिक बराबरी का सिद्धान्त (Principle of Social Equality)
8. समान न्याय का अधिकार (Principle of Equal Justice)
9. काम का अधिकार (Right to Work)
10. शिक्षा का अधिकार (Right to Education)
11. राष्ट्रीय सम्पदा के अधिकतम उत्पादन का सिद्धान्त (Principle of Maximum Production National Wealth)
12. अधिकतम राष्ट्रीय आत्मनिर्भरता का सिद्धान्त (Principle of Optimum National Self-Sufficiency)
13. सभी नागरिकों के व्यक्तित्त्व की गरिमा का सिद्धान्त (Principle of Self-Respect for all Citizens)
14. सामाजिक तथा आर्थिक न्याय का सिद्धान्त (Principle of Social and Economic Justice)
15. शान्तिपूर्ण अंहिसात्मक तथा प्रजातान्त्रिक विधियों के प्रयोग का सिद्धान्त (Principle of the Use of Peaceful, Non-Violent and Democratic Methods)
16. शक्ति के विकेन्द्रीकरण का सिद्धान्त (Principle of Decentralisation of Power)
17. आधारभूत जीवन सुविधाओं के प्रावधान का सिद्धान्त (Principle of Providing Basic Necessities of Life)

9.5 भारतीय संविधान में समाज के समाजवादी आदर्शों की प्राप्ति संबंधी मुख्य प्रावधान (Major Policy Provisions in the Constitution for the Realisation of Idealism of Socialism in India)

1. भारतीय संविधान की प्रस्तावना (Preamble of Indian Constitution)
2. मौलिक अधिकारों का प्रावधान (Provision of Fundamental Rights)

3. राज्य की नीति निर्देशक तत्त्व (Directive Principle of State Policy)
4. मूल कर्त्तव्य (Fundamental Duties)

1. भारतीय संविधान की प्रस्तावना (Preamble of Constitution)

स्वतन्त्रता के पश्चात् भारत सरकार ने अपना लक्ष्य निर्धारित किया कि देश में एक ऐसी आर्थिक व्यवस्था कायम की जाए जो समता, न्याय तथा भाईचारे के सिद्धान्त पर आधारित हो। उस समय भारतीय शासन की बागडोर कांग्रेस के हाथों में थी। संविधान में अनेक ऐसे प्रावधान रखे गए जो भारतीय समाज के ढाँचे का स्वरूप प्रस्तुत करते थे। परन्तु भारत के संविधान में 'समाजवाद' शब्द का प्रयोग नहीं किया गया। वर्ष 1955 में कांग्रेस के आवड़ी अधिवेशन (Avadi Session) में यह प्रस्ताव पास किया गया कि "नीति निर्देशक सिद्धान्तों को लागू करने के लिए यह आवश्यक है कि हम नियोजित अर्थव्यवस्था का सहारा लें और विकास योजनाओं के माध्यम से देश में समाजवादी समाज की स्थापना करें।" सन् 1976 में भारतीय संविधान की प्रस्तावना में तीन शब्द 'पंथनिरपेक्ष' 'समाजवाद' तथा 'अखण्डता' जोड़े गए। प्रस्तावना के निम्नलिखित शब्द समाजवादी ढाँचे के सूचक हैं:

(i) संपूर्ण प्रभुत्त्व (Sovereign)
(ii) समाजवादी (Socialist)
(iii) लोकतंत्रात्मक (Democratic)
(iv) सामाजिक, आर्थिक, राजनैतिक न्याय (Social, Economic, Political Justice)
(v) विचार तथा अभिव्यक्ति की स्वतन्त्रता (Freedom of Thought and Expression)
(vi) प्रतिष्ठा और अवसर की समानता (Equality of Status and Opportunity)
(vii) व्यक्ति की गरिमा (Dignity of the Individual)
(viii) बन्धुता (Fraternity)

2. मौलिक अधिकार (Fundamental Rights)

3. राज्य की नीति निर्देशक तत्त्व (राज्य के नीति निर्देशक सिद्धान्त) धारा 38 से लेकर 47 तक (Articles 38 to 47)।

4. मूल कर्त्तव्य (Fundamental Duties): धारा (51A (e): भारत के प्रत्येक नागारिक का यह कर्त्तव्य होगा कि वह भारत के सभी लोगों में समरसता (Harmony) और समान भ्रातृभाव (Common Brotherhood) की भावना का निर्माण करें जो धर्म, भाषा और प्रदेश या वर्ग पर आधारित सभी भेदभाव से परे हो, ऐसी प्रथाओं (Practices) का त्याग करें जो स्त्रियों के सम्मान के विरूद्ध हो।

9.6 समाजवाद के आदर्श तथा शिक्षा
(Ideals of Socialism and Education)

इस सन्दर्भ में दो बातों पर ध्यान देना होगा:

1. समाजवादी आदर्शों के ढाँचे के निर्माण में शिक्षा (Role of Education in Promoting Socialist Ideals): शिक्षा किस प्रकार से समाजवादी ढाँचे की संरचना में योगदान दे सकती है।

2. शिक्षा में समाजवादी ढाँचे के अनुरूप प्रावधान (Provisions in Education in accordance with the Concept of Socialist Ideals): शिक्षा में किस प्रकार के सुधार किए जाएँ जो समाजवादी ढाँचे की आवश्यकताओं की पूर्ति में सहायक हों।

9.7 समाज में समाजवादी आदर्शों के निर्माण में शिक्षा का योगदान (Role of Education in the Realisation of Ideals of Socialist Society)

समाजवादी ढाँचे के निर्माण में शिक्षा का महत्त्वपूर्ण योगदान हो सकता है। शिक्षा आयोग 1964-66 ने इस संदर्भ में शिक्षा का एक सशक्त साधन माना है। राष्ट्रीय शिक्षा नीति 1986 की 'भूमिका' पैरा 2 में कहा गया है, "भारत आर्थिक तथा तकनीकी दृष्टिकोण से इस मुकाम पर पहुँच गया है, अब एक ऐसे प्रबल प्रयास की आवश्यकता है जो अपने साधनों का भरपूर इस्तेमाल करके जनता के हर वर्ग को लाभ पहुँचाए। शिक्षा इस लक्ष्य तक पहुँचने का प्रमुख माध्यम हैं।

पैरा 1.13 में कहा गया है कि शिक्षा का राष्ट्रीय संसाधनों के विकास में बहुत महत्त्वपूर्ण स्थान है।

पैरा 1.14 में इस बात पर बल दिया गया है कि नई पीढ़ियों में मानवीय मूल्यों तथा सामाजिक न्याय के आदर्शों को प्रतिष्ठत करने में शिक्षा का अनुपम योगदान है।

साधनों का उल्लेख नीचे किया जा रहा है:

1. शिक्षा के उद्देश्य द्वारा समाजवादी समाज की विचारधारा को बढ़ावा देना।
2. छात्रों की उत्पादक कुशलता को बढ़ावा देना।
3. नैतिक मूल्यों का विकास करना।
4. छात्रों के सम्पूर्ण व्यक्तित्त्व का विकास करना।
5. पाठ्यक्रम का समाजवादी विचारों के अनुकूल होना।
6. पाठ्यक्रम में समाजवादी समाज के आदर्शों को उपयुक्त स्थान देना।
7. शिक्षण अधिगम विधियों में सुधार लाना।
8. अध्यापकों द्वारा समाजवादी समाज के आदर्शों में आस्था रखकर उन पर आचरण करना।
9. अध्यापकों द्वारा छात्रों से एक जैसा व्यवहार किया जाना।
10. विद्यालय का सामुदाय सेवा केन्द्र बनाना।

9.8 समाजवादी आदर्शों के अनुरूप शिक्षा में प्रावधान करना। (Provisions in Education in the Context of Socialist Ideals of Society)

शिक्षा आयोग 1964–66 ने 'शिक्षा के अवसरों में समकरण की ओर' (Equalisation of Educational Opportunity) छठे अध्याय का प्रारम्भ इन शब्दों में किया है, "शिक्षा का एक महत्त्वपूर्ण सामाजिक उद्देश्य हैं अवसर की समता प्रदान करना जिससे पिछड़े तथा दलित वर्ग शिक्षा के द्वारा अपनी स्थिति सुधार सकें। जो भी समाज सामाजिक न्याय को अपना आदर्श मानता है तथा आम आदमी की दशा सुधारना चाहता है, उसे वह व्यवस्था करनी होगी कि जनता के सब वर्गों को शिक्षा में अवसर की अधिक से अधिक समता प्राप्त हो।"

इस उद्देश्य की प्राप्ति के लिए शिक्षा व्यवस्था में निम्न उपायों की आवश्यकता पर शिक्षा आयोग ने बल दिया:

1. शिक्षा-व्यवस्था में सरकार की अधिक से अधिक भागीदारी का होना।
2. सभी वर्गों के लिए शिक्षा संस्थाओं में प्रवेश के लिए समान अवसर प्रदान करना।
3. निर्धन तथा पिछड़े वर्गों के बच्चों के लिए अच्छे स्कूलों में प्रवेश के लिए सुविधाएँ जुटाना।
4. ग्रामीण क्षेत्र के स्कूलों तथा शहरी क्षेत्र के स्कूलों में असमानता को कम करना अर्थात् ग्रामीण स्कूलों में शिक्षा सम्बन्धी पर्याप्त सुविधाएँ उपलब्ध कराना।
5. स्कूलों में निर्धन छात्रों के लिए छात्रवृत्तियों का उचित प्रावधान करना।
6. निर्धन छात्रों के लिए नि:शुल्क पुस्तकें तथा स्कूल वर्दी का प्रावधान करना।

9.9 शिक्षा तथा पंथनिर्पेक्षता/धर्म निर्पेक्षता (Education and Secularism)

उन्होंने धर्मनिरपेक्षता के चार सिद्धान्त बनाए:

1. मनुष्य की भौतिक तथा सांस्कृतिक उन्नति पर विशेष बल देने का सिद्धान्त।
2. सत्य का आदर तथा सत्य की खोज का सिद्धान्त।
3. इस युग के और इसके सुधार सम्बन्धी चिन्ता का सिद्धान्त।
4. स्वतन्त्र नैतिकता (Independent Morality) का सिद्धान्त जो ईश्वरीय विश्वास पर आधारित नहीं है।

2. डॉनाल्ड स्मिथ (Donald Smith): "धर्मनिरपेक्ष राज्य वह राज्य है जो व्यक्तिगत तथा सामूहिक धर्म की स्वतन्त्रता देता है, व्यक्ति के धर्म पर ध्यान दिए बिना उससे नागरिक के रूप में व्यवहार करता है तथा जो किसी धर्म के विकास का इच्छुक नहीं तथा किसी धर्म में हस्तक्षेप नहीं करता।

3. वैबस्टर शब्दाकोष (Webster Dictionary): "धर्म निरपेक्षता वह तत्त्व है जिसके अनुसार राज्य के कार्यों में धर्म तथा धार्मिक कार्यों का हस्तक्षेप नहीं होना चाहिए।"

4. ऑक्सफोर्ड डिक्शनरी (Oxford Dictionary): "धर्मनिरपेक्षता वह सिद्धान्त है जिसके अनुसार नैतिकता का आधार मानवता का कल्याण है। इसमें ईश्वर सम्बन्धी किसी बात का समावेश नहीं होना चाहिए।"

5. 'चैम्बर्स अंग्रेजी-हिन्दी कोश' (Chamber's English-Hindi Kosh): इस कोष के अनुसार धर्मनिरपेक्षता का अर्थ है धर्मनिरपेक्षता सर्व धर्म समतावाद, सांसारिकता, लोकपरता, धर्मनिरपेक्षता।

9.10 भारतीय विचारकों के मत (Views of Indian Thinkers)

6. पं. जवाहरलाल नेहरू (Pt. Jawaharlal Nehru): "धर्मनिरपेक्षता का तात्पर्य है कि धर्म पूर्ण स्वतन्त्र है तथा राज्य अपने व्यापक कार्य में धार्मिक संरक्षण एवं ऐसे अवसर प्रदान करेगा कि सभी नागरिक सहिष्णुता व सहयोग की भावना का विकास कर सकें।"

7. डॉ. भीमराव अम्बेडकर (Dr. B.R. Ambedkar): "धर्मनिरपेक्षता राज्य का अर्थ यह नहीं है कि लोगों की धार्मिक भावनाओं को ध्यान में नहीं रखेंगे। धर्मनिरपेक्षता से केवल इतना तात्पर्य है कि संसंद बलपूर्वक किसी एक विशेष धर्म को थोपने के लिए सक्षम नहीं होगी।"

8. एच.ग्री.कामट (H.B. Kamat): ये एक विख्यात संसदज्ञ (Parliamentarian) थे। इन्होने धर्मनिरपेक्ष राज्य की इस प्रकार व्याख्या की है। "धर्मनिरपेक्ष राज्य धर्म के आधार पर किसी प्रकार का किसी से पक्षपात नहीं करता है। इसका अर्थ है कि राज्य किसी विशेष धर्म को बढ़ावा नहीं देता है।"

9. भारत के दार्शनिक राष्ट्रपति डा. राधाकृष्णन (D. Radhakrishnan): ने लिखा, "मैं अधिकारपूर्वक कहना चाहता हूँ कि धर्मनिरपेक्षता का अर्थ नास्तिकवाद नहीं है। इसका अर्थ यह है कि हम सभी मतों और धर्मों का आदर करते हैं। हमारा राज्य किसी एक विशेष धर्म से जुड़ा हुआ नहीं है।"

10. न्यायाधीश एम.एच. वेग (M.H. Beg) ने 1975 में अपने निर्णय में लिखा, "धर्मनिरपेक्ष" राज्य सब धर्मों से ऊपर उठकर सभी नागरिकों के कल्याण के लिए बिना किसी धार्मिक विश्वास अथवा विधि भेदभाव के कार्य करता है। वह इस सम्बन्ध में तटस्थ है।"

9.11 धर्मनिरपेक्ष राज्य की विशेषताएँ (Characteristics of a Secular State)

धर्मनिरपेक्ष राज्य की निम्न विशेषताएँ हैं:

1. धर्मनिरपेक्ष राज्य का कोई धर्म नहीं होता है।
2. धर्मनिरपेक्ष राज्य सभी धर्मों का समान आदर करता है।
3. धर्मनिरपेक्ष राज्य सभी नागरिकों को धार्मिक स्वतन्त्रता प्रदान करता है।
4. धर्मनिरपेक्ष राज्य किसी भी व्यक्ति से धर्म के आधार पर भेदभाव नहीं रखता है।
5. धर्मनिरपेक्ष राज्य किसी धर्म का विरोधी नहीं है।
6. धर्मनिरपेक्ष राज्य धर्म के गलत प्रयोग पर हस्तक्षेप करता है।
7. धर्मनिरपेक्ष राज्य बिना किसी भेद-भाव के सभी नागरिकों के कल्याण के लिए कार्य करता है।

9.12 भारत एक धर्मनिरपेक्ष राज्य है (India is a Secular State)

ऊपर के विवरण से स्पष्ट है कि धर्मनिरपेक्षता एक ऐसा विचार है जिसके अनुसार धर्म को राजनीति से नहीं जोड़ा गया है। धर्म का क्षेत्र व्यक्ति के अन्त:करण के विस्तार का क्षेत्र है जिसमें उसे पूर्ण स्वतन्त्र छोड़ दिया गया है। व्यक्ति किसी भी पंथ, सम्प्रदाय, पूजा विधि व विश्वास को मानने व अपनाने के लिए स्वतन्त्र है। भारत के धर्मनिरपेक्ष राज्य में सभी धर्मों को तथा इन्हें मानने वालों को समान रूप से विकास करने के अवसर प्रदान किए गए हैं। धर्म की स्वतन्त्रता के अधिकार को नागरिकों का मौलिक अधिकार स्वीकार किया गया है और इस प्रकार उन्हें अपने धार्मिक विश्वास रखने तथा इच्छानुसार पूजा विधि को अपनाने का अधिकार प्राप्त है। राज्य का कर्त्तव्य किसी धर्म विशेष का प्रचार करना न होकर सभी धर्मों के विश्वास की परिस्थितियाँ जुटाना घोषित किया गया है।

धर्मनिरपेक्षता का अर्थ है किसी धर्म का विरोध न करके सब धर्मों के लिए समान अवसर प्रदान करना। इसके लिए आवश्यक होगा कि 'धार्मिक शिक्षा' की अपेक्षा 'धर्मों की शिक्षा' दी जाए।

9.13 भारत में धर्मनिरपेक्ष आदर्शों की आवश्यकता (Need for Secular Ideals in India)

निम्नलिखित कारणों से भारत में धर्मनिरपेक्षता की आवश्यकता है:

1. भारत बहुधर्मी देश (India as a Multireligious Country): भारत में अनेक धर्म हैं। इसे बहुधर्मी देश भी कहा जाता है। अत: आवश्यक है कि राज्य सभी धर्मों को समान समझे।

2. अल्पवर्गों में विश्वास उत्पन्न करना (Developing Confidence in the Minorities): अल्पसंख्यकों के मन में इस प्रकार की भावना निर्माण करना आवश्यक है कि राज्य उनके हितों की रक्षा करता है।

3. अल्पवर्गों में विश्वास उत्पन्न करना (Securing Confidence in the Religious Minorities): देश की एकता तथा अखण्डता के लिए आवश्यक है कि सभी धर्मों के लोग राष्ट्र के प्रति वफादारी के भाव रखें। यह तभी हो सकता है जब उनको अपने धर्म के अनुसार जीवन व्यतीत करने की स्वतन्त्रता दी जाए।

4. साम्प्रदायिकता के विष का उपचार करना (Removing the Venon of Communalism): साम्प्रदायिका ने हजारों वर्षों से चले आ रहे अखण्ड भारत का विभाजन कर दिया। साम्प्रदायिकता का प्रमुख कारण धार्मिक संकीर्णता है। अत: आवश्यक है कि सभी धर्मों के मानने वालों के साथ राज्य एक जैसा व्यवहार करे।

5. समाजवाद राज्य की स्थापना (Establsihment of a Socilaist State): समाजवाद राज्य की स्थापना करना भारतीय संविधान में राज्य का आदर्श माना गया है। समाजवाद सब व्यक्तियों को समान दृष्टि से देखता है।

6. लोकतन्त्र राज्य की अवधारणा (Concept of a Democratic State): भारत ने लोकतन्त्र पद्धति को अपनाया है। लोकतन्त्रीय राज्य में धर्म आदि का कोई भेद-भाव नहीं होता है।

9.14 भारतीय संविधान में धर्मनिरपेक्षता सम्बन्धी प्रावधान अथवा व्यवस्थाएँ (Provisions in the Indian Constitution of Secularism)

भारत के संविधान में निम्नलिखित प्रावधान किए गए हैं जो धर्मनिरपेक्षता के सूचक हैं:

1. संविधान की प्रस्तावना (Preamble): वर्ष 1976 में संविधान की प्रस्तावना में धर्मनिरपेक्षता शब्द शामिल किया गया जो इस बात को दर्शाता है कि भारत एक धर्मनिरपेक्ष राज्य है।

2. धारा 14 (Article 14): कानून (विधि) के समक्ष समानता का अधिकार (Right to Equality before Law): इस धारा के अन्तर्गत भारत में कानून की नजर में

सभी धर्मों के मानने वाले एक जैसे हैं अर्थात् भारत के कानून बिना धर्म भेद के हैं। धारा में कहा गया हैं, "राज्य, भारत के राज्य क्षेत्र में किसी व्यक्ति को विधि के समक्ष समता से या विधियों के समान संरक्षण से वंचित नहीं रखा जाएगा।"

3. धारा-15-धर्म, मूलवंश, जाति, लिंग या जन्म स्थान के आधार पर कोई विभदे नहीं (Prohibition of Discrimination on Grounds of Religion, Race, Caste or Place of Birth: राज्य, किसी नागरिक के विरूद्ध केवल धर्म आदि के आधार पर कोई विभेद नहीं करेगा।

4. धारा 15(2) तथा (3): सार्वजनिक स्थानों पर आने-जाने की समानता का अधिकार **(Access to Public Places):** 1. सभी का बिना किसी भेद-भाव के दुकानों, सार्वजनिक भोजनालयों, होटलों और सार्वजनिक मनोरंजन के स्थानों में प्रवेश का अधिकार। 2. पूर्णतया या आंशिक राज्य निधि से पोषित या साधारण जनता के प्रयोग के लिए कुओं, तालाबों, स्नानघरों, सड़कों और सार्वजनिक स्थानों के प्रयोग का सभी को अधिकार।

5. धारा 16-लोक सेवाओं में अवसरों की समानता (Article 16-Equality of Opportunity in Public Appointments): इस धारा के अधीन सभी धर्मों के लोग बिना किसी भेद-भाव के योग्यता के आधार पर सरकारी नौकरी प्राप्त कर सकेंगे।

6. धारा 17 (Article 17) अस्पृश्यता का अन्त (Abolition of Untouchability): इस धारा के अनुसार "अस्पृश्यता का अन्त किया गया है। किसी भी रूप में इसका आचरण निषिद्ध किया गया है। इसका आचरण करने पर दण्ड का प्रावधान किया गया है।"

7. धारा 25-धार्मिक स्वतन्त्रता का अधिकार (Article 25-Right to Religious Freedom): इस धारा के अन्तर्गत प्रत्येक व्यक्ति को धर्म की स्वतन्त्रता है। वह किसी भी धर्म में विश्वास रख सकता है। धर्म का कार्य कर सकता है तथा प्रचार कर सकता है। यहाँ यह बात भी ध्यान रखने योग्य है कि कानून द्वारा राज्य सार्वजनिक शान्ति (व्यवस्था) नैतिकता तथा नैतिकता को ध्यान में रखते हुए व्यक्ति की स्वतन्त्रता पर प्रतिबन्ध लगा सकता है। परन्तु ऐसे प्रतिबन्ध को धार्मिक स्वतन्त्रता का उल्लंघन नहीं माना जाएगा।

8. धारा 26-धार्मिक संस्थाएँ स्थापित करने का अधिकार (Right to Establish Religious Institution): इस धारा के अन्तर्गत निम्नलिखित अधिकार है:

(i) धार्मिक संस्थाओं की स्थापना करना तथा उनका प्रबन्ध करना। (ii) अपने धर्म से सम्बन्धित कार्य करना। (iii) धार्मिक कार्यों के लिए चल तथा अचल (Movable and Immovable) सम्पति प्राप्त करने का अधिकार। (iv) सम्पति का कानून के अनुसार प्रशासन करने का अधिकार।

9. धारा 27-धर्म के नाम पर कर लगाने पर प्रतिबन्ध (No Taxation in the Name of Religion): इस धारा के अन्तर्गत राज्य किसी व्यक्ति को कोई ऐसा कर देने के लिए मजबूर नहीं कर सकता जिससे एकत्र किए गए धन का प्रयोग किसी विशेष सम्प्रदाय या धर्म की उन्नति के लिए किया जाना हो। दूसरे शब्दों में धर्म के नाम पर राज्य कोई कर नहीं लगा सकता।

10. धारा 28(i) धार्मिक शिक्षा की सरकारी शैक्षिक संस्थाओं में मनाही (Prohibition of Religious Instruction in Government Educational Institutions): इस धारा के अनुसार सरकार द्वारा चलाई जा रही शैक्षिक संस्थाओं में धार्मिक शिक्षा नहीं दी जा सकती।

11. धारा 28(3)–गैर सरकारी शैक्षिक संस्थाओं में धार्मिक शिक्षा परन्तु इच्छा के विरूद्ध नहीं (Relgious Instruction in Non-government Institutions but not without Consent): इस धारा के अधीन गैर-सरकारी शैक्षिक संस्थाओं में धार्मिक शिक्षा देने की स्वतन्त्रता है परन्तु ऐसी शिक्षा व्यक्ति की रजामन्दी के विरूद्ध नहीं दी जा सकती। यदि कोई छात्र अवयस्क (Minor) है तो उसकी धार्मिक शिक्षा के लिए उसके अभिभावक अथवा संरक्षक (Guardian) की स्वीकृति आवश्यक है।

12. धारा 29–धर्म के आधार पर शैक्षिक संस्थाओं में प्रवेश के समय भेदभाव की पाबन्दी (No Discrimination on the Basis of Relgion while Granting Admission in Educational Institutions): इस प्रकार का प्रावधान किया गया है कि प्रवेश के समय उन शैक्षिक संस्थाओं में जो सरकार द्वारा चलाई जा रही हैं या सरकार की सहायता से चलाई जा रही हैं, किसी प्रकार का भेदभाव न किया जाए।

13. धारा 30(1)–धार्मिक अल्पसंख्यकों को शैक्षिक संस्थाएँ स्थापित करने तथा प्रशासन करने का अधिकार (Right of Minorities to Establish and Administer Educational Institutions): इस धारा के अन्तर्गत धार्मिक अल्पसंख्यक वर्ग शैक्षिक संस्थाएँ स्थापित कर सकते हैं तथा उनका प्रबन्ध कर सकते हैं।

14. धारा 30(2)–शैक्षिक संस्थाओं को अनुदान देते समय कोई भेदभाव नहीं (No Discrimination in Grant-in Aid): राज्य शैक्षिक संस्थाओं को अनुदान देने समय किसी प्रकार का धर्म सम्बन्धी भेदभाव नहीं करेगा।

15. धारा 44 नागरिकों के लिए समान सिविल संहिता (Uniform Civil Code for the Citizens): राज्य, भारत के समस्त नागरिकों के लिए समान सिविल संहिता प्राप्त करने का प्रयास करेगा।

16. धारा 325 चुनाव में समान अधिकार (Equal Rights in Elections): चुनाव प्रणाली के अन्तर्गत धर्म आदि के आधार पर कोई भी व्यक्ति मतदाता सूची में नामांकन से वंचित नहीं किया जा सकता।

17. साम्प्रदायिक चुनाव व्यवस्था की समाप्ति (Abolition of Communal Electorate): स्वतन्त्रता से पूर्व धर्म के आधार विधान सभाओं में स्थान सुरक्षित रखे जाते थे परन्तु स्वतन्त्रता के पश्चात् संविधान में इस प्रकार का कोई प्रावधान नहीं किया गया है।

18. राज्य का अपना कोई धर्म नहीं है (No State Religion): भारत राज्य का अपना कोई धर्म नहीं है। राज्य धार्मिक पक्षपात से ऊपर है। संक्षेप में धर्मनिरपेक्षता के प्रावधानों का निचोड़ इस प्रकार है:

(i) सभी नागरिकों को अपने-अपने धर्म को मानने की स्वतन्त्रता देना।

(ii) किसी भी विशेष धर्म के मानने वालों से सरकार का भेदभाव न रखना।

(iii) सभी धर्म के मानने वालों को सरकारी नौकरियों में समानता।
(iv) सरकारी स्कूलों में धार्मिक शिक्षा का न होना।

9.15 भारत में धर्मनिरपेक्षता का विकास करने में बाधाएँ (Hindrances in the Way of Promotion of Secularism in India)

1. अंग्रेजी शासन द्वारा विकसित की गई साम्प्रदायिकता।
2. अंग्रेजी शासन द्वारा चलाई गई 'फूट डालों की नीति' (Divide and Rule Policy)।
3. साम्प्रदायिक दल (Communal Parties)।
4. जातिवाद (Casteism)।
5. धर्म का राजनैतिक हथियार के रूप में प्रयोग (Use of Religion as a Political Weapon)।
6. धार्मिक उत्कृष्टता अथवा श्रेष्ठता की भावना (Feeling of Religious Superiority)।
7. धर्म का संकुचित अर्थ (Narrow View of Religion)।
8. कुछ नेताओं की व्यक्तिगत आकाक्षाएँ (Personal Ambitions of Some Leaders)।
9. सहनशक्ति का अभाव (Lack of Toleration)।
10. आर्थिक विषमताएँ (Economic Inequalities and Religious Conversion) तथा धर्म परिवर्तन।
11. सामाजिक असमानताएँ (Social Inequalities)।

9.16 धर्मनिरपेक्ष आदर्शों के विकास के लिए शैक्षिक प्रयास (Educational Efforts for Promoting Secular Ideals)

शिक्षा का समाज में शान्तिपूर्वक क्रान्ति लोन में महत्त्वपूर्ण स्थान है। शिक्षा द्वारा समाज के विभिन्न वर्गों में समरसता लाने के लिए अनेके विधियाँ हैं। यहाँ पर संक्षेप में उनका विवरण दिया जा रहा है:

1. शिक्षा के उद्देश्य (Objectives of Education): शिक्षा के प्रत्येक स्तर पर व्यापक दृष्टिकोण के विकास पर बल दिया जा रहा है। नैतिक मूल्यों को बढ़ावा देने के प्रयास किए जा रहे हैं। अनेकतावादी (Pluralism) दृष्टिकोण को दृढ़ करने के कार्य किए जा रहे हैं। मानवतावाद को जीवन शैली का आधार बनाने पर जोद दिया जा रहा है।

2. शैक्षिक संस्थाओं की स्थापना तथा संगठन (Establishment and Organisation of Educational Institutions): सभी सरकारी तथा सहायता प्राप्त स्कूलों की स्थापना तथा व्यवस्था धर्मनिरपेक्षता के सिद्धान्त पर की जा रही है। अध्यापकों की नियुक्ति में धर्म को नहीं देखा जाता है।

3. शैक्षिक संस्थाओं में प्रवेश (Admission in Educational Institutions): सरकारी तथा सरकारी सहायता प्राप्त स्कूलों में बिना किसी धार्मिक भेदभाव के प्रवेश दिया जाता है।

4. पाठ्यक्रम (Curriculum); पाठ्यक्रम निर्माण में सभी धार्मिक सिद्धान्तों को ध्यान में रखा जाता है।

5. पाठ्यपुस्तकें (Textbooks): समय-समय पर पाठ्यपुस्तकों की समीक्षा की जाती है तथा आश्वस्त किया जाता है कि इनमें कोई ऐसी बात न हो जो धार्मिक भावनाओं को ठेस पहुचाएँ।

6. अध्यापकों की आचार संहिता (Code of Conduct for Teachers): अध्यापकों की आचार संहिता में धर्मनिरपेक्षता के मूल्यों पर बल दिया जाता है। उनसे आशा की जाती है कि वे सभी पक्षों को धार्मिक दृष्टि से समान समझेंगे। किसी भी धर्म के प्रति घृणा की भावना का सर्वदा त्याग करेंगे। साथ ही किसी विशेष धर्म का प्रचार नहीं करेंगे।

7. धार्मिक एवं सांस्कृतिक समारोहों का मनाना (Celebration of Religious and Social Festivals): स्कूलों में धर्म सम्बन्धी सभी समारोह मनाए जाते हैं।

8. शिविरों का आयोजन (Organisation of Camps): शिविरों का आयोजन किया जाता है ताकि सभी धर्मों के बच्चे एकसाथ मिलकर रहना सीखें।

9. शैक्षिक संस्थाओं का उदार सम्पूर्ण वातावरण (Overall Liberal Environment of the Educational Institutions): प्रयास किए जा रहे हैं कि शैक्षिक संस्थाओं में धार्मिक दृष्टि से उदार वातावरण निर्माण किया जाए। भाई-चारे की भावना का विकास हो। संकीर्ण भावों का त्याग किया जाए।

9.17 उपसंहार (Conclusion)

संविधान के प्रावधानों के अनुसार भारत में धर्मनिरपेक्षता आदर्शों का विकास करने के लिए शैक्षिक संस्थाओं में उपयुक्त वातावरण बनाने का प्रयास किया जा रहा है। शिक्षा में पाठ्यक्रम, व्यवस्था तथा शैक्षिक क्रियाओं को इस प्रकार नियोजित किया जाता है कि वे संविधान की इस अनुकूलता को बनाये रखें। धर्मनिरपेक्षता जन-जीवन का विचार बन जाये व जीवन प्रक्रिया के साथ घुल-मिल जाये, इसके लिए शिक्षा ही महत्त्वपूर्ण योगदान दे सकती है। शिक्षा व्यवस्था इस प्रकार की हो कि 'धार्मिक शिक्षा' (धर्म विशेष की शिक्षा) न देकर 'धर्मों की शिक्षा' (सभी धर्मों की सम्मिलित अच्छाइयाँ) दी जाये। बालकों को समाज के महान् व आदर्श पुरूषों के सद्गुणों को अपने जीवन में ढालने के लिए प्रेरित किया जाये चाहे वह किसी भी धर्म अथवा सम्प्रदाय के ही क्यों न हो। ऐसे संस्कार डाले जाएँ कि छात्र अपने धर्म के साथ-साथ दूसरों के धर्म को आदर व सरकार की दृष्टि से देखें।

9.18 संस्कृति और शिक्षा संबंधी अधिकार (Cultural and Educational Rights)

29. अल्पसंख्यक-वर्गों के हितों का संरक्षण-(1) भारत के राज्यक्षेत्र या उसके किसी भाग के निवासी नागरिकों के किसी अनुभाग को, जिसकी अपनी विशेष भाषा, लिपि या संस्कृति है, उसे बनाए रखने का अधिकार होगा।

(2) राज्य द्वारा पोषित या राज्य-निधि से सहायता पाने वाली किसी शिक्षा संस्था में प्रवेश से किसी भी नागरिक को केवल धर्म, मूलवंश, जाति, भाषा या इनमें से किसी के आधार पर वंचित नहीं किए जाएगा।

29. Protection of interests of minorities.—(1) Any section of the citizens residing in the territory of India or any part thereof having a distinct language, script or culture of its own shall have the right to conserve the same.

(2) No citizens shall be denied admission into any educational institution maintained by the State or receiving aid out of State funds on grounds only of religion, race, caste, language or any of them.

30. शिक्षा संस्थाओं की स्थापना और प्रशासन करने का अल्पसंख्यक–वर्गों का अधिकार–(1) धर्म या भाषा पर आधारित सभी अल्पसंख्यक–वर्गों को अपनी रूचि की शिक्षा संस्थाओं की स्थापना और प्रशासन का अधिकार होगा।

30. Right of minorities to establish and administer educational institutions.—(1) All minorities, whether based on religion or language, shall have the right to establish and administer educational institutions of their choice.

इन प्रावधानों के सन्दर्भ में अल्पसंख्यकों के लिए अनेक प्रकार की विशेष शिक्षा सुविधाएँ दी जा रही हैं।

9.19 धारा 45 तथा शिक्षा का अधिकार (धारा 21A)
[Article 45 and Right to Education (Article 21A)]

प्राथमिक स्तर जिस पर विस्तारपूर्वक अगले अध्ययन में चर्चा की गई है, इस सन्दर्भ में धारा 21A का विशेष महत्त्व है। यह धारा 2002 में संविधान में जोड़ी गई तथा धारा 45 में परिवर्तन किया गया।

भारत गणराज्य के तिरपनवें वर्ष में संसद् द्वारा निम्नलिखित रूप में यह अधिनियमित हो:

1. संक्षिप्त नाम और प्रारंभ–(1) इस अधिनियम का संक्षिप्त नाम संविधान (छियासीवां संशोधन) अधिनियम 2002 है।

(2) यह उस तारीख को प्रवृत होगा जो केन्द्रीय सरकार, राजपत्र में अधिसूचना द्वारा नियत करे।

2. नए अनुच्छेद 21क का अंतःस्थान–संविधान के अनुच्छेद 21 के पश्चात् निम्नलिखित अनुच्छेद अंतःस्थापित किया जाएगा, अर्थात्:

"**21क. शिक्षा का अधिकार**–राज्य, छह वर्ष से चौदह वर्ष तक की आयु वाले सभी बालकों के लिए निःशुल्क और अनिवार्य शिक्षा देने को ऐसी रीति में, जो राज्य विधि द्वारा, अवधारित करे, उपबंध करेगा।"

3. अनुच्छेद 45 के स्थान पर नए अनुच्छेद का प्रतिस्थापन–संविधान के अनुच्छेद 45 के स्थान पर निम्नलिखित अनुच्छेद रखा जाएगा अर्थात्:

"45. छह वर्ष से कम आयु के बालकों के लिए प्रारंभिक बाल्यावस्था देख-रेख और शिक्षा का उपबंध-राज्य, सभी बालकों के लिए छह वर्ष की आयु पूरी करने तक, प्रारंभिक बाल्यावस्था देख-रेख और शिक्षा देने के लिए उपबंध करने का प्रयास करेगा।"

4. **अनुच्छेद 51क का संशोधन**–संविधान के अनुच्छेद 51 क में, खंड (ञ) के पश्चात्, निम्नलिखित खंड जोड़ा जाएगा अर्थात्:

"(ट) यदि माता-पिता या संरक्षक है, छह वर्ष से चौदह वर्ष तक की आयु वाले अपने, यथास्थिति, बालक या प्रतिपाल्यं के लिए शिक्षा के अवसर प्रदान करे।"।

[12*th December*, 2002]

An Act further to amend the Constitution of India.

Be it enacted by Parliament in the Fifty-third Year of the Republic of India as follow:

1. Short title and commencement: (1) This Act may be called the Constitution (Eighty-sixth Amendment) Act, 2002.

(2) It shall come into force on such date as the Central Government may be notification in the Official Gazetter, appoint.

2. Insertion of new article 21A: After article 21 of the Constitution, the following article shall be inserted, namely:

"21A. Right to education: The State shall provide free and compulsory education to all children of the age of six to fourteen years in such manner as the State may, be law, determine."

3. Substitution of new article for article 45.: For article 45 of the Constitution, the following article shall be substituted namely:

"45. Provision for early childhood care and education to children below the age of six year: The State shall endevour to provide early childhood care and education for all children until they complete the age of six years."

4. Amendment of article 51A: In article 51A of the Constitution, after clause (*j*), the following clause shall be added, namely:

"(*k*) who is a parent or guardian to provide opportunities for education to his child or, as the case may be, ward between the age of six and fourteen years."

9.20 संविधान संशोधन 72, 73 and 74
(Constitution Amendments 72, 73 and 74)

संशोधन 72: इसका शिक्षा से कोई सम्बन्ध नहीं है।

धारा 73: इस संशोधन के अनुसार पंचायती राज संस्थाओं (Panchayat Raj Institutions) सम्बन्धी प्रावधान किए गए। तदुपरान्त शिक्षा सम्बन्धी नियम बनाए गए।

धारा 74: इसके अनुसार नगरपालिकाओं सम्बन्धी प्रावधान किए गए।

9.21 शैक्षिक प्रबन्ध तथा नियोजन का विकेन्द्रीकरण तथा स्थानीय निकायों का शिक्षा में योगदान: केन्द्रीय शिक्षा सलाहकार बोर्ड द्वारा समिति की संस्तुतियाँ (Decentralisation of Educational Management and Planning: Recommendation of the Committee Appointed by the Central Advisory Board of Education—CABE, 1993)

समिति की नियुक्ति–केन्द्रीय शिक्षा सलाहकार बोर्ड ने सन् 1993 में शैक्षिक प्रबन्ध तथा नियोजन के विकेन्द्रीकरण सम्बन्धी एक समिति का गठन किया। समिति के अध्यक्ष कर्नाटक के मुख्यमन्त्री एम. वीरप्पन थे। समिति की प्रमुख संस्तुतियाँ शिक्षा में स्थानीय निकायों के योगदान के सम्बन्ध में नीचे दी जा रही है:

शिक्षा में स्थानीय निकायों का ढाँचा: विभिन्न स्तर

1. *पंचायती राज का ढाँचा*
   - (i) शिक्षा में पंचायती राज जहाँ ग्राम में पंचायत है।
   - (ii) शिक्षा में पंचायती राज जहाँ कई ग्राम मिलकर पंचायत का गठन करते हैं।
   - (iii) माध्यमिक (Intermediate) स्तर पर पंचायत समिति।
   - (iv) जिला परिषद्।
2. *शैक्षिक ढाँचा*
   - (i) पंचायत की स्थायी शिक्षा समिति (Panchayat Standing Committee on Educaton)
   - (ii) ग्राम शिक्षा समिति (Village Education Committee)
   - (iii) पंचायत समिति की शिक्षा में स्थायी समिति (Panchayat Samiti Standing Committee in Education)
   - (iv) जिला परिषद् शिक्षा स्थायी समिति (Zila Parishad Standing Committee in Education)

9.22 बच्चों का निःशुल्क तथा अनिवार्य शिक्षा अधिकार अधिनियम 2009 (The Right of Children to Free and Compulsory Education Act, 2009)

संविधान में 2002 संशोधन के सन्दर्भ में 2009 में ऊपर लिखित अधिनियम पारित किया गया। इस अधिनियम का मुख्य उद्देश्य 6 से 14 वर्ष के बच्चों के लिए निःशुल्क तथा अनिवार्य प्राथमिक शिक्षा की व्यवस्था करना है। कुल धाराएँ 38 हैं:

अधिनियम की मुख्य धाराएँ अथवा प्रावधान (Main Articles of Provisions in the Act)

धारा 3: प्रत्येक बच्चा जिसकी आयु 6 तथा 14 के बीच है, उसके लिए पड़ोस के स्कूल में प्रवेश की व्यवस्था करना।

धारा 6: प्रत्येक पड़ोस में स्कूल स्थापित करना।

धारा 7: केन्द्रीय सरकार तथा राज्य सरकारों की वित्तीय जिम्मेदारी निभाना।

धारा 7: राष्ट्रीय पाठ्यचर्या की रूप रेखा का विकास करना।

धारा 7: अध्यापक-शिक्षा (प्रशिक्षण) के मानदण्डों का विकास करना।

धारा 8: प्रत्येक केन्द्रीय, राजकीय तथा स्थानीय सरकारों का स्कूल में वांछित सामग्री, स्टाफ, तथा अधिगम सामग्री की व्यवस्था करना।

धारा 9: अध्यापकों के प्रशिक्षण की उचित व्यवस्था करना। कमजोर वर्गों के छात्रों से किसी प्रकार का भेदभाव न होने देना।

धारा 10: माता-पिता तथा अभिभावकों का उत्तरदायित्त्व कि वे पड़ोसी-स्कूल में बच्चों को अवश्य प्रवेश दिलाएँ।

धारा 12: प्रत्येक मान्यताप्राप्त पब्लिक स्कूल (सरकार से अनुदान न लेने वाला स्कूल) कक्षा 1 में कुल प्रवेश के 25 प्रतिशत ऐसे बच्चों को प्रवेश देगा जिनका सम्बन्ध पिछड़े वर्गों से होगा।

धारा 13: प्रवेश देते समय किसी प्रकार की केपिटेशन (Capitation) फीस नहीं ली जाएगी।

धारा 14: बच्चे का प्रवेश वर्ष में किसी समय भी किया जा सकता है।

धारा 16: प्राथमिक स्तर पर किसी भी कक्षा में बच्चे को फेल नहीं किया जाएगा।

धारा 17: किसी भी बच्चे को शारीरिक दण्ड अथवा मानसिक पीड़ा नहीं दी जाएगी।

धारा 18: मान्यता प्रमाणपत्र के बिना कोई स्कूल स्थायित्त्व नहीं किया जाएगा।

धारा 19: स्कूल की स्थापना निर्धारित मानदण्डों के अनुसार ही होगी।

धारा 21: प्रत्येक स्कूल प्रबन्धक समिति का विधान होगा।

धारा 22: प्रत्येक स्कूल प्रबन्धन समिति स्कूल के विकास की योजना बनाएगी।

धारा 23: स्कूलों के अध्यापकों की शैक्षिक तथा प्रशिक्षण योग्यताएँ निर्धारण होगी। अध्यापकों की सेवाशर्तें निर्धारित रहेंगी।

धारा 24: अध्यापकों की जिम्मेदारियाँ लिखित होंगी। अध्यापकों की शिकायतों के निर्वाण की व्यवस्था होगी।

धारा 25: छात्र-अध्यापक अनुपात मानदण्ड के अनुसार होगा जो आगे दिया गया है।

धारा 26: अध्यापकों के रिक्त स्थानों की समय पर पूर्ति की जाएगी।

धारा 27: अध्यापकों को जहाँ तक सम्भवत: हो गैर शैक्षिक कार्यों में न लगाया जाए।

धारा 28: कोई भी अध्यापक निजी ट्यूशन नहीं करेंगे।

धारा 29: पाठ्यक्रम संविधान के आदर्शों के सन्दर्भ में होगा।

जहाँ तक सम्भव हो, शिक्षा का माध्यम बच्चे की मातृ-भाषा में हो। छात्रों के विकास का सतत् तथा विस्तृत मूल्याँकन होगा।

धारा 30: प्राथमिक स्तर की समाप्ति पर किसी भी प्रकार की बोर्ड परीक्षा नहीं होंगी।

धारा 31: बच्चों के अधिकारों का संरक्षण किया जाएगा।

धारा 33: केन्द्रीय सरकार एक राष्ट्रीय सलाहकार परिषद् का गठन करेगी। इसके सदस्य प्राथमिक शिक्षा तथा बच्चों के विकास में पर्याप्त अनुभव प्राप्तकर्ता होंगे।

धारा 34: राज्य सरकारें भी राज्य सलाहकार परिषदों का गठन करेगीं।

9.23 स्कूल के मापदण्ड (Norms and Standards for a School)

शिक्षा का अधिकार के अधिनियम 2009 के अन्तर्गत एक सामयिक स्कूल में निम्न प्रकार की व्यवस्थाओं का प्रावधान किया गया है:

I. अध्यापक संख्या (No. of the Teachers)

A. *कक्षा* 1 *से कक्षा तक*

छात्र संख्या	*अध्यापक संख्या*
(i) 60 तक	2
(ii) 61 तथा 90 तक	3
(iii) 91 तथा 120 तक	4
(iv) 121 तथा 200 तक	5
(v) 150 से ऊपर	5.1 मुख्य अध्यापक
(vi) 200 से ऊपर	मुख्य अध्यापक के अतिरिक्त छात्र-अध्यापक अनुपात 40

B. *कक्षा* 6 *से* 8 *तक*

1. प्रत्येक कक्षा के लिए कम से कम एक अध्यापक।
2. कम से कम एक अध्यापक निम्न विषयों के लिए
   (i) विज्ञान तथा मैथस
   (ii) सामाजिक ज्ञान
   (iii) भाषाएँ
3. 35 छात्रों पर कम से कम एक अध्यापक
4. जहाँ छात्रों की संख्या 100 से ऊपर हैं।
   (i) पूरक कालीन एक मुख्य अध्यापक
   (ii) पार्ट टाईम निर्देशक
      (a) कला शिक्षा
      (b) स्वास्थ्य तथा शारीरिक शिक्षा
      (c) कार्य शिक्षा

II. भवन (Building)

सभी मौसमों के लिए (All-Wealther Building)

(i) प्रत्येक अध्यापक के लिए कम से कम एक कक्षा-कक्ष
(ii) मुख्य अध्यापक के लिए एक कार्यालय-भण्डार कक्ष
(iii) बिना रूकावट के आना जाना (Barrier Free Access)
(iv) लड़के-लड़कियों के अलग शौचालय

(v) सभी छात्रों के लिए शुद्ध तथा पर्याप्त जल-व्यवस्था
(vi) रसोई घर जहाँ छात्रों के लिए दोपहर का भोजन पकाया जा सके।
(vii) खेल का मैदान
(viii) स्कूल-भवन की चार दिवारी अथवा फैनसिंग (Fencing)

III. शैक्षिक वर्ष के कक्ष से कम कार्य दिवस अथवा शिक्षण घण्टे (Minimum Number of Working Days/Institutional Hons is an Academic Year)

1. कक्षा 1 से 5 तक 200 कार्य दिवस
2. कक्षा 6 से 8 तक 220 कार्य दिवस
3. कक्षा 1 से 5 तक पढ़ाई के 800 घण्टे वर्ष में
4. कक्षा 6 से 8 तक पढ़ाई के 1000 घण्टे वर्ष में

IV. अध्यापक के लिए प्रति सप्ताह कम से कम कार्य घण्टे (Minimum Number of Working Hours for Week for The Teacher)

तैयारी सहित 35 शैक्षिक घण्टे

V. शिक्षण-अधिगम उपकरण (Teaching-Learning Equipment)

आवश्यकता अनुसार प्रावधान किया जाएगा।

VI. पुस्तकालय (Library)

प्रत्येक स्कूल में एक पुस्तकालय होगा जिसमें समाचार पत्र, मैगजीन तथा सभी विषयों पर पुस्तकें होंगी (कहानी पुस्तकों सहित)

VII. खेल-सामग्री (Play-materials)

प्रत्येक स्कूल में खेल सामग्री का प्रावधान किया जाएगा।

10

प्राथमिक शिक्षा का सार्वभूमिकरण
[Universalization of Elementary Education (UEE)]

10.1 प्राथमिक शिक्षा का महत्त्व
(Significance of Elementary Education)

उन्नति की दौड़ में तथा आज के राष्ट्रीय परिप्रेक्ष्य में प्राथमिक शिक्षा ही राष्ट्रीय आत्मनिर्भरता की आधारशिला है। वर्तमान तथा भविष्य के निर्माण का अनुपम साधन प्राथमिक शिक्षा ही है। यह शिक्षा हमें सुसंस्कृत बनाने का माध्यम है। यह हमारी संवेदनशीलता और अनुभव को तेज करती है। इससे राष्ट्रीय एकता पनपती है, वैज्ञानिक समझ का विकास होता है। इसके द्वारा ही आर्थिक आवश्यकताओं को पूरा करने के लिए हर स्तर पर जन शक्ति का विकास होता है। कुल मिलाकर यह शिक्षा हमारे संविधान द्वारा प्रतिष्ठित समाजवाद, धर्मनिरपेक्षता और लोकतंत्र के लक्ष्यों की प्राप्ति में सहायक होती है।

प्राथमिक शिक्षा का महत्त्व इस बात से भी है कि अधिकतर नागरिकों के लिए संपूर्ण शिक्षा इसी स्तर पर ही समाप्त हो जाती है। अतः इस नींव को सशक्त बनाना बहुत आवश्यक है।

मनोवैज्ञानिक अनुसंधानों से स्पष्ट है कि छः से चौदह वर्ष के बीच दी जाने वाली शिक्षा व्यक्ति के विकास में बहुत महत्त्वपूर्ण है।

10.2 प्राथमिक शिक्षा के उद्देश्य
(Objectives of Primary Education)

वर्तमान में प्राथमिक शिक्षा के उद्देश्यों का स्रोत भारतीय संविधान द्वारा दर्शाया गया है।

वर्तमान उद्देश्यों पर चर्चा करने से पूर्व ऐतिहासिक पृष्ठभूमि पर भी संक्षेप में चर्चा करना उपयुक्त होगा। प्राथमिक शिक्षा के उद्देश्य सामान्यतः संपूर्ण शिक्षा के उद्देश्यों से ही प्रभावित होते हैं। अतः यह आवश्यक है कि एक नजर में उन उद्देश्यों की चर्चा की जाए।

वैदिक काल में शिक्षा का मुख्य लक्ष्य व्यक्ति का निर्माण इस प्रकार करना था, जिससे वह 'मोक्ष' की प्राप्ति कर सके। इसी भावना से प्रेरित होकर प्राचीन भारतीय ऋषियों ने शिक्षा को धार्मिक क्रियाओं से ओत-प्रोत किया, ताकि मानव का सर्वांगीण विकास हो सके। अतः ऐसा भी कहा जा सकता है कि ईश्वर भक्ति, धार्मिकता की भावना, चरित्र निर्माण, व्यक्तित्व

का विकास, नागरिक तथा सामाजिक कर्त्तव्यों का पालन, सामाजिक कुशलता का विकास तथा संस्कृति का संरक्षण एवं प्रचार भारतीय शिक्षा के मुख्य उद्देश्य थे।

बौद्धकाल में शिक्षा का उद्देश्य वर्तमान जीवन में ही निर्वाण प्राप्त करना था। आचरण में नैतिकता लाना तथा मस्तिष्क को स्थिरता और शांति देना था।

मुस्लिम काल में भी शिक्षा का उद्देश्य धार्मिक था।

अंग्रेजी काल में शिक्षा का उद्देश्य ऐसे वर्ग का निर्माण करना था, जो जनता तथा सरकार के बीच अंग्रेजी भाषा द्वारा संपर्क स्थापित कर सके और रंग में भारतीय होते हुए भी रुचि, मति, नीति और बुद्धि में अंग्रेज हो।

भारतीय शिक्षा आयोग 1964-66 द्वारा गठित दल के अनुसार प्राथमिक शिक्षा के उद्देश्य

(क) जूनियर कक्षाओं (1 से 5) के लिए शिक्षा के उद्देश्य

1. पढ़ने, लिखने तथा गणित का आरंभिक ज्ञान और कौशल प्राप्त करना।
2. स्वास्थ्यवर्द्धक जीवन के आधारभूत नियमों की जानकारी प्राप्त करना तथा उन पर आचरण करना।
3. अपने सामाजिक, भौतिक तथा सांस्कृतिक पर्यावरण के बारे में सामान्य जानकारी प्राप्त करना और उसके प्रति संवेदनशील होना।
4. दैनिक जीवन में विज्ञान की देन को समझना।
5. मौखिक तथा गैर मौखिक रीति से अपने आपको सरल और सृजनात्मक ढंग से व्यक्त करना।
6. राष्ट्रीय चिह्नों तथा राष्ट्रीय उत्सवों द्वारा छात्रों में राष्ट्रीयता की नींव डालना।
7. छात्रों में श्रम की भावना का निर्माण करना।
8. सामान्य लक्ष्य की प्राप्ति के लिए छात्रों का सामाजिक विकास इस प्रकार करना कि उनमें इस प्रकार के गुणों का निर्माण हो; जैसे–नम्रता, सहयोग तथा मेल-जोल आदि।
9. सभी धर्मस्थलों के प्रति आदर की भावना का निर्माण करना।
10. ध्यानपूर्वक सुनने, अवलोकन करने तथा चिंतन आदि कौशलों का विकास करना।
11. अपने निकटतम पर्यावरण को जानने की भावना का निर्माण करना।
12. देश के सांस्कृतिक मूल्यों के बारे में कुछ जानकारी देना।
13. देश तथा विदेश में रहने वाले व्यक्तियों की परस्पर निर्भरता के बारे में कुछ ज्ञान देना।

(ख) सीनियर कक्षाओं (6 से 8) के लिए शिक्षा के उद्देश्य

1. विभिन्न विषयों के आधारभूत तथ्यों, सिद्धांतों तथा कौशलों का ज्ञान प्राप्त करना और उनको उचित अवस्थाओं में प्रयोग में लाना।

2. दैनिक जीवन की आवश्यकताओं की पूर्ति के लिए मौखिक तथा लिखित भाषा में व्यक्त करने की क्षमता का निर्माण करना।
3. गणित में विभिन्न संबंधों को समझने की क्षमता का विकास करना।
4. व्यक्ति तथा सामाजिक स्वास्थ्य के आधारभूत सिद्धांतों को समझने और उन पर आचरण करने की क्षमता का निर्माण करना।
5. देश के भूतकाल, वर्तमान तथा भविष्य के प्रति उचित भावना का विकास करना।
6. देश की विभिन्नता में एकता के तत्वों को समझना।
7. विज्ञान की दैनिक जीवन में देन को समझना।
8. आदर तथा स्नेह जाग्रत करना।
9. बालकों में कर्त्तव्यनिष्ठा के भावों का विकास करना।
10. बालकों में वैज्ञानिक दृष्टिकोण का विकास करना।
11. बालकों में श्रम के प्रति आदर भाव उत्पन्न करना।
12. बालकों को पर्यावरण संबंधी जानकारी प्रदान करना।
13. बालकों का जनसंख्या संबंधी ज्ञान बढ़ाना।
14. बालकों में भाईचारे की भावना का विकास करना।
15. बालकों में अंतर्राष्ट्रीय भावों का विकास करना।
16. बालकों में सभी धर्मों के प्रति समभाव का विकास करना।
17. उपयुक्त क्रियाओं तथा अनुभवों के प्रावधानों द्वारा बच्चों को उच्च जीवन के लिए तैयार करना।

10.3 प्राथमिक शिक्षा का ढाँचा
(Nomenclature of Elementary Education)

प्राथमिक शिक्षा, प्रारंभिक शिक्षा, बेसिक शिक्षा, बेसिक तालीम, नई तालीम, बुनियादी शिक्षा, आधारभूत शिक्षा–ये सभी पर्यायवाची शब्द हैं। इन सभी का मुख्यत: एक ही अर्थ है; यद्यपि लेखकों, समितियों एवं आयोगों ने विभिन्न शब्दावलीयों का प्रयोग किया है।

मोटे तौर पर यह शिक्षा स्तर सावधिक अथवा नियमित शिक्षा का प्रथम सोपान है, जिसमें बच्चों के लिए आवश्यक ज्ञान, कौशलों तथा अभिवृत्तियों का विकास किया जाता है। मनोवैज्ञानिक अनुसंधानों से पता चलता है कि पाँच वर्ष पूरे करने पर बच्चे की वाक्‌शक्ति, स्नायविक विकास, ध्यान केंद्रित करने तथा स्कूल संबंधों को समझने की क्षमता का विकास हो जाता है। अतएव यह शिक्षा पाँच वर्ष की आयु पूरी करने के बाद ही आरंभ होती है और आठ वर्षों तक अर्थात् चौदह साल की आयु तक दी जाती है। भारत के कुछ राज्यों में प्राथमिक शिक्षा का कार्यकाल सात वर्ष भी है। यह चरण शिशु शिक्षा और उच्च माध्यमिक कक्षाओं के बीच का कार्यक्रम है।

प्राथमिक शिक्षा के ढाँचे के बारे में कुछ मत

बुनियादी शिक्षा में, जिसका सूत्रपात गांधी जी ने 1937 में किया, इस स्तर के सात वर्ष अर्थात् सात वर्ष से चौदह वर्ष निर्धारित किए।

1944 में प्रस्तुत की गई सार्जेन्ट रिपोर्ट में प्राथमिक शिक्षा दो स्तरों में विभाजित की गई। एक जूनियर बेसिक कक्षा 1 से 5 (6 से 11 वर्ष) तक तथा दूसरी सीनियर बेसिक कक्षा 6 से 8 (वर्ष 11 से 14) तक।

1950 में बने भारत के संविधान में प्रारंभिक अथवा प्राथमिक शिक्षा आदि शब्दावली का प्रयोग नहीं किया गया। इसके अनुसार, 'सभी बालकों के लिए चौदह वर्ष की आयु पूरी' करने तक नि:शुल्क और अनिवार्य शिक्षा देने की बात कही गई है।

1952-53 के माध्यमिक शिक्षा आयोग ने प्राइमरी अथवा जूनियर शिक्षा का समय चार अथवा पाँच वर्ष बताया तथा माध्यमिक अथवा सीनियर बेसिक का तीन वर्ष।

शिक्षा आयोग (1964-66) ने प्राथमिक स्तर की शिक्षा के ढाँचे की इस प्रकार संस्तुति की–(क) चार या पाँच वर्ष का निम्न प्राथमिक स्तर, (ख) तीन या दो वर्ष का उच्च प्राथमिक स्तर। प्राथमिक अवस्था सात से आठ वर्ष तक की हो सकने की मान्यता दी।

1968 की राष्ट्रीय शिक्षा नीति में चौदह वर्ष तक की आयु के सभी बच्चों के लिए नि:शुल्क और अनिवार्य शिक्षा की व्यवस्था की चर्चा की गई है। इसमें प्राथमिक शिक्षा आदि किसी शब्द का प्रयोग नहीं किया गया है।

1977 में गठित पुनरीक्षण समिति ने प्राथमिक शिक्षा का कार्यकाल एक से कक्षा 7 अथवा कक्षा 8 तक बताया।

1986 की राष्ट्रीय शिक्षा नीति ने 'प्रारंभिक' शब्द का प्रयोग करते हुए कहा कि पढ़ाई के लिए हर बच्चे का नामांकन होना चाहिए और चौदह साल की आयु तक उसे हर हालत में शिक्षा मिलनी चाहिए।

राममूर्ति समीक्षा समिति (1990) के अनुसार, प्राथमिक शिक्षा दो भागों में बाँटी जा सकती है–(क) प्राथमिक स्तर–कक्षा 1 से 5, तक (ख) उच्च प्राथमिक–कक्षा 6 से 8 तक।

भारत सरकार के लगभग सभी आँकड़े कक्षा 1 से कक्षा 8 तक दो भागों में दिए जा रहे हैं। कक्षा 1 से 5 (आयु 6 से 11), जिसे प्राथमिक अथवा जूनियर बेसिक कहते हैं तथा मिडिल अथवा सीनियर बेसिक, जिसमें कक्षाएँ 6 से 8 सम्मिलित हैं।

10.4 भारतीय संविधान में प्राथमिक शिक्षा

भारतीय संविधान के मूल अनुच्छेद 45 में नि:शुल्क और अनिवार्य शिक्षा संबंधी लक्ष्य इस प्रकार दर्शाया गया है–'राज्य चौदह वर्ष की आयु तक सभी बच्चों के लिए नि:शुल्क तथा अनिवार्य शिक्षा का प्रावधान संविधान लागू होने पर दस वर्ष के भीतर करेंगे।'

इसमें तीन बातें ध्यान देने योग्य बातें–

1. राज्य का अर्थ केन्द्रीय तथा राज्य सरकारों दोनों से है।
2. इसमें 'प्राथमिक शिक्षा' शब्द का प्रयोग नहीं किया गया।
3. इसमें शिक्षा के वर्षों की अवधि का भी उल्लेख नहीं है।

संविधान के इस लक्ष्य की प्राप्ति के लिए भारत सरकार तथा सभी राज्यों ने भरसक प्रयास किए है; परंतु बच्चों की बड़ी संख्या अभी भी प्राथमिक शिक्षा से वंचित रही है या पूरा लाभ उठा नहीं पाई।

संविधान में संशोधन (2002)

सन् 2002 में संविधान में संशोधन करके शिक्षा को मौलिक अधिकार के रूप में 21A धारा में लिया गया है।

प्राथमिक शिक्षा का सर्वीकरण/सर्वसुलभीकरण/सार्वभौमीकरण का अर्थ

विस्तृत रूप से प्राथमिक शिक्षा के सर्वीकरण में निम्नलिखित तत्त्वों का समावेश है–

1. सभी बच्चों के लिए कक्षा 1 से 8 तक निःशुल्क और अनिवार्य शिक्षा का प्रावधान करना।
2. सभी बच्चों के लिए इस प्रकार की शिक्षा के लिए उनके घर के समीप स्कूल में प्रवेश की व्यवस्था करना।
3. चौदह वर्ष की आयु तक बच्चों का स्कूल में टिके रहना और बच्चों का बीच में स्कूल न छोड़ना।
4. प्राथमिक शिक्षा के वर्गीकरण करने के लिए संवैधानिक अनुच्छेद 45 का पालन करना। अब अनुच्छेद 45 में संशोधन कर दिया गया है।

सन् 2002 में संशोधन के अनुसार अनुच्छेद 21A के अन्तर्गत प्राथमिक शिक्षा को मौलिक आधार में शामिल कर लिया गया है।

10.5 प्राथमिक स्तर पर शैक्षिक विस्तार (Expansion of Education at the Elementary Stage)

तालिका 10.1: प्राथमिक स्कूलों में नामांकन (Enrolment at the Elementary Stage)

(मिलियन में)

वर्ष	*उच्च प्राथमिक स्तर*					
	प्राथमिक स्तर (कक्षा I से V)			*कक्षा (VI से VIII)*		
	लड़के	*लड़कियाँ*	*कुल*	*लड़के*	*लड़कियाँ*	*कुल*
1950-51	13.8	5.4	19.2	2.6	0.5	3.1
1970-71	35.7	21.3	57.0	9.4	3.9	13.3
1990-91	57.4	40.4	97.4	21.5	12.5	34.0
2000-2001	64.4	49.8	113.8	25.3	17.5	42.8
2002-2003	64.9	57.2	122.1	26.3	20.6	46.0
2003-2004	68.3	59.0	128.3	27.3	21.4	48.7

तालिका 10.2: सकल नामांकन दर (Gross Enrolment Ratio)

वर्ष	प्राथमिक स्कूल (कक्षा 1 से 5)			उच्च प्राथमिक स्कूल (कक्षा 6 से 8)		
	लड़के	लड़कियाँ	कुल	लड़के	लड़कियाँ	कुल
1950–51	60.6	24.8	42.6	20.6	4.6	12.7
1970–71	95.5	60.5	78.6	46.5	20.8	33.4
1990–91	114.0	85.5	100.1	76.6	47.0	62.1
2000–2001	104.9	85.9	95.7	66.7	49.9	58.0
2002–2003	97.5	93.1	95.4	65.3	56.2	61.0
2003–2004	100.7	95.7	98.3	66.8	57.6	62.4

तालिका 10.3: सकल नामांकन कक्षा I से VIII

(प्रतिशत)

वर्ष	लड़के	लड़कियाँ	कुल
1950–51	46.4	17.7	32.1
2002–2003	85.4	79.3	82.5
2003–2004	88.0	81.5	84.9
2006–2007	100.25	93.2	96.9

वर्ष 2002–2003 में 20 करोड़ बच्चों में जो कि आयुवर्ग 6–14 वर्ष के थे, उनमें से लगभग 13 करोड़ स्कूल में नहीं थे।

2005 में 95 लाख बच्चे स्कूल से बाहर थे। 2001 में इनकी संख्या 321 लाख थी। जो कार्य वर्ष 1960 तक पूरा किया जाना था, वह 2006 तक भी पूरा न हो पाया।

तालिका 10.4: स्कूल से बाहर रहे अधिसंख्य बच्चों वाले राज्य

राज्य/संघ	स्कूल से बाहर बच्चों की संख्या	स्कूल से बाहर बच्चों का प्रतिशत
बिहार	3176624	17.00
उत्तर प्रदेश	2995208	8.15
पश्चिम बंगाल	1213205	8.67
मध्य प्रदेश	1085096	8.63
राजस्थान	795089	8.67
झारखण्ड	620945	10.88
आन्ध्र प्रदेश	542665	4.29
असम	536220	8.91
महाराष्ट्र	529295	3.17
गुजरात	380444	3.96

संवैधानिक निर्देशों अथवा शिक्षा के सार्वभौमीकरण की पूर्ति में समस्याएँ (Problems of The Universalisation of Education)

1. प्राथमिक स्तर पर अपव्यय तथा अवरोध।

2. विभिन्न राज्यों, वर्गों तथा लिंगों की शिक्षा के विकास में बहु अंतर।
3. नामांकन कार्य में कमियाँ।
4. सुविधाओं का अभाव।
5. अरुचिकर पाठ्यक्रम।
6. नीरस शिक्षण विधियाँ।
7. माता-पिता द्वारा उपेक्षा।
8. समुदाय की उदासीनता।
9. एक अध्यापक वाले स्कूलों की कमियाँ।
10. व्यवस्था संबंधी समस्याएँ।
11. लड़कियों का शिक्षा के प्रति कम उत्साह।
12. द्विपारी पद्धति के दोष।
13. निरंतर कक्षाओं का अभाव।
14. स्कूलों के अनुपयुक्त भवन।
15. अध्यापकों का प्रशिक्षण आवश्यकतानुसार न होना।
16. अध्यापकों का कम वेतनमान तथा कम सुविधाएँ, विशेषकर ग्रामीण क्षेत्रों में।
17. पंचायती राज् का ढीलापन।
18. अनिवार्य शिक्षा कानून लागू करने के ढंग।
19. राज्य सरकारों तथा स्थानीय संस्थाओं के अधिकारों का त्रुटिपूर्ण वितरण।
20. अर्थ की कमी।
21. भौगोलिक बाधाएँ–दूर-दराज, पहाड़ी क्षेत्र आदि।
22. समुदाय की उदासीनता।
23. राजनीतिक दलों का शिक्षा में अवांछनीय हस्तक्षेप।
24. उचित तथा प्रभावी राजनीतिक इच्छाशक्ति का अभाव।

10.6 सार्वभौमीकरण की पूर्ति के लिए सुझाव (Suggestions for Achieving Universalisation)

1. उचित मॉनीटरिंग–प्रारंभिक शिक्षा के सर्वीकरण की दिशा में होने वाली प्रगति का मॉनीटरिंग इसकी योजना प्रक्रिया का ही एक अभिन्न अंग हो और यह निम्नलिखित तीन स्वतंत्र, किन्तु समन्वित स्तरों पर किया जाए–

(क) अलग-अलग विद्यालयों का उनके शैक्षिक संकुल के भीतर,

(ख) अलग-अलग शैक्षिक संकुलों का, उनके जिले के भीतर, और

(ग) अलग-अलग जिला शिक्षा मंडलों का, उनके राज्यों के भीतर।

मॉनीटरिंग की रिपोर्ट सार्वजनिक रूप से उपलब्ध हो और उन पर विशेष रूप से गठित मंचों द्वारा चर्चा की जाए, जिससे प्रारंभिक शिक्षा के सर्वीकरण का लक्ष्य पूरा करने के लिए जनता का अभीष्ट दबाव पड़ सके।

2. सामुदायिक समारोह–विद्यालयों और अन्य शैक्षिक कार्यक्रमों से जिन अधिगम परिणामों की अपेक्षा की जाती है, उन्हें सुस्पष्ट और सहज संप्रेषणीय ढंग से व्यक्त किया

जाए और शिक्षा प्रणाली के तहत मॉनीटरिंग, प्रश्न उठाने और हस्तक्षेप करने की सुविधा हो। इसका एक तरीका यह भी हो सकता है कि मासिक तथा वार्षिक आधार पर सामुदायिक समारोह किए जाएँ।

3. स्कूलों की जबावदेही–अपने-अपने क्षेत्र के गाँवों, बस्तियों, मौहल्लों में प्रारंभिक शिक्षा के सर्वीकरण के लिए कार्यनीतियाँ बनाने और उन पर अमल करने के मामले में प्रत्येक विद्यालय को, चाहे वह प्रारंभिक हो अथवा मिडिल, पूरी तरह जवाबदेह बना दिया जाए।

4. शैक्षिक संकुलन की स्थापना–प्रत्येक विद्यालय को शिक्षा सर्वीकरण के अपने कार्यक्रम पर अमल करने के लिए शिक्षा संकुल के माध्यम से पर्याप्त धनराशि और बौद्धिक संसाधन उपलब्ध कराए जाएँ।

5. मुख्याध्यापकों को अधिकार देना–विद्यालय के मुख्य अध्यापक/मुख्य अध्यापिका को यह प्राधिकार दिया जाए कि वह असेवित बस्तियों (Unserved places) में और उन बच्चों तक पहुँचने के लिए, जो दिन के समय विद्यालय नहीं आ सकते, शिक्षाकर्मी भर्ती कर सके।

6. बाल-केन्द्रित उपागम–शिक्षा के प्रति बाल केन्द्रित उपागम के भिन्न-भिन्न मॉडल तैयार करने में शिक्षकों को नवाचार के लिए प्रोत्साहित किया जाए। शैक्षिक संकुल के बीच शिक्षक समुदाय के बढ़ते अनुभव के परिपालन, समन्वयन और प्रसार के लिए उपयुक्त तंत्र की स्थापना की जाए।

7. व्यवसायीकरण शिक्षा–कामकाजी बच्चों, विशेषकर लड़कियों, की दृष्टि से शिक्षा की प्रासंगिकता में वृद्धि करने के लिए यह आवश्यक हो कि कक्षा आठ के स्तर तक समूची शैक्षिक प्रक्रिया का व्यवसायीकरण कर दिया जाए।

8. दो चरण–शिक्षा के सर्वीकरण के दो चरण माने जाने चाहिए। पहला चरण प्राथमिक शिक्षा (कक्षा 1 से 5) के सर्वीकरण का और दूसरा चरण प्रारंभिक शिक्षा के सर्वीकरण का। यहाँ विद्यालयों से आशा की जाएगी कि वह पहले ही चरण में शैक्षिक संकुल के साथ मिलकर प्राथमिक शिक्षा के सर्वीकरण के लिए व्यष्टि आयोजना हाथ में लें, वहाँ प्रारंभिक शिक्षा के सर्वीकरण को प्राथमिक शिक्षा के विकास में से सहज रूप से उभरकर आने देना चाहिए। प्राथमिक शिक्षा के सर्वीकरण का लक्ष्य पूरा हो जाने के बाद, दूसरे चरण में प्रारंभिक शिक्षा के सर्वीकरण के लिए भी आयोजना पर काम शुरू करना आवश्यक और व्यवहार्य हो जाए।

9. विभिन्न समूहों के लिए शिक्षा–प्रारंभिक शिक्षा के सर्वीकरण ध्येय को प्राप्त करने के लिए विभेदित अथवा विसमूहित लक्ष्यों और बहुल शैक्षिक कार्यनीतियों के सिद्धांत को अपनाया जाए।

10. सर्वशिक्षा अभियान को प्रभावी बनाना–सर्वशिक्षा अभियान एक 'दिखावा' ही न बन जाए, यह सुनिश्चित किया जाए।

11. पंचायती राज की संस्थाओं की जिम्मेदारी–इस बात पर बल दिया जाए कि प्रत्येक पंचायत सर्वशिक्षा अभियान में पूर्ण रुचि ले रही है।

12. अनिवार्य शिक्षा कानून–शीघ्र से शीघ्र प्राथमिक शिक्षा संबंधी अनिवार्य कानून लागू किया जाए।

10.7 राष्ट्रीय शिक्षा नीति में प्राथमिक शिक्षा संबंधी निर्देश (NPE Directions on Elementary Education)

प्रारंभिक शिक्षा की नई दिशा में दो बातों पर विशेष बल दिया जाए–(क) चौदह वर्ष की अवस्था तक के सब बच्चों को विद्यालयों में भर्ती और उनका विद्यालय में टिके रहना, (ख) शिक्षा की गुणवत्ता में काफी सुधार।

बाल-केंद्रित दृष्टिकोण–बच्चों को विद्यालय जाने में सबसे अधिक सहायता तब मिलती है जब वहाँ का वातावरण प्यार, अपनत्व और प्रोत्साहन से भरा हो और विद्यालय के सब लोग बच्चों की आवश्यकताओं पर ध्यान दे रहे हों। प्राथमिक स्तर पर शिक्षा की पद्धति बाल-केंद्रित और गतिविधि पर आधारित होनी चाहिए। पहली पीढ़ी के सीखने वाले बच्चों को अपनी गति से आगे बढ़ने देना चाहिए और उनके लिए पूरक और उपचारात्मक शिक्षा की भी व्यवस्था होनी चाहिए। ज्यों-ज्यों बच्चे बड़े होंगे उनके सीखने में ज्ञानात्मक तत्व बढ़ते जाएँगे और अभ्यास के द्वारा वे कुछ कुशलताएँ भी ग्रहण करते चलेंगे। प्राथमिक स्तर पर बच्चों को किसी भी कक्षा में फेल न करने की प्रथा जारी रखी जाएगी। बच्चों का मूल्यांकन वर्ष भर में फैला दिया जाएगा और विद्यालय के समय तथा छुट्टियों का निर्णय भी बच्चों की सुविधा को देखते हुए किया जाएगा।

विद्यालय में सुविधाएँ–प्राथमिक विद्यालयों में आवश्यक सुविधाओं की व्यवस्था की जाएगी। इनमें किसी भी मौसम में काम देने लायक कम-से-कम दो बड़े कमरे, आवश्यक खिलौने, ब्लैकबोर्ड, नक्शे, चार्ट और अन्य शिक्षण सामग्री शामिल हैं। हर स्कूल में कम-से-कम दो शिक्षक होंगे, जिनमें एक महिला होगी। यथासंभव जल्दी ही प्रत्येक कक्षा के लिए एक-एक शिक्षक की व्यवस्था की जाएगी। पूरे देश में प्राथमिक विद्यालयों की दशा को सुधारने के लिए एक क्रमिक अभियान शुरू किया जाएगा, जिसका सांकेतिक नाम 'ऑपरेशन ब्लैकबोर्ड' होगा। इस कार्य में शासन, स्थानीय निकाय, स्वयंसेवी संस्थाओं और व्यक्तियों की पूरी भागीदारी होगी। राष्ट्रीय ग्रामीण रोजगार कार्यक्रम और ग्रामीण भूमिहीन रोजगार गारंटी कार्यक्रम की निधियों का पहला उपयोग स्कूल की इमारतों के बनाने में होगा।

अनौपचारिक शिक्षा–ऐसे बच्चे, जो बीच में स्कूल छोड़ गए हैं या जो ऐसे स्थान पर रहते हैं जहाँ स्कूल नहीं हैं या जो काम में लगे हैं, और वे लड़कियाँ, जो दिन के स्कूल में पूरे समय नहीं जा सकतीं, इन सबके लिए एक विशाल और व्यवस्थित अनौपचारिक शिक्षा का कार्यक्रम चलाया जाएगा।

अनौपचारिक शिक्षा केन्द्रों में सीखने की प्रक्रिया को सुधारने के लिए आधुनिक टेक्नोलॉजी के उपकरणों की सहायता ली जाएगी। इन केन्द्रों में अनुदेशक के तौर पर काम करने के लिए स्थानीय समुदाय के प्रतिभावान और निष्ठावान युवकों और युवतियों को चुना जाएगा और उनके प्रशिक्षण की विशेष व्यवस्था की जाएगी। अनौपचारिक धारा में शिक्षा प्राप्त करने वाले बच्चे योग्यतानुसार औपचारिक धारा के विद्यालयों में प्रवेश पा सकेंगे। इस बात पर पूरा ध्यान दिया जाएगा कि अनौपचारिक शिक्षा का स्तर औपचारिक शिक्षा के समतुल्य हो।

राष्ट्रीय केंद्रिक शिक्षाक्रम की तरह का एक शिक्षाक्रम अनौपचारिक शिक्षा पद्धति के लिए भी तैयार किया जाएगा, लेकिन यह शिक्षाक्रम विद्यार्थियों की जरूरतों पर आधारित होगा और इसका संबंध स्थानीय पर्यावरण से रहेगा। उच्च कोटि की शिक्षण सामग्री बनाई जाएगी और वह सभी विद्यार्थियों को मुफ्त दी जाएगी। अनौपचारिक शिक्षा के कार्यक्रम में सहभागी होते हुए शिक्षा प्राप्त करने का वातावरण उपलब्ध किया जाएगा और इसमें खेल-कूद, सांस्कृतिक कार्यक्रम, भ्रमण आदि की व्यवस्था की जाएगी।

अनौपचारिक शिक्षा केन्द्रों को चलाने का अधिकतर कार्य स्वयंसेवी संस्थाएँ और पंचायती राज की संस्थाएँ करेंगी। इस कार्य के लिए इन संस्थाओं को पर्याप्त धन समय पर दिया जाएगा। इस महत्त्वपूर्ण क्षेत्र की कुल जिम्मेदारी सरकार पर रहेगी।

एक संकल्प–नई शिक्षा नीति में स्कूल छोड़ जाने वाले बच्चों की समस्या को सुलझाने को उच्च प्राथमिकता दी जाएगी। बच्चों को बीच में स्कूल छोड़ने से रोकने के लिए स्थानीय परिस्थितियों के परिप्रेक्ष्य में इस समस्या का बारीकी से अध्ययन किया जाएगा और तद्नुसार प्रभावशाली उपाय खोजकर दृढ़ता के साथ उनका प्रयोग करने हेतु देशव्यापी योजना बनाई जाएगी। इस प्रयत्न का अनौपचारिक शिक्षा की व्यवस्था के साथ पूरा तालमेल होगा। यह सुनिश्चित किया जाएगा कि 1990 तक जो बच्चे ग्यारह वर्ष के हो जाएँगे, उन्हें विद्यालय में पाँच वर्ष की शिक्षा या अनौपचारिक धारा में इसकी समतुल्य शिक्षा अवश्य मिल जाए। इसी प्रकार 1995 तक चौदह वर्ष की अवस्था वाले सभी बच्चों को निःशुल्क और अनिवार्य शिक्षा अवश्य दी जाएगी।

संकल्प में संशोधन

(अध्याय 23 में देखिए)

10.8 प्राथमिक स्तर पर व्यर्थता तथा अगति
(Wastage and Stagnation at the Elementary Stage)

किसी भी शैक्षिक व्यवस्था की यह विशेषता होनी चाहिए कि जो बच्चा प्राथमिक स्कूल में भर्ती हुआ है वह अपनी प्राथमिक शिक्षा–अर्थात् कक्षा 1 से 8 तक शिक्षा–अवश्य पूरी करे। परन्तु हमारी शिक्षा प्रणाली में सबसे बड़ा दोष है कि दाखिल हुए बच्चों की एक बड़ी संख्या कक्षा 8 से पहले ही स्कूल छोड़ जाती है। भारत में यह स्थिति बहुत ही भयानक रूप धारण कर चुकी है। इसी संदर्भ में सबसे बड़ी समस्याएँ हैं अपव्यय और अवरोधन।

अपव्यय का अर्थ–बच्चों का प्राथमिक शिक्षा पूरी करने से पहले किसी स्तर पर अथवा कक्षा में स्कूल छोड़ना अपव्यय है।

अवरोधन का अर्थ–किसी भी बच्चे को एक ही कक्षा में एक से अधिक वर्ष रोकना अवरोधन है। दूसरे शब्दों में, फेल होकर छात्र का उसी कक्षा में एक से अधिक वर्ष रहना।

तालिका 10.5: प्राथमिक स्तर पर बीच ही में स्कूल छोड़ने वाले छात्रों की दर (Drop-out Rates at the Elementary Stage)

वर्ष	कक्षा 1 से 5			कक्षा 1 से 8		
	लड़के	लड़कियाँ	कुल	लड़के	लड़कियाँ	कुल
1960–61	61.7	70.7	64.9	75.0	85.0	78.3
1980–81	51.10	57.30	53.50	68.50	77.70	72.10
1990–91	42.0	47.6	44.3	60.6	67.6	63.4
2002–2003	36.0	33.9	35.0	52.3	53.5	52.8
2003–2004	33.7	28.9	31.47	51.85	52.9	52.3

ऊपर दी गई तालिका से स्पष्ट है कि बच्चों के नामांकन का अधिकांश प्रतिशत प्राथमिक स्तरों पर ही स्कूल छोड़ जाता है। लगभग 47 प्रतिशत बच्चे कक्षा 8 से पूर्व स्कूल छोड़ जाते हैं। दूसरे शब्दों में, केवल 53 प्रतिशत कक्षा 8 तक अपनी शिक्षा पूरी कर पाते हैं। कक्षा 1 से कक्षा 10 तक छोड़ने वाले छात्रों की दर लगभग 63 प्रतिशत है। अर्थात् केवल 37 प्रतिशत छात्र कक्षा 10 तक अपनी शिक्षा पूरी कर पाते हैं।

लड़कियों के बारे में स्थिति बहुत ही चिंताजनक है। इसी प्रकार अनुसूचित जाति/अनुसूचित जनजाति समुदायों की स्थिति भयानक है।

परिणामस्वरूप शक्ति, धन तथा मानव संसाधनों को क्षति पहुँचती है।

व्यर्थता तथा अगति के कारण

व्यर्थता तथा अगति के कारणों को मुख्यतः चार भागों में बाँटा जा सकता है–

1. **आर्थिक कारण**–इनके अंतर्गत हैं: (i) अभिभावकों की निर्धनता। (ii) बच्चों का उत्पादन तथा रोजगार संबंधी कार्यों में माता-पिता की सहायता करना।

2. **सामाजिक कारण**–(i) बाल-विवाह तथा बच्चों का स्कूल जल्दी छोड़ जाना तथा शिक्षा में अरुचि, (ii) ग्रामीण तथा पिछड़े क्षेत्रों में लड़कियों को सहशिक्षा संस्थाओं में भेजने में उदासीनता का दृष्टिकोण, (iii) आदिवासियों का अस्थिर सामाजिक ढाँचा, (iv) लड़कियों का घर के घरेलू काम-काज में सहायता प्रदान करना, (v) वर्ण व्यवस्था की सीमाएँ।

3. **शैक्षिक कारण**–इनमें मुख्य इस प्रकार हैं–(i) स्कूल पाठ्यक्रम का समुदाय जीवन से पृथक् होना, (ii) स्कूल में रुचिकर वातावरण का अभाव, (iii) दोषपूर्ण शिक्षण विधियाँ, (iv) अध्यापकों की अपने कार्य में उदासीनता, (v) दोषपूर्ण परीक्षा प्रणाली, (vi) प्रवेश के निश्चित नियमों का न होना एवं वर्ष भर प्रवेश का जारी रहना, (vii) असंतुलित आयुवर्ग की कक्षाएँ, (viii) कक्षाओं में अधिक भीड़ का होना, (ix) एक अध्यापक वाले स्कूल, (x) उचित शैक्षिक मार्गदर्शन का अभाव।

4. **विविधा कारण**–(i) बच्चों का प्रायः अस्वस्थ रहना, (ii) बच्चों की उपस्थिति में अनियमितता, (iii) प्राथमिक शिक्षा के प्रसार के लिए धन का अभाव, (iv) पौष्टिक आहार की कमी तथा बच्चों का कमजोर होना।

सुधार संबंधी मुख्य सुझाव

1. प्राथमिक स्कूल में भरती से पूर्व के वर्षों में बच्चों को पूर्व प्राथमिक स्कूलों में प्रवेश के लिए सुविधाएँ प्रदान की जानी चाहिएं।
2. छात्रों को पोषक भोजन देने के लिए दोपहर के भोजन की व्यवस्था की जाए।
3. स्कूल वर्ष के आरंभ में प्रथम दो मास के भीतर ही प्रवेश दिया जाए।
4. 'सभी पास' पद्धति को अपनाया जाए।
5. आकर्षक स्कूल भवन बनाए जाएँ तथा स्कूलों में छात्रों के बैठने की समुचित व्यवस्था हो।
6. पाठ्यक्रम लचीला हो।
7. पाठ्य-पुस्तकों का बोझ सामान्य हो।
8. विद्यालयों में शिक्षण के लिए सहायक उपकरण तथा साधन उपलब्ध कराए जाएँ।
9. प्रत्येक स्कूल में जितनी कक्षाएँ हों, उतने ब्लैकबोर्ड अवश्य होने चाहिए।
10. अध्यापक-छात्र अनुपात ऐसा रखा जाए कि अध्यापक छात्रों पर व्यक्तिगत ध्यान दे सकें।
11. जहाँ तक संभव हो, प्रशिक्षित अध्यापक ही प्राथमिक स्कूलों में नियुक्त किए जाएँ।
12. छात्रों के स्वास्थ्य की नियमित जाँच की व्यवस्था हो।
13. निर्धन छात्रों को निःशुल्क पुस्तकें, कापियाँ तथा स्कूली वेशभूषा दी जाएँ।
14. निरीक्षण प्रभावपूर्ण हो।
15. अभिभावकों से स्कूल का उचित संबंध हो।
16. समय-समय पर छात्रों की प्रगति का मूल्यांकन करके उचित कदम उठाए जाएँ, जिससे छात्रों की कमियाँ दूर हो सकें।

समय की माँग—अध्ययनों से स्पष्ट है कि हम प्राथमिक शिक्षा के क्षेत्र में विकासशील देशों की तुलना में बहुत पीछे हैं। हमें शीघ्र-से-शीघ्र छात्रों के स्कूल में टिके रहने के लिए सतत प्रयास करने होंगे।

10.9 प्राथमिक शिक्षा के सार्वभौमिकरण संबंधी प्रमुख कार्यक्रम (Significant Interventions or Programmes for UEE)

1. ऑपरेशन ब्लैकबोर्ड (Operation Blackboard)
2. न्यूनतम शिक्षा स्तर (Minimum Levels of Learning)
3. मध्याह्न योजना स्कीम/प्राथमिक शिक्षा के लिए पोषाहार सहायता कार्यक्रम (Mid-Day Meals or Programme of Nutritional Support to Primary Education)
4. जिला प्राथमिक शिक्षा कार्यक्रम (District Primary Education Programme)

5. संविधान की धारा 45 में संशोधन (Amendment of Article 45 of the Constitution)
6. शिक्षा आश्वासन शिक्षा गारण्टी योजना और वैकल्पिक तथा नवाचार शिक्षा (Education Guarantee Scheme and Alternative and Innovative Education)
7. सर्वशिक्षा अभियान (Sarva Shiksha Abhiyan—Education for All)
8. कस्तुरबा गांधी बालिका विद्यालय (Kasturba Gandhi Balika Vidyalaya)
9. प्राथमिक शिक्षा कोष (Elementary Education Fund)

10.10 ऑपरेशन ब्लैक बोर्ड (Operation Black Board)

राष्ट्रीय शिक्षा नीति–1986 के सन्दर्भ में यह पाया गया कि अनाकर्षक स्कूली वातावरण, स्कूल भवनों की असंतोषजनक स्थिति या प्राथमिक स्कूलों में अपर्याप्त शिक्षण सामग्री आदि बातें बच्चों के नामांकन तथा उन्हें स्कूलों में निरंतर रूप से बनाए रखने में बाधक बनती हैं। इन बातों को ध्यान में रखते हुए प्राथमिक स्कूलों के स्तर में उल्लेखनीय सुधार करने के लिए प्रतीक रूप से कहे जाने वाले 'ऑपरेशन ब्लैकबोर्ड' नामक अभियान शुरू करने की बात कही गई। यह योजना देश के सभी मौजूदा प्राथमिक स्कूलों में निम्नलिखित मूलभूत भौतिक सुविधाएँ प्रदान करने के लिए वर्ष 1987-88 में आरंभ की गई थी–

(i) कम-से-कभ दो बड़े कमरे, जो सभी मौसमों के अनुकूल हों और उनमें लड़के तथा लड़कियों के लिए अलग-अलग शौचालय संबंधी सुविधाएँ उपलब्ध हों।
(ii) कम-से-कम दो शिक्षक, उनमें यथासंभव एक महिला शिक्षक हो।
(iii) कार्यानुभव के लिए ब्लैकबोर्ड, नक्शे, चार्ट, छोटा-सा पुस्तकालय, खिलौने तथा खेल-कूद के कुछ सामान सहित आवश्यक पठन-पाठन सामग्री हो। मद संख्या (ii) तथा (iii) के लिए केन्द्रीय सहायता प्रदान की जाती है।

विस्तारित ऑपरेशन ब्लैकबोर्ड

इस योजना का क्षेत्र सौ से अधिक नामांकन वाले प्राथमिक स्कूलों में तीन कक्षा-कक्ष तथा तीन शिक्षक उपलब्ध कराने के लिए बढ़ा दिया गया है। इस योजना के अंतर्गत उच्च प्राथमिक स्कूलों को भी सम्मिलित करने की अनुमति प्रदान कर दी गई है।

उच्च प्राथमिक स्कूलों की उपयोजना के जो घटक हैं, उनमें प्रत्येक उच्च प्राथमिक स्कूलों को शामिल किया जाता है। इनके लिए निम्नलिखित प्रावधान किए गए हैं–(i) प्रत्येक कक्षा के लिए कम-से-कम एक कमरा, (ii) एक प्रधानाध्यापक तथा कार्यालय कक्ष, (iii) शौचालय की आवश्यक सुविधाएँ, (iv) प्रतिवर्ष एक हजार रुपए का आकस्मिक अनुदान, (v) पुस्तकालय की सुविधाएँ, (vi) आवश्यक सामग्री, (vii) प्राथमिक स्कूलों की प्रत्येक कक्षा के लिए कम-से-कम एक शिक्षक। सौ से अधिक नामांकन तथा दो शिक्षक वाले प्राथमिक स्कूलों को अब तृतीय शिक्षक उपलब्ध कराए जा रहे हैं।

ऑपरेशन ब्लैकबोर्ड योजना के अधीन उपलब्धियाँ

ऑपरेशन ब्लैकबोर्ड योजना के अधीन, अध्यापन-अधिगम उपस्कर की प्राप्ति के लिए अभी तक 5.23 लाख प्राथमिक स्कूलों को और 1.38 लाख उच्च प्राथमिक स्कूलों को आर्थिक सहायता प्रदान की गई है। एकल अध्यापक प्राथमिक स्कूलों के लिए अतिरिक्त अध्यापकों के लगभग 1.49 लाख पद, जिन प्राथमिक स्कूलों में नामांकन 100 से अधिक हो गया था, वहाँ तीसरे अध्यापक के 0.83 लाख पद तथा उच्च प्राथमिक स्कूलों के लिए अतिरिक्त अध्यापकों के 0.77 लाख पद मंजूर किए गए। राज्यों/संघ राज्य क्षेत्रों द्वारा योजना के अधीन 1.85 लाख क्लासरूमों का निर्माण किया गया है।

1 अप्रैल 2002 से इस योजना को सर्वशिक्षा अभियान में मिला दिया गया।

10.11 न्यूनतम शिक्षा स्तर (Minimum Levels of Learning)

भारत एक विकासशील देश है। इसने प्राथमिक स्तर पर प्राप्त किए जाने वाले न्यूनतम शिक्षण स्तरों को निर्धारित करने के लिए वर्ष 1991 में पहल की थी। यह नवीन दृष्टिकोण पाठ्यक्रम के विभिन्न घटकों, कक्षा-कक्ष कार्य, मूल्यांकन तथा शिक्षक प्रशिक्षण को समेकित करता है। इस कार्यक्रम का पहला चरण अठारह स्वैच्छिक एजेंसियों, अनुसंधान संस्थाओं, राज्य शैक्षिक अनुसंधान तथा प्रशिक्षण परिषदों आदि के माध्यम से कार्यान्वित किया गया था। इन परियोजनाओं को कार्यान्वित किए जाने के फलस्वरूप स्कूली बच्चों की शिक्षण उपलब्धियों में उल्लेखनीय सुधार हुआ।

10.12 मध्याह्न भोजन स्कीम–प्राथमिक शिक्षा के लिए पोषाहार सहायता राष्ट्रीय कार्यक्रम (Programme of Nutritional Support to Primary Education)

प्राथमिक शिक्षा के लिए पोषाहार समर्थन का राष्ट्रीय कार्यक्रम, जिसे मध्याह्न भोजन स्कीम के नाम से जाना जाता है, लगभग 12 करोड़ बच्चों को कवर करता है। यह विश्व के एक सबसे बड़े स्कूल खाद्य कार्यक्रम के रूप में उभरा है। अगस्त 1995 में शुरू की गई इस स्कीम को सितम्बर 2004 में संशोधित किया गया था, जिसके मुख्य उद्देश्य निम्नलिखित हैं–

(i) विशेष रूप से सुविधाविहीन वर्गों से संबंधित बच्चों के दाखिले, उपस्थिति, प्रतिधारण और अध्ययन स्तरों में सुधार करके प्राथमिक शिक्षा (कक्षा I–V) के व्यापीकरण को बढ़ावा देना;

(ii) प्राथमिक स्तर के छात्रों की पोषाहार स्थिति को सुधारना;

(iii) सूखा प्रभावित क्षेत्रों में, ग्रीष्मावकाश के दौरान भी प्राथमिक स्तर के छात्रों को पोषाहार प्रदान करना।

कार्यक्रम हस्तक्षेप और कवरेज

स्कीम के अन्तर्गत, निम्नलिखितों में कक्षा I–V में अध्ययन करने वाले सभी बच्चों को कम-से-कम 300 कैलोरी और 8-12 ग्राम प्रोटीन के साथ पके हुए मध्याह्न भोजन की व्यवस्था करने की परिकल्पना की गई है।

(i) राजकीय, स्थानीय निकाय और सरकार से सहायताप्राप्त स्कूल, और

(ii) शिक्षा गारंटी स्कीम तथा वैकल्पिक और नूतन शिक्षा केन्द्र।

केन्द्रीय सहायता के संघटक और मापदण्ड

राज्य सरकारों/संघ राज्य क्षेत्र प्रशासनों को केन्द्रीय सहायता निम्नलिखित संघटकों के लिए प्रदान की जाती है–

- खाद्यान्नों (गेहूं/चावल) की मुफ्त आपूर्ति-निकटवर्ती एफसीआई गोदाम से प्रति बच्चा प्रति स्कूल दिन 100 ग्राम के हिसाब से।
- निकटवर्ती एफसीआई गोदाम से प्राथमिक स्कूल तक खाद्यान्न की ढुलाई पर आई वास्तविक लागत जिसकी अधिकतम सीमा निम्न प्रकार है (1-10-2004 से लागू)–
  - 11 विशेष श्रेणी राज्यों (अर्थात् अरुणाचल प्रदेश, असम, मेघालय, मिजोरम, मणिपुर, नागालैंड, त्रिपुरा, सिक्किम, जम्मू और कश्मीर, हिमाचल प्रदेश और उत्तरांचल) के लिए 100 रुपए प्रति क्विंटल; और
  - अन्य राज्यों और संघ राज्य क्षेत्रों के लिए 75 रुपए प्रति क्विंटल।

इस कार्यक्रम के अन्तर्गत पका-पकाया पौष्टिक भोजन उपलब्ध कराया जाता है। यह कार्यक्रम देश के सारे राज्यों तथ संघशासित क्षेत्रों में चलाया जा रहा है।

इस योजना के अन्तर्गत वर्ष 1995-96 में 3.34 करोड़ बच्चों को भोजन दिया गया। वर्ष 2004-2005 में यह संख्या बढ़कर 12 करोड़ हो गई। इस योजना पर 2004-2005 में कुल खर्च लगभग रु. 3,000 करोड़ हुआ।

इस कार्यक्रम से स्कूलों में विशेषकर लड़कियों का नामांकन का बढ़ा है।

10.13 जिला प्राथमिक शिक्षा कार्यक्रम
(District Primary Education Programme)

यह कार्यक्रम 1994 में 7 राज्यों के 42 जिलों में प्रारम्भ किया गया तथा धीरे-धीरे 27 राज्यों के लगभग सभी जिलों में आरम्भ किया गया। यह कार्यक्रम प्राथमिक शिक्षा के सार्वभौमीकरण के लक्ष्य की पूर्ति पर बल देने वाली एक केन्द्र-प्रायोजित योजना है। इस कार्यक्रम के घटक इस प्रकार हैं–

(i) शिक्षण कक्षाओं तथा स्कूल का निर्माण।
(ii) अनौपचारिक/वैकल्पिक स्कूली केन्द्रों की स्थापना करना।
(iii) अध्यापन-अधिगम सामग्री का निर्माण।
(iv) अनुसंधान आधारित उपाय।
(v) लड़कियों, अनुसूचित जातियों/जनजातियों के बच्चों की शिक्षा पर विशेष ध्यान।

कार्यक्रम की रूपरेखा

यह कार्यक्रम इस ढंग से तैयार किया गया है कि प्रारम्भिक शिक्षा के लिए राज्य सरकारों द्वारा किए गए प्रावधनों के अलावा अतिरिक्त निवेश प्रदान किए जाएँ। यह कार्यक्रम प्राथमिक शिक्षा की उन्नति में मौजूदा प्रणाली में नए प्राण फूँकने का भी प्रयास करता है। डी.पी.ई.पी. एक परिस्थिति विशिष्ट कार्यक्रम है तथा इसमें लड़कियों पर स्पष्ट

रूप से ध्यान दिया जाता है। कार्यक्रम के घटक इस प्रकार हैं–शिक्षण कक्षों और नए स्कूलों का निर्माण, अनौपचारिक/वैकल्पिक स्कूली शिक्षा केन्द्रों की स्थापना, नए शिक्षकों की नियुक्ति, ब्लॉक संसाधन केन्द्रों/संकुल संसाधन केन्द्रों की स्थापना, शिक्षक प्रशिक्षण, अध्यापन–अधिगम सामग्री का निर्माण, अनुसंधान आधारित उपाय, लड़कियों, अनुसूचित जातियों/जनजातियों आदि के बच्चों की शिक्षा के निमित विशेष उपाय। विकलांग बच्चों की समाकलित शिक्षा और शिक्षक प्रशिक्षण में सुधार के लिए दूरस्थ शिक्षा घटकों को भी इस कार्यक्रम में शामिल किया गया है।

लक्ष्य

कार्यक्रम का लक्ष्य मुख्यत: यह है कि सभी बच्चों को प्राथमिक शिक्षा की सुविधाएँ सुलभ कराई जाएँ, प्राथमिक शिक्षा बीच में छोड़ने वाले बच्चों के अनुपात को घटा कर 10 प्रतिशत से कम पर लाया जाए, प्राथमिक स्कूलों के छात्रों की अधिगम उपलब्धि में कम से कम 25 प्रतिशत का संवर्धन किया जाए तथा लड़के–लड़कियों एवं सामाजिक वर्गों के अंतर को घटाकर 5 प्रतिशत से भी कम पर लाया जाए।

जिला चयन मापदण्ड

कार्यक्रम कार्यान्वयन की इकाई के रूप में जिले का चयन निम्न आधार पर किया जाता है–(1) शैक्षिक दृष्टि से पिछड़े ऐसे जिले जिनमें साक्षरता राष्ट्रीय औसत से कम है, और (2) ऐसे जिले जिनमें समग्र साक्षरता अभियान (टी.एल.सी.) सफल रहे हैं और जिनके फलस्वरूप प्रारम्भिक शिक्षा की माँग बढ़ी है।

वित्तपोषण

एक केन्द्रीय प्रायोजित योजना के रूप में डी.पी.ई.पी. परियोजना की लागत का 85 प्रतिशत भारत सरकार द्वारा तथा 15 प्रतिशत सम्बन्धित परियोजना राज्य द्वारा वहन किया जाता है। भारत सरकार के हिस्से का वित्तपोषण बाह्य एजेंसी द्वारा किया जाता है। आज की स्थिति में डी.पी.ई.पी. को लगभग 6938 करोड़ रुपये की विदेशी सहायता प्राप्त है जिसमें से 5137 करोड़ रुपये अन्तर्राष्ट्रीय विकास संघ से ऋण के रूप में हैं और 1801 करोड़ रुपये यूरोपीय आयोग (ई.सी.), अन्तर्राष्ट्रीय विकास विभाग, यूके (डी.एम.आई.ई.) यूनीसेफ तथा नीदरलैण्ड सरकार के अनुदान के रूप में हैं।

कवरेज (विस्तार)

यह कार्यक्रम, 1994 में 7 राज्यों के 42 जिलों में प्रारम्भ कर दिया गया था, अब उसका विस्तार 18 राज्यों के 271 जिलों तक कर दिया गया है। ये 18 राज्य इस प्रकार हैं–असम, हरियाणा, कर्नाटक, केरल, महाराष्ट्र, तमिलनाडु, मध्य प्रदेश, छत्तीसगढ़, गुजरात, हिमाचल प्रदेश, उड़ीसा, आन्ध्र प्रदेश, पश्चिम बंगाल, उत्तर प्रदेश, उत्तरांचल, बिहार, झारखण्ड तथा राजस्थान। मध्य प्रदेश और छत्तीसगढ़ के 26 जिलों में यह परियोजना 31 दिसम्बर 2002 को पूरी हो गई जबकि डी.पी.ई.पी. चरण–I और II के 178

जिलों में परियोजना 30 जून 2003 को समाप्त हुई। इसके बाद यह परियोजना 9 राज्यों, अर्थात् आन्ध्र प्रदेश, बिहार, गुजरात, उड़ीसा, उत्तर प्रदेश, पश्चिम बंगाल, राजस्थान, झारखण्ड तथा उत्तरांचल के 129 जिलों में जारी रहेगी।

अब यह योजना सभी राज्यों के सभी जिलों में चालू है।

डी.पी.ई.पी. के तहत प्रमुख उपलब्धियाँ

1. डी.पी.ई.पी. के तहत अभी तक 1,60,000 से अधिक नए स्कूल खोले गए हैं, जिनमें लगभग 84,000 वैकल्पिक स्कूल केन्द्र शामिल हैं। एसएस केन्द्रों के अन्तर्गत लगभग 3.5 मिलियन बच्चे कवर हैं, तथा 2 मिलियन और बच्चे विभिन्न प्रकार के संक्षिप्त पाठ्यक्रमों द्वारा कवर हैं।

2. डी.पी.ई.पी. चरण-I जिलों में दाखिला, जो 1997-98 में 79.33 लाख था, 2001-2002 में बढ़कर 90.26 लाख हो गया। बाद वाले चरणों में डी.पी.ई.पी. के तहत कवर जिलों में समग्र दाखिला, जो 1997-1998 में 185.31 लाख था, बढ़कर 2002-2003 में 600.00 लाख हो गया।

3. डी.पी.ई.पी. के अंतर्गत काफी स्कूली अवस्थापना का सृजन हुआ है। पूरे हो गए कार्यों में 52758 स्कूली इमारतें, 58604 अतिरिक्त कक्षा कमरे, 16619 संसाधन केन्द्र, 29307 मरम्मत कार्य, 64592 शौचालय और 24909 पेय जल सुविधाएँ सम्मिलित हैं। 3285 और स्कूली इमारतें, 5348 अतिरिक्त कक्षा कमरों, 1027 संसाधन केन्द्रों, 2599 शौचालयों, 2119 पेय जल सुविधाओं का निर्माण कार्य व 766 मरम्मत कार्य 9 राज्यों के 129 जिलों में प्रगति पर है, जहाँ कि परियोजना अभी भी चल रही है।

4. पिछले वर्षों के दौरान दाखिले में वृद्धि के बावजूद, डी.पी.ई.पी. के अंतर्गत कवर स्कूलों के संबंध में औसत छात्र-कक्षा अनुपात (एससीआर) 2002-03 में 42 था जबकि 1996-97 में यह लगभग 50 था।

5. पुनर्गठित तालमेलपूर्ण पद्धति का इस्तेमाल करते हुए दाखिले और दोहराने वालों के संबंध में 2000-01 और 2001-02 ईएमआईएस डाटा से बीच में पढ़ाई छोड़ देने वालों की दर का अनुमान लगाने के लिए एक अध्ययन आयोजित किया गया। ग्रेड-I और प्राथमिक स्कूल के अंतिम ग्रेड के बीच पढ़ाई छोड़ देने वाले बच्चों का प्रतिशत 102 जिलों में से 20 जिलों में 10 प्रतिशत से कम पाया गया तथा एक-तिहाई जिलों में 20 प्रतिशत से कम पाया गया। 62 प्रतिशत जिलों में लिंग अंतर 5 प्रतिशत से कम था किन्तु बड़ी संख्या में जिलों के बीच में पढ़ाई छोड़ देने वालों की ऊँची दर अभी भी एक चिन्ता का विषय है।

6. लड़कियों के दाखिले में पर्याप्त सुधार हुआ है। डी.पी.ई.पी.-I जिलों में, कुल दाखिले की दृष्टि से लड़कियों के दाखिले का हिस्सा 48 प्रतिशत से बढ़कर 49 प्रतिशत हो गया जबकि डी.पी.ई.पी. जिलों के बाद वाले चरण में यह वृद्धि 46 प्रतिशत से 47 प्रतिशत थी।

7. लगभग सभी परियोजना ग्राम/बस्तियों/स्कूलों में ग्राम शिक्षा समितियाँ/स्कूल प्रबंधन समितियाँ स्थापित की गई हैं।

8. लगभग 1,77,000 नए अध्यापक नियुक्त किए गए हैं जिनमें परा-अध्यापक/शिक्षाकर्मी सम्मिलित हैं।

9. ब्लॉक स्तर पर लगभग 3380 संसाधन केन्द्र और संकुल स्तर पर 29725 केन्द्र शैक्षिक सहायता और शिक्षक प्रशिक्षण सुविधाएँ प्रदान करने के लिए, स्थापित किए गए हैं।

10. 2001 में 49 चरण-I जिलों में और 2003 में 83 चरण-II जिलों में किए गए टर्मिनल मूल्यांकन सर्वेक्षण के अनुसार, 95 प्रतिशत से अधिक जिलों में भाषा और गणित दोनों में कक्षा-III/IV परीक्षाओं में औसत अंक 60 प्रतिशत से अधिक थे, जबकि कक्षा में उन जिलों में प्रतिशत जहाँ औसत अंक 100 में से 60 प्रतिशत से अधिक थे, उनके अंक भाषा में 43.2 प्रतिशत और गणित परीक्षाओं में 28.8 प्रतिशत थे।

10.14 संविधान की धारा 45 में संशोधन
(Amendment of Article 45 of the Constitution)

संविधान की मूल धारा 45 के अनुसार प्राथमिक शिक्षा का सार्वभौमीकरण 1960 तक हो जाना चाहिए था परन्तु यह लक्ष्य 2000 तक भी पूरा न हो सका। ऐसा अनुभव किया गया कि इस लक्ष्य की पूर्ति के लिए प्राथमिक शिक्षा को 'मौलिक अधिकार' (Fundamental Right) बना दिया जाये। तद्नुसार 2002 में संविधान की धारा 45 में संशोधन किया गया तथा धारा 21A और 51A(k) को जोड़ा गया।

मूल धारा 45–बालकों के लिए निःशुल्क और अनिवार्य शिक्षा का प्रबन्ध–"राज्य इस संविधान के आरम्भ से दस वर्ष की अवधि के भीतर सभी बालकों को चौदह वर्ष की आयु पूरा करने तक निःशुल्क और अनिवार्य शिक्षा देने के लिए उपबंध (Provision) करने का प्रयास करेगी।"

2002 में संविधान में निम्न संशोधन किए गए–

1. **धारा 21A**–धारा 21A को मूल अधिकारों से संबंधित भाग III में जोड़ा गया। धारा 21A इस प्रकार है, "राज्य 6-14 वर्ष की आयु के सभी बच्चों को राज्य द्वारा निर्मित विधि के अनुसार निःशुल्क और अनिवार्य शिक्षा प्रदान करेगी।"

2. **धारा 45**–संशोधित धारा इस प्रकार है–"राज्य सभी बच्चों को जब तक वे 6 वर्ष की आयु के नहीं हो जाते, प्रारम्भिक शिशु देखभाल और शिक्षा प्रदान करने के अवसर सुलभ कराएगा।"

3. **51A (k)**–भाग IV के मूल कर्त्तव्य में "माता-पिता अथवा अभिभावक, स्थिति अनुसार 6-14 वर्ष की आयु के बीच के अपने बच्चे तथा वार्ड के लिए शिक्षा के अवसर सुलभ कराएगा।"

10.15 शिक्षा गारंटी आश्वासन योजना और वैकल्पिक तथा नवाचारी शिक्षा
(Education Guarantee Scheme and Alternative and Innovative Education)

6-14 आयु वर्ग के बच्चों के लिए आश्वासन योजना और वैकल्पिक तथा नवाचारी

शिक्षा (ई.जी.एस. तथा ए.आई.ई.) कार्यक्रम 1 अप्रैल, 2001 में शुरू की गई। इसकी मुख्य विशेषताएँ निम्नलिखित हैं–

1. स्कूलविहीन बस्तियों में स्कूल खोलना (ई.जी.एस.)।

2. 'स्कूल-बाह्य' बच्चों को मुख्य धारा का अंग बनाने के लिए हस्तेक्षपणीय उपाय, जैसे कि सेतु पाठ्यक्रम, 'वापस स्कूल चलो' शिविर आदि।

ई.जी.एस. तथा ए.आई.ई. कार्यक्रम में नमनशील कार्यनीतियों की परिकल्पना की गयी है, जिनमें ये शामिल हैं–प्रवासी बच्चों के लिए स्कूलविहीन बस्तियों में स्कूल अथवा संक्षिप्त पाठ्यक्रम, सेतु पाठ्यक्रम, आवासी शिविर, आवारा तथा मलिन बस्तियों के बच्चों के लिए अल्पकालीन केन्द्र, औपचारिक स्कूलों में दाखिल बच्चों के लिए उपचारात्मक शिक्षण, अल्पकालीन ग्रीष्मकालीन शिविर आदि।

दसवीं योजना के बाद से यह योजना यू.ई.ई. के लिए समग्र कार्यक्रम अर्थात् एस.एस.ए. का एक अंग बन गयी है। इस स्कीम का कार्यान्वयन और अनुश्रवण राज्य/संघ शासित क्षेत्र की सरकारों द्वारा स्थापित/अभिज्ञात राज्य स्तरीय सोसायटियों द्वारा किया जाता है, जिनको राज्य और समाजार्थिक क्षेत्रों के अधीन इन प्रस्तावों का मूल्यांकन और अनुमोदन करने के अधिकार प्राप्त हैं। केन्द्र और राज्यों के बीच खर्च का अनुपात क्रमशः 75 : 25 है। तथापि, स्वैच्छिक एजेन्सियाँ 100 प्रतिशत सहायता (समग्र लागत सीमाओं के भीतर) की पात्र हैं।

क्योंकि ई.जी.एस. तथा ए.आई.ई., एस.एस.ए. का एक अंग है, इसलिए इस सम्बन्ध में कोई अलग बजट का प्रावधान नहीं किया गया है लेकिन इस योजना से सम्बन्धित खर्च एस.एस.ए. के समग्र बजट प्रावधन में से किया जाता है।

वर्ष 2005-2006 के दौरान (दिसम्बर 2005 तक), इस घटक से 62.26 लाख बच्चों को प्रारम्भिक शिक्षा प्रदान करने में मदद मिली, अर्थात् भूमिहीन बस्तियों मे रह रहे 54 लाख बच्चों को 1.29 लाख ईजीएस केन्द्रों के माध्यम से प्रारम्भिक शिक्षा प्रदान की गई तथा 8.29 लाख स्कूल न जाने वाले बच्चों को संक्षिप्त पाठ्यक्रमों/स्कूल शिविरों के अन्तर्गत लाया गया।

10.16 सर्वशिक्षा अभियान (Sarva Shiksha Abhiyan)

सर्वशिक्षा अभियान का अर्थ–जैसा कि इस अभियान का नाम है, यह अभियान प्राथमिक स्तर पर 'सभी को शिक्षा' देने के लिए चलाया गया है। इस अभियान का आरम्भ 2001 में किया गया।

अभियान को चलाने के कारण–संविधान की धारा 45 के अनुसार देश में निःशुल्क प्राथमिक शिक्षा का प्रबन्ध 6-14 वर्ष के बीच सभी बच्चों के लिए किया जाना था, परन्तु इसमें प्रगति ढीली थी। इस लक्ष्य की प्राप्ति के लिए यह अभियान चलाया गया।

प्राथमिक शिक्षा के क्षेत्र में उल्लेखनीय प्रगति के बावजूद वर्ष 2000 में लगभग 2.4 करोड़ बच्चे स्कूल नहीं जाते थे।

लगभग 50 प्रतिशत बच्चे आठवीं कक्षा आते-आते तक स्कूल छोड़ जाते थे।

सर्वशिक्षा अभियान के लक्ष्य

(i) 2003 तक 6–14 वर्ष के सभी बच्चे स्कूल में हों।

(ii) 6–14 वर्ष के आयु के सभी बच्चे 2007 तक पाँच वर्षों की प्रारम्भिक शिक्षा पूरी कर लें।

(iii) 6–14 वर्ष आयु के बच्चों के 2010 तक आठ वर्षों की प्रारम्भिक शिक्षा की ओर ध्यान केन्द्रित करना।

(iv) जीवन के लिए शिक्षा पर बल देते हुए संतोषजनक स्तर की प्रारम्भिक शिक्षा की ओर ध्यान केन्द्रित करना।

(v) प्राथमिक स्तर पर 2007 तक तथा प्रारम्भिक स्तर पर 2010 तक लड़के और लड़कियों के बीच अंतराल और सामाजिक वर्ग विशेषताएँ समाप्त करना।

(vi) 2010 तक यह सुनिश्चित करना कि सभी बच्चे शिक्षा जारी रखें।

सर्वशिक्षा अभियान के मुख्य कार्यक्रम

1. ऐसी बस्तियों में स्कूल स्थापित करना जहाँ कोई स्कूली सुविधाएँ नहीं हैं।
2. अतिरिक्त कक्षाएँ खोलना।
3. शौचालय बनाना।
4. पेयजल की व्यवस्था करना।
5. अनुरक्षण अनुदान देना।
6. स्कूलों के बुनियादी ढाँचे को दृढ़ करना।
7. शिक्षकों की कमी को दूर करना।
8. अध्यापन-अधिगम सामग्री जुटाना।
9. कमजोर वर्गों की लड़कियों पर विशेष ध्यान देना।
10. नि:शुल्क शिक्षा सहित अनेक प्रोत्साहन योजनाएँ चलाना।

विभिन्न राज्यों तथा निकायों की भागेदारी

सर्वशिक्षा अभियान कार्यक्रम के अंतर्गत सहायता नौवीं योजना के दौरान केन्द्र और राज्य सरकार के बीच 85 : 15 की भागीदारी के आधार पर थी, दसवीं योजना के दौरान यह 75 : 25 के आधार पर है और इसके बाद 50 : 50 के आधार पर होगी।

तालिका 10.6: 2005-2006 के दौरान एसएसए के अन्तर्गत जारी निधियाँ (करोड़ रुपए में)

वर्ष	*केन्द्रीय सरकार द्वारा जारी निधियाँ*	*राज्य सरकार द्वारा जारी निधियाँ*	*उपलब्ध कुल निधियाँ*	*व्यय*
2004-2005	5139.75	1747.51	7732.08	6598.39
2005-2006 (सितम्बर 2005 तक)	4181.55	1025.81	6165.55	3361.33

तालिका 10.7: सर्वशिक्षा अभियान के तहत प्रगति

मद	मंजूर भौतिक लक्ष्य	प्रगति	(सितम्बर 2005) प्रतिशत
1. नए स्कूल खोलना	157967	129893	82
2. स्कूल भवनों का निर्माण	120629	58181 (पूर्ण) 34516 (निर्माणाधीन)	77
3. अतिरिक्त कक्षाकमरों का निर्माण	329690	113871 (पूर्ण) 110872 (निर्माणाधीन)	68
4. ईजीएस/एआईए केन्द्रों में बच्चों का दाखिला	5200000	54,00000	136
5. नए अध्यापकों की नियुक्ति	772345	492261	64
6. मुफ्त पाठ्यपुस्तकें	61450085	50220434	82
7. ब्लॉक संसाधन केन्द्रों की स्थापना	7422	7201	97
8. क्लस्टर संसाधन केन्द्रों की स्थापना	70735	66140	93.5

10.17 सर्वशिक्षा अभियान की समीक्षा (Evaluation of Sarva Shiksha Abhiyan)

शिक्षा के सार्वभौमीकरण के सन्दर्भ में सर्वशिक्षा अभियान का विशेष महत्त्व है। इस अभियान की सफलता के लिए एक विशेष संगठनात्मक ढाँचे की स्थापना की गई है। लक्ष्यों की पूर्ति के लिए तथा राज्य और अभिभावकों की जवाबदेही बढ़ाने के लिए संसद ने 2002 में प्राथमिक शिक्षा संबंधी संशोधन भी संविधान में किया। पिछड़े वर्गों के बच्चों, तथा दूरस्थ क्षेत्रों के बच्चे तथा लड़कियों की शिक्षा पर विशेष बल दिया गया है। लक्ष्यों की मॉनीटरिंग के लिए विशेष सैल स्थापित किए गए हैं। 2004 में सर्वशिक्षा अभियान के लिए राष्ट्रीय मिशन की स्थापना की।

नियमित स्कूल के बुनियादी ढाँचे को दृढ़ बनाने के प्रयास किए जा रहे हैं। सुविधाओं का विस्तार किया है।

उपलब्धियाँ

1. अनुपात–स्कूल दाखिला अनुपात (जीईआर) जो 1950-51 में 31.1 था, 2003-2004 में बढ़कर 85 प्रतिशत हो गया।

2. लिंग असमानता–प्रारम्भिक स्तर पर जीईआर में लिंग असमानता जो 2001-2002 में 17.1 प्रतिशत थी, कम होकर 2003-2004 में 6.5 प्रतिशतांक हो गई।

3. **स्कूल न जा सकने वाले बच्चे**–2001 में 3.2 करोड़ से घटकर अक्टूबर 2005 में 95 लाख हो गए।

4. **प्राथमिक स्तर पर बीच में पढ़ाई छोड़ने वालों की दर**–7.7 प्रतिशत तक कम हो गई, 2001-2002 में 39.03 प्रतिशत से 2003-2004 में 31.36 प्रतिशत हो गई। लड़कियों के मामले में बीच में पढ़ाई छोड़ने की दर इसी अवधि के दौरान 11 प्रतिशतांक तक कम हो गई।

5. स्कूलों की संख्या–2001 के बाद से 1,77,677 नए स्कूल खोले गए। 94 प्रतिशत ग्रामीण आबादी के पास एक किलोमीटर की दूरी के अन्दर एक स्कूल है।

6. स्कूली इमारतें–92,697 स्कूली इमारतें पूरी की गईं।

7. अतिरिक्त अध्यापक–4.92 लाख अतिरिक्त अध्यापक नियुक्त किए गए।

8. नि:शुल्क पाठ्यपुस्तकें–कक्षा I से VIII तक पढ़ने वाली सभी लड़कियों और अनुसूचित जाति/अनुसूचित जनजाति के लगभग 6 करोड़ बच्चों को नि:शुल्क पाठ्यपुस्तकें वितरित की जाती हैं।

सर्वशिक्षा अभियान को सशक्त तथा प्रभावी बनाने के सुझाव

1. आँकड़ों का उचित संग्रह, आँकड़ा विश्लेषण और आँकड़ों का प्रयोग प्रगति को मापने के लिए महत्त्वपूर्ण है, अत: इस प्रणाली को मजबूत किया जाए।
2. सभी क्रियाकलापों को मिशन के लक्ष्यों के साथ जोड़ना कार्यान्वयन प्रक्रिया की गति और प्रभाविता में तेजी लाने के लिए महत्त्वपूर्ण है। उस बल दिया जाए।
3. सकल नामांकन अनुपात 100 प्रतिशत के स्तर पर पहुँचाने के बाद ध्यान उपस्थित और शिक्षा बीच में छोड़ने वालों पर रोक लगाने की तरफ लगाया जाना चाहिए।
4. बच्चों की शिक्षा में रुचि बनाए रखने के लिए क्लासरूम प्रक्रियाएँ सबसे अधिक महत्त्वपूर्ण हैं अत: इसलिए उन्हें और अधिक गहराई से समझे जाने तथा गुणवत्तात्मक दृष्टि से बेहतर बनाए जाने की दिशा में प्रयास किए जाने की आवश्यकता है।
5. प्रणाली के सभी महत्त्वपूर्ण क्षेत्रों में क्षमता निर्माण की दशा में बहुत कुछ किया जाना बाकी है ताकि सभी की अधिगम उपलब्धियों में सुधार लाया जा सके।
6. प्रशासनिक क्रियाविधियों की समीक्षा आवश्यक है ताकि विभिन्न बाधाओं और क्रियाविधियों का उन्मूलन करके स्कूल में बच्चों का प्रवेश और उन्हें शिक्षा में बनाए रखने का काम सुगम बन सके।
7. सिविल कार्य, जिस पर एसएसए निधियों का लगभग एक तिहाई व्यय किया जाता है, को अध्ययन परिवेश के अभिन्न अंग के रूप में लिया जाना चाहिए। इस प्रकार संदर्भ विशिष्ट स्कूल भवन डिजाइन पर ध्यान देना काफी महत्त्वपूर्ण है।
8. अभियान में लगे हुए गैर सरकारी संगठनों की सतत् समीक्षा की जाए और यह आश्वस्त किया जाए कि दिया गया अनुदान ठीक प्रकार से खर्च किया जा रहा है।
9. समुदाय की भागेदारी बढ़ाई जाए।

('योजना' अंक 49, सितम्बर 2005 के आधार पर)

10.18 कस्तूरबा गांधी बालिका विद्यालय
(Kasturba Gandhi Balika Vidyalaya)

केजीबावी स्कीम, शैक्षिक रूप से पिछड़े ब्लॉकों में (इबीबी), जहाँ महिला साक्षरता राष्ट्रीय औसत से कम है और साक्षरता में लैंगिक अंतर राष्ट्रीय औसत से अधिक है, प्रमुख रूप से अनुसूचित जाति, अनुसूचति जनजाति और अल्पसंख्यकों के लिए प्रारम्भिक स्तर पर 750 रिहायशी स्कूल स्थापित करने के लिए, अगस्त 2004 में शुरू की गई थी।

10.19 प्रारम्भिक शिक्षा कोष (Elementary Education Fund)

प्रारम्भिक शिक्षा के लिए संसाधनों में वृद्धि करने के लिए 2004 में प्रमुख केन्द्रीय करों पर 2 प्रतिशत की दर से एक शिक्षा उपकर आरोपित किया गया। शिक्षा उपकर की प्राप्तियाँ प्राप्त करने के लिए 'प्रारम्भिक शिक्षा कोष' नामक एक अव्यपगतनीय पृथक्, समर्पित कोष सृजित किया गया है।

10.20 प्राथमिक शिक्षा की गुणवत्ता में सुधार के लिए सुझाव (Suggestions for Qualitative Improvement of Elementary Education)

समय-समय पर चिंता प्रकट की गई है कि हमारी शिक्षा का स्तर उत्तरोत्तर नीचे गिर रहा है। इस संदर्भ में विशेषकर प्राथमिक स्कूलों को दोषी ठहराया जाता है और कहा जाता है कि इस स्तर पर बच्चों की सर्वांगीण उन्नति के लिए पर्याप्त प्रयास नहीं किए जा रहे हैं। इसमें कोई संदेह नहीं कि जब तक नींव दृढ़ नहीं होगी, भवन भी अस्थिर ही रहेगा। इसलिए शिक्षा स्तर की नींव, जिसका आधार प्राथमिक स्तर पर ही निर्भर होता है, को सुदृढ़ बनाए बिना शिक्षा के अन्य स्तरों में सुधार लाना बहुत ही कठिन कार्य होगा।

समय-समय पर शैक्षिक समितियों के सुझावों का विवरण पहले ही दिया गया है। यद्यपि प्राथमिक शिक्षा में सुधार हेतु अनेक पग उठाए गए हैं, फिर भी बहुत कुछ करना बाकी है। हमें सदा यह स्मरण रखना होगा कि इस गतिशील संसार में ज्ञान का विस्फोट बहुत शीघ्रता से हो रहा है और इन चुनौतियों का सामना करने के लिए प्राथमिक शिक्षा के पाठ्यक्रम, अध्यापन विधियाँ आदि में सतत् समयानुसार परिवर्तन लाना होगा।

प्राथमिक शिक्षा के विभिन्न घटकों, जिन पर इसका स्तर निर्भर है, के बारे में विस्तारपूर्वक चर्चा करना तो यहाँ संभव नहीं, फिर भी कुछ विशेष घटकों पर प्रकाश डालने का प्रयास किया गया है।

1. प्रभावी पाठ्यक्रम।
2. गतिशील शिक्षण विधियाँ।
3. विद्यालयों में पर्याप्त भौतिक तथा अन्य सुविधाएँ।
4. उपयुक्त, आकर्षक पाठ्य पुस्तकें।
5. उत्साही तथा संतुष्ट अध्यापक वर्ग।
6. लचीली तथा वस्तुनिष्ठ परीक्षा पद्धति।
7. एक अध्यापकवाले स्कूलों को सशक्त बनाना।
8. अध्यापक प्रशिक्षण में सुधार।
9. प्राथमिक स्तर पर अधिक व्यय करना।
10. छात्रों का बोझ कम करना।
11. मीडिया का प्रयोग।

1. प्रभावी पाठ्यक्रम–राष्ट्रीय शैक्षिक अनुसंधान एवं प्रशिक्षण परिषद् ने पाठ्यक्रम संबंधी निम्नलिखित सुझाव दिए हैं–

(i) अधिगम (सीखने) के न्यूनतम स्तर निर्धारित करना।

(ii) निर्धारित अधिगमों की प्राप्ति को सरल बनाने वाले अधिगम अनुभव और विषय-वस्तु की उचित व्यवस्था करना।

(iii) पाठ्यक्रम के कार्य निष्पादन के दौरान शिक्षक केन्द्रित दृष्टिकोण के स्थान पर छात्र केन्द्रित दृष्टिकोण पर बल देना।

(iv) समस्त शैक्षिक अवधि में शिक्षा के शैक्षणिक और गैर शैक्षणिक दोनों पहलुओं को समाविष्ट करने वाले सतत् और व्याख्यापरक मूल्यांकन को शुरू करके परीक्षा प्रणाली को नया रूप देना।

(v) देश भर में तुलनात्मक क्षमता (Comparable competency) के मानदण्डों के विकास और चयन के लिए राष्ट्रीय परीक्षण सेवा जैसी उपयुक्त कार्यप्रणाली की स्थापना करना।

(vi) सभी स्कूलों तथा अनौपचारिक शिक्षा केन्द्रों में पाठ्यक्रम को प्रभावी बनाने के लिए पर्याप्त मात्रा में सुविधाओं का प्रावधान करना।

2. गतिशील शिक्षण विधियाँ–पाठ्यक्रम को ठीक ढंग से कार्यान्वित करने के लिए आवश्यक है कि शिक्षण विधियाँ गतिशील और छात्र केन्द्रित हों। शिक्षण विधियों में छात्र के 'सीखने' न कि 'सिखाने' पर बल दिया जाए। राष्ट्रीय शिक्षा नीति की समीक्षा समिति ने छात्र केन्द्रित शिक्षा को निम्न प्रकार से दर्शाया है–

(i) बाल केन्द्रित कक्षा में ध्यान अध्यापक पर नहीं, बच्चे पर केन्द्रित होता है। इसलिए अध्यापक के लिए जरूरी है कि वह बच्चों की प्रकृति, समस्याओं और अभिवृत्तियों को पहचानने और उनके अनुसार ही उन्हें प्रेरित करने, पढ़ाने तथा अलग-अलग मूल्यांकन की अपनी प्रक्रिया विकसित करे और उनके अवांछनीय समझे जाने वाले व्यवहार के प्रति अपनी प्रतिक्रिया व्यक्त करे।

(ii) बच्चों की तरह अध्यापक भी निरंतर सीखता रहता है और नए-नए अनुभव प्राप्त करता रहता है।

(iii) सीखने की प्रक्रिया के नियम कड़े या स्थिर नहीं होते। कक्षा में पैदा होने वाली स्थितियों और चुनौतियों के अनुसार ही अध्यापक और बच्चे लगातार खोज, अन्वेषण, अनुकूलन और नए-नए नियम बनाते रहते हैं। साथ ही इस बात से भी इन्कार नहीं किया जा सकता कि इस प्रक्रिया में अध्यापक का मार्गदर्शन स्थूल सैद्धान्तिक संरचना ही करती है।

(iv) ज्ञान के साथ-साथ ज्ञान प्राप्ति की पद्धति भी समान रूप से महत्त्वपूर्ण होती है। बच्चों के दैनिक अनुभवों से ही ज्ञान प्राप्ति की पद्धति का निर्माण किया जाता है, जो फिर उन्हीं में समाहित हो जाती है।

3. विद्यालयों में पर्याप्त भौतिक तथा अन्य सुविधाएँ–समय-समय पर किए गए सर्वेक्षणों से पता चलता है कि प्राथमिक स्कूलों में बेसिक सुविधाओं का बहुत अभाव है। जहाँ कुछ सुविधाएँ उपलब्ध हैं, उनका पूरा-पूरा लाभ नहीं उठाया जाता है। कुछ वर्ष पूर्व किए गए सर्वेक्षण से निम्नलिखित तथ्य सामने आए–

अखिल भारतीय स्तर पर केवल 58 प्रतिशत स्कूलों में ब्लैकबोर्ड थे। केवल 28

प्रतिशत स्कूलों में किसी न किसी प्रकार की पुस्तकालय सुविधाएँ थीं और लगभग 46.6 प्रतिशत स्कूलों में खेल के मैदान थे। विभिन्न राज्यों में तो इस प्रकार की सुविधाएँ अलग-अलग थीं; उदाहरणार्थ, असम में 19.9 प्रतिशत प्राथमिक स्कूलों में ब्लैकबोर्ड थे, पश्चिम बंगाल में केवल 4 प्रतिशत प्राथमिक स्कूलों में पुस्तकालय सुविधाएँ थीं और बिहार के 15 प्रतिशत प्राथमिक स्कूलों में खेल के मैदान थे। कुछेक राज्यों में पीने के पानी जैसी मूल सुविधाएँ भी देना बाकी था। उदाहरण के लिए, मध्य प्रदेश में 21 प्रतिशत ग्रामीण प्राथमिक स्कूलों में पीने के पानी की सुविधाएँ उपलब्ध थीं। इस प्रकार की कमियाँ उच्चतर माध्यमिक स्कूलों में भी विद्यमान थीं। उदाहरणार्थ, पश्चिम बंगाल के 76 प्रतिशत उच्चतर माध्यमिक स्कूलों में पीने के पानी की सुविधाएँ उपलब्ध थीं। सामान्यतः इस प्रकार की कमियाँ ग्रामीण स्कूलों में अधिक पाई गई हैं; ग्रामीण क्षेत्रों में 79 प्रतिशत प्राथमिक स्कूलों, 70 प्रतिशत मीडिल स्कूल, 27 प्रतिशत माध्यमिक और 10 प्रतिशत उच्चतर माध्यमिक स्कूलों में पेशाबघर/शौचघर जैसी सार्वजनिक सुविधाओं का अभाव था।

4. उपयुक्त एवं आकर्षक पाठ्यपुस्तकें–राष्ट्रीयकृत पुस्तकें सस्ती अवश्य हैं, परंतु इनमें चित्र आदि की कमी रहती है। छपाई भी कभी-कभी सुंदर नहीं होती है, इसलिए इनमें सुधार लाना अति आवश्यक है।

पाठ्य पुस्तकों में दी गई सामग्री का भी जीवन से इतना संबंध नहीं होता, जितना कि होना चाहिए।

5. उत्साही तथा संतुष्ट अध्यापक वर्ग–प्रायः यह देखा गया है कि अध्यापकों में उचित मात्रा में उत्साह नहीं होता है। इसके कारणों में जाना तो इस स्थान पर उपयुक्त नहीं होगा, परंतु इतना कहना आवश्यक है कि अधिकारी वर्ग प्राथमिक स्कूलों के अध्यापकों की काफी अवहेलना करते हैं।

6. लचीली तथा वस्तुनिष्ठ परीक्षा पद्धति–जब हम सार्वजनिक शिक्षा पर इतना बल देते हैं तो हमें छात्रों को प्राथमिक स्तर पर नीची कक्षा से अगली कक्षा में स्वतः जाने का प्रावधान करना चाहिए। मूल्यांकन में छात्रों का केवल उनकी क्षमताओं के बारे में विवरण हो, ताकि वे तथा उनके अभिभावक त्रुटियों को जानकर उनके सुधार के लिए प्रयत्न करें।

7. एक अध्यापक वाले स्कूलों को सशक्त बनाना–भारत में एक-तिहाई से भी ज्यादा ऐसे स्कूल हैं, जिनमें केवल एक ही अध्यापक होता है। उसके अवकाश पर जाने से स्कूल प्रायः बन्द हो जाता है, परंतु अब इस दिशा में ऑपरेशन ब्लैकबोर्ड के अंतर्गत दो अध्यापकों की नियुक्ति का प्रावधन किया गया है।

8. अध्यापक प्रशिक्षण में सुधार–इसमें कोई संदेह नहीं कि प्राथमिक स्तर पर अध्यापक प्रशिक्षण अभी भी परम्परागत ढंग से किया जा रहा है। इसमें अमूल परिवर्तन की आवश्यकता है।

9. प्राथमिक स्तर पर अधिक व्यय करना–पहली पंचवर्षीय योजना में प्राथमिक शिक्षा पर कुल व्यय का 56 प्रतिशत खर्च था। तीसरी योजना के पश्चात् घटकर यह केवल 24 प्रतिशत रह गया। तालिका से स्पष्ट है कि प्राथमिक स्तर पर खर्च में बहुत कमी आई

है। अत: खर्च बढ़ाए बिना स्थिति संतोषजनक नहीं हो सकती। गुणवत्ता सुधार के कार्यक्रमों में भी खर्चे में अधिक प्रावधान की आवश्यकता है।

तालिका 10.8: प्राथमिक शिक्षा पर खर्च

योजना	संपूर्ण शिक्षा-व्यय (रु. करोड़ में)	प्राथमिक शिक्षा पर व्यय (रु. करोड़ में)	प्राथमिक शिक्षा पर प्रतिशत खर्च
पहली योजना (1951-56)	153	85	56%
दूसरी योजना (1956-61)	273	95	35%
तीसरी योजना (1961-66)	589	201	34%
वार्षिक (1966-69)	323	75	24%
चौथी योजना (1969-74)	786	239	30%
पाँचवीं योजना (1974-79)	912	317	35%
छठवीं योजना (1980-85)	2530	836	33%
सातवीं योजना (1985-90)	7633	2849	37%
1990-92	4727	1729	37%
आठवीं योजना (1992-97)	19600	9201	47%

10. छात्रों पर बोझ कम करना–इतना कुछ पढ़ाया जाता है, लेकिन फिर भी छात्र इतना कम क्यों सीख-समझ पाते हैं? इस प्रश्न पर 1993 में मानव संसाधन विकास मंत्रालय द्वारा प्रो. यशपाल की अध्यक्षता में नियुक्त की गई राष्ट्रीय सलाहकार समिति ने विचार किया। शारीरिक बोझ के अलावा–जो स्कूल के बस्तों के बोझ के रूप में प्रकट होता है, जो अधिकांश शहरी पब्लिक स्कूलों में औसतन चार किलो वजनवाले होते हैं–समिति ने नीरस पढ़ाई को एक प्रमुख समस्या माना था।

11. मीडिया का प्रयोग–प्राथमिक स्कूल में मीडिया का अधिक से अधिक प्रयोग करके शैक्षिक स्तर को बढ़ाया जाए।

तालिका 10.9: दसवीं योजना (2002-2007) में प्राथमिक शिक्षा के नामांकन लक्ष्य (Targets for Enrolment at the Elementary Stage of Education)

(10 लाख में)

वर्ष	अनुमानित योजना नामांकन बढ़ोतरी (Estimated Additional Enrolment)					
	प्राथमिक स्तर (I-V)			अपर प्राथमिक (VI-VII)		
	लड़के	लड़कियाँ	योग	लड़के	लड़कियाँ	योग
2002-03	0.67	2.01	2.68	1.14	1.44	2.58
2003-04	0.67	2.10	2.77	1.19	1.54	2.73
2004-05	0.67	2.18	2.85	1.25	1.67	2.92
2005-06	0.69	2.27	2.96	1.31	1.81	3.12
2006-07	0.69	2.37	3.06	1.37	1.35	3.32
योग	**3.39**	**10.93**	**14.32**	**6.26**	**8.41**	**14.67**

11

राष्ट्रीय शिक्षा नीतियों की पृष्ठ भूमिका
(Background of National Policies on Education)

11.1 तीन शिक्षा नीतियाँ
(Three Education Policies)

नई राष्ट्रीय शिक्षा नीति प्रथम बार 1968 में बनाई गई। इसकी दो बार—1990 तथा 1992 में—समीक्षा की गई। तदुपरान्त इसके कार्यान्वयन के लिए एक कार्यक्रम बनाया गया जिसके अनुसार शिक्षा में सुधार लाए जा रहे हैं।

11.2 संविधान तथा शिक्षा नीति
(Constitution and Education Policy)

भारत का संविधन जनवरी 1950 में लागू किया गया था। संविधान में देश की शिक्षा नीतियों का मोटे तौर पर उल्लेख किया गया था। इस संबंध में छूटे हुए अन्य विवरण देने भी अपेक्षित थे। केंद्रीय शिक्षा सलाहकार बोर्ड (सेंट्रल एडवाइजरी बोर्ड ऑफ एजूकेशन) ने 1951 में हुई अपनी 18वीं बैठक में देश में माध्यमिक शिक्षा की प्रचलित प्रणाली की जाँच और इसके पुनर्गठन और सुधार के उपाय सुझाने के लिए एक आयोग की स्थापना करने पर जोर दिया था। तदनुसार भारत सरकार ने 23 सितंबर 1952 के एक प्रस्ताव द्वारा माध्यमिक शिक्षा आयोग की स्थापना की। इस आयोग के अध्यक्ष, मद्रास विश्वविद्यालय के उपकुलपति डॉ. ए लक्ष्मणस्वामी मुद्रालियर थे। उन्होंने अपनी रिपोर्ट जून 1953 में पेश की।

11.3 शिक्षा आयोग की रिपोर्ट (1964-66)
(Education Commission (1964-66)

शिक्षा आयोग की रिपोर्ट (1964-66) में बीस वर्षों के लिए शिक्षा के विकास की रूपरेखा दी गई थी और उसमें सरकार को सभी चरणों में और सभी पहलुओं में शिक्षा के सामान्य सिद्धांतों तथा नीतियों पर सलाह दी गई थी। आयोग ने सिफारिश की थी कि भारत सरकार को शिक्षा की राष्ट्रीय नीति पर वक्तव्य जारी करना चाहिए जिसमें राज्य सरकारों और स्थानीय अधिकारियों का उनके कार्यक्षेत्र में शिक्षा नीतियों को तैयार व कार्याविन्त करने की दिशा में मार्गदर्शन किया जाए।

11.4 राष्ट्रीय शिक्षा नीति 1968

1967 में, भारत सरकार ने शिक्षा पर संसद् सदस्यों की एक समिति गठित की थी, जिसका काम शिक्षा संबंधी राष्ट्रीय नीति पर एक वक्तव्य का मसौदा तैयार करना था। हमारे हाल के इतिहास में यह पहला अवसर था जब समिति देश के विभिन्न राजनीतिक दलों के सदस्यों को एक जगह लाई। वे सर्वाधिक समान उपायों पर सहमत हुए और उन्होंने शिक्षा पर एक राष्ट्रीय नीति का मसौदा तैयार किया। इस मसौदे को केंद्रीय शिक्षा सलाहकार बोर्ड के सामने पेश किया गया, जिसकी बैठक 1967 में हुई। बैठक में राष्ट्रीय नीति तैयार करने पर विचार-विमर्श किया गया। बोर्ड के विचार-विमर्श के दौरान शिक्षा की राष्ट्रीय नीति पर आम सहमति पाई गई। विचार-विमर्श और समझौते के फलस्वरूप, भारत सरकार ने शिक्षा की राष्ट्रीय नीति पर 1968 प्रस्ताव जारी किया। अन्य बातों के अलावा इस प्रस्ताव में कहा गया था, "देश के सभी भागों में मोटे तौर पर एक जैसा शैक्षिक ढाँचा होना लाभदायक रहेगा।" अंतिम उद्देश्य 10 + 2 + 3 प्रणाली को अपनाना होना चाहिए, दो साल का उच्चतर माध्यमिक चरण जो स्थानीय परिस्थितियों के अनुसार स्कूलों, कॉलेजों या दोनों में जोड़ा जा सकता है।

11.5 10 + 2 + 3 शिक्षा प्रणाली [(10+2+3) Educational Structure]

नवंबर 1973 में भारत सरकार के शिक्षा मंत्रालय ने 10 + 2 + 3 शिक्षा के ढाँचे पर एक राष्ट्रीय समिति की नियुक्ति की। इसका उद्द्देश्य देश के सभी राज्यों और संघीय क्षेत्रों के स्कूल और कॉलेजों में 10 + 2 + 3 की एक जैसी प्रणाली को अपनाने के लिए व्यावहारिक कदम सुझाना था।

शिक्षा के केंद्रीय सहलाकार बोर्ड ने अपनी नंवबर 1974 की बैठक में एक प्रस्ताव पास किया जिसमें पाँचवीं पंचवर्षीय योजना अवधि में शिक्षा की 10 + 2 + 3 प्रणाली को अपनाने की सिफारिश की गई।

1974 में बच्चों के उचित विकास पर पर्याप्त ध्यान देने के लिए शिक्षा और कल्याण मंत्रालय, समाज कल्याण विभाग ने बच्चों के लिए राष्ट्रीय नीति दस्तावेज प्रकाशित किया।

1975 में राष्ट्रीय शैक्षिक अनुसंधान तथा प्रशिक्षण परिषद् ने 'द' करीकुलम फोर द टेन इयर स्कूल–ए फ्रेमवर्क' (दस साल की स्कूली अवधि का पाठ्यक्रम–एक ढाँचा) का प्रकाशन किया। राष्ट्रीय शैक्षिक अनुसंधान तथा प्रशिक्षण परिषद् ने अपने निर्धारित ढाँचे के अंतर्गत, अनुभवी अध्यपकों, विषय-विशेषज्ञों तथा शिक्षा व विज्ञान शिक्षा के राज्य संस्थानों के प्रतिनिधियों के साथ सलाह-मशवरे के बाद पाठ्यक्रम, पाठ्यपुस्तकें तथा अन्य सामग्री तैयार की। केंद्रीय माध्यमिक शिक्षा बोर्ड ने परिषद् द्वारा तैयार की गई कुछ पाठ्यपुस्तकें कक्षा 9 और 10 के छात्रों के लिए निर्धारित कीं, जिन्हें बोर्ड द्वारा ली जानेवाली दसवीं कक्षा के अंत में अप्रैल 1977 में माध्यमिक परीक्षा में बैठना था।

राष्ट्रीय शैक्षिक अनुसंधान तथा प्रशिक्षण परिषद् द्वारा तैयार किए गए पाठ्यक्रम और पुस्तकों की, जो विशेष रूप से कक्षा 9 और 10 के लिए तैयार की गई थी, जनता, अध्यापक, अभिभावक और बच्चों द्वारा आलोचना की गई। आलोचना के प्रमुख मुद्दे थे कि परीक्षा में अध्ययन के लिए बहुत अधिक विषय रखे गए थे, पाठ्यपुस्तकें भी बहुत

अधिक थीं भी बहुत मोटी, जिससे बच्चों को अपने आप अध्ययन करने और शारीरिक गतिविधियों के लिए कुछ समय नहीं बच पाता था। दूसरी मुख्य आलोचना यह थी कि नई प्रणाली के लागू होने के बाद अध्यापन-अध्ययन में कार्य-अनुभव (वर्क ऐक्सपीरियेन्स) को कोई स्थान नहीं दिया गया था, जिसे कि सभी चरणों में पाठ्यक्रम के एक अभिन्न अंग के रूप में माना गया था।

1977-78 के अंत तक नई शिक्षा प्रणाली 19 राज्यों/केंद्रशासित प्रदेशों में, यानी असम, आँध्र प्रदेश, गुजरात, जम्मू-कश्मीर, कर्नाटक, केरल, महाराष्ट्र, सिक्किम, तमिलनाडु, त्रिपुरा, पश्चिम बंगाल, अंडमान और निकोबार द्वीप समूह, अरूणाचल प्रदेश, चंडीगढ़, दादरा और नगर हवेली, दिल्ली, दमन और दीव, लक्षद्वीप और पांडिचेरी में, लागू की गई।

अब सभी राज्यों और केंद्र शासित प्रदेशों ने 10 + 2 + 3 वाली शिक्षा प्रणाली अपना ली है। हरियणा और हिमाचल प्रदेश ने इस प्रणाली को शैक्षिक सत्र 1985-86 के दौरान अपनाया।

केंद्र के तत्कालीन शिक्षा तथा समाज कल्याणमंत्री डॉ.पी.सी. चुंदर ने अनुभव किया कि पाठ्यक्रमों और पाठ्यपुस्तकों का वस्तुनिष्ठ मूल्यांकन किया जाए और इसीलिए जून 1977 में उन्होंने गुजरात विश्वविद्यालय के उपकुलपति श्री ईश्वर भाई जे. पटेल की अध्यक्षता में एक समीक्षा समिति की नियुक्ति की। इस समीक्षा समिति में 30 सदस्य थे जो निम्नलिखित का प्रतिनिधित्त्व करते थे–केंद्रीय माध्यमिक शिक्षा बोर्ड, माध्यमिक शिक्षा के राज्य बोर्ड, राज्य सरकारें, अध्यापकों के संघ, अभिभावक-अध्यापक संघ, शिक्षाशास्त्री, सेवारत अध्यापक तथा राष्ट्रीय शैक्षिक अनुसंधान तथा प्रशिक्षण परिषद्। इस समिति ने अपनी सिफारिशें नवंबर 1977 में पेश की। इसने 10 वर्षीय स्कूल पाठ्यक्रम पर विचार किया।

राष्ट्रीय शैक्षिक अनुसंधान तथा प्रशिक्षण परिषद् ने 1976 में 'हायर सेकंडरी' एजूकेशन एंड वोकेशनलाइज़ेशन' (उच्चतर माध्यमिक शिक्षा तथा व्यावसायिक एकीकरण) नामक पुस्तक का प्रकाशन किया, जिसमें अनेक महत्त्वपूर्ण और प्रगतिशील विशेषताएँ थीं: जैसे–व्यवसाय के चयन में लचीलापन, किसी जिले या कुछ जिलों के समुह के संदर्भ में व्यवसाय का निर्णय करना, आर्थिक गतिविधियों तथा संभावनाओं का जिलेवार सर्वेक्षण और फलस्वरूप काम के अवसर, जिला स्तर पर सूक्ष्म योजना, जनशक्ति की आवश्यकताओं का मूल्यांकन, ग्रामीण क्षेत्रों में जीवन-स्तर को सुधारना व सुविधाएँ देना, विद्यार्थियों आदि के लिए दिशा-निर्देश की व्यवस्था और उन्हें उनके भावी पेशे और पाठ्यक्रमों के बारे में सलाह देना। जिस पर पुनर्विचार की आवश्यकता थी।

अक्तूबर 1977 में तत्कालीन केंद्रीय शिक्षा मंत्री, डॉ.पी.सी.चुंदर ने राष्ट्रीय शैक्षिक अनुसंधान व प्रशिक्षण परिषद् के अध्यक्ष की हैसियत से, मद्रास विश्वविद्यालय के उपकुलपति डॉ. मैलकाम एस. आदिशेषैया की अध्यक्षता में राष्ट्रीय समीक्षा समिति की नियुक्ति की, जिसका उद्देश्य शिक्षा में व्यावसायिक एकीकरण के विशेष संदर्भ में स्कूली शिक्षा के +2 चरण के पाठ्यक्रम की समीक्षा करना था। इसके सदस्य संयोजक केंद्रीय माध्यमिक शिक्षामंडल के अध्यक्ष डॉ. आर. पी सिंहल थे। समिति ने अपनी रिपोर्ट 'लर्निंग टु डू-टुवडर्स ए लर्निंग एंड वर्किंग सोसाइटी' प्रस्तुत की।

उपर्युक्त विकास के फलस्वरूप राष्ट्रीय शिक्षा नीति के मूल्यांकन की आवश्यकता

अनुभव की गई। केंद्रीय सरकार ने फरवरी 1979 में राज्यों को 'शिक्षा पर राष्ट्रीय नीति का मसौदा' भेजा, जिसका उद्देश्य अगले दशक में सर्वव्यापी साक्षरता फैलाना था तथा शिक्षा को प्रभावपूर्ण बनाना था।

राज्य सरकारों और केंद्रीय मंत्रियों की टिप्पणियों को ध्यान में रखते हुए नीति के मसौदे की समीक्षा की गई और उसे 30 अप्रैल, 1979 को संसद् के सामने रखा गया। परंतु इस पर कोई निर्णय नहीं लिया जा सका।

भारत सरकार ने अपने प्रस्ताव नं. फ 23-1/81-पी एन-2 ता. 16 फरवरी, 1983 के अनुसार अध्यापकों के लिए दो आयोगों की नियुक्ति की, जिसका काम अध्यापन समुदाय से संबंधित विभिन्न पहलुओं पर सलाह देना था। पहले आयोग के अध्यक्ष डॉ. डी. पी. चट्टोपाध्याय थे और इसे स्कूली चरण में अध्यापकों से संबंधित मामलों पर विचार करना था। दूसरे आयोग के अध्यक्ष विश्वविद्यालयों अनुदान आयोग के उपाध्यक्ष प्रो. रईस अहमद थे तथा इसे उच्चतर शिक्षा-स्तर, जिसमें तकनीकी शिक्षा भी शामिल थी, से संबंधित पहलुओं पर विचार करना था।

आयोगों ने जून 1984 में अपनी अंतरिम रिपोर्ट तथा फरवरी 1985 में अंतिम रिपोर्टें पेश की।

11.6 प्रधानमन्त्री द्वारा नई नीति की आवश्यकता पर बल (Stress on New Education Policy by Prime Minister)

श्री राजीव गांधी ने प्रधानमंत्री बनते ही राष्ट्र के नाम अपने संदेश में 5 जनवरी, 1985 को एक ऐसी शिक्षा नीति का वचन दिया जो कि राष्ट्र को 21वीं सदी में प्रवेश के लिए वैज्ञानिक तथा आर्थिक दृष्टि से तैयार करे। उन्होने कहा, "शिक्षा ऐसी हो जो राष्ट्रीय संबद्धता तथा 'कार्य-नैतिकता' को बढ़ावा दे। प्रत्येक विद्यार्थी को हमारे शानदार स्वतंत्रता संग्राम तथा राष्ट्रीय एकता में उसके महत्त्व के विषय में सम्यक् रूप से अवगत कराना चाहिए। हमारे स्कूलों और कॉलेजों को भारत की प्राचीन विरासत तथा संस्कृति के विषय में युवा पीढ़ी को जानकारी देनी चाहिए। पाठ्यक्रम और पाठ्यपुस्तकें ऐसी हों जो हमारी समन्वित संस्कृति की प्रांतीय और सांप्रदायिक व्याख्याओं का दमन करें।

"इस क्षेत्र की कुछ नीतियों तथा कार्यक्रमों का मैंने उल्लेख किया है। मैंने नई राष्ट्रीय शिक्षा नीति का मसौदा तैयार करने के लिए कहा है।

"हम अपने स्कूलों में बड़े पैमाने पर नई संचार प्रौद्योगिकी (टेकनोलोजी) के प्रयोग के लिए कार्यक्रम तैयार कर रहे हैं। सरकारी नौकरियों का डिग्रियों से संबंध न हो, इस बात पर भी सक्रिय रूप से विचार किया जा रहा है। आम आदमियों के लिए उच्च शिक्षा को सुलभ करने के उद्देश्य से खुले विश्वविद्यालय की स्थापना के लिए कदम उठाए जा रहे हैं। केंद्रीय स्कूल संघटन का और भी विस्तार किया जाएगा। ये स्कूल देश के प्रत्येक जिले में उत्कृष्ट केन्द्र के रूप में काम करेंगे।"

"मैं समाज की उत्पादक शक्तियों के शिक्षा के साथ सुगठित संपर्क पर बहुत जोर दूँगा। हम व्यावसायिक शिक्षा को पुनर्गठित करेंगे ताकि हम इसका उद्योग, कृषि, संचार तथा अपने अर्थतंत्र के अन्य उत्पादक क्षेत्रों के साथ तालमेल बैठा सकें।"

तत्कालीन शिक्षा मंत्री श्री कृष्णचंद्र पंत ने प्रधानमंत्री को 20 अगस्त, 1985 को शिक्षा पर 'स्टेटस रिपोर्ट' पेश की, जिसका शीर्षक था 'शिक्षा की चुनौती–नीति संबंधी परिप्रेक्ष्य'। इस दस्तावेज की प्रतियाँ संसद् में रखी गईं तथा सभी राज्य सरकारों और संघीय क्षेत्र प्रशासनों को परिचाालित की गई। यह परिप्रेक्ष्य 29-30 अगस्त, 1985 को हुए राज्यों के शिक्षा मंत्रियों के सम्मेलन में विचार-विमर्श का आधार भी बना। इस दस्तावेज का अनुवाद, राज्य सरकारों द्वारा लगभग सभी प्रादेशिक भाषाओं में किया गया और इसे व्यापक रूप से परिचालित किया गया। इसके अतिरिक्त, मंत्रालय द्वारा प्राप्त अनुरोधों पर तथा विभिन्न संघटनों को भी, इस दस्तावेज की अंग्रेजी में 5,80,000 हिंदी में 2,40,000 तथा उर्दू में 4,000 प्रतियाँ वितरित की गईं। इस दस्तावेज का उद्देश्य, शिक्षा नीति तथा विकल्पों से संबंधित विषयों पर व्यापक और गहन राष्ट्रीय परिचर्चा को प्रोत्साहित करना था। नई शिक्षा नीति पर राष्ट्रव्यापी परिचर्चा के एक भाग के रूप में, भारत सरकार तथा इसकी एजेंसियों द्वारा बारह राष्ट्रीय सेमिनार तथा सत्तरह प्रायोजित सेमिनार आयोजित किए गए। नई शिक्षा नीति पर परिचर्चा के आयोजन में सभी राज्य सरकारों ने गहरी रूचि ली। राज्य स्तर कै सेमिनारों के अतिरिक्त, विभिन्न शैक्षिक संस्थाओं में तथा ब्लॉक स्तर पर भी अनेक सेमिनार-विचार गोष्ठियाँ तथा परिचर्चाएँ हुईं। नई शिक्षा नीति तैयार करने पर हुई परिचर्चाओं से अखिल भारतीय स्तर के अनेक शिक्षक संघटनों तथा छात्र संघटनों के प्रतिनिधि भी संबद्ध रहे हैं।

नई शिक्षा नीति तैयार करने से संबंधित प्रधानमंत्री की घोषणा की प्रतिक्रियास्वरूप कई संघटनों तथा व्यक्तियों से अनेक सुझाव शिक्षा मंत्रालय में प्राप्त हुए। मंत्रालय में प्राप्त सभी पत्र-व्यवहारों को, जिनकी संख्या 6,000 से भी अधिक है और जिनमें पत्र, ज्ञापन, सेमिनारों की सिफारिशें एवं राज्य सरकारों की सिफारिशें भी शामिल हैं, ध्यानपूर्वक संक्षिप्त और वर्गीकृत किया गया। राष्ट्रीय शैक्षिक आयोजना तथा प्रशासन संस्थान द्वारा सभी सुझावों का विस्तृत विषय-विश्लेषण तैयार किया गया तथा तेरह खंड प्रकाशित किए गए।

राज्यों के शिक्षामंत्रियों के सम्मेलन की सिफारिशों के अनुसरण में, नई शिक्षा नीति तैयार करने से संबंधित विभिन्न विषयों की गहराई से जाँच करने तथा उनके कार्यान्वयन के लिए नीतियाँ तैयार करने के लिए मानव संसाधन विकास मंत्री की अध्यक्षता में, शिक्षा मंत्रियों के तीन राष्ट्रीय दल बनाए गए: (1) जन-शक्ति प्रक्षेपण और व्यवसायीकरण, (2) वित्तीय संसाधन तथा (3) परीक्षा सुधार।

11.7 नई शिक्षा नीति (New Education Policy)

नई शिक्षा नीति पर परिचर्चा में सभी वर्गों के लोग शामिल हुए और बहुत से उपयोगी विचार तथा दृष्टिकोण उभरकर आए। 23-24 जनवरी, 1986 को हुए राज्यों तथा संघशासित क्षेत्रों के प्रशासनों के शिक्षा मंत्रियों के सम्मेलन के विचारार्थ, विभिन्न वर्गों से प्राप्त सुझावों पर आधारित नई शिक्षा नीति से संबंधित विषय तैयार किए गए।

नई शिक्षा नीति के निर्माण के लिए अप्रैल 1986 में राज्यों के शिक्षा मंत्रियों का सम्मेलन हुआ जिसमें मानव संसाधन विकास मंत्रालय, भारत सरकार (शिक्षा विभाग) द्वारा 'राष्ट्रीय शिक्षा नीति, 1986-एक प्रस्तुति' नामक दस्तावेज पर विचार-विमर्श हुआ।

नई राष्ट्रीय शिक्षा नीति प्रारूप पर राष्ट्रीय विकास परिषद् तथा केन्द्रीय शिक्षा सलाहकार बोर्ड द्वारा विचार किया गया।

लोकसभा ने शिक्षा नीति के प्रारूप को तीन दिन की बहस के पश्चात् 8 मई, 1986 को स्वीकृति दी। तत्पश्चात् दो दिन की बहस के उपरान्त राज्यसभा ने 13 मई, 1986 को शिक्षा नीति के प्रारूप को मंजूरी दी। इस प्रकार नई शिक्षा शिक्षा, 1986 का निर्माण हुआ।

राष्ट्रीय शिक्षा नीति, 1986 में प्रत्येक पाँच वर्षों बाद इसके विभिन्न पैरामीटरों के कार्यान्वयन की समीक्षा का प्रावधान है। तदनुसार इसकी समीक्षा 1990-1992 के दौरान की गई। इस समीक्षा के आधार पर 1992 में शिक्षा नीति में कतिपय संशोधन किए गए। इस प्रकार राष्ट्रीय शिक्षा नीति 1992 में लागू की गई।

आशा है कि 1986 की शिक्षा को लागू करने में जो बाधाएँ सामने आई थीं, 1992 की नई नीति को लागू करने में उनकी पुनरावृत्ति नहीं होने दी जाएगी।

12

शिक्षा की राष्ट्रीय नीति 1968
(National Policy on Education, 1968)

12.1 भूमिका (Introduction)

भारतीय समाज में शिक्षा को हमेशा से ही मान्य स्थान दिया जाता रहा है। भारतीय स्वतंत्रता आंदोलन के महान् नेता शिक्षा के बुनियादी योगदान से परिचित थे और राष्ट्रीय विकास के संदर्भ में उसके असामान्य महत्त्व पर जोर देते थे। गाँधीजी ने बुनियादी शिक्षा की योजना बनाई थी, जिसका उद्देश्य मानसिक और शारीरिक कार्यों में सामंजस्य पैदा करना था। शिक्षा को लोगों के जीवन के साथ सीधे संबद्ध करने के लिए उठाया गया यह एक महान् कदम था। इसी प्रकार स्वतंत्रता से पहले अन्य अनेक नेताओं ने भी राष्ट्रीय शिक्षा में अत्यंत महत्त्वपूर्ण योग दिया था।

स्वतंत्रता के बाद, भारत सरकार और राज्य सरकारें राष्ट्रीय प्रगति और सुरक्षा के प्रभावी साधन के रूप में शिक्षा पर अधिकाधिक ध्यान देती रही हैं। अनेक आयोगों और समितियों ने, जिसमें विश्वविद्यालय शिक्षा आयोग (1948-49) और माध्यमिक शिक्षा आयोग (1952-53) उल्लेखनीय हैं, शैक्षिक पुनर्निर्माण की समस्याओं की समीक्षा। इन आयोगों की सिफारिशों को कार्यान्वित करने के लिए कदम उठाए गए और जवाहरलाल नेहरू के नेतृत्व में विज्ञान नीति पर संकल्प पारित होने के बाद विज्ञान, शिल्पविज्ञान और वैज्ञानिक अनुसंधान के विकास पर विशेष बल दिया जाता रहा। तीसरी पंचवर्षीय योजना के अंतिम चरण में इस बात की जरूरत महसूस की गई कि शिक्षा व्यवस्था का सविस्तार पुनरीक्षण किया जाए जिससे शैक्षिक पुनर्निर्माण के लिए नए सिरे से तथा अधिक दृढ़ निश्चय के साथ प्रयत्न किया जा सके, और 'शिक्षा के राष्ट्रीय स्वरूप तथा सभी स्तरों और पहलुओं पर शिक्षा के विकास के लिए सामान्य सिद्धांतों और नीतियों' पर सरकार को सलाह देने के लिए शिक्षा आयोग (1964-66) की नियुक्ति की गई। अब तक शिक्षा आयोग की रिपोर्ट पर काफी चर्चा हुई है और टिप्पणियाँ की गई हैं। सरकार को इस बात की प्रसन्नता है कि इन चर्चाओं से शिक्षा की राष्ट्रीय नीति के संबंध में मतैक्य हो गया है।

भारत सरकार का यह विश्वास है कि देश के आर्थिक और सांस्कृतिक विकास, राष्ट्रीय एकता तथा समाजवादी समाज के निर्माण के लक्ष्य की प्राप्ति के लिए शिक्षा आयोग द्वारा बताई गई स्थूल रूपरेखाओं के आधार पर शिक्षा का आमूल पुनर्निर्माण आवश्यक है। इस हेतु शिक्षा को लोगों के जीवन के अधिक निकट लाने के लिए शिक्षा प्रणाली का रूपांतरण, शैक्षिक अवसरों के विस्तार के लिए लगातार प्रयत्न, सभी स्तरों पर शिक्षा की गुणवत्ता में सुधार करने के लिए लगातार और व्यापक प्रयत्न, विज्ञान और शिल्पविज्ञान के विकास पर विशेष बल तथा नैतिक और सामाजिक मूल्यों का निर्माण करना होगा। शिक्षा प्रणाली ऐसी होनी चाहिए जिससे राष्ट्रीय सेवा और विकास के लिए कृतसंकल्प, चरित्र-संपन्न और योग्य युवक और युवतियों का निर्माण हो। तभी शिक्षा राष्ट्रीय विकास कर सकती है, सामान्य नागरिकता और संस्कृति की भावना पैदा कर सकती है और राष्ट्रीय एकता को मजबूत बना सकती है। विश्व के राष्ट्रों में इस देश को उसकी महान् सांस्कृतिक विरासत और असामान्य सामर्थ्य के अनुरूप योग्य स्थान दिलाने के लिए यह आवश्यक है।

अत: भारत सरकार निम्नलिखित सिद्धांतों के आधार पर देश में शिक्षा का विकास करने के लिए संकल्प करती है–

12.2 नि:शुल्क और अनिवार्य शिक्षा

चौदह वर्ष तक की वय के सभी बच्चों के लिए नि:शुल्क और अनिवार्य शिक्षा की व्यवस्था करने के लिए संविधान के अनुच्छेद 45 के अधीन दिए निदेशक सिद्धांतों को अमल में लाने के लिए श्रमपूर्वक प्रयत्न करना चाहिए। स्कूलों में चालू व्यर्थता और अगति को कम करने और यह सुनिश्चित करने के लिए कि स्कूल में दाखिल हर छात्र निहित पाठ्यक्रम सफलापूर्वक पूरा कर ले, उपयुक्त कार्यक्रमों का विकास किया जाना चाहिए।

12.3 अध्यापकों का दर्जा, वेतन-भत्ते और शिक्षा

(क) शिक्षा की गुणवत्ता और राष्ट्रीय विकास में उसके योगदान के लिए उत्तरदायी कारणों में से अध्यापक निस्संदेह महत्त्वपूर्ण है। उसके व्यक्तिगत गुणों और चरित्र, शैक्षिक योग्यताओं एवं व्यावसायिक अर्हताओं पर अंतत: शिक्षा संबंधी सभी प्रयत्नों की सफलता निर्भर है। अत: अध्यापकों को समाज में एक सम्मानपूर्ण स्थान दिया जाना चाहिए। उनकी योग्यताओं और उनके उत्तरदायित्वों को देखते हुए उनके वेतन-भत्ते तथा अन्य सेवा की शर्तें पर्याप्त और संतोषजनक होनी चाहिए।

(ख) स्वतंत्र अध्ययन तथा अनुसंधान संबंधी निबंध प्रकाशित करने तथा महत्त्वपूर्ण राष्ट्रीय और अंतरराष्ट्रीय समस्याओं पर भाषण करने और लिखने की अध्यापकों की शैक्षिक स्वतंत्रता की रक्षा की जानी चाहिए।

(ग) अध्यापक शिक्षा, रूप से अंतर्सेवा शिक्षा, पर यथोचित बल दिया जाना चाहिए।

12.4 भाषाओं का विकास

(क) प्रादेशिक भाषाएँ: भारतीय भाषाओं और साहित्य का उत्साह के साथ विकास करना शैक्षिक तथा सांस्कृतिक विकास की एक अनिवार्य शर्त है। जब तक यह नहीं किया

जाएगा, लोगों की सृजनात्मक शक्तियाँ क्रियाशील नहीं होंगी, शिक्षा के स्तरों में सुधार नहीं आएगा, जनसाधारण तक ज्ञान नहीं पहुँचेगा, और बुद्धिजीवियों तथा जनसाधारण के बीच की खाई यदि चौड़ी न भी हुई तो यथावत् बनी रहेगी। प्राथमिक और माध्यमिक अवस्थाओं में प्रादेशिक भाषाओं को पहले से ही शिक्षा के माध्यम के रूप में व्यवहृत किया जा रहा है। अब उनका प्रयोग विश्वविद्यालय अवस्था में भी करने के लिए तेजी से कदम उठाए जाने चाहिए।

(ख) त्रिभाषा सूत्रः माध्यमिक अवस्था में राज्य सरकारों को त्रिभाषा सूत्र लागू करना और जोर-शोर के साथ उसको कार्यविन्त करना चाहिए। इस सूत्र के अंतर्गत एक आधुनिक भारतीय भाषा, तरजीहन, एक दक्षिण भारतीय भाषा, का अध्ययन तथा साथ ही हिंदीभाषा राज्यों में हिंदी और अंग्रेजी और अहिंदीभाषा राज्यों में प्रादेशिक भाषा तथा अंग्रेजी के साथ हिंदी का अध्ययन शामिल है। विश्वविद्यालयों और कॉलेजों में हिंदी तथा/या अंग्रेजी के उपयुक्त पाठ्यक्रमों की सुविधा भी होनी चाहिए ताकि छात्र विहित विश्वविद्यालय मानकों के अनुरूप इन भाषाओं में प्रवीणता प्राप्त कर सकें।

(ग) हिंदीः हिंदी के विकास और प्रसार का हर संभव प्रयत्न किया जाना चाहिए। संपर्क भाषा के रूप में हिंदी का विकास करते समय इस बात का समुचित ध्यान रखना चाहिए कि यह भाषा संविधान के अनुच्छेद 351 के उपबंधों के अनुसार भारत की सामासिक संस्कृति के सभी तत्त्वों के लिए अभिव्यक्ति का माध्यम बन सकेगी। अहिंदीभाषी राज्यों में हिंदी के माध्यम से शिक्षा देनेवाली कॉलेजों तथा उच्चतर शिक्षा की अन्य संस्थाओं को स्थापित करने के प्रयत्नों को प्रोत्साहन देना चाहिए।

(घ) संस्कृतः भारतीय भाषाओं के विकास में संस्कृत के विशेष महत्त्व को देखते हुए और देश की सांस्कृतिक एकता के लिए उसके अपूर्व योगदान की दृष्टि से स्कूल तथा विश्वविद्यालय स्तर पर संस्कृत के अध्यापक की सुविधाएँ अधिक विस्तृत पैमाने पर दी जानी चाहिए। इस भाषा के अध्यापन के नए तरीकों के विकास को प्रोत्साहन देना चाहिए और प्रथम और द्वितीय डिग्री अवस्थाओं पर, उन पाठ्यक्रमों में जहाँ कि भाषा का ज्ञान उपयोगी है (जैसे आधुनिक हिंदी भाषाएँ, प्राचीन भारतीय इतिहास, भारत विद्या तथा भारतीय दर्शन) संस्कृत के अध्यापक की संभावनाओं की खोज की जानी चाहिए।

(ङ) अंतरराष्ट्रीय भाषाएँः अंग्रेजी तथा अन्य अंतरराष्ट्रीय भाषाओं के अध्ययन पर विशेष बल दिया जाना चाहिए। संसार में ज्ञान का प्रसार बड़ी तेजी से हो रहा है, विशेषकर विज्ञान और शिल्पविज्ञान के क्षेत्र में। भारत को न केवल इस विकास को बनाए रखना है बल्कि अपनी ओर से भी उसमें सार्थक योगदान करना है। इस उद्देश्य से अंग्रेजी के अध्ययन को विशेष रूप से पुष्ट करना चाहिए।

12.5 शिक्षा के अवसरों का समानीकरण

शिक्षा के अवसरों के समानीकरण के लिए परिश्रमपूर्वक प्रयत्न किए जाने चाहिए:

(क) शिक्षा की सुविधाओं की व्यवस्था की दृष्टि से प्रादेशिक असंतुलन को मिटाना चाहिए तथा ग्रामीण और अन्य पिछड़े इलाकों में शिक्षा की अच्छी सुविधाएँ दी जानी चाहिए।

(ख) सामाजिक एकता तथा राष्ट्रीय एकता को बढ़ावा देने के लिए शिक्षा आयोग की सिफारिशों में बताई गई समान स्कूल पद्धति को अपनाया जाना चाहिए। सामान्य स्कूलों में शिक्षा के स्तर पर सुधार करने के लिए प्रयत्न किए जाने चाहिए। पब्लिक स्कूलों की तरह से विशेष स्कूलों में छात्रों का दाखिला योग्यता के आधार पर किया जाना चाहिए और सामाजिक वर्गों के पृथक्करण को बचाने के लिए फीस-माफी का अनुपात विहित कर देना चाहिए। परंतु इससे संविधान के अनुच्छेद 30 के अंतर्गत अल्पसंख्यकों के अधिकारों पर प्रभाव नहीं पड़ेगा।

(ग) न केवल सामाजिक न्याय की दृष्टि से बल्कि सामाजिक रूपांतरण की गति को तीव्र करने के लिए भी लड़कियों की शिक्षा पर बल दिया जाना चाहिए।

(घ) पिछड़े वर्गों तथा विशेष रूप से आदिम जातियों में शिक्षा का विकास करने के लिए अधिक तीव्र प्रयत्नों की आवश्यकता है।

(ङ) विकलांगों और मानसिक रूप से अशक्त बच्चों के लिए शैक्षिक सुविधाओं का विकास करना चाहिए और ऐसे समन्वित कार्यक्रमों का विकास किया जाना चाहिए जिनके द्वारा ये बच्चे नियमित स्कूलों में अध्ययन प्राप्त कर सकें।

12.6 प्रतिभा की पहचान

प्रवीणता का विकास करने के लिए यह आवश्यक है कि विभिन्न क्षेत्रों में जो प्रतिभाएँ हैं उनको छोटी से छोटी उम्र में खोज निकाला जाए और उनके विकास के लिए हर संभव प्रोत्साहन और अवसर प्रदान किए जाने चाहिएं।

12.7 कार्यानुभव और राष्ट्रीय सेवा

परस्पर सेवा और सहायता के उपयुक्त कार्यक्रमों द्वारा स्कूलों और समुदायों को एक दूसरे के निकट लाना चाहिए। तदनुसार, कार्यानुभव तथा राष्ट्रीय सेवा, जिसमें सामुदायिक सेवा तथा राष्ट्रीय पुनर्निर्माण के सार्थक तथा चुनौतीपूर्ण कार्यक्रम भी शामिल हैं, शिक्षा का अभिन्न अंग होने चाहिएं। इन कार्यक्रमों में स्वावलंबन, चरित्र-निर्माण तथा सामाजिक उद्देश्य के लिए आत्मोत्सर्ग की भावना के विकास पर बल दिया जाना चाहिए।

12.8 विज्ञान-शिक्षा तथा अनुसंधान

राष्ट्रीय अर्थव्यवस्था के विकास की गति को बढ़ाने के लिए विज्ञान-शिक्षा तथा अनुसंधान को उच्च प्राथमिकता दी जानी चाहिए। स्कूल अवस्था के अंत तक विज्ञान और गणित सामान्य शिक्षा का अभिन्न अंग होने चाहिए।

12.9 कृषि तथा उद्योग की शिक्षा

कृषि तथा उद्योग संबंधी शिक्षा के विकास पर विशेष बल दिया जाना चाहिए।

(क) प्रत्येक राज्य में कम-से-कम एक कृषि विश्वविद्यालय होना चाहिए। जहाँ तक हो सके, ये विश्वविद्यालय एक अहाते में स्थित स्वत:पूर्ण होने चाहिए: पर जहाँ आवश्यक हो ये विभिन्न अहातों में स्थित संघटक कॉलेज भी हो सकते हैं। अन्य विश्वविद्यालयों में

भी जहाँ अपेक्षित संभावनाएँ हैं, कृषि के एक या उससे अधिक पहलुओं के अध्ययन के लिए पुख्ता विभाग खोले जाने चाहिए।

(ख) तकनीकी शिक्षा में उसके एक अभिन्न अंग के रूप में उद्योगों से संबंधित व्यावहारिक प्रशिक्षण दिया जाना चाहिए। तकनीकी शिक्षा तथा अनुसंधान का संबंध उद्योग से बहुत निकट का होना चाहिए ताकि एक से दूसरे में कार्मिक आ-जा सकें और प्रशिक्षण कार्यक्रमों तथा सुविधाओं की व्यवस्था, रूपरेखा तैयार करने तथा आवधिक समीक्षा के लिए व्यवस्था हो सके।

(ग) देश की औद्योगिक, कृषि तथा अन्य तकनीकी जनशक्ति की आवश्यकताओं की निरंतर समीक्षा होती रहनी चाहिए तथा शिक्षा संस्थाओं से निकले छात्रों तथा रोजगार के अवसरों के बीच उचित संतुलन बनाए रखने के लिए निरंतर प्रयत्न किए जाने चाहिए।

12.10 पुस्तकों का उत्पाद

प्रोत्साहन तथा पारिश्रमिक की उदार नीति के द्वारा श्रेष्ठतम लेखकों को आकर्षित करके पुस्तकों की गुणवत्ता में सुधार किया जाना चाहिए। स्कूलों और विश्वविद्यालयों के लिए उच्च स्तर की पाठ्यपुस्तकें प्राप्त करने के लिए तत्काल कदम उठाए जाने चाहिए। बार-बार पाठ्यपुस्तकें बदलने से बचना चाहिए और इन पुस्तकों का मूल्य इतना होना चाहिए कि मामूली हैसियत का छात्र भी उन्हें खरीद सके।

व्यावसायिक पैमाने पर स्वायत्त पुस्तक निगमों की स्थापना की संभावनाओं की खोज की जानी चाहिए और कुछ ऐसी बुनियादी पाठ्यपुस्तकों का निर्माण किया जाना चाहिए जो देश-भर के लिए समान हों। बच्चों की पुस्तकों और प्रादेशिक भाषाओं की विश्वविद्यालय स्तर की पुस्तकों पर विशेष ध्यान दिया जाना चाहिए।

12.11 परीक्षाएँ

परीक्षा सुधारों का प्रमुख उद्देश्य यह होना चाहिए कि परीक्षाओं की विश्वसनीयता और उनकी मान्यता में सुधार हो सके, और मूल्यांकन एक ऐसी निरंतर प्रक्रिया होनी चाहिए जिसका लक्ष्य छात्र को उपलब्धि का स्तर उन्नत करने में सहायता देना हो न कि समय विशेष में उसके कार्य की गुणता को देखकर उसे 'प्रमाणपत्र' दे देना।

12.12 माध्यमिक शिक्षा

(क) माध्यमिक (तथा उच्चतर) स्तर पर शिक्षा-अवसर सामाजिक परिवर्तन तथा रूपांतर का एक प्रमुख उपकरण है। अतएव माध्यमिक शिक्षा की सुविधाएँ तेजी से उन क्षेत्रों और वर्गों को भी दी जानी चाहिए, जिनको आज तक यह प्राप्त नहीं हो सकीं।

(ख) इस अवस्था में तकनीकी तथा व्यावसायिक शिक्षण की सुविधाओं को बढ़ाने की आवश्यकता है। माध्यमिक तथा व्यावसायिक शिक्षा की सुविधाओं की व्यवस्था मोटे तौर पर विकासमान अर्थव्यवस्था तथा वास्तविक रोजगार अवसरों के अनुरूप होनी चाहिए। तकनीकी तथा व्यावसायिक शिक्षा को माध्यमिक स्तर पर प्रभावी रूप से समापक बनाने के लिए यह संबंध आवश्यक है। तकनीकी तथा व्यावसायिक शिक्षा की सुविधाओं का

उपयुक्त रूप से विशाखन किया जाना चाहिए ताकि उसके अंतर्गत अनेक क्षेत्र, जैसे–कृषि, उद्योग, व्यापार तथा वाणिज्य, चिकित्सा तथा जन–स्वास्थ्य, गृहप्रबंध, कला और शिल्प, अनुसचिवीय प्रशिक्षण आदि आ सकें।

12.13 विश्वविद्यालय शिक्षा

(क) एक कॉलेज या विश्वविद्यालय में कितने पूर्णकालिक छात्र भरती किए जाएँ, इसकी संख्या प्रयोगशालाओं, पुस्तकालयों तथा अन्य सुविधाओं और कर्मचारियों की संख्या को देखते हुए निश्चित की जानी चाहिए।

(ख) नए विश्वविद्यालयों की स्थापना के लिए पर्याप्त सावधानी की आवश्यकता है। उनकी स्थापना तभी की जानी चाहिए जब पर्याप्त मात्रा में निधि उपलब्ध हो तथा उपयुक्त मानकों के बनाए रखने के लिए पर्याप्त सावधानी बरती गई हो।

(ग) इस स्तर पर स्नातकोत्तर पाठ्यक्रमों की व्यवस्था पर विशेष ध्यान दिया जाना चाहिए और साथ ही प्रशिक्षण और अनुसंधान के मानकों से सुधार करने पर भी ध्यान दिया जाना चाहिए।

(घ) उच्च शिक्षा केंद्रो की सुविधाएँ बढ़ाई जानी चाहिए और कुछ थोड़े से ऐसे 'केंद्र संकुल' स्थापित किए जाने चाहिए जिनका उद्देश्य अनुसंधान और प्रशिक्षण में उच्चतम मानक स्थापित करना हो।

(ङ) विश्वविद्यालयों में अनुसंधान को सामान्यतया अधिक बढ़ावा दिया जाना चाहिए। जहाँ तक हो सके अनुसंधान की संस्थाएँ विश्वविद्यालय के अंतर्गत ही कार्य करें अथवा उनके साथ निकट संपर्क रखें।

12.14 अल्पकालिक शिक्षा तथा पत्राचार पाठ्यक्रम

अल्पकालिक शिक्षा तथा पत्राचार पाठ्यक्रम विश्वविद्यालय स्तर पर बड़े पैमाने पर विकसित किए जाने चाहिए। यही सुविधाएँ माध्यमिक स्कूल के छात्रों, अध्यापकों तथा औद्योगिक, कृषि संबंधी तथा अन्य प्रकार के कर्मचारियों के लिए भी दी जानी चाहिए। अल्पकालिक तथा पत्राचार पाठ्यक्रमों द्वारा दी जानेवाली शिक्षा को वही दर्जा प्रदान किया जाना चाहिए जो पूर्णकालिक शिक्षा को। इस प्रकार की सुविधाओं से स्कूल से रोजगार की ओर जाने में आराम रहेगा, शिक्षा के हित को बढ़ावा मिलेगा तथा उन बहुत से लोगों को अवसर भी मिल सकेगा जो आगे की शिक्षा प्राप्त करना चाहते हैं पर पूर्णकालिक आधार पर नहीं प्राप्त कर सकते।

12.15 साक्षरता तथा प्रौढ़ शिक्षा का प्रसार

(क) लोक निरक्षरता को दूर करना आवश्यक है। यह केवल लोकतंत्रीय संस्थाओं के कार्य में भाग लेने के लिए लोगों को प्रोत्साहित करने तथा शिक्षा कार्यक्रमों की गति तीव्र करने के लिए (विशेषकर कृषि के क्षेत्र में) ही नहीं है बल्कि सामान्य राष्ट्रीय विकास की गति को तीव्र करने के लिए भी आवश्यक है। वाणिज्यिक, औद्योगिक तथा अन्य बड़ी स्थापनाओं के कर्मचारियों को जितनी जल्दी हो सके, कामचलाऊ रूप से साक्षर बनाया

जाना चाहिए। इस दिशा में मार्गदर्शन सरकारी क्षेत्र के औद्योगिक उपक्रमों को करना चाहिए। अध्यापकों और छात्रों को सक्रिय रूप से साक्षरता अभियानों का संघटन करना चाहिए, विशेष रूप से सामाजिक तथा राष्ट्रीय सेवा कार्यक्रमों के अंग के रूप में।

(ख) वृत्तिरत युवा कृषकों की शिक्षा तथा स्वनियोजन के लिए युवकों को प्रशिक्षित करने पर विशेष बल देना चाहिए।

12.16 खेल-कूद

खेल-कूद का विकास बड़े पैमाने पर किया जाना चाहिए और इसका उद्देश्य औसत विद्यार्थी तथा इस क्षेत्र में प्रवीणता दिखानेवाले व्यक्तियों के लिए उनकी शारीरिक योग्यता और खेल-अभिरूचि को उन्नत करने के लिए किया जाना चाहिए। जहाँ पर खेल के मैदानों तथा अखिल राष्ट्रीय शारीरिक शिक्षा कार्यक्रमों के विकास की अन्य सुविधाएँ नहीं हैं, वहाँ से सुविधाएँ प्राथमिकता के आधार पर दी जानी चाहिए।

12.17 अल्पसंख्यकों की शिक्षा

न केवल अल्पसंख्यकों के अधिकारों की रक्षा के लिए बल्कि उनकी शैक्षणिक अभिरूचि को बढ़ावा देने के लिए हर संभव प्रयत्न किया जाना चाहिए। इस संबंध में राज्य के मुख्य मंत्रियों तथा केंद्रीय मंत्रियों के सम्मेलन में अगस्त 1961 में एक वक्तव्य जारी किया गया था।

12.18 शिक्षा का ढाँचा

यह आवश्यक है कि देश के हर भाग में शिक्षा का ढाँचा मोटे तौर पर एक समान हो। इसका उद्देश्य अंततः 10 + 2 + 3 पद्धति को अपनाना होना चाहिए। इसमें स्थानीय परिस्थितियों के अनुसार दो वर्ष की उच्चतर माध्यमिक अवस्था या तो स्कूलों में हो या कॉलेजों में, या दोनों में ही।

ऊपर बताई गई रूपरेखा के अनुसार शिक्षा का पुनर्गठन करने में अतिरिक्त धन की आवश्यकता होगी। उद्देश्य यह होना चाहिए कि धीरे-धीरे शिक्षा-निवेश को बढ़ाया जाए ताकि जितनी हो सके, वह राष्ट्रीय आय के 6 प्रतिशत खर्च के स्तर पर पहुँच जाए।

भारत सरकार इस बात को मानती है कि शिक्षा का पुनर्निर्माण सरल काम नहीं है। न केवल साधनों की कमी है, वरन् समस्याएँ अत्यधिक जटिल हैं। यह देखते हुए कि शिक्षा, विज्ञान तथा अनुसंधान का योगदान भौतिक तथा जनसाधनों के विकास में कितना महत्त्वपूर्ण है, भारत सरकार केंद्रीय क्षेत्र के कार्यक्रमों का बीड़ा उठाने के अतिरिक्त राज्य सरकारों को राष्ट्रीय महत्त्व के उन कार्यक्रमों के कार्यान्वयन में सहायता देगी जहाँ राज्यों और केंद्र के समन्वित प्रयत्नों की आवश्यकता है।

भारत सरकार हर पाँच वर्ष में प्रगति की समीक्षा करेगी और आगे के विकास के लिए मार्गदर्शक सुझाव देगी।

13

राष्ट्रीय शिक्षा नीति (1986) तथा कार्य योजना
(National Policy on Education (1986) and Programme of Action)

13.1 राष्ट्रीय शिक्षा नीति (1986) के निर्माण की भूमिका [Formulation of The National Policy on Education (1986)]

I. 1986 से पूर्व शिक्षा विकास तथा नीति का सिंहावलोकन – 1. नई राष्ट्रीय शिक्षा नीति 1986 में बनाई गई। इसकी दो बार–1990 तथा 1992 में–समीक्षा की गई। तदुपरांत इसके कार्यान्वयन के लिए एक कार्यक्रम बनाया गया जिसके अनुसार शिक्षा में सुधार लाए जा रहे हैं।

2. भारत का संविधान जनवरी 1950 में लागू किया गया था। संविधान में देश की शिक्षा नीतियों का मोटे तौर पर उल्लेख किया गया था। इस संबंध में छूटे हुए अन्य विवरण देने भी अपेक्षित थे। केन्द्रीय शिक्षा सलाहकार बोर्ड (सैंट्रल एडवाइजरी बोर्ड ऑफ एजूकेशन) ने 1951 में हुई अपनी 18वीं बैठक में, देश में माध्यमिक शिक्षा की प्रचलित प्रणाली की जाँच और इसके पुनर्गठन और सुधार के उपाय सुझाने के लिए एक आयोग की स्थापना करने पर जोर दिया था। तद्नुसार भारत सरकार ने 23 सितंबर, 1952 के एक प्रस्ताव द्वारा माध्यमिक शिक्षा आयोग की स्थापना की। इस आयोग के अध्यक्ष, मद्रास विश्वविद्यालय के उपकुलपति डॉ. ए. लक्ष्मणस्वामी मुदालियर थे। उन्होंने अपनी रिपोर्ट जून 1953 में पेश की।

3. शिक्षा आयोग की रिपोर्ट (1964-66) में बीस वर्षों के लिए शिक्षा के विकास की रूपरेखा दी गई थी और उसमें सरकार को सभी चरणों में और सभी पहलुओं में, शिक्षा के सामान्य सिद्धांतों तथा नीतियों पर सलाह दी गई थी। आयोग ने सिफारिश की थी कि भारत सरकार को शिक्षा की राष्ट्रीय नीति पर वक्तव्य जारी करना चाहिए जिसमें राज्य सरकारों और स्थानीय अधिकारियों का उनके कार्यक्षेत्र में शिक्षा नीतियों को तैयार व कार्यान्वित करने की दिशा में मार्गदर्शन किया जाए।

4. 1967 में, भारत सरकार ने शिक्षा पर संसद सदस्यों की एक समिति गठित की थी, जिसका काम शिक्षा संबंधी राष्ट्रीय नीति पर एक वक्तव्य का मसौदा तैयार करना था। हमारे हाल के इतिहास में यह पहला अवसर था जब समिति देश के विभिन्न राजनीतिक दलों के सदस्यों को एक जगह लाई। वे सर्वाधिक समान उपायों पर सहमत हुई और उन्होंने शिक्षा पर

एक राष्ट्रीय नीति का मसौदा तैयार किया। इस मसौदे को केन्द्रीय शिक्षा सलाहकार बोर्ड के सामने पेश किया गया, जिसकी बैठक 1967 में हुई। बैठक में राष्ट्रीय नीति तैयार करने पर विचार-विमर्श किया गया। बोर्ड के विचार-विमर्श के दौरान शिक्षा की राष्ट्रीय नीति पर आम सहमति पाई गई। विचार-विमर्श और समझौते के फलस्वरूप, भारत सरकार ने शिक्षा की राष्ट्रीय नीति पर प्रस्ताव जारी किया। अन्य बातों के अलावा इस प्रस्ताव में कहा गया था, "देश के सभी भागों में मोटे तौर पर एक जैसा शैक्षिक ढाँचा होना लाभदायक रहेगा।" अंतिम उद्देश्य 10+2+3 प्रणाली को अपनाना होना चाहिए, दो साल का उच्चतर माध्यमिक चरण जो स्थानीय परिस्थितियों के अनुसार स्कूलों, कॉलेजों या दोनों में जोड़ा जा सकता है।

5. नवम्बर 1973 में भारत सरकार के शिक्षा मंत्रालय ने 10+2+3 शिक्षा के ढाँचे पर एक राष्ट्रीय समिति की नियुक्ति की। इसका उद्देश्य देश के सभी राज्यों और संघीय क्षेत्रों के स्कूल और कॉलेजों में 10+2+3 की एक जैसी प्रणाली को अपनाया के लिए व्यावहारिक कदम सुझाना था।

6. शिक्षा के केन्द्रीय सलाहकार बोर्ड ने अपनी नवम्बर 1974 की बैठक में एक प्रस्ताव पास किया जिसमें पाँचवीं पंचवर्षीय योजना अवधि में शिक्षा की 10+2+3 प्रणाली को अपनाने की सिफारिश की गई।

7. 1974 में बच्चों के उचित विकास पर पर्याप्त ध्यान देने के लिए शिक्षा और कल्याण मंत्रालय, समाज कल्याण विभाग ने बच्चों के लिए राष्ट्रीय नीति दस्तावेज प्रकाशित किया।

8. 1975 में राष्ट्रीय शैक्षिक अनुसंधान तथा प्रशिक्षण ने 'द करीकुलम फोर द टेन इयर स्कूल--ए फ्रेमवर्क' (दस साल की स्कूली अवधि का पाठ्यक्रम-एक ढाँचा) (*Curriculum for Ten Year School—A Framework*) का प्रकाशन किया। राष्ट्रीय शैक्षिक अनुसंधान तथा प्रशिक्षण परिषद् ने अपने निर्धारित ढाँचे के अंतर्गत, अनुभवी अध्यापकों, विषय-विशेषज्ञों तथा शिक्षा व विज्ञान शिक्षा के राज्यों, संस्थानों के प्रतिनिधियों के साथ सलाह-मशवरे के बाद पाठ्यक्रम, पाठ्यपुस्तकें तथा अन्य सामग्री तैयार की। केन्द्रीय माध्यमिक शिक्षा बोर्ड ने परिषद् द्वारा तैयार की गई कुछ पाठ्यपुस्तकें कक्षा 9 और 10 के छात्रों के लिए निर्धारित कीं, जिन्हें बोर्ड द्वारा ली जाने वाली दसवीं कक्षा के अंत में अप्रैल 1977 में माध्यमिक परीक्षा में बैठना था।

9. राष्ट्रीय शैक्षिक अनुसंधान तथा प्रशिक्षण परिषद् द्वारा तैयार किए गए पाठ्यक्रम और पुस्तकों की, जो विशेष रूप से कक्षा 9 और 10 के लिए तैयार की गई थीं, जनता, अध्यापक, अभिभावक और बच्चों द्वारा आलोचना की गई। आलोचना के प्रमुख मुद्दे थे कि परीक्षा में अध्ययन के लिए बहुत अधिक विषय रखे गए थे, पाठ्यपुस्तकें भी बहुत अधिक थीं और थीं भी बहुत मोटी, जिससे बच्चों को अपने आप अध्ययन करने और शारीरिक गतिविधियों के लिए कुछ समय नहीं बच पाता था। दूसरी मुख्य आलोचना यह थी कि नई शिक्षा प्रणाली के लागू होने के बाद अध्यापन-अध्ययन में कार्य-अनुभव (वर्क ऐक्सपीरियन्स) को कोई स्थान नहीं दिया गया था, जिसे कि सभी चरणों में पाठ्यक्रम के एक अभिन्न अंग के रूप में माना गया था।

1977-78 के अंत तक नई शिक्षा प्रणाली 19 राज्यों/केन्द्रशासित प्रदेशों में, यानि असम, आंध्र प्रदेश, गुजरात, जम्मू-कश्मीर, कर्नाटक, केरल, महाराष्ट्र, सिक्किम, तमिलनाडु,

त्रिपुरा, पश्चिम बंगाल, अण्डमान और निकोबार द्वीप समूह, अरुणाचल प्रदेश, चण्डीगढ़, दादरा और नगर हवेली, दिल्ली, दमन और दीव, लक्षद्वीप और पाण्डिचेरी में लागू की गई।

10. अब सभी राज्यों और केन्द्र शासित प्रदेशों ने 10+2+3 वाली शिक्षा प्रणाली (10+2+3 Pattern of Education) अपना ली है। हरियाणा और हिमाचल प्रदेश ने इस प्रणाली को शैक्षिक सत्र 1985-86 के दौरान अपनाया।

11. केन्द्र के तत्कालीन शिक्षा तथा समाज कल्याणमंत्री डॉ. पी.सी. चुंदर ने अनुभव किया कि पाठ्यक्रमों और पाठ्यपुस्तकों का वस्तुनिष्ठ मूल्यांकन किया जाए और इसीलिए जून 1977 में उन्होंने गुजरात विश्वविद्यालय के उपकुलपति श्री ईश्वर भाई जे. पटेल की अध्यक्षता में एक समीक्षा समिति की नियुक्ति की। इस समीक्षा समिति में 30 सदस्य थे जो निम्नलिखित का प्रतिनिधित्व करते थे—केन्द्रीय माध्यमिक शिक्षा बोर्ड, माध्यमिक शिक्षा के राज्य बोर्ड, राज्य सरकारें, अध्यापकों के संघ, अभिभावक-अध्यापक संघ, शिक्षाशास्त्री, सेवारत अध्यापक तथा राष्ट्रीय शैक्षिक अनुसंधान तथा प्रशिक्षण परिषद्। इस समिति ने अपनी सिफारिशें नवम्बर 1977 में पेश कीं। इसने 10 वर्षीय स्कूल पाठ्यक्रम पर विचार किया।

12. राष्ट्रीय शैक्षिक अनुसंधान तथा प्रशिक्षण परिषद् ने 1976 में 'हायर सेकेण्डरी एजूकेशन एण्ड वोकेशनलाइजेशन' (उच्चतर माध्यमिक शिक्षा तथा व्यावसायीकरण) नामक पुस्तक का प्रकाशन किया, जिसमें अनेक महत्त्वपूर्ण और प्रगतिशील विशेषताएँ थीं; जैसे—व्यवसाय के चयन में लचीलापन, किसी जिले या कुछ जिलों के समूह के संदर्भ में व्यवसाय का निर्णय करना, आर्थिक गतिविधियों तथा सम्भावनाओं का जिलेवार सर्वेक्षण और फलस्वरूप काम के अवसर, जिला स्तर पर सूक्ष्म योजना, जनशक्ति की आवश्यकताओं का मूल्यांकन, ग्रामीण क्षेत्रों में जीवन-स्तर को सुधारना व सुविधाएँ देना, विद्यार्थियों आदि के लिए दिशा-निर्देश की व्यवस्था और उन्हें उनके भावी पेशे और पाठ्यक्रमों के बारे में सलाह देना। जिस पर पुनर्विचार की आवश्यकता थी।

13. अक्टूबर 1977 में तत्कालीन शिक्षा मंत्री, डॉ. पी.सी. चुंदर ने राष्ट्रीय शैक्षिक अनुसंधान व प्रशिक्षण परिषद् के अध्यक्ष की हैसियत से, मद्रास विश्वविद्यालय के उपकुलपति डॉ. मैलकाम एस. आदिशेषैया की अध्यक्षता में राष्ट्रीय शिक्षा समिति की नियुक्ति की, जिसका उद्देश्य शिक्षा में व्यावसायीकरण के विशेष संदर्भ में स्कूली शिक्षा के +2 चरण के पाठ्यक्रम की समीक्षा करना था। इसके सदस्य संयोजक केन्द्रीय माध्यमिक शिक्षामंडल के अध्यक्ष डॉ. आर.पी. सिंहल थे। समिति ने अपनी रिपोर्ट 'लर्निंग टु डू-टुवर्डस ए लर्निंग एण्ड वर्किंग सोसाइटी' प्रस्तुत की।

14. उपर्युक्त विकास के फलस्वरूप राष्ट्रीय शिक्षा नीति के मूल्यांकन की आवश्यकता अनुभव की गई। केन्द्रीय सरकार ने फरवरी 1979 में राज्यों को 'शिक्षा पर राष्ट्रीय नीति का मसौदा' भेजा, जिसका उद्देश्य अगले दशक में सर्वव्यापी साक्षरता फैलाना था तथा शिक्षा को प्रभावपूर्ण बनाना था।

15. राज्य सरकारों और केन्द्रीय मंत्रियों की टिप्पणियों को ध्यान में रखते हुए नीति के मसौदे की समीक्षा की गई और उसे 30 अप्रैल, 1979 को संसद् के सामने रखा गया। परन्तु इस पर कोई निर्णय नहीं लिया जा सका।

16. भारत सरकार ने अपने प्रस्ताव नं. फ 23–1/81–पी एन–2 ता. 16 फरवरी, 1983 के अनुसार अध्यापकों के लिए दो आयोगों की नियुक्ति की, जिनका काम अध्यापन समुदाय से संबंधित विभिन्न पहलुओं पर सलाह देना था। पहले आयोग के अध्यक्ष डॉ. डी.पी. चट्टोपाध्याय थे और इसे स्कूली चरण में अध्यापकों से संबंधित मामलों पर विचार करना था। दूसरे आयोग के अध्यक्ष विश्वविद्यालय अनुदान आयोग के उपाध्यक्ष प्रो. रईस अहमद थे तथा इसे उच्चतर शिक्षा–स्तर, जिसमें तकनीकी शिक्षा भी शामिल थी, से संबंधित पहलुओं पर विचार करना था।

17. आयोगों ने 17 जून 1984 में अपनी अंतरिम रिपोर्ट तथा फरवरी 1985 में अंतिम रिपोर्टें पेश कीं।

II. तत्कालीन प्रधानमंत्री श्री राजीव गाँधी की शिक्षा नीति बनाने की घोषणा – 18. श्री राजीव गाँधी ने प्रधानमंत्री बनते ही राष्ट्र के नाम अपने संदेश में 5 जनवरी, 1985 को एक ऐसी शिक्षा नीति का वचन दिया जो कि राष्ट्र को 21वीं सदी में प्रवेश के लिए वैज्ञानिक तथा आर्थिक दृष्टि से तैयार करे। उन्होंने कहा, "शिक्षा ऐसी हो जो राष्ट्रीय संबद्धता तथा 'कार्य–नैतिकता' को बढ़ावा दे। प्रत्येक विद्यार्थी को हमारे शानदार स्वतंत्रता संग्राम तथा राष्ट्रीय एकता में उसके महत्त्व के विषय में सम्यक् रूप से अवगत कराना चाहिए। हमारे स्कूलों और कॉलेजों को भारत की प्राचीन विरासत तथा संस्कृति के विषय में युवा पीढ़ी को जानकारी देनी चाहिए। पाठ्यक्रम और पाठ्यपुस्तकें ऐसी हों जो हमारी समन्वित संस्कृति की प्रान्तीय और साम्प्रदायिक व्याख्याओं का दमन करें।

इस क्षेत्र की कुछ नीतियों तथा कार्यक्रमों का मैंने उल्लेख किया है। मैंने नई राष्ट्रीय शिक्षा नीति का मसौदा तैयार करने के लिए कहा है।

हम अपने स्कूलों में बड़े पैमाने पर नई संचार प्रौद्योगिकी (टेक्नोलॉजी) के प्रयोग के लिए कार्यक्रम तैयार कर रहे हैं। सरकारी नौकरियों का डिग्रियों से संबंध न हो, इस बात पर भी सक्रिय रूप से विचार किया जा रहा है। आम आदमियों के लिए उच्च शिक्षा को सुलभ करने के उद्देश्य से खुले विश्वविद्यालय की स्थापना के लिए कदम उठाए जा रहे हैं। केन्द्रीय स्कूल संघटन का और भी विस्तार किया जाएगा। ये स्कूल देश के प्रत्येक जिले में उत्कृष्ट केन्द्र के रूप में काम करेंगे।

मैं समाज की उत्पादक शक्तियों के शिक्षा के साथ सुगठित संपर्क पर बहुत जोर दूँगा। हम व्यावसायिक शिक्षा को पुनर्गठित करेंगे ताकि हम इसका उद्योग, कृषि, संचार तथा अपने अर्थतंत्र के अन्य उत्पादक क्षेत्रों के साथ तालमेल बैठा सकें।"

19. तत्कालीन शिक्षा मंत्री श्री कृष्णचंद्र पंत ने प्रधानमंत्री को 20 अगस्त, 1985 को शिक्षा पर 'स्टेटस रिपोर्ट' पेश की, जिसका शीर्षक था 'शिक्षा की चुनौती–नीति संबंधी परिप्रेक्ष्य' (*Challenges of Education: A Perspective*)। इस दस्तावेज की प्रतियाँ संसद में रखी गईं तथा सभी राज्य सरकारों और संघीय क्षेत्र प्रशासनों को परिचालित की गईं। यह परिप्रेक्ष्य 29–30 अगस्त, 1985 का हुए राज्यों के शिक्षा मंत्रियों के सम्मेलन में विचार–विमर्श का आधार भी बना। इस दस्तावेज का अनुवाद, राज्य सरकारों द्वारा लगभग सभी प्रादेशिक भाषाओं में किया गया और इसे व्यापक रूप से परिचालित किया गया। इसके अतिरिक्त, मंत्रालय द्वारा प्राप्त अनुरोधों पर तथा विभिन्न संघटनों को भी, इस दस्तावेज की अंग्रेजी में 5,80,000, हिन्दी में 2,40,000 तथा उर्दू में 4,000 प्रतियाँ वितरित

की गईं। इस दस्तावेज का उद्देश्य, शिक्षा नीति तथा विकल्पों से संबंधित विषयों पर व्यापक और गहन राष्ट्रीय परिचर्चा को प्रोत्साहित करना था। नई शिक्षा नीति पर राष्ट्रव्यापी परिचर्चा के एक भाग के रूप में, भारत सरकार तथा इसकी एजेंसियों द्वारा बारह राष्ट्रीय सेमिनार तथा सत्रह प्रायोजित सेमिनार आयोजित किए गए। नई शिक्षा नीति पर परिचर्चा के आयोजन में सभी राज्य सरकारों ने गहरी रुचि ली। राज्य स्तर के सेमिनारों के अतिरिक्त, विभिन्न शैक्षिक संस्थाओं में तथा ब्लॉक स्तर पर भी अनेक सेमिनार-विचार गोष्ठियाँ तथा परिचर्चाएँ हुईं। नई शिक्षा नीति तैयार करने पर हुई परिचर्चाओं से अखिल भारतीय स्तर के अनेक शिक्षक संगठनों तथा छात्र संगठनों के प्रतिनिधि भी संबद्ध रहे हैं।

20. नई शिक्षा नीति तैयार करने से संबंधित प्रधानमंत्री की घोषणा की प्रतिक्रियास्वरूप कई संघटनों तथा व्यक्तियों से अनेक सुझाव शिक्षा मंत्रालय में प्राप्त हुए। मंत्रालय में प्राप्त सभी पत्र-व्यवहारों को, जिनकी संख्या 6,000 से भी अधिक है और जिनमें पत्र, ज्ञापन, सेमिनारों की सिफारिशें एवं राज्य सरकारों की सिफारिशें भी शामिल हैं, ध्यानपूर्वक संक्षिप्त और वर्गीकृत किया गया। राष्ट्रीय शैक्षिक आयोजना तथा प्रशासन संस्थान द्वारा सभी सुझावों का विस्तृत विषय-विश्लेषण तैयार किया गया तथा तेरह खण्ड प्रकाशित किए गए।

राष्ट्रीय शिक्षा नीति निर्माण की अंतिम कड़ी – 21. राज्यों के शिक्षामंत्रियों के सम्मेलन की सिफारिशों के अनुसरण में, नई शिक्षा नीति तैयार करने से संबंधित विभिन्न विषयों की गहराई से जाँच करने तथा उनके कार्यान्वयन के लिए नीतियाँ तैयार करने के लिए मानव संसाधन विकास मंत्री की अध्यक्षता में, शिक्षामंत्रियों के तीन राष्ट्रीय दल बनाए गए: (1) जन-शक्ति प्रक्षेपण और व्यावसायीकरण, (2) वित्तीय संसाधन, तथा (3) परीक्षा सुधार।

22. नई शिक्षा नीति पर परिचर्चा में सभी वर्गों के लोग शामिल हुए और बहुत से उपयोगी विचार तथा दृष्टिकोण उभरकर आए। 23-24 जनवरी, 1986 को हुए राज्यों तथा संघशासित क्षेत्रों के प्रशासनों के शिक्षा मंत्रियों के सम्मेलन के विचारार्थ, विभिन्न वर्गों से प्राप्त सुझावों पर आधारित नई शिक्षा नीति से संबंधित विषय तैयार किए गए।

23. नई शिक्षा नीति के निर्माण के लिए अप्रैल 1986 में राज्यों के शिक्षा मंत्रियों का सम्मेलन हुआ जिसमें मानव संसाधन विकास मंत्रालय, भारत सरकार (शिक्षा विभाग) द्वारा 'राष्ट्रीय शिक्षा नीति, 1986–एक प्रस्तुति' नामक दस्तावेज पर विचार-विमर्श हुआ।

नई राष्ट्रीय शिक्षा नीति प्रारूप पर राष्ट्रीय विकास परिषद् (National Development Council) तथा केन्द्रीय सलाहकार बोर्ड (Central Advisory Board of Education) द्वारा विचार किया गया।

24. लोकसभा ने शिक्षा नीति के प्रारूप को तीन दिन की बहस के बाद 8 मई 1986 को स्वीकृति दी। तत्पश्चात् दो दिन की बहस के उपरान्त राज्यसभा ने 13 मई 1986 को शिक्षा नीति के प्रारूप को मंजूरी दी। इस प्रकार नई शिक्षा नीति 1986 का निर्माण हुआ।

13.2 राष्ट्रीय शिक्षा नीति 1986 की प्रमुख विशेषताएँ
(Salient Features of The National Policy on Education—NPE 1986)

1. **शिक्षा का सार और उसकी भूमिका**–हमारे राष्ट्रीय परिप्रेक्ष्य में "सबके लिए शिक्षा" हमारे भौतिक और आध्यात्मिक विकास की बुनियादी आवश्यकता है।

शिक्षा सुसंस्कृत बनाने का माध्यम है। यह हमारी संवेदनशीलता और दृष्टि को प्रखर करती

है, जिससे राष्ट्रीय एकता पनपती है, वैज्ञानिक तरीके से अमल की सम्भावना बढ़ती है और समझ और चिंतन में स्वतंत्रता आती है। साथ ही शिक्षा हमारे संविधान में प्रतिष्ठित समाजवाद, धर्मनिरपेक्षता और लोकतंत्र के लक्ष्यों की प्राप्ति में अग्रसर होने में हमारी सहायता करती है।

शिक्षा के द्वारा ही आर्थिक व्यवस्था के विभिन्न स्तरों के लिए जरूरत के अनुसार जनशक्ति का विकास होता है। शिक्षा के आधार पर ही अनुसन्धान और विकास को सम्बल मिलता है जो राष्ट्रीय आत्मनिर्भरता की आधारशिला है।

कुल मिलाकर, यह कहना सही होगा कि शिक्षा वर्तमान तथा भविष्य के निर्माण का अनुपम साधन है। इसी सिद्धान्त को राष्ट्रीय शिक्षा नीति के निर्माण की धुरी माना गया है।

2. शिक्षा में समानता–बिना किसी जाति, धर्म, वर्ग अथवा लिंग के भेदभाव के शिक्षा सुलभ होनी चाहिए। महिलाओं, अनुसूचित जाति, अनुसूचित जनजाति, पिछड़े वर्ग, अल्पसंख्यकों एवं विकलांगों की विशेष शिक्षा की इस नीति में व्यवस्था है। पाठ्यक्रम तथा पुस्तकों में लिंग-भेद को समाप्त करके महिला-शिक्षा को विशेष प्रोत्साहन दिया जाएगा। 15–35 वर्ष के आयुवर्ग के प्रौढ़ों के लिए साक्षरता-कार्यक्रम और सतत शिक्षा की व्यवस्था के अन्तर्गत वाचनालयों का विस्तार, रेडियो, दूरदर्शन, फिल्म, दूर-शिक्षा आदि सम्मिलित हैं।

3. कमजोर वर्गों के लिए शिक्षा व्यवस्था–समाज के कमजोर वर्गों में महिलाएँ, अनुसूचित जाति, अनुसूचित जनजाति, विकलांग आदि सदस्य आते हैं। इस शिक्षा नीति में इनके लिए विकास हेतु विशेष व्यवस्थाएँ की गई हैं। शिक्षा संस्थानों में स्थान आरक्षित किए गए हैं, नये खुलने वाले नवोदय विद्यालयों में भी इस बात का ध्यान रखा गया है।

4. देश के सभी राज्यों के लिए एक समान शैक्षिक संरचना–10+2+3 की व्यवस्था का प्रयास किया जाएगा।

5. राष्ट्रीय कोर पाठ्यक्रम–राष्ट्रीय पाठ्यक्रम की ओर ध्यान दिया गया है। सम्पूर्ण देश के लिए 'कोर पाठ्यक्रम' की कल्पना की गई है जिसमें आवश्यकतानुसार स्थानीय माँगों के आधार पर छोटे-मोटे परिवर्तन किए जा सकते हैं। कोर पाठ्यक्रम के अन्तर्गत भारतीय स्वातन्त्र्य संघर्ष का इतिहास, राष्ट्रीय पहचान के तत्त्व, यथा–लोकतन्त्र, धर्मनिरपेक्षता, समाजवाद, पर्यावरण, राष्ट्रीय एकता आदि का समावेश होगा।

6. दिवा देखभाल केन्द्रों की स्थापना–प्राथमिक शिक्षा को जन-जन तक पहुँचाने के लिए सहायता सेवा के रूप में शिशुओं की देखभाल के लिए 'दिवा देखभाल केन्द्र' खोले जायेंगे जिससे छोटे भाई-बहनों की देखभाल करने वाली लड़कियों को स्कूल जाने की सुविधा मिल सके। साथ ही निर्धन तबके की कामकाजी महिलाओं को भी इन केन्द्रों से सहायता मिल सकेगी। इस कार्यक्रम में स्थानीय समुदाय का पूरा सहयोग लिया जाएगा।

7. शिक्षा का सार्वभौमीकरण–संविधान में लिए गए निर्णय के बावजूद चार दशक बीत जाने के बाद भी हम देश में शिक्षा का लोकव्यापीकरण नहीं कर पाए हैं। नई राष्ट्रीय शिक्षा नीति में इसे गम्भीरता से लिया गया है तथा इस बात का संकल्प लिया गया है कि सन् 1990 तक 6 से 11 वर्ष तथा 1995 तक 11 से 14 वर्ष तक की आयुवर्ग के सभी बच्चों के लिए निःशुल्क अनिवार्य शिक्षा की व्यवस्था कर दी जाएगी। यही नहीं, नई शिक्षा नीति उन बच्चों के लिए, जो बीच में ही पढ़ाई छोड़कर शाला से चले जाते हैं, शाला में ठहराव को प्राथमिकता देती है तथा 14 वर्ष तक की शिक्षा को सफलतापूर्वक पूर्ण कराने के प्रयास करती है।

8. औपचारिकेतर शिक्षा–9 से 14 वर्ष के ऐसे बच्चे, जिन्होंने बीच में शाला छोड़ दी या जो कामकाम में लग जाने के कारण शाला में नहीं जा पाए अथवा जो इसलिए शाला नहीं गए कि जहाँ वे रहते थे, वहाँ स्कूल ही नहीं थे, नई शिक्षा नीति में औपचारिकेतर शिक्षा-केन्द्रों के माध्यम से शिक्षित किए जाएँगे। इन्हें आधुनिक तकनीकी सामग्री की सहायता से स्थानीय योग्यता एवं निष्ठावान युवा पुरुष अथवा महिलाओं के द्वारा शिक्षा दी जाएगी। नई राष्ट्रीय शिक्षा-व्यवस्था में उदारतापूर्वक अनुदान देकर इन केन्द्रों को विकसित करने की योजना है।

9. 'ऑपरेशन ब्लैक बोर्ड'–नई राष्ट्रीय शिक्षा नीति में प्राथमिक विद्यालयों को दी जाने वाली सुविधाओं के अन्तर्गत "ऑपरेशन ब्लैक बोर्ड" शब्द का प्रयोग किया गया है। सीधे-सादे अर्थ में इससे तात्पर्य है–"न्यूनतम शैक्षिक साधनों एवं उपकरणों का प्रावधान"। इसके अन्तर्गत प्राथमिक शालाओं में कम से कम दो सामान्यत: बड़े आकार के कमरे, टाटपट्टी, नक्शे, चार्ट, श्यामपट्ट तथा अन्य शैक्षिक सामग्री की व्यवस्था आवश्यक होगी।

10. महिला शिक्षा–नई राष्ट्रीय शिक्षा नीति में महिला शिक्षा को बहुत प्रोत्साहन दिया गया है। विभिन्न स्तरों पर तकनीकी और व्यावसायिक शिक्षा में भी महिलाओं की भागीदारी पर जोर दिया जाएगा ताकि पुरुषों और महिलाओं के बीच किसी प्रकार के भेदभाव की स्थिति न रह जाए। पाठ्यक्रम तथा पुस्तकों में भी जो लिंग-भेद दिखाई देता है, नई शिक्षा नीति में उसे समाप्त किया जाएगा।

11. प्रौढ़ शिक्षा–15 से 35 वर्ष के आयु-वर्ग के प्रौढ़ों के लिए साक्षरता-कार्यक्रम के साथ-साथ सतत शिक्षा का एक व्यापक कार्यक्रम नई राष्ट्रीय शिक्षा नीति के अन्तर्गत निर्धारित किया गया है। इसके अन्तर्गत ग्रामीण क्षेत्रों में सतत शिक्षा-केन्द्रों की स्थापना, नियोक्ताओं द्वारा श्रमिकों की शिक्षा, पुस्तकों तथा वाचनालयों का विस्तार, रेडियो, दूरदर्शन तथा फिल्मों के माध्यम से शिक्षा, दूर-शिक्षण कार्यक्रम तथा आवश्यकता और रुचि पर आधारित व्यावसायिक प्रशिक्षण कार्यक्रमों का आयोजन किया जाएगा।

12. व्यावसायिक शिक्षा–राष्ट्रीय शिक्षा नीति में स्पष्ट रूप से प्रस्तावित किया गया है कि 10+2 में प्रवेश लेने वाले कुछ छात्रों में से 10% व्यावसायिक शिक्षा की ओर मोड़ दिए जाएंगे। सातवीं योजना के अन्त तक औसतन प्रत्येक जिले में 10 अतिरिक्त विद्यालय खोले जाएंगे जो +2 स्तर पर व्यावसायिक शिक्षा प्रदान करेंगे। प्रत्येक विद्यालय में ऐसे छात्रों की प्रवेश क्षमता 40 होगी। राज्य के व्यावसायिक विभागों की सहायतार्थ पाठ्यक्रम-आधारित उपयुक्त मॉडल एन. सी. ई. आर. टी. द्वारा उपलब्ध कराए जाएँगे तथा 100 अतिरिक्त औद्योगिक प्रशिक्षण केन्द्र स्थापित किए जाएंगे।

13. नवोदय विद्यालयों की स्थापना–राष्ट्रीय शिक्षा नीति के दस्तावेज में कहा गया है कि जिन बालक-बालिकाओं में विशेष प्रतिभा या अभिरुचि हो, उन्हें अच्छी शिक्षा उपलब्ध कराकर द्रुत गति से आगे बढ़ने के अवसर दिए जाने चाहिए। कहीं ऐसा न हो कि आर्थिक स्थिति के कारण प्रतिभावान छात्र अच्छी शिक्षा से वंचित रह जाएँ। इन उद्देश्यों की पूर्ति के लिए देश के विभिन्न भागों में गति-निर्धारक (पेस सेटिंग) विद्यालयों की स्थापना की जाएगी, जो नवोदय विद्यालय कहलाएँगे। इन विद्यालयों में नवाचार की छूट रहेगी। अनुसूचित जातियों तथा अनुसूचित उपलब्ध जनजातियों के लिए इनमें आरक्षण रहेगा। देश के विभिन्न भागों में

मुख्यतः ग्रामीण क्षेत्रों में रहने वाले प्रतिभाशाली बालक-बालिकाएँ एक साथ रहकर पढ़ेंगे जिससे उनमें राष्ट्रीय एकता की भावना का संचार होगा।

14. परीक्षा प्रणाली में सुधार–सम्पूर्ण शिक्षा में परीक्षा प्रणाली में सुधार महत्त्वपूर्ण स्थान रखता है। नई शिक्षा नीति में अंकों के स्थान पर ग्रेड दिया जाएगा। एक वार्षिक परीक्षा पर ही परीक्षाफल निर्भर नहीं करेगा–कई सामयिक परीक्षाएँ ली जाती रहेंगी–इससे विद्यार्थी में नियमित रूप से पढ़ने की आदत का विकास होगा। बाह्य परीक्षाओं के महत्त्व को कम करने पर भी आग्रह है।

15. शिक्षण-प्रशिक्षण–शिक्षकों में विश्वास किया गया है। यह कहा गया है कि शिक्षकों की चुनाव-विधि में सुधार करना है, उनके कार्य करने एवं सेवा-शर्तों में सुधार करना है, शिक्षक-प्रशिक्षण संबंधी प्रभावी मशीनरी का विकास करना है, शिक्षा-नियोजन में शिक्षकों को भागीदार बनाना है, शिक्षक-संघों को व्यावसायिक दुराचरण पर रोक लगाने एवं व्यावसायिक गरिमा में वृद्धि करने के लिए प्रोत्साहित करना है, शिक्षकों की एक आचार-संहिता का विकास करना है तथा शिक्षकों में नवाचार की स्थितियों का विकास करना है। क्रियात्मक शोध तथा प्रयोग की व्यवस्था तथा जिला शिक्षा एवं प्रशिक्षण संस्थान (डी. आई. ई. टी.) के संगठन पर नई शिक्षा में बल दिया गया है।

16. तकनीकी एवं प्रबन्ध शिक्षा–अखिल भारतीय तकनीकी शिक्षा परिषद् द्वारा गठित बोर्ड ऑफ स्टडीज को इतना सशक्त बनाया जाएगा कि हमारी अर्थव्यवस्था, उद्योग व्यवस्था तथा सामाजिक पर्यावरण में आने वाले समस्त परिवर्तनों और उत्पन्न नवीन आवश्यकताओं को हमारी तकनीकी शिक्षा आत्मसात् कर सके।

17. प्रतिभावान छात्रों के लिए अवसर–उच्च शिक्षा, विशेषकर, तकनीकी शिक्षा के संदर्भ में हर प्रतिभावान छात्र को बराबरी का अवसर दिए जाने की व्यवस्था की जाएगी और एक क्षेत्र से दूसरे क्षेत्र में अध्ययन करने की सुविधा दी जाएगी। इस बात पर विशेष ध्यान दिया जाएगा कि विश्वविद्यालयों और उच्च शिक्षा संस्थाओं का सारभौमिक रूप बरकरार रहे।

18. शोधकार्य–शोध व विकास तथा विज्ञान व तकनीकी शिक्षा के विषयों में देश की विभिन्न संस्थाओं के बीच व्यापक तानाबाना स्थापित करने के लिए विशेष उपाय किए जाएँगे ताकि ये राष्ट्रीय महत्त्व की परियोजनाओं में अपने-अपने संसाधन जुटाकर भाग ले सकें।

19. जीवनपर्यन्त शिक्षा–जीवनपर्यन्त शिक्षा, शैक्षिक-प्रक्रिया का मूलभूत लक्ष्य है। इस दृष्टि से सार्वजनिक साक्षरता–युवा-वर्ग, गृहणियों, किसानों, मजदूरों, व्यवसायियों आदि को अपनी पसन्द व सुविधा के अनुसार शिक्षा प्राप्त करने के लिए अवसर प्रदान करवाए जाएँगे। भविष्य में खुली शिक्षा एवं दूर-शिक्षण की दिशा में अधिक ध्यान दिया जाएगा।

20. राष्ट्रीय संस्थाओं को मजबूत बनाना–विश्वविद्यालय अनुदान आयोग, अखिल भारतीय तकनीकी शिक्षा परिषद्, भारतीय कृषि अनुदान परिषद् और भारतीय चिकित्सा परिषद् जैसी संस्थाओं को और अधिक मजबूत बनाया जाएगा ताकि वे नई राष्ट्रीय शिक्षा व्यवस्था को सँवारने में महत्त्वपूर्ण भूमिका अदा कर सकें। इन सभी संस्थाओं को एक समेकित योजना द्वारा जोड़ा जाएगा ताकि इनमें आपस में कार्यात्मक सहयोग स्थापित हो और अनुसंधान और स्नातकोत्तर शिक्षा के कार्यक्रम मजबूत बन सकें। इन संगठनों तथा राष्ट्रीय शिक्षा शोध एवं प्रशिक्षण परिषद् और शैक्षणिक योजना एवं प्रशासन संस्थान को शिक्षा नीति के कार्यान्वयन में सहभागी बनाया जाएगा।

21. सार्थक सहभागिता–वर्ष 1976 में संवैधानिक संशोधन के द्वारा शिक्षा को समवर्ती सूची में शामिल किया गया। इसमें यह निहित है कि शैक्षिक, वित्तीय तथा प्रशासनिक दृष्टि से राष्ट्रीय जीवन के इस महत्त्वपूर्ण पहलू के सम्बन्ध में केन्द्र और राज्यों के बीच एक नए प्रकार की सहभागिता स्थापित हो। शिक्षा के क्षेत्र में राज्यों की भूमिका और उत्तरदायित्व में मूलतः कोई परिवर्तन नहीं होगा, परन्तु शिक्षा के राष्ट्रीय तथा समाकलनात्मक (Integrative) रूप को बल देने, गुणवत्ता एवं स्तर बनाए रखने जिसमें सभी स्तरों पर शिक्षकों के शिक्षण प्रशिक्षण की व्यवस्थाएँ शामिल हैं। विकास के निमित्त जनशक्ति की आवश्यकताओं के लिए शैक्षिक व्यवस्थाओं के अध्ययन और उसकी देख-रेख रखने, शोध एवं उच्च अध्ययनों की जरूरतों को पूरा करने, शिक्षा, संस्कृति और मानव संसाधन विकास के अन्तर्राष्ट्रीय पहलुओं की देखभाल करने और सामान्य तौर पर शिक्षा में प्रत्येक स्तर पर उत्कृष्टता लाने के लिए केन्द्रीय सरकार अधिकांश दायित्व स्वीकार करेगी। समवर्तता एक ऐसी सहभागेदारी है जो स्वयं में सार्थक व चुनौतीपूर्ण है और राष्ट्रीय शिक्षा नीति इसे हर मामले में पूरा करने की ओर उन्मुख रहेगी।

22. राष्ट्रीय परीक्षण सेवा (National Testing Service)–नई शिक्षा नीति में यह परिकल्पना की गई है कि उम्मीदवारों की उपयुक्तता निर्धारित करने के लिए और पूरे देश में तुलनीय सक्षमता के प्रतिमान तैयार करने के लिए स्वैच्छिक आधार पर परीक्षा लेने के उद्देश्य से एक राष्ट्रीय प्रशिक्षण सेवा की स्थापना की जाए। इस प्रकार की परीक्षा का मुख्य लाभ यह होगा कि भले ही लोगों के पास औपचारिक डिग्रियाँ हों या न हों, वे दिखा सकेंगे कि वे बहुत-सी अनेक नौकरियाँ, जो परम्परागत तौर पर स्नातकों तक सीमित रही हैं, उनको प्राप्त करने के लिए उनमें दक्षता है। ऐसे परीक्षा सेवारत कर्मचारियों को भी पदोन्नति प्राप्त करने के लिए अर्हता प्राप्त करने में सहायक होगी।

विशेष तौर पर इस प्रकार तैयार की हुई परीक्षा विभिन्न स्तरों पर शिक्षा संस्थाओं में प्रवेश के प्रयोजन के लिए भी राष्ट्रीय स्तर पर लागू की जा सकती है।

23. स्थानीय समुदाय का योगदान (People's Involvement in Education)–शिक्षा के प्रसार और विशेषकर अनिवार्य प्राथमिक शिक्षा (Universalisation of Elementary Education) के सभी पक्षों में समुदाय सक्रिय योगदान दे। सभी व्यावहारिक उद्देश्यों के लिए, प्राथमिक स्कूल तथा गैर-औपचारिक केन्द्र इसके प्रति उत्तरदायी हों। यह भी सुनिश्चित करने के लिए अपेक्षित ध्यान दिया जाए कि महिलाएँ, युवक तथा समाज के ऐसे वर्ग जो शैक्षिक लाभों से वंचित रहे हैं उनकी आवाज प्रतिभाशाली हो। ऐसी सभी एजेंसियाँ तथा व्यक्ति जिन्हें समाज का विश्वास प्राप्त है और जो यू. ई. ई. के लिए एक सक्रिय सहयोग दे सकते हैं, शामिल किए जाएँ। इनमें युवा क्लब, महिला मण्डल, स्वैच्छिक एजेन्सियाँ और सामाजिक कार्यकर्त्ता दल तथा स्थानीय, विकास कार्यकर्त्ता, सेवानिवृत्त शिक्षक, भूतपूर्व कर्मचारी आदि शामिल हों। वे सब कदम से कदम मिलाकर चलें।

24. दक्षता एवं प्रभावकारिता को प्रोत्साहन (Promotion of Efficiency and Effectiveness)–शिक्षा से सभी स्तरों पर दक्षता लाने और प्रभावकारिता को प्रोत्साहन देने के लिए शिक्षा नीति में मानदण्डों का निर्धारण किया गया है। संस्थाओं और व्यक्तियों के उत्कृष्ट कार्य को मान्यता दी जाएगी और पुरस्कृत किया जाएगा, वहीं घटिया स्तर की

संस्थाओं का उभरना रोका जाएगा। नई शिक्षा नीति में शैक्षिक स्तरोन्नयन को क्रियान्वित करने पर विशेष बल दिया गया है।

25. डिग्री को नौकरी से अलग करना (Delinking Degrees from Jobs)—कुछ चुने हुए क्षेत्रों में डिग्री को नौकरी से अलग करने के लिए कदम उठाए जाएँगे।

विशिष्ट व्यावसायिक क्षेत्रों, जैसे इंजीनियरिंग, चिकित्सा, कानून, शिक्षण आदि में इस प्रस्ताव को लागू नहीं किया जा सकता। इसी प्रकार मानविकी, सामाजिक विज्ञान और विज्ञान आदि में, जहाँ विशेषज्ञों की सेवाओं की आवश्यकता होती है, अकादमिक अर्हताओं की आवश्यकता बनी रहेगी।

डिग्री को नौकरी से अलग करने की योजना उन सेवाओं में शुरू की जाएगी जिनमें विश्वविद्यालय की डिग्री आवश्यक नहीं होनी चाहिए। इस योजना को लागू करने से विशेष कार्यों को अपेक्षित कुशलताओं पर आधारित नये पाठ्यक्रम बनने लगेंगे और इससे उन प्रत्याशियों के साथ अधिक न्याय हो सकेगा जिनके पास किसी विशेष काम को करने की क्षमता तो है लेकिन उन्हें वह काम इसलिए नहीं मिल सकता क्योंकि उसके लिए स्नातक प्रत्याशियों को अनावश्यक रूप से तरजीह दी जाती है।

नौकरियों को डिग्री से अलग करने के साथ-साथ क्रमिक रूप में एक राष्ट्रीय परीक्षण सेवा प्रारम्भ की जाएगी। इसके द्वारा स्वैच्छिक रूप से विशिष्ट कामों के लिए प्रत्याशियों की उपयुक्तता की जाँच की जाएगी। और इससे देश-भर में समतुल्य योग्यताओं के मानक स्थापित हो सकेंगे।

26. भारतीय शिक्षा सेवा (Indian Education Service)—भारतीय शिक्षा सेवा का गठन किया जाए जो कि शिक्षा को प्रभावशाली बनाने में महत्त्वपूर्ण भूमिका निभाएगी। भारतीय शिक्षा सेवा लगभग उसी प्रकार की होगी जैसी कि भारतीय प्रशासनिक सेवा (Indian Administrative Service)।

27. स्वैच्छिक एजेन्सियाँ तथा सहायता प्राप्त संस्थाएँ (Voluntary and Aided Institutions)—गैर-सरकारी तथा स्वैच्छिक प्रयासों को, जिनमें समाजसेवी सक्रिय समुदाय भी शामिल हैं, प्रोत्साहन दिया जाएगा और वित्तीय सहायता भी मुहैया करवाई जाएगी बशर्ते कि उनकी प्रबन्ध व्यवस्था ठीक हो। इसके साथ ही ऐसी संस्थाओं को रोका जाएगा जो शिक्षा को व्यापारिक रूप दे रही हैं।

28. संसाधन—आठवीं पंचवर्षीय योजना के शुरू में राष्ट्रीय आय का 6 प्रतिशत से अधिक शिक्षा पर खर्च किया जाए।

29. समीक्षा—नई शिक्षा नीति के विभिन्न पहलुओं के कार्यान्वयन की समीक्षा प्रत्येक पाँच वर्षों में अवश्य की जाएगी। कार्यान्वयन की प्रगति और समय-समय पर उभरती हुई प्रवृत्तियों की जाँच करने के लिए मध्यावधि मूल्यांकन भी होंगे।

13.3 नई शिक्षा नीति के संदर्भ में कुछ विद्वानों के विचार (Views of Some Scholars on NPE)

1. धन संबंधी सुझाव – (i) कृषि आय पर कर, जिसका उपयोग केवल शिक्षा के लिए ही हो।

(ii) धनी ग्रामीणों को प्रत्येक जिले में कम से कम पाँच हाई स्कूल दान करने के लिए प्रेरित किया जाए।

–रघुनंद ठुकराल

(iii) कम फीस रखना बहुत ही बड़ी गलती है। हमें सामान्य फीस लेनी चाहिए।

(iv) हमें शिक्षा के लिए और अधिक गैर-सरकारी सहायता को प्रोत्साहन देना चाहिए।

–डॉ. एल.के. झा

(v) प्रत्येक राज्य में शिक्षा आयोग स्थापित किया जाना चाहिए जो धन के गलत इस्तेमाल और बरबादी का पता लगाए और किफायत से धन खर्च करने की योजना बनाए।

–डॉ. मैलकम एस. आदिशेषैया

(vi) बहुत कम फीस होने के कारण ऐसी शिक्षा (तकनीकी तथा डॉक्टरी) से लाभान्वित होने वाले कॉलेज और विश्वविद्यालय को 'विश्रामगृह' समझने लगते हैं.....पूरे खर्च के बराबर फीस देते समय उन्हें सोचना पड़ेगा कि आगे पढ़ना ठीक है या नहीं।

–डॉ. डी.एम. नंजुंदप्पा

2. मॉडल स्कूल (नवोदय स्कूल) – *पक्ष में*–जिलों में अच्छे स्कूलों की व्यवस्था करने से वास्तव में विषमताएँ कम होंगी।

–डॉ. एल.के. झा

विपक्ष में – (i) क्यों न अपनी हर जिले में मॉडल स्कूल परियोजना से 'मॉडल' का दुमछल्ला हटा दें क्योंकि यह कुछ भ्रामक-सा लगता है। *–प्रधान संपादक, 'योजना'*

(ii) जिले में एक मॉडल स्कूल बनाने की योजना से शोषण ही बढ़ेगा, राष्ट्रीय विकास नहीं। ये स्कूल सुविधाभोगी वर्ग के हाथ में शोषण करने का हक और हथियार साबित होंगे।

–डॉ. पी.एम. भार्गव

(iii) स्पष्ट है कि शिक्षा का पूरा केन्द्रीय बजट ये स्कूल ही निगल जाएँगे।

–डॉ. आर.के. पोद्दार

(iv) मॉडल स्कूल खोलना केंद्रीकरण को बढ़ावा देना है। *–डॉ. आदिशेषैया*

3. राष्ट्रीय मूल पाठ्यक्रम – (i) राष्ट्रीय मूल पाठ्यक्रम तय करने का विचार काफी अच्छा है।

–डॉ. पी.एम. भार्गव

(ii) राष्ट्रीय कोर पाठ्यक्रम विकसित करना केन्द्रीयकरण को बढ़ावा देना है।

–डॉ. आदिशेषैया

(iii) एक समय ढाँचे के भीतर सबके लिए समान एक मुख्य पाठ्यक्रम अपनाया जाना चाहिए।

–प्रो. एस.एन. मेहरोत्रा

4. डिग्री और रोजगार – (i) रोजगार से डिग्री का रिश्ता समाप्त करना होगा।

–डॉ. भार्गव

(ii) मैं तो नौकरी को डिग्री से अलग की बात काफी समय से कहता आ रहा हूँ।

–डॉ. झा

(iii) शिक्षा को नौकरी से अलग करने का सुझाव उन लोगों को पसंद आएगा जो संभ्रांत वर्गीय ढंग से समस्या सुलझाना चाहते हैं। विश्वविद्यालय में शिक्षा का अच्छा स्तर और अनुशासन बनाए रखने में विफलता के बाद अब हताशा में यह छोटा रास्ता सुझाया गया है।

–डॉ. डी.एम. नंजुंदप्पा

5. उच्च शिक्षा – (i) उच्च शिक्षा पर किए जा रहे अत्यधिक खर्च को कम किया जाए।

–प्रेम कृपाल

(ii) विश्वविद्यालय की प्रतिष्ठा पुनः स्थापित करने का एक अप्रिय परंतु अपरिहार्य उपाय यह हो सकता है कि छात्रों के प्रवेश पर पाबंदियाँ लगाई जाएँ।

(iii) विभिन्न स्तरों पर अखिल भारतीय परीक्षाएँ आयोजित की जाएँ जिनमें विभिन्न विश्वविद्यालयों के छात्र अपनी इच्छा से बैठ सकें। *–डॉ. श्रीमती माधुरी आर. शाह*

(iv) स्नातकोत्तर शिक्षा केवल विश्वविद्यालयों द्वारा ही दी जानी चाहिए। *–प्रो. रामलाल पारिख*

6. शिक्षा किस सूची में – (i) मैं इस बात से सहमत हूँ कि शिक्षा को संविधान की केन्द्रीय सूची में लाया जाए। *–डॉ. भार्गव*

(ii) शिक्षा में विशेषकर उच्च शिक्षा में केन्द्र महत्त्वपूर्ण भूमिका निभा सकता है। *–डॉ. झा*

(iii) शिक्षा राज्य-सूची में शामिल हो। *–डॉ. पोद्दार*

(iv) शिक्षा को केन्द्रीय सूची में शामिल करना केवल केन्द्रीकरण को बढ़ावा देना होगा। *–डॉ. आदिशेषैया*

(v) शिक्षा को केन्द्रीय विषयों की सूची में रखा जाए। *–प्रो. एस.एन. मेहरोत्रा*

7. भारतीय शिक्षा-सेवा – भारतीय शिक्षा-सेवा स्थापित करना केन्द्रीकरण को बढ़ावा देना है। *–डॉ. आदिशेषैया*

8. इच्छा-शक्ति – (i) शिक्षा सुधार के लिए राजनीतिक इच्छा-शक्ति की कमी सबसे बड़ा बंधन रहा है। *–प्रेम कृपाल*

(ii) जरूरत है इच्छा-शक्ति की। *–प्रो. रईस अहमद*

लेखक परिचय –1. *रघुनंद ठुकराल*–प्रधान संपादक 'योजना'।

2. डॉ. *एल.के. झा*–प्रशासनिक सुधार संबंधों पर प्रधानमंत्री का परामर्शदाता।

3. डॉ. *मैलकम एस. आदिशेषैया*–मद्रास विश्वविद्यालय के भूतपूर्व उपकुलपति।

4. डॉ. *डी.एम. नंजुंदप्पा*–योजना सचिव, कर्नाटक।

5. डॉ. *पी.एम. भार्गव*–निदेशक-कोशिकीय एवं आणविक जीव विज्ञान केन्द्र, हैदराबाद।

6. प्रो. *एस.एन. मेहरोत्रा*–उपकुलपति, जोधपुर (विश्वविद्यालय)।

7. डॉ. *प्रेम कृपाल*–भूतपूर्व सचिव, शिक्षा मंत्रालय, नई दिल्ली।

8. *न्यायमूर्ति पी.एन. सिंघल*–सर्वोच्च न्यायालय के भूतपूर्व न्यायाधीश।

9. डॉ. *श्रीमती माधुरी शाह*–भूतपूर्व अध्यक्ष, विश्वविद्यालय अनुदान आयोग।

10. डॉ. *रामलाल पारिख*–उपकुलपति, गुजरात विद्यापीठ।

11. प्रो. *रईस अहमद*–भूतपूर्व, अध्यक्ष, विश्वविद्यालय अनुदान आयोग। ('योजना'–26 जनवरी, 1986, विशेषांक शिक्षा)।

13.4 राष्ट्रीय शिक्षा नीति की विवेचना
(Critical Review of National Policy on Education)

राष्ट्रीय शिक्षा नीति की महत्त्वपूर्ण सिफारिशें तथा गुण – 1. ***शिक्षा का कार्य*** – मानव संसाधन विकास के राष्ट्रीय प्रयास में शिक्षा की महत्त्वपूर्ण भूमिका को स्वीकार किया गया है।

2. *राष्ट्रीय शिक्षा प्रणाली*—नई शिक्षा नीति में देश की अखण्डता और एकता के लिए राष्ट्रीय शिक्षा प्रणाली के विकास पर पर्याप्त बल दिया है और इसके मुख्य तत्त्वों पर विस्तृत प्रकाश डाला गया है।

3. *समान शिक्षा संरचना*—सारे देश में शिक्षा प्रणाली एवं संरचना एक ही प्रकार की होगी।

4. *राष्ट्रीय मूल पाठ्यक्रम*—राष्ट्रीय मूल पाठ्यक्रम तय करने का विचार काफी अच्छा है।

5. *डिग्री एवं रोजगार का रिश्ता समाप्त*—डिग्री और रोजगार का रिश्ता समाप्त करने का प्रस्ताव सराहनीय है।

6. *नवोदय विद्यालयों की स्थापना*—नवोदय विद्यालयों का प्रस्ताव समयानुकूल है। इससे अमीर-गरीब की विषमता होगी, गाँवों के प्रतिभाशाली छात्रों को निःशुल्क तथा बढ़िया शिक्षा प्राप्त हो सकेगी।

7. *केन्द्रीय सरकार की अधिक भूमिका*—नई शिक्षा नीति में केन्द्रीय सरकार की महत्त्वपूर्ण भूमिका पर उचित बल दिया गया है।

8. *वित्तीय सुझाव*—नई नीति में अन्य बातों के अलावा फीस बढ़ाकर और उच्च शिक्षा द्वारा तैयार की गई जनशक्ति का उपयोग करने वाले विभागों से अंशदान लेकर धन जुटाने को जो सुझाव दिए गए हैं, वे उचित ही प्रतीत होते हैं।

9. *शिक्षा समानताएँ*—नई नीति के अनुसार उन वर्गों एवं व्यक्तियों की विशेष शैक्षिक आवश्यकताओं पर ध्यान दिया जाएगा जो अब तक समानता के अवसर से वंचित रहे हैं।

10. *दक्षता तथा प्रभावशीलता को प्रोत्साहित करना*—अच्छे कार्य सम्पादन के लिए प्रेरणा देने के लिए उपयुक्त मानदण्ड निर्धारित किए जाएँगे और साथ ही कार्य-निष्पादन न करने के लिए भी।

11. *भारतीय शिक्षा सेवा*—भारतीय शिक्षा सेवा का गठन किया जाएगा जो कि शिक्षा को प्रभावशाली बनाने में महत्त्वपूर्ण भूमिका निभाएगी।

12. *व्यावसायीकरण*—व्यावसायीकरण पर उचित बल दिया गया है तथा इसके लक्ष्य निर्धारित किए गए।

नई शिक्षा नीति की सीमाएँ एवं कमियाँ – 1. *नवोदय स्कूलों की आलोचना*—जहाँ एक ओर नवोदय स्कूलों के प्रस्ताव की सराहना की गई है वहाँ दूसरी ओर उनकी भरपूर आलोचनाएँ भी की जा रही हैं; जो निम्न प्रकार हैं—

(i) क्यों न अपने हर जिले में मॉडल स्कूल (नवोदय स्कूल) परियोजना से 'मॉडल' का दुमछल्ला हटा दें, क्योंकि यह कुछ भ्रामक-सा लगता है।

प्रधान सम्पादक 'योजना', 26 जनवरी, 1986 विशेषांक।

(ii) जिले में एक मॉडल स्कूल बनाने की योजना से शोषण ही बढ़ेगा, राष्ट्रीय विकास नहीं।

—*डॉ. पी.एम. भार्गव*

(iii) स्पष्ट है कि शिक्षा का पूरा केन्द्रीय बजट ही (ये विद्यालय) निगल जाएँगे और 99 फीसदी सामान्य छात्रों के स्कूल आज से भी बुरी स्थिति में पहुँच जाएँगे।

—*डॉ. आर.के. पोद्दार*

2. *आश्वासन का अभाव*–नई शिक्षा नीति में इस बात का बहुत ही कम संकेत मिलता है कि 21वीं शताब्दी में हमारे प्रत्येक स्कूल के पास ब्लैक बोर्ड और सही सलामत छत होगी।

3. *उच्च शिक्षा पर खर्च*–नई शिक्षा नीति में उच्च शिक्षा पर किये जा रहे अत्यधिक खर्च को कम करने की कोई बात नहीं कही गई है।

4. ***पड़ोसी विद्यालय (Neighbourhood School) विचारधारा की अवहेलना***–कोठारी शिक्षा आयोग ने शिक्षा में समानता तथा स्तर सुधारने के लिए पड़ोसी विद्यालय व्यवस्था पर बल दिया था, परन्तु नई शिक्षा नीति में इस पर उचित विचार नहीं किया गया है।

5. *पब्लिक स्कूलों के बारे में चुप्पी*–बड़ी हैरानी की बात है कि इस महत्त्वपूर्ण प्रकरण का शिक्षा नीति में कोई उल्लेख नहीं है।

6. *गैर-सरकारी वित्तीय साधन*–नई शिक्षा नीति में धन जुटाने के लिए गैर-सरकारी साधनों की बात की गई है। इसमें कोई सन्देह नहीं कि स्वाधीनता से पहले गैर-सरकारी संस्थाएँ शिक्षा के क्षेत्र में महत्त्वपूर्ण योगदान किया करती थीं। परन्तु धीरे-धीरे उनका योगदान कम होता गया। स्थिति बिल्कुल स्पष्ट है। आज का दानी वर्ग राजनीतिक कार्य के लिए दान देने के लिए तो अग्रसर है, परन्तु शिक्षा के लिए उदासीन है क्योंकि राजनीतिक दान से दानी वर्ग की भौतिक सिद्धि होती है अतः शिक्षा में खर्च करने का साधन मुख्यतः केन्द्रीय तथा राज्य सरकारें ही होंगी।

13.5 नई शिक्षा नीति 1986 में शिक्षा पर वित्तीय संसाधनों संबंधी संस्तुतियाँ (Recommendations of NPE on Financial Resources for Education)

नई शिक्षा नीति में वित्तीय व्यवस्था – नई शिक्षा नीति में शिक्षा के विकास के लिए धन संबंधी विषय पर गहन विचार किया गया। जिस हद तक सम्भव होगा, इन विभिन्न तरीकों से साधन जुटाए जाएँगे–चंदा इकट्ठा करना, इमारतों का रख-रखाव तथा रोजमर्रा काम में आने वाली वस्तुओं की पूर्ति में स्थानीय लोगों की मदद लेना, उच्च शिक्षा स्तर पर फीस बढ़ाना तथा उपलब्ध साधनों का बेहतर उपयोग करना। वे संस्थाएँ जो अनुसंधान में या वैज्ञानिक जनशक्ति के विकास के क्षेत्र में काम कर रही हैं, अपने काम का उपयोग करने वाली एजेंसियों पर उपकार या प्रभार लगा कर कुछ साधन जुटा सकती हैं। इन एजेंसियों में सरकार और उद्योगों को शामिल किया जा सकता है। ये सभी उपाय न केवल राज्य संसाधनों पर बोझ को कम करने के लिए किए जाएँगे, अपितु शैक्षिक प्रणाली में जनता के प्रति जवाबदेही की व्यापक भावना को पैदा करने के लिए भी कारगर होंगे। तथापि, साधनों की समूची वित्तीय आवश्यकता के मुकाबले में इन उपायों से थोड़े ही अंश में योगदान हो पाएगा। वास्तव में सरकार तथा देशवासियों को ही मिलकर इस प्रकार के कार्यक्रमों के लिए वित्तीय साधन जुटाने होंगे, यथा प्रारम्भिक शिक्षा का सार्वजनीकरण, निरक्षरता-निवारण, देश-भर में सभी वर्गों के लिए समान शैक्षिक अवसर प्रदान करना, शिक्षा की सामाजिक दृष्टि से प्रासंगिकता बढ़ाना, शैक्षिक कार्यक्रमों की गुणवत्ता और कार्यात्मकता में वृद्धि करना, ज्ञान तथा वैज्ञानिक क्षेत्रों में स्वयं-स्फूर्त, आर्थिक विकास के लिए प्रौद्योगिकी का विकास, राष्ट्रीय अस्मिता बनाए रखने के लिए अनिवार्य माने गए मूल्यों के प्रति जागरूकता पैदा करना।

शिक्षा में आवश्यक पूँजी न लगाने या अपर्याप्त मात्रा में लगाने के हानिकारक परिणाम वास्तव में बहुत गम्भीर हैं। इसी तरह, व्यावसायिक तथा तकनीकी शिक्षा और अनुसंधान की उपेक्षा से होने वाली हानि अस्वीकार्य होगी। इन क्षेत्रों में पूरी तरह संतोषप्रद स्तर के कार्य का निष्पादन न होने से हमारे देश की अर्थव्यवस्था को अपरिहार्य क्षति होगी। विज्ञान और प्रौद्योगिकी के प्रयोग को सुचारू बनाने के लिए स्वतन्त्रता से अब तक समय-समय पर गठित संस्थाओं के नेटवर्क को पर्याप्त मात्रा में और तत्परता से आधुनिक बनाने की जरूरत होगी क्योंकि ये संस्थाएँ बड़ी तेजी से पुरानी पड़ती जा रही हैं।

इन अनिवार्यताओं को ध्यान में रखते हुए शिक्षा को राष्ट्रीय विकास और पुनरुत्थान के लिए पूँजी लगाने का एक अत्यंत आवश्यक क्षेत्र माना जाएगा। राष्ट्रीय शिक्षा नीति 1968 में यह निर्धारित किया गया था कि शिक्षा पर होने वाले निवेश को धीरे-धीरे बढ़ाया जाए ताकि वह यथाशीघ्र राष्ट्रीय आय के 6 प्रतिशत तक पहुँच सके। चूँकि तब से अब तक शिक्षा पर लगी पूँजी का स्तर उस लक्ष्य से काफी कम रहा है, अतः यह अत्यन्त महत्त्वपूर्ण है कि अब इस नीति में निर्धारित कार्यक्रमों की वित्तीय आवश्यकताओं को पूरा करने के लिए दृढ़ संकल्प दर्शाया जाए। यद्यपि समय-समय पर विभिन्न कार्यक्रमों की प्रगति के जायजे के आधार पर वास्तविक आवश्यकताओं का अनुमान लगाया जाएगा, पर इस नीति के कार्यान्वयन में पूँजी निवेश जिस हद तक जरूरी होगा, उस हद तक सातवीं पंचवर्षीय योजना में ही बढ़ाया जाएगा। यह सुनिश्चित किया जाएगा कि आठवीं पंचवर्षीय योजना में शुरू करके वह राष्ट्रीय आय के 6 प्रतिशत से सर्वदा अधिक हो।

13.6 नई शिक्षा नीति के प्रभावी क्रियान्वयन के लिए सुझाव (Suggestions for the Effective Implementation of NPE)

प्रचलित शिक्षा-पद्धति में हम ऐसी तस्वीर देखते हैं जो असमानताओं से भरी हुई है और बहुधा इसके रंगों में परस्पर द्वन्द्व भी है। एक तरफ बहुत बड़ी-बड़ी संस्थाएँ हैं, जहाँ शैक्षिक आचरण के सभी मानदण्ड धराशायी हो रहे हैं। दूसरी ओर सैकड़ों ऐसे स्कूल हैं जहाँ शिक्षक और छात्र न केवल अपनी प्रत्याशित भूमिका निभा रहे हैं, परन्तु जहाँ से उत्कृष्टता भी फैल रही है। इसके विपरीत ऐसे स्कूल भी हैं जो समय पर खुलते नहीं, साफ नहीं और जहाँ अध्ययन-अध्यापन की प्रक्रियाओं को पुष्पित तथा पल्लवित होने के बहुत ही कम अवसर मिल पाते हैं। असंख्य ऐसे शिक्षक हैं जो अपने छात्रों को प्रेरणा देते हैं और अपनी विद्वता के लिए प्रसिद्ध हैं। इसके साथ-साथ ऐसे शिक्षक भी हैं जो बिना विचारे अपने दायित्वों की अवहेलना करते हैं और कभी-कभी संस्थाओं से भी गैर-हाजिर रहते हैं, एक ओर छात्रों के मूल्यांकन की बहुत परिष्कृत पद्धतियाँ हमारे पास हैं, तो दूसरी ओर हमारी परीक्षा पद्धतियाँ ऐसी हैं जिनकी विश्वसनीयता दिन-ब-दिन गिरती जा रही है। एक ओर प्रौढ़ शिक्षा और गैर-औपचारिक शिक्षा के श्रमसाध्य काम में लगे असंख्य लोगों द्वारा किए गए उत्कृष्ट कार्य के उदाहरण हैं तो दूसरी ओर ऐसी भी परियोजनाएँ हैं जो चल ही नहीं सकीं, और कभी-कभी कागजी कार्यवाही बन कर रह जाती हैं।

अतः स्पष्ट है कि इस दुरंगी स्थिति में महिलाएँ, शहरों में रहने वाले गरीब लोग और ग्रामीण समुदाय ही नुकसान में रहता है। शिक्षा-पद्धति में व्यवस्था और अनुशासन के अभाव में इस पर किए गए भारी निवेश के संतोषजनक परिणाम नहीं मिल पाते।

जब तक शिक्षा-पद्धति ठीक ढंग से काम नहीं करती और इसका कार्यकरण शिक्षा के सभी स्तरों पर और देश के सभी भागों में कारगर ढंग से नहीं चलता तो राष्ट्रीय शिक्षा नीति में परिकल्पित शैक्षिक सुधार का महान कार्यक्रम निरर्थक हो जाएगा।

नई शिक्षा को कारगर बनाने के सुझाव – नई शिक्षा नीति को कारगर बनाने के लिए महत्त्वपूर्ण सुझावों की नीचे चर्चा की गई है। हो सकता है कि सम्बन्धित संस्थाएँ इसे कोरी आलोचना ही समझें। परन्तु व्यापक राष्ट्रीय हितों को ध्यान में रखते हुए सुझावों पर प्रकाश डालना न्यायसंगत होगा।

1. ***शैक्षिक प्रशासन तथा आयोजन में शिक्षाविद्***–प्रायः केन्द्रीय तथा राज्यकीय स्तरों पर शैक्षिक प्रशासन तथा आयोजन के सबसे ऊँचे पद उन आई. ए. एस. अधिकारियों को दिए जाते हैं जिनकी बदली थोड़े समय के पश्चात् ही हो जाती है। उन्हें विभाग से परिचित होने का पर्याप्त अवसर भी नहीं मिल पाता। अनिश्चितता-सी बनी रहती है। 'अपनत्व' तथा 'स्थायित्व' के अभाव के कारण शिक्षा को सही दिशा नहीं मिल पाती। स्वतन्त्रता-प्राप्ति के पश्चात् शिक्षा के क्षेत्र में सुधार लाने के लिए कई दिशाओं में प्रयोग तो किए गए हैं परन्तु इस दिशा में कोई ठोस कदम नहीं उठाया गया है। अब समय आ गया है कि स्थिति का पुनरावलोकन किया जाए। शिक्षा को सार्थक, सुसंगत तथा प्रभावशाली बनाने के लिए यह जरूरी हो गया है कि शिक्षा विभाग में शिक्षा सचिव तथा शिक्षा निदेशक आदि पद शिक्षाविदों को दिए जाएँ। ऐसा करने से शिक्षा क्षेत्र में कार्य करने वालों का मनोबल भी बढ़ेगा तथा शिक्षा में 'अपनत्व' व 'स्थायित्व' को बल मिलेगा। सफलता सुनिश्चित करने के लिए आवश्यक है कि शिक्षा कार्यक्रमों का निर्धारण एवं कार्यान्वयन केवल निष्ठावान शिक्षाविदों के ही हाथों में हो।

2. ***शैक्षिक प्रशासन तथा निरीक्षण***–माध्यमिक शिक्षा आयोग (1952-53) तथा कोठारी शिक्षा आयोग ने प्रचलित शैक्षिक प्रशासन तथा निरीक्षण पद्धति की कड़ी आलोचना की है और इसे निरर्थक कहा है। परन्तु फिर भी हम इस पर बहुत व्यय कर रहे हैं। उचित होगा यदि इस खर्च को कम कर दिया जाए। शैक्षिक प्रशासन तथा निरीक्षण में सेवारत कर्मचारियों की सेवाएँ अन्य क्षेत्रों में प्रयोग में ली जाएँ। जहाँ कमी हो आवश्यकतानुसार थोड़ा-सा स्टाफ इस कार्य के लिए रख लिया जाए।

3. ***राष्ट्रीय स्तर की संस्थाओं का पुनरावलोकन***–'शिक्षा की चुनौती–नीति सम्बन्धी परिप्रेक्ष्य' 1985 में इस प्रकार कहा गया है: "जो तीन प्रमुख विशेषज्ञ राष्ट्रीय संस्थाएं स्तर पर शैक्षिक योजना में कुछ भूमिका निभा सकती हैं वे हैं–राष्ट्रीय शैक्षिक अनुसंधान और प्रशिक्षण परिषद् (एन. सी. ई. आर. टी.), राष्ट्रीय शैक्षिक योजना और प्रशासन संस्थान (एल. ई. पी. ट) और विश्वविद्यालय अनुदान आयोग (यू. जी. सी.)। अगर इस अध्याय के पहले पैराग्राफों से कोई तार्किक संगति है तो हम इस निष्कर्ष पर पहुँचते हैं कि इन संस्थाओं ने आशा के अनुरूप काम नहीं किया है। शिक्षा की गुणवत्ता और विषयवस्तु में सुधार करने, प्राथमिकताओं और उद्देश्यों को नया रूप देने और शिक्षित

जनशक्ति के मात्रात्मक और गुणात्मक सृजन को परस्पर सम्बन्धित करने के प्रयासों को यदि सफलता नहीं मिली है तो उनका मुख्य कारण यह है कि योजना तैयार करने की कुंजी पूरी तरह से राज्य सरकारों के हाथों में है" (3.64)। यह विश्लेषण वास्तविकता से दूर प्रतीत होता है। इस सम्बन्ध में प्रश्न उठता है, यदि इन राष्ट्रीय संस्थाओं को सफलता नहीं मिली है तो इनके रखने से क्या लाभ? हम इन्हें प्रभावशाली बनाएँ ताकि ये संस्थाएँ एक अहम् भूमिका निभा सकें।

इसी प्रकार जवाहरलाल नेहरू विश्वविद्यालय जैसी संस्थाओं का मूल्यांकन करना अत्यन्त आवश्यक है।

4. *प्रौढ़ शिक्षा का मूल्यांकन*–'शिक्षा की चुनौती-नीति सम्बन्धी परिप्रेक्ष्य' (1985) में प्रौढ़ शिक्षा सम्बन्धी समीक्षा इस प्रकार की गई है: "दुर्भाग्य से प्रौढ़ शिक्षा कार्यक्रम अधिक प्रभावशाली नहीं रहे हैं। वह इसलिए भी हुआ है कि वे कार्यक्रम साक्षरता के एक सीमित लक्ष्य को लेकर चले और वे लक्ष्य जनता को उनका जीवन-स्तर तथा आर्थिक दशा सुधारने के लिए उपयोगी ज्ञान नाम मात्र ही दे पाए।" वास्तविकता यह है कि प्रौढ़ शिक्षा की सारी वर्तमान योजना बेकार प्रतीत होती है। इस योजना के लिए निर्धारित धन यदि प्राथमिक शिक्षा पर खर्च किया जाए तो सम्भवत: अधिक फलदायक होगा।

5. *ठोस कार्यों पर बल दिया जाए न कि गोष्ठियों आदि पर*–शिक्षा के क्षेत्र में एक भ्रान्तिपूर्ण धारणा बन गई है कि गोष्ठियों, अभिनवन पाठ्यचर्याओं तथा कार्यशालाओं द्वारा ही शैक्षिक सुधार लाए जा सकते हैं। हाल ही में नई शिक्षा नीति के प्रचार के लिए देश में लगभग पाँच लाख शिक्षकों को प्रशिक्षण देने की योजना बनाई गई और लाखों रुपये खर्च किए गए। अच्छा होगा यदि धन स्कूलों को सामग्री प्रदान करने के लिए जुटाया जाए।

बार-बार हम आर्थिक परेशानियों की बात करते हैं जबकि विवेकपूर्ण ढंग से अपनी प्राथमिकताएँ तय करने और उसी के अनुसार धनराशि जुटाना हमारे अपने हाथों में है।

6. *उच्च शिक्षा पर खर्च*–उच्च शिक्षा पर किए जा रहे अत्यधिक खर्च को कम किया जाए और सामान्य शिक्षा में सुधार लाया जाए।

7. *वित्तीय साधन*–नई शिक्षा नीति के संदर्भ में वित्तीय बाधाओं का जिक्र करना आवश्यक है। समता, गुणवत्ता अथवा विविधीकरण के प्रश्न की ओर ध्यान देने पर यह अनिवार्य जान पड़ता है कि इन सबके लिए वित्तीय साधनों की व्यवस्था की जाए। हमने शिक्षा नीति तो बना ली परन्तु इसका कार्यान्वयन करने के लिए कितना खर्च होगा और वह कहाँ से आएगा, इस पर सोच-विचार नहीं किया गया।

वास्तव में पहले हमें अपने वित्तीय साधनों को देखना चाहिए और उन्हीं के अनुसार अपनी प्राथमिकताएँ निर्धारण करके शिक्षा नीति बनानी चाहिए।

13.7 राष्ट्रीय शिक्षा नीति 1986 का कार्यान्वयन: कार्य योजना 1986 (Implementation of NPE 1986 and The Programme of Action)

राष्ट्रीय शिक्षा नीति के क्रियान्वयन के लिए भारत सरकार, मानव संसाधन मंत्रालय (Govt. of India, Ministry of Human Resource Development) ने 23 कार्यदल

गठित किए। इन कार्यदलों में प्रसिद्ध शिक्षाशास्त्री, विशेषज्ञ तथा वरिष्ठ सरकारी अधिकारियों को शामिल किया गया। इन कार्यदलों ने अपने-अपने क्षेत्र में स्थिति की समीक्षा की तथा जुलाई 1986 में अपनी सिफारिशें प्रस्तुत कीं। इन सिफारिशों पर 21 जुलाई, 1986 को राज्यों एवं केन्द्रशासित क्षेत्रों के शिक्षा-सचिवों तथा प्रशासकों की बैठक में विचार-विमर्श हुआ। इसके पश्चात् इन सुझावों को ध्यान में रखते हुए संसाधन विकास मंत्रालय ने 'प्रोग्राम ऑफ एक्शन' तैयार किया। 2 अगस्त, 1986 को इस प्रोग्राम पर केन्द्रीय शिक्षा सलाहकार बोर्ड ने विचार-विमर्श किया। केन्द्रीय शिक्षा सलाहकार बोर्ड (Central Advisory Board of Education) की सहमति के पश्चात् प्रोग्राम को संसद में प्रस्तुत किया गया। संसद ने अगस्त के तीसरे सप्ताह में इसे स्वीकृति प्रदान कर दी।

विभिन्न विषयों पर कार्यदल (Task Force on Different Subjects) – 1. शिक्षा प्रणाली को लागू करना।

2. स्कूल शिक्षा की विषय-वस्तु और प्रक्रिया।
3. महिलाओं की समानता के लिए शिक्षा।
4. अनुसूचित जातियों, अनुसूचित जनजातियों और अन्य पिछड़े वर्गों की शिक्षा।
5. अल्पसंख्यकों की शिक्षा।
6. विकलांगों की शिक्षा।
7. प्रौढ़ तथा सतत् शिक्षा।
8. शिशु देखभाल और शिक्षा।
9. प्रारम्भिक शिक्षा (औपचारिक शिक्षा तथा ऑपरेशन ब्लैक बोर्ड सहित)।
10. माध्यमिक शिक्षा तथा नवोदय विद्यालय।
11. व्यावसायीकरण।
12. उच्च शिक्षा।
13. खुला विश्वविद्यालय तथा दूरस्थ शिक्षा।
14. तकनीकी तथा प्रबन्ध शिक्षा।
15. अनुसंधान तथा विकास।
16. संचार माध्यम तथा शैक्षिक प्रौद्योगिकी।
17. डिग्रियों को नौकरियों से अलग करना और जन-शक्ति आयोजन।
18. सांस्कृतिक परिप्रेक्ष्य तथा भाषा नीति का कार्यान्वयन।
19. खेल, शारीरिक शिक्षा तथा युवा।
20. मूल्यांकन प्रणाली तथा परीक्षा सुधार।
21. शिक्षा और उनका प्रशिक्षण।
22. शिक्षा का प्रबन्ध।
23. ग्रामीण विश्वविद्यालय संस्थाएँ।

कार्ययोजना के परिणामस्वरूप नयी योजनाएँ जो आरम्भ की गईं – 1. राष्ट्रीय शिक्षा व्यवस्था की संरचना।

2. पाठ्यक्रम का निर्माण।
3. ऑपरेशन ब्लैक बोर्ड योजना।

4. नवोदय प्रणाली की स्थापना।
5. शिक्षा का व्यावसायीयकरण।
6. शिक्षकों के लिए नवाचार कार्यक्रम।
7. नयी शैक्षिक संस्थाओं की स्थापना।

इन सब विषयों पर अलग से चर्चा की गई है।

उपसंहार – 1986 की शिक्षा नीति आजादी के बाद शिक्षा के इतिहास में एक अहम् कदम था। इसका उद्देश्य राष्ट्र की प्रगति को बढ़ाना तथा सामान्य नागरिकता व संस्कृति और राष्ट्रीय एकता की भावना को सुदृढ़ करना था। इसमें शिक्षा प्रणाली के सर्वांगीण पुनर्निमाण तथा हर स्तर पर शिक्षा की गुणवत्ता को ऊँचा उठाने पर जोर दिया गया है। साथ ही इस शिक्षा नीति में विज्ञान और प्रौद्योगिकी पर, नैतिक मूल्यों को विकसित करने पर तथा शिक्षा और जीवन में गहरा रिश्ता कायम करने पर भी ध्यान दिया गया है। शिक्षा को वर्तमान तथा भविष्य के निर्माण का अनुपम साधन माना है। इसी सिद्धान्त को राष्ट्रीय शिक्षा नीति के निर्माण की धुरी माना गया है। 'सबके लिए शिक्षा' हमारे भौतिक और आध्यात्मिक विकास की बुनियादी आवश्यकता स्वीकार की गई है।

14

संशोधित राष्ट्रीय शिक्षा नीति 1992 तथा कार्य-योजना तथा सर्वशिक्षा अभियान

(Modified National Policy on Education, 1992 and The Programme of Action and Sarv Siksha Abhiyan)

14.1 नई शिक्षा नीति, 1986 में संशोधन की आवश्यकता (Need for Modification in NPE)

नई शिक्षा नीति (1986) में कहा गया था कि प्रत्येक पाँच वर्ष के पश्चात् नीति के संदर्भ में किए जा रहे कार्यों की समीक्षा की जाएगी तथा उसमें उचित परिवर्तन किए जाएँगे।

राष्ट्रीय शिक्षा नीति (1986) की समीक्षा 1990-92 के दौरान की गई। इस समीक्षा में राममूर्ति शिक्षा समीक्षा समिति, 1990 तथा जनार्दन शिक्षा समीक्षा समिति (1992) ने अपनी संस्तुतियाँ दीं।

राष्ट्रीय शिक्षा नीति (1986) में जो प्रमुख संशोधन किए गए हैं, उनका उल्लेख नीचे किया जा रहा है।

शिक्षा नीति के कुल भागों की संख्या 12 है। भाग 1, 2, 7, 9 तथा 12 में कोई परिवर्तन नहीं। भाग 4 तथा 5 में दो पैरे जोड़े गए हैं।

राष्ट्रीय शिक्षा नीति (1986): पैरा 3.3: शिक्षा ढाँचा – राष्ट्रीय शिक्षा व्यवस्था के अंतर्गत यह जरूरी है कि सारे देश में एक ही प्रकार की शैक्षिक संरचना हो। 10+2+3 के ढाँचे को पूरे देश में स्वीकार कर लिया गया है। इस ढाँचे के पहले दस वर्षों के संबंध में यह प्रयत्न किया जाएगा कि उसका विभाजन इस प्रकार हो–प्रारंभिक शिक्षा में 5 वर्ष का प्राथमिक स्तर और 3 वर्ष का उच्च प्राथमिक स्तर तथा उसके बाद 2 वर्ष का हाईस्कूल।

संशोधित (1992): पैरा 3.3 – राष्ट्रीय शिक्षा व्यवस्था के अंतर्गत यह जरूरी है कि सारे देश में एक ही प्रकार की शैक्षिक संरचना हो। 10+2+3 के ढाँचे को पूरे देश में स्वीकार कर लिया गया है। इस ढाँचे के पहले दस वर्षों के संबंध में यह प्रयत्न किया जाएगा कि उसका विभाजन इस प्रकार हो–प्रारंभिक शिक्षा में 5 वर्ष का प्राथमिक स्तर और

3 वर्ष का उच्च प्राथमिक स्तर तथा उसके बाद 2 वर्ष का हाईस्कूल। इस बात के भी प्रयास किए जाएँगे कि +2 स्तर देश-भर में स्कूल शिक्षा प्रणाली का एक अंश स्वीकार कर लिया जाए।

राष्ट्रीय शिक्षा नीति (1986): पैरा 3.12 – विश्वविद्यालय अनुदान आयोग, अखिल भारतीय तकनीकी शिक्षा परिषद्, भारतीय कृषि अनुसंधान परिषद् और भारतीय चिकित्सा परिषद् जैसी संस्थाओं को और अधिक मजबूत बनाया जाएगा ताकि वे राष्ट्रीय शिक्षा व्यवस्था को सँवारने में अपनी भूमिका अदा कर सकें। इन सभी संस्थाओं को एक समेकित योजना के द्वारा जोड़ा जाएगा ताकि इनमें आपस में कार्यात्मक संबंध स्थापित हों तथा अनुसंधान और स्नातकोत्तर शिक्षा के कार्यक्रम मजबूत बन सकें। इन संघटनों को तथा राष्ट्रीय शैक्षिक अनुसंधान और प्रशिक्षण परिषद्, राष्ट्रीय शैक्षिक योजना और प्रशासन संस्थान तथा अंतर्राष्ट्रीय विज्ञान एवं प्रौद्योगिकी संस्थान को शिक्षा नीति के कार्यान्वयन में सहभागी बनाया जाएगा।

संशोधित (1992): पैरा 3.12 – राष्ट्रीय शिक्षा व्यवस्था को कार्यरूप देने में महत्त्वपूर्ण भूमिका अदा करने के लिए जिन संस्थाओं को सुदृढ़ बनाया जाएगा, वे हैं–विश्वविद्यालय अनुदान आयोग, अखिल भारतीय तकनीकी शिक्षा परिषद्, भारतीय कृषि अनुसंधान परिषद् और भारतीय चिकित्सा परिषद्। इन सभी निकायों में एकीकृत योजना शुरू करनी होगी ताकि इनमें आपस में कार्यात्मक संबंध स्थापित हो तथा अनुसंधान और स्नातकोत्तर शिक्षा के कार्यक्रम मजबूत बन सकें। राष्ट्रीय शैक्षिक अनुसंधान और प्रशिक्षण परिषद्, राष्ट्रीय शैक्षिक योजना और प्रशासन संस्थान, राष्ट्रीय शिक्षक शिक्षा परिषद् और राष्ट्रीय प्रौढ़ शिक्षा संस्थान सहित इन संस्थाओं को शिक्षा नीति के कार्यान्वयन में सहभागी बनाया जाएगा।

अनुसूचित जातियों की शिक्षा

राष्ट्रीय शिक्षा नीति (1986): पैरा 4.5 — अनुसूचित जातियों के लिए शैक्षिक सुविधाओं का विस्तार करने के लिए राष्ट्रीय ग्रामीण रोजगार कार्यक्रम तथा ग्रामीण भूमिहीन रोजगार गारण्टी कार्यक्रम के साधनों का उपयोग करना।

संशोधित (1992): पैरा 4.5 — अनुसूचित जातियों के लिए शैक्षिक सुविधाओं का विस्तार करने के लिए जवाहर रोजगार योजना के साधनों का उपयोग करना।

अनुसूचित जनजातियों की शिक्षा

राष्ट्रीय शिक्षा नीति (1986): पैरा 4.6(i) — आदिवासी इलाकों में प्राथमिक शालाएँ खोलने के काम को प्राथमिकता दी जाएगी। इन क्षेत्रों में स्कूल भवनों के निर्माण का कार्य शिक्षा के बजट, राष्ट्रीय ग्रामीण रोजगार कार्यक्रम, ग्रामीण रोजगार गारण्टी कार्यक्रम, जनजातीय कल्याण योजनाओं आदि के अंतर्गत प्राथमिकता के आधार पर हाथ में लिया जाएगा।

संशोधित (1992): पैरा 4.6(i) – आदिवासी इलाकों में प्राथमिक शालाएँ खोलने के काम को प्राथमिकता दी जाएगी। इन क्षेत्रों में स्कूल भवनों के निर्माण का कार्य शिक्षा के लिए आबंटित सामान्य निधियों के अधीन और साथ ही जवाहर रोजगार योजना और जनजातीय कल्याण योजनाओं आदि के अंतर्गत प्राथमिकता के आधार पर किया जाएगा।

प्रौढ़ शिक्षा

राष्ट्रीय शिक्षा नीति (1986): पैरा 4.11 — आज विकास का अहम मुद्दा यह है कि किस तरह कुशलताओं को निरंतर बढ़ाया जाए और समाज को जिस तरह की और जिस मात्रा में जनशक्ति की जरूरत हो, उसे तैयार किया जाए। विकास के कार्यक्रमों में उन लोगों की भागीदारी बहुत जरूरी है जिनको उनका लाभ मिलना है। प्रौढ़ शिक्षा को राष्ट्रीय लक्ष्यों से जोड़ा जाएगा। इन राष्ट्रीय लक्ष्यों में ये सब शामिल हैं–निर्धनता को दूर करना, राष्ट्रीय एकता, पर्यावरण संरक्षण, लोगों की सांस्कृतिक सृजनशीलता का संवर्धन, छोटे परिवार के आदर्श का पालन, महिलाओं की समानता इत्यादि। प्रौढ़ शिक्षा के वर्तमान कार्यक्रमों का पुनरावलोकन करके उन्हें मजबूत बनाया जाएगा।

संशोधित (1992): पैरा 4.11 — सम्पूर्ण राष्ट्र साक्षरता मिशन के माध्यम से निरक्षरता उन्मूलन विशेष रूप से सम्पूर्ण साक्षरता अभियानों पर विशेष बल देते हुए विभिन्न उपायों द्वारा 15-35 आयु वर्ग में निरक्षरता उन्मूलन के लिए वचनबद्ध है। केन्द्र और राज्य सरकारों, राजनीतिक दलों और जन संघटनों, जनसंचार माध्यमों और शिक्षा संस्थाओं, शिक्षकों, छात्रों, युवाओं, स्वैच्छिक एजेंसियों, सामाजिक कार्यकर्ता समूहों और नियोक्ताओं को जन शिक्षा अभियानों के प्रति अपनी प्रतिबद्धता दोहरानी चाहिए जिसमें साक्षरता, कार्यसाधक ज्ञान और कौशल और सामाजिक-आर्थिक वास्तविकता के प्रति शिक्षार्थियों की जागरूकता और इसमें परिवर्तन कर सकने की संभावना शामिल है।

राष्ट्रीय शिक्षा नीति (1986): पैरा 4.12 — समूचे देश को निरक्षरता उन्मूलन के लिए निष्ठापूर्वक कटिबद्ध होना है, खासकर 15-35 आयु वर्ग के निरक्षर लोगों को। केन्द्रीय सरकार और राज्य सरकारों, राजनीतिक दलों तथा उनके जन-संघटनों, जनसंचार के माध्यमों और शिक्षा संस्थाओं को विविध प्रकार के जन-साक्षरता कार्यक्रमों को सफल बनाने के लिए प्रतिबद्ध होना होगा। इस कार्य में शिक्षकों, युवा-वर्ग, छात्र-छात्राओं, स्वैच्छिक संस्थाओं और नियोजकों आदि को बड़े पैमाने पर शामिल करना होगा। शोध संस्थानों की सहायता से शैक्षिक पहलुओं में सुधार लाने के ठोस प्रयास किए जाएँगे। साक्षरता के अलावा, कार्यात्मक ज्ञान और कुशलताओं का विकास, तथा शिक्षार्थियों में सामाजिक-आर्थिक वास्तविकता की समझ पैदा करना और इस स्थिति को बदल सकने की संभावना के प्रति उन्हें सचेत बनाना प्रौढ़ शिक्षा का अंग होगा।

संशोधित (1992): पैरा 4.12 — चूँकि विकास कार्यक्रमों में साक्षरता अभियानों के सहभागियों का शामिल करना अत्यधिक महत्त्वपूर्ण है, राष्ट्रीय साक्षरता मिशन को निर्धनता उन्मूलन, राष्ट्रीय एकता, पर्यावरण संरक्षण, छोटे परिवार के आदर्श, महिला समानता को बढ़ावा, प्राथमिक शिक्षा का सर्वसुलभीकरण, प्राथमिक स्वास्थ्य देखभाल आदि जैसे राष्ट्रीय लक्ष्यों के अनुरूप ढालना होगा। यह लोगों की सांस्कृतिक सृजनात्मकता में गतिशीलता लाने और विकास प्रक्रिया में उनकी भागीदारी को सुकर भी बनाएगा।

राष्ट्रीय शिक्षा नीति (1986): पैरा 4.13 — विभिन्न पद्धतियों और माध्यमों का उपयोग करते हुए प्रौढ़ शिक्षा तथा सतत् शिक्षा का एक व्यापक कार्यक्रम कार्यान्वित किया जाएगा। इसके अंतर्गत निम्न प्रकार के कार्यक्रम आएँगे–

(क) ग्रामीण क्षेत्रों में सतत् शिक्षा केन्द्रों की स्थापना,

(ख) नियोजकों, मजदूर संघटन और संबंधित सरकारी एजेंसियों के द्वारा श्रमिकों की शिक्षा,

(ग) उच्च शिक्षा की संस्थाओं द्वारा सतत् शिक्षा,

(घ) पुस्तकों के लेखन व प्रकाशन को तथा पुस्तकालयों और वाचनालयों को बड़े पैमाने पर प्रोत्साहन,

(ङ) जन-शिक्षण और समूह शिक्षण के साधन के रूप में रेडियो, दूरदर्शन और फिल्मों का उपयोग,

(च) शिक्षार्थियों के समूहों और संघटनों का सृजन,

(छ) दूर-शिक्षण के कार्यक्रम,

(ज) स्वाध्याय और स्वयं-शिक्षण में सहायता की व्यवस्था, और

(झ) आवश्यकता और रुचि पर आधारित व्यावसायिक प्रशिक्षण कार्यक्रम।

संशोधित पैरा (1992): 4.13 — प्राथमिक शिक्षा प्राप्त कर चुके नवसाक्षरों और युवाओं को उत्तर साक्षरता और सतत् शिक्षा के व्यापक कार्यक्रम सुलभ कराए जाएँगे ताकि वे अपनी शिक्षा साक्षरता कौशल को बनाए रख सकें और उसमें सुधार ला सकें तथा अपने जीवन और कार्यदशा में सुधार के लिए इसका उपयोग कर सकें। इनमें निम्नलिखित कार्यक्रम शामिल होंगे–

(क) विविध प्रकार के सतत् शिक्षा केन्द्रों की स्थापना ताकि प्रौढ़ अपनी रुचि की शिक्षा जारी रख सकें,

(ख) नियोजकों, मजदूर संघों और सरकार के माध्यम से श्रमिकों की शिक्षा,

(ग) पुस्तकों, पुस्तकालयों और वाचनालयों को व्यापक प्रोत्साहन,

(घ) जन-शिक्षण और समूह शिक्षण के साधन के रूप में रेडियो, दूरदर्शन और फिल्मों का उपयोग,

(च) शिक्षार्थियों के समूहों और संघटनों का सृजन, और

(छ) दूरस्थ शिक्षा के कार्यक्रम।

नया पैरा (1992) 4.14 — आज का एक महत्त्वपूर्ण विकास-मुद्दा कौशलों के सतत् स्तरोन्नयन से संबंधित है ताकि समाज की आवश्यकता के अनुकूल अपेक्षित जनशक्ति संसाधनों का सृजन किया जा सके। इसलिए रोजगार/स्वरोजगारोन्मुख तथा आवश्यकता और रुचि पर आधारित व्यावसायिक और कौशल कार्यक्रमों के आयोजन पर विशेष बल दिया जाएगा।

प्रारंभिक अथवा प्रारंभिक शिक्षा

राष्ट्रीय शिक्षा नीति (1986): पैरा 5.5 — प्रारंभिक शिक्षा की नई दिशा में दो बातों पर विशेष बल दिया जाएगा; (क) 14 वर्ष की अवस्था तक के सब बच्चों को विद्यालयों में भरती और उनका विद्यालय में टिके रहना, और (ख) शिक्षा की गुणवत्ता में सुधार।

संशोधित (1992): पैरा 5.5 — प्रारंभिक शिक्षा की नई दिशा में इन तीन पहलुओं पर बल दिया जाएगा: (i) सार्वजनिक पहुँच और नामांकन, (ii)14 वर्ष के बच्चों को शिक्षा क्षेत्र में बनाए रखना, और (iii) शिक्षा की गुणवत्ता में पर्याप्त सुधार ताकि सभी बच्चे आवश्यक स्तर तक शिक्षा प्राप्त कर सकें।

विद्यालयों में सुविधाएँ

राष्ट्रीय शिक्षा नीति (1986): पैरा 5.7—प्राथमिक विद्यालयों में आवश्यक सुविधाओं की व्यवस्था की जाएगी। इनमें किसी भी मौसम में काम देने लायक कम से कम दो बड़े कमरे, आवश्यक खिलौने, ब्लैक बोर्ड, नक्शे, चार्ट और अन्य शिक्षण सामग्री शामिल हैं। हर स्कूल में कम से कम दो शिक्षक होंगे, इनमें एक महिला होगी। यथासंभव जल्दी ही प्रत्येक कक्षा के लिए एक-एक शिक्षक की व्यवस्था की जाएगी। पूरे देश में प्राथमिक विद्यालयों की दशा को सुधारने के लिए एक क्रमिक अभियान शुरू किया जाएगा जिसका सांकेतिक नाम 'ऑपरेशन ब्लैक बोर्ड' होगा। इस कार्य में शासन, स्थानीय निकाय, स्वयंसेवी संस्थाओं और व्यक्तियों की पूरी भागीदारी होगी। राष्ट्रीय ग्रामीण रोजगार कार्यक्रम और ग्रामीण भूमिहीन रोजगार गारंटी कार्यक्रम की निधियों का पहला उपयोग स्कूल की इमारतों के बनाने में होगा।

संशोधित (1992): पैरा 5.7—प्राथमिक विद्यालयों में अनिवार्य सुविधाओं की व्यवस्था की जाएगी। सभी मौसमों में उपयोग योग्य पर्याप्त रूप से तीन बड़े कमरों तथा ब्लैक बोर्डों, नक्शों, चार्टों, खिलौनों, अन्य आवश्यक अध्ययन सहायक सामग्री और स्कूल पुस्तकालय की व्यवस्था करने के लिए ऑपरेशन ब्लैक बोर्ड के क्षेत्र को बढ़ाया जाएगा। कम से कम तीन शिक्षकों को प्रत्येक स्कूल में कार्य करना चाहिए, और यह संख्या यथाशीघ्र एक कक्षा के लिए एक शिक्षक तक बढ़ा दी जाए। भविष्य में भर्ती किए जाने वाले शिक्षकों में कम से कम 50% महिलाएँ होंगी। ऑपरेशन ब्लैक बोर्ड का विस्तार कर उसे उच्च प्राथमिक स्तर पर भी लागू किया जाएगा। स्कूल भवनों के निर्माण को जवाहर रोजगार योजना निधियों में प्राथमिकता दी जाएगी।

अनौपचारिक शिक्षा

राष्ट्रीय शिक्षा नीति (1986): पैरा 5.8—ऐसे बच्चे जो बीच में स्कूल छोड़ गए हैं, या जो ऐसे स्थानों पर रहते हैं जहाँ स्कूल नहीं है या जो काम में लगे हैं, और वे लड़कियाँ जो दिन के स्कूल में पूरे समय नहीं जा सकतीं, इन सबके लिए एक विशाल और व्यवस्थित अनौपचारिक शिक्षा का कार्यक्रम चलाया जाएगा।

संशोधित (1992): पैरा 5.8—स्कूल छोड़ने वालों, बिना स्कूलोंवाली बस्तियों के बच्चों, कामकाजी बच्चों और पूरे दिन स्कूल में न रह सकने वाली बालिकाओं के लिए तैयार किए गए अनौपचारिक शिक्षा कार्यक्रम को सुदृढ़ बनाया जाएगा तथा उसका विस्तार किया जाएगा।

राष्ट्रीय शिक्षा नीति (1986): पैरा 5.9—अनौपचारिक शिक्षा केन्द्रों में सीखने की प्रक्रिया को सुधारने के लिए आधुनिक टेक्नॉलोजी के उपकरणों की सहायता ली जाएगी। इन केन्द्रों में अनुदेशक के तौर पर काम करने के लिए स्थानीय समुदाय के प्रतिभावान और निष्ठावान युवकों और युवतियों को चुना जाएगा और उनके प्रशिक्षण की विशेष व्यवस्था की जाएगी। अनौपचारिक धारा में शिक्षा प्राप्त करने वाले बच्चे योग्यतानुसार अनौपचारिक धारा के विद्यालयों में प्रवेश पा सकेंगे। इस बात पर पूरा ध्यान दिया जाएगा कि अनौपचारिक शिक्षा का स्तर औपचारिक शिक्षा के समतुल्य हो।

संशोधित (1992): पैरा 5.9 — अनौपचारिक शिक्षा केन्द्रों के अधिगम वातावरण को सुधारने के लिए आधुनिक प्रौद्योगिकीय साधनों का प्रयोग किया जाएगा। स्थानीय समाज से प्रतिभावान और समर्पित युवकों और युवतियों को अनुदेशकों के रूप में कार्य करने के लिए चुना जाएगा और उनके प्रशिक्षण की ओर विशेष ध्यान दिया जाएगा। यह सुनिश्चित करने के सभी आवश्यक उपाय किए जाएँगे कि अनौपचारिक शिक्षा का स्तर अनौपचारिक शिक्षा के तुलनीय हो। अनौपचारिक शिक्षा पद्धति से पास होकर आने वाले बच्चों के औपचारिक पद्धति में पार्श्वीय प्रवेश को सुकर बनाने के लिए कदम उठाए जाएँगे।

राष्ट्रीय शिक्षा नीति (1986): पैरा 5.11 — अनौपचारिक शिक्षा केन्द्रों को चलाने का अधिकतर कार्य स्वंयसेवी संस्थाएँ और पंचायती राज की संस्थाएँ करेंगी। इस कार्य के लिए इन संस्थाओं को पर्याप्त धन समय पर दिया जाएगा। इस महत्त्वपूर्ण क्षेत्र की कुल जिम्मेदारी सरकार पर होगी।

संशोधित (1992): पैरा 5.11 — इस महत्त्वपूर्ण क्षेत्र की संपूर्ण जिम्मेवारी सरकार अपने ऊपर ले लेगी। गैर औपचारिक शिक्षा कार्यक्रमों को चलाने का अधिकार दायित्व स्वयंसेवी एजेंसियों और पंचायती राज की संस्थाएँ ले लेंगी। इन एजेंसियों को समय पर पर्याप्त धन दिया जाएगा।

14.2 प्राथमिक शिक्षा संबंधी एक संकल्प
(Resolve on Elementary Education)

राष्ट्रीय शिक्षा नीति (1986): पैरा 5.12 — नई शिक्षा नीति में स्कूल छोड़ जाने वाले बच्चों की समस्या के सुलझाने को उच्च प्राथमिकता दी जाएगी। बच्चों को बीच में स्कूल छोड़ने से रोकने के लिए स्थानीय परिस्थितियों के परिप्रेक्ष्य में इस समस्या का बारीकी से अध्ययन किया जाएगा और तद्नुसार प्रभावशाली उपाय खोजकर दृढ़ता के साथ उनका प्रयोग करने हेतु देशव्यापी योजना बनाई जाएगी। इस प्रयत्न का अनौपचारिक शिक्षा की व्यवस्था के साथ पूरा तालमेल होगा। यह सुनिश्चित किया जाएगा कि 1990 तक जो बच्चे 11 वर्ष के हो जाएँगे उन्हें विद्यालय में 5 वर्ष की शिक्षा या अनौपचारिक धारा में इसकी समतुल्य शिक्षा अवश्य मिल जाए। इसी प्रकार 1995 तक 14 वर्ष की अवस्था वाले सभी बच्चों को नि:शुल्क और अनिवार्य शिक्षा अवश्य दी जाएगी।

संशोधित (1992): पैरा 5.12 — नई शिक्षा नीति में स्कूल छोड़ जाने वाले बच्चों की समस्या को सर्वोच्च प्राथमिकता दी जाएगी तथा बच्चों को स्कूल में बनाए रखने को सुनिश्चित करने के उद्देश्य से सूक्ष्म आयोजना पर आधारित बारीकी से तैयार की गई कर्यनीतियों की श्रृंखला अपनाई जाएगी जिसे देशभर में निम्न स्तरों पर लागू किया जाएगा। इस प्रयत्न का गैर-औपचारिक शिक्षा के साथ पूरा तालमेल होगा। यह सुनिश्चित किया जाएगा कि इक्कीसवीं सदी में प्रवेश करने से पूर्व 14 वर्ष की अवस्था वाले सभी बच्चों को संतोषप्रद गुणवत्ता वाली नि:शुल्क और अनिवार्य शिक्षा प्रदान की जाए। इस उद्देश्य की पूर्ति के लिए एक राष्ट्रीय मिशन शुरू किया जाएगा।

माध्यमिक शिक्षा

राष्ट्रीय शिक्षा नीति, (1986): पैरा 5.13 — माध्यमिक शिक्षा के स्तर पर विद्यार्थियों को विज्ञान, मानविकी और सामाजिक विज्ञानों की विशिष्ट भूमिकाओं का ज्ञान होने लगता है। इसी अवस्था पर बच्चों को इतिहासबोध और राष्ट्रीय परिप्रेक्ष्य सही ढंग से दिया जा सकता है। साथ ही इस अवस्था पर अपने संवैधानिक दायित्व और नागरिकों के अधिकारों से भी उन्हें परिचित हो जाना चाहिए। अच्छे शिक्षाक्रम द्वारा उनमें चेतन रूप से कर्मशीलता के और करुणाशील सामाजिक संस्कृति के संस्कार डाले जाएँगे। इस स्तर पर विशेष संस्थाओं में व्यवसायों को शिक्षा के द्वारा और माध्यमिक शिक्षा की पुनर्रचना के द्वारा देश के आर्थिक विकास के लिए मूल्यवान जनशक्ति जुटाई जा सकती है। जिन क्षेत्रों में अभी सैकेंडरी शिक्षा नहीं पहुँची है वहाँ तक इसे पहुँचाकर अधिक सुलभ बनाया जाएगा।

संशोधित (1992): पैरा 5.13 — माध्यमिक शिक्षा के स्तर पर विद्यार्थियों को विज्ञान, मानविकी और सामाजिक विज्ञानों की विशिष्ट भूमिकाओं का ज्ञान होने लगता है। इस स्तर पर बच्चों को इतिहासबोध और राष्ट्रीय दृष्टिकोण सही ढंग से प्रदान किया जा सकता है। साथ ही इस स्तर पर उन्हें अपने संवैधानिक दायित्वों और नागरिकों के अधिकारों से परिचित कराया जाना चाहिए। माध्यमिक शिक्षा तक पहुँच का विस्तार किया जाएगा। साथ ही इसमें विशेषकर विज्ञान, वाणिज्य और व्यावसायिक विषयों में लड़कियों, अनुसूचित जाति और जनजाति के बच्चों के नामांकन पर बल होगा। माध्यमिक शिक्षा बोर्डों को पुनर्गठित किया जाएगा और उन्हें स्वायत्तता प्रदान की जाएगी ताकि माध्यमिक शिक्षा की गुणवत्ता में सुधार लाने की उनकी क्षमता में वृद्धि हो सके। माध्यमिक स्तर की यथासंभव अधिक से अधिक संस्थाओं में कंप्यूटर साक्षरता प्रदान करने के लिए प्रयास किए जाएँगे ताकि बच्चों को कंप्यूटर संबंधी आवश्यक कौशल से सुसज्जित किया जा सके जिसका प्राविधिकी वाले उभरते हुए जगत् में उपयोग किया जा सके। समुचित पाठ्यचर्या के माध्यम से कर्मशीलता की और मानवीय तथा मिश्रित संस्कृति के मूल्यों की सही समझ पैदा की जा सकती है। इस स्तर पर विशिष्ट संस्थाओं के माध्यम से अथवा माध्यमिक शिक्षा की पुनर्रचना के माध्यम से व्यवसायीकरण लागू करके आर्थिक विकास के लिए मूल्यवान जनशक्ति जुटाई जा सकती है।

गति निर्धारक स्कूल

राष्ट्रीय शिक्षा नीति (1986): पैरा 5.15 — इस उद्देश्य की पूर्ति के लिए देश के विभिन्न भागों में एक निर्धारित ढाँचे पर गति निर्धारक विद्यालयों की स्थापना की जाएगी। इनमें नई-नई पद्धतियों को अपनाने तथा प्रयोग करने की छूट रहेगी। मोटे तौर पर इन विद्यालयों का उद्देश्य होगा कि वे समता और सामाजिक न्याय के साथ शिक्षा में उत्कृष्टता लाएँ। अनुसूचित जातियों में देश के विभिन्न भागों के मुख्यतया ग्रामीण क्षेत्रों के प्रतिभाशाली बच्चे एक साथ रहकर पढ़ेंगे जिससे उनमें राष्ट्रीय एकता की भावना का विकास होगा। इन विद्यालयों में बच्चों को अपनी पूरी क्षमताओं का विकास करने का अवसर मिलेगा। सबसे बड़ी बात यह है कि ये विद्यालय समूचे देश में विद्यालय सुधार के कार्यक्रम में उठोरक का काम करेंगे। ये विद्यालय आवासीय और निःशुल्क होंगे।

संशोधित (1992): पैरा 5.15 — इस उद्देश्य की पूर्ति के लिए देश के अधिकांश भागों में एक निर्धारित नमूने पर किंतु नवाचार और प्रयोग के लिए पूरी छूट के साथ गतिनिर्धारक आवासीय विद्यालय अर्थात् नवोदय विद्यालय स्थापित किए गए हैं।

इन स्कूलों के व्यापक उद्देश्य, जो निम्नलिखित हैं, बने रहेंगे–समता और सामाजिक न्याय के साथ (ग्रामीण क्षेत्रों, अनुसूचित जातियों तथा अनुसूचित जनजातियों के लिए आरक्षण सहित) शिक्षा में उत्कृष्टता लाना, देश के विभिन्न भागों के प्रतिभाशाली बच्चों को एक साथ रखकर और शिक्षा प्रदान करके राष्ट्रीय एकता की भावना को विकसित करना, इकट्ठे रहना और सीखना, उनकी पूरी क्षमता को विकसित करना और इनमें से सबसे महत्त्वपूर्ण यह है कि देशव्यापी विद्यालय सुधार के कार्यक्रम में इनका उठोरक बनना।

व्यवसायीकरण

राष्ट्रीय शिक्षा नीति, (1986): पैरा 5.16 — शिक्षा के प्रस्तावित पुनर्गठन में व्यवस्थित और सुनियोजित व्यावसायिक शिक्षा के कार्यक्रम को दृढ़ता से क्रियान्वित करना बहुत ही जरूरी है। इससे व्यक्तियों के रोजगार पाने की क्षमता बढ़ेगी, आजकल कुशल कर्मचारियों की माँग और आपूर्ति में जो असंतुलन है, वह समाप्त होगा और ऐसे विद्यार्थियों को एक वैकल्पिक मार्ग मिल सकेगा जो इस समय बिना किसी विशेष रुचि या उद्देश्य के उच्च शिक्षा की पढ़ाई किए जाते हैं।

संशोधित (1992): पैरा 5.16 — प्रस्तावित शैक्षिक पुनर्गठन में व्यावसायिक शिक्षा के सुव्यवस्थित, सुनियोजित और कड़ाई से कार्यान्वित किए जानेवाले कार्यक्रमों का लागू किया जाना अत्यधिक महत्त्वपूर्ण है। इन तत्त्वों से छात्रों में कार्य और जीवन के प्रति एक स्वस्थ दृष्टिकोण विकसित होगा, प्रत्येक छात्र के रोजगार पाने की क्षमता बढ़ेगी, कुशल जनशक्ति की माँग और आपूर्ति के बीच असंतुलन कम होगा और बिना विशेष रुचि अथवा प्रयोजन के उच्चतर अध्ययन जारी रखनेवाले छात्रों के लिए एक विकल्प उपलब्ध हो जाएगा। उच्च माध्यमिक स्तर पर बच्चों को ऐसे व्यापक व्यावसायिक पाठ्यक्रम प्रदान करने का प्रयास किया जाएगा जो कि व्यवसाय-विशेष की श्रेणी में न आकर बहुविध व्यावसायिक क्षेत्रों से जुड़े हुए हों।

राष्ट्रीय शिक्षा नीति, (1986): पैरा 5.17 — व्यावसायिक शिक्षा अपने में शिक्षा की एक विशिष्ट धारा होगी जिसका उद्देश्य कई क्षेत्रों के चुने गए काम-धंधों के लिए विद्यार्थियों को तैयार करना होगा। ये कोर्स आमतौर पर सेकेंडरी शिक्षा के बाद दिए जाएँगे लेकिन इस योजना को लचीला रख जाएगा ताकि आठवीं कक्षा के बाद भी विद्यार्थी ऐसे कोर्स ले सकें। औद्योगिक प्रशिक्षण संस्थान भी बड़ी व्यावसायिक शिक्षा के ढाँचे के अनुसार चलेंगे ताकि इनमें प्राप्त सुविधाओं का पूरा लाभ उठाया जा सके।

संशोधित (1992): पैरा 5.17 — व्यावसायिक शिक्षा एक भिन्न धारा भी होगी जिसका उद्देश्य छात्रों को विभिन्न प्रकार के क्रियाकलापों से जुड़े हुए निर्धारित व्यवसायों के लिए तैयार करना है। ये पाठ्यक्रम साधारणतया माध्यमिक स्तर के बाद प्रदान किए जाएँगे, किन्तु, इस योजना को लचीली रखते हुए वे कक्षा VIII के बाद भी उपलब्ध कराए जा सकते हैं।

राष्ट्रीय शिक्षा नीति, (1986): पैरा 5.23 — यह प्रस्ताव है कि उच्चतर माध्यमिक स्तर के विद्यार्थियों का दस प्रतिशत 1990 तक और 25 प्रतिशत 1995 तक व्यावसायिक पाठ्यचर्या में आ जाए। इस बात के लिए कदम उठाए जाएँगे कि व्यावसायिक शिक्षा पाकर निकले हुए विद्यार्थियों में से अधिकतर को या तो नौकरी मिले या वे अपना रोजगार स्वयं कर सकें। व्यावसायिक पाठ्यक्रमों का पुनरीक्षण नियमित रूप से किया जाएगा। माध्यमिक स्तर पर पाठ्यक्रमों के विविधीकरण को बढ़ावा देने के लिए सरकार अपने अधीन की जानेवाली भर्ती की नीति पर भी पुनः विचार करेगी।

संशोधित (1992): पैरा 5.23 — यह प्रस्ताव किया जाता है कि व्यावसायिक पाठ्यक्रमों में 1995 तक उच्चतर माध्यमिक स्तर के छात्रों को 10 प्रतिशत और 2000 तक 25 प्रतिशत छात्रों को सम्मिलित किया जाए। यह सुनिश्चित करने के लिए कदम उठाए जाएँगे कि व्यावसायिक पाठ्यक्रमों में सफलता पानेवाले छात्रों का काफी बड़ा प्रतिशत रोजगार पर अथवा स्वरोजगार पर लग जाता है। लागू किए गए पाठ्यक्रमों की नियमित रूप से समीक्षा की जाएगी। माध्यमिक स्तर पर विविधता को बढ़ावा देने के लिए सरकार अपनी भरती-नीति की भी समीक्षा करेगी।

राष्ट्रीय शिक्षा नीति (1986): पैरा 5.33 — भारत विद्या, मानविकी और सामाजिक विज्ञानों में अनुसंधान के लिए पर्याप्त सहायता दी जाएगी। ज्ञान के विभिन्न क्षेत्रों में संश्लेषण लाने की दृष्टि से अंतरविषयी अनुसंधान को प्रोत्साहन दिया जाएगा। इस बात का भी प्रयत्न होगा कि भारत के प्राचीन ज्ञान के आधार में पैठा जाए और उसे समकालीन वस्तुस्थिति से जोड़ा जाए। इसके लिए संस्कृत और अन्य श्रेष्ठ भाषाओं के गहन अध्ययन का विकास करना जरूरी होगा।

संशोधित (1992): पैरा 5.33 — भारत विद्या, मानविकी और सामाजिक विज्ञानों में अनुसंधान को पर्याप्त सहायता दी जाएगी। ज्ञान के संश्लेषण की आवश्यकता को पूरा करने के लिए अंतर विषयक अनुसंधान को प्रोत्साहित किया जाएगा। भारत के प्राचीन ज्ञान के भण्डार की खोज करने और इसे समकालीन वस्तुस्थिति से जोड़ने के प्रयास किए जाएँगे। इस प्रयास का अभिप्राय संस्कृत और अन्य प्राचीन भाषाओं के गहन अध्ययन के लिए सुविधाओं का विकास करना होगा। संस्कृत तथा अन्य प्राचीन भाषाओं में शिक्षण, अध्ययन तथा अनुसंधान को सुविधाएँ प्रदान करने और उनमें सुधार लाने के लिए एक स्वायत्त आयोग का गठन किया जाएगा।

खुला विश्वविद्यालय तथा सुदूर अध्ययन

राष्ट्रीय शिक्षा नीति (1986): पैरा 5.35 — उच्च शिक्षा के लिए अधिक अवसर देने और शिक्षा को जनतांत्रिक बनाने की दृष्टि से खुले विश्वविद्यालय की प्रणाली शुरू की गई है।

संशोधित (1992): पैरा 5.35 — शिक्षा को जन-जन का बनाने और इसे एक आजीवन प्रक्रिया बनाने के एक साधन के रूप में, उच्च शिक्षा के अवसर बढ़ाने के उद्देश्य से मुक्त अध्ययन पद्धति शुरू की गई है। मुक्त अध्ययन पद्धति का लचीलापन और

नवचारिता विशेष रूप से हमारे देश के नागरिकों, जिनमें वे भी शामिल हैं जो व्यावसायिक धारा में सम्मिलित हुए थे, की विविध आवश्यकताओं के अनुकूल है।

राष्ट्रीय शिक्षा नीति (1986): पैरा 5.36 — इन उद्देश्यों के लिए 1985 में स्थापित 'इंदिरा गाँधी राष्ट्रीय खुला विश्वविद्यालय' को सुदृढ़ किया जाएगा।

संशोधित (1992): पैरा 5.36 — इन उद्देश्यों को पूरा करने के लिए 1985 में स्थापित 'इंदिरा गाँधी राष्ट्रीय खुला विश्वविद्यालय' को सुदृढ़ किया जाएगा। यह राज्यों में 'खुले' विश्वविद्यालय स्थापित करने में मदद भी करेगा।

राष्ट्रीय शिक्षा नीति (1986): पैरा 5.37 — इस प्रबल साधन का विकास एवं विस्तार सावधनी से और सोच-समझकर करना होगा।

संशोधित (1992): पैरा 5.37 — राष्ट्रीय खुला विश्वविद्यालय को सुदृढ़ किया जाएगा और देश के सभी भागों में माध्यमिक स्तर पर मुक्त अध्ययन सुविधाओं में चरणबद्ध रूप से विस्तार किया जाएगा।

डिग्री को नौकरी से अलग करना

राष्ट्रीय शिक्षा नीति (1986): पैरा 5.41 — नौकरियों को डिग्री से अलग करने के साथ-साथ क्रमिक रूप में एक राष्ट्रीय परीक्षण सेवा प्रारंभ की जाएगी। इसके द्वारा स्वैच्छिक रूप से विशिष्ट कार्यों के लिए प्रत्याशियों की उपयुक्तता की जाँच की जाएगी और इससे देश-भर में समतुल्य योग्यताओं के मानक स्थापित हो सकेंगे।

संशोधित (1992): पैरा 5.41 — नौकरियों को डिग्री से अलग करने के साथ-साथ राष्ट्रीय मूल्यांकन संघटन जैसा एक उपयुक्त तंत्र स्थापित किया जाएगा। इसका कार्य स्वैच्छिक रूप से विशिष्ट कार्यों के लिए प्रत्याशियों की उपयुक्तता की जाँच करना, देश-भर में समतुल्य योग्यताओं के मानक स्थापित करना तथा जाँच और मूल्यांकन की प्रक्रिया में संपूर्ण सुधार लाना होगा।

तकनीकी एवं प्रबंध शिक्षा

राष्ट्रीय शिक्षा नीति (1986): पैरा 6.12 — ग्रामीण क्षेत्रों में कुछ पॉलिटेकनिकों ने सामुदायिक पॉलिटेकनिकों की प्रणाली के माध्यम से कमजोर वर्गों को उत्पादक व्यवसायों में प्रशिक्षण देना शुरू किया है। सामुदायिक पॉलिटेनिक प्रणाली का मूल्यांकन किया जाएगा और समुचित रूप से इसके और समावेश को मजबूत बनाया जाएगा।

संशोधित (1992): पैरा 6.12 — ग्रामीण क्षेत्रों में कुछ पॉलिटेकनिकों ने सामुदायिक पॉलिटेकनिकों की प्रणाली के माध्यम से कमजोर वर्गों को उत्पादक व्यवसायों में प्रशिक्षण देना शुरू किया है। सामुदायिक पॉलिटेकनिक प्रणाली का मूल्यांकन किया जाएगा और उसे समुचित रूप से मजबूत बनाया जाएगा ताकि इसकी गुणवत्ता और प्रसार को बढ़ाया जा सके।

प्रबंध कार्यकलाप और परिवर्तन

राष्ट्रीय शिक्षा नीति (1986): पैरा 6.19 — अखिल भारत तकनीकी शिक्षा परिषद् को विधिक प्राधिकार प्रदान किया जाएगा। परिषद् इस प्राधिकार के द्वारा तकनीकी शिक्षा का नियोजन करेगी, स्तरों और मानदण्डों का निर्धारण और अनुरक्षण, प्रत्यापन, प्राथमिकता प्राप्त

क्षेत्रों के लिए वित्तीय व्यवस्था, अनुश्रवण और मूल्यांकन, प्रमाणन एवं पुरस्कारों की समकक्षता का निर्वहन, तकनीकी एवं प्रबन्ध शिक्षा के बीच समन्वय–ये सब कार्य संपन्न करेगी। समुचित रूप से गठित एक मान्यताप्राप्त बोर्ड निश्चित अवधियों पर अनिवार्य रूप से तकनीकी शिक्षा की प्रक्रिया का मूल्यांकन करेगा।

संशोधित (1992): पैरा 6.19 — अखिल भारत तकनीकी शिक्षा परिषद्, जिसे विधिक प्राधिकार प्रदान किया गया है, आयोजना, मानदण्डों और स्तरों के निर्धारण और अनुरक्षण, प्रत्यापन, प्राथमिकता प्राप्त क्षेत्रों के लिए वित्तीय व्यवस्था, अनुश्रवण और मूल्यांकन, प्रमाणन एवं पुरस्कारों की समकक्षता का निर्वहन, तथा तकनीकी और प्रबंध शिक्षा के समन्वित एवं एकीकृत विकास को सुनिश्चित करने के लिए उसको जवाबदेही होगी। समुचित रूप से गठित एक मान्यताप्राप्त बोर्ड नियतकालिक आधार पर अनिवार्य रूप से मूल्यांकन करेगा। परिषद् को सुदृढ़ बनाया जाएगा और परिषद् राज्य सरकारों तथा अच्छे तकनीकी संस्थानों की सहभागिता से विकेंद्रीकृत रूप में कार्य करेगी।

शिक्षा की विषय-वस्तु और प्रक्रिया को एक नया मोड़ देना

राष्ट्रीय शिक्षा नीति (1986): पैरा 8.16 और 8.17 — ***गणित शिक्षण:*** 8.16 गणित को एक ऐसा साधन माना जाना चाहिए जो बच्चों को सोचने, तर्क करने, विश्लेषण करने और अपनी बात को तर्कसंगत ढंग से प्रकट करने में समर्थ बना सकता है। एक विशिष्ट विषय होने के अतिरिक्त गणित को ऐसे किसी भी विषय का सहवर्ती माना जाना चाहिए जिसमें विश्लेषण और तर्कशक्ति की जरूरत होती है।

8.17 अब विद्यालयों में भी कंप्यूटरों का प्रवेश होने लगा है। इससे शैक्षिक कंप्यूटरी का मौका मिलेगा। कार्य-कारण संबंध को और चरों की पारस्परिक क्रिया को समझने और सीखने की प्रक्रिया को नई दिशा मिलेगी। गणित शिक्षण को इस प्रकार से पुनर्गठित किया जाएगा कि यह आधुनिक टेक्नोलॉजी के उपकरणों के साथ जुड़ सके।

संशोधित (1992): पैरा 8.16 और 8.17 — ***जनसंख्या शिक्षा:*** 8.16 जनसंख्या शिक्षा को निश्चय ही बढ़ती जनसंख्या को नियंत्रित करने की राष्ट्रीय नीति के एक महत्त्वपूर्ण अंग के रूप में समझा जाना चाहिए। प्राथमिक और माध्यमिक स्तरों से शुरू करते हुए जनसंख्या की वृद्धि के कारण मँडराते हुए संकट के प्रति जागरूकता की भावना पैदा करने के साथ-साथ शैक्षिक कार्यक्रमों को युवाओं और प्रौढ़ों को परिवार नियोजन और जिम्मेदार माता-पिता की भूमिका से अवगत कराना चाहिए और इस दिशा में सक्रिय रूप से प्रेरित करना चाहिए।

खेल तथा शारीरिक शिक्षा

राष्ट्रीय शिक्षा नीति (1986): पैरा 8.20 और 8.21 — 8.20 खेल और शारीरिक शिक्षा सीखने की प्रक्रिया के अभिन्न अंग हैं और इन्हें विद्यार्थियों की कार्यसिद्धि के मूल्यांकन में शामिल किया जाएगा। शारीरिक शिक्षा और खेलकूद की राष्ट्रव्यापी अधोरचना (इंफ्रास्ट्रक्चर) को शिक्षा व्यवस्था का अंग बनाया जाएगा।

8.21 इस अधोरचना के तहत खेल के मैदानों और उपकरणों की व्यवस्था की जाएगी। शारीरिक शिक्षा के अध्यापकों की नियुक्ति होगी। शहरों में उपलब्ध खुले क्षेत्र

खेलों के मैदान के लिए आरक्षित किए जाएँगे और यदि आवश्यक हुआ तो इसके लिए वैधानिक कार्रवाई की जाएगी। ऐसी खेल संस्थाएँ और छात्रावास स्थापित किए जाएँगे जहाँ आम शिक्षा के साथ-साथ खेलों की गतिविधियों और उनसे संबंद्ध अध्ययन पर विशेष ध्यान दिया जाएगा। खेलकूद में प्रतिभाशाली खिलाड़ियों को उपयुक्त प्रोत्साहन दिया जाएगा। भारत के पारंपरिक खेलों पर उचित बल दिया जाएगा। शरीर और मन के समेकित विकास के साधन के रूप में योग शिक्षा पर विशेष बल दिया जाएगा। सभी विद्यालयों में योग की शिक्षा की व्यवस्था के लिए प्रयास किए जाएँगे और इस दृष्टि से शिक्षक पाठ्यक्रमों में योग की शिक्षा भी सम्मिलित की जाएगी।

संशोधित (1992): पैरा 8.20 और 8.21 — 8.20 खेल तथा शारीरिक शिक्षा अध्ययन प्रक्रिया के अभिन्न भाग हैं और इसे निष्पादन के मूल्यांकन में शामिल किया जाएगा। समस्त राष्ट्र की शिक्षा संस्थाओं में शारीरिक शिक्षा, खेलकूद के लिए बुनियादी सुविधाओं का निर्माण किया जाएगा। इन बुनियादी सुविधाओं में स्कूल सुधार कार्यक्रम के भाग के रूप में खेल के मैदान, उपस्कर, प्रशिक्षक और शारीरिक शिक्षा के अध्यापक शामिल किए जाएँगे। शहरों में उपलब्ध खुले क्षेत्र खेलों के मैदानों के लिए आरक्षित किए जाएँगे और यदि आवश्यक हुआ तो इसके लिए विधिक कार्रवाई का आश्रय लिया जाएगा। ऐसी खेल संस्थाएँ और छात्रावास स्थापित किए जाएँगे जहाँ आम शिक्षा के साथ खेलों की गतिविधियों और उनसे संबंद्ध अध्ययन की ओर विशेष ध्यान दिया जाएगा। खेलकूद में प्रतिभाशाली खिलाड़ियों को उपयुक्त प्रोत्साहन दिया जाएगा। स्वदेशी परंपरागत खेलों पर समुचित बल दिया जाएगा।

योग — 8.21 शरीर और मन के एकीकृत विकास के साधन के रूप में योग शिक्षा पर विशेष बल दिया जाएगा। सभी विद्यालयों में योग शिक्षा को प्रारंभ करने के प्रयास किए जाएँगे। इस उद्देश्य से इसे शिक्षक प्रशिक्षण पाठ्यक्रमों में लागू किया जाएगा।

मूल्यांकन प्रक्रिया और परीक्षा में सुधार

राष्ट्रीय शिक्षा नीति (1986): पैरा 8.25 — ये उद्देश्य बाह्य परीक्षाओं और शिक्षा-संस्थाओं के अंदर के मूल्यांकन दोनों के लिए प्रासंगिक हैं। संस्थागत मूल्यांकन की प्रणाली को सरल बनाया जाएगा और बाहरी परीक्षाओं की प्रचुरता को कम किया जाएगा।

संशोधित (1992): पैरा 8.25 — ये उद्देश्य शैक्षिक संस्थाओं के भीतर-बाह्य परीक्षाओं और मूल्यांकन दोनों के लिए प्रासंगिक हैं। संस्थागत स्तर पर मूल्यांकन की प्रणाली को सुचारू बनाया जाएगा और बाहरी परीक्षाओं की प्रचुरता को कम किया जाएगा। एक राष्ट्रीय परीक्षा में सुधार कार्य-ढाँचा तैयार किया जाएगा जो उन परीक्षा निकायों को दिशा-निर्देश प्रदान करेगा जिन्हें यह स्वतंत्रता होगी कि विशिष्ट परिस्थितियों के अनुकूल वे इसमें नवीनता ला सकते हैं और इसे अपना सकते हैं।

शिक्षा का प्रबंध

नया पैरा (1992) — ***शिकायतों का निराकरण:*** 10.10 प्रशासनिक न्यायाधिकरणों के अनुरूप ही राष्ट्रीय तथा राज्य स्तरों पर शैक्षिक न्यायाधिकरणों की स्थापना की जाएगी।

संसाधन तथा समीक्षा

राष्ट्रीय शिक्षा नीति (1986): पैरा 11.4 — इन अनिवार्यताओं को ध्यान में रखते हुए शिक्षा को राष्ट्रीय विकास और पुनरुत्थान के लिए पूँजी लगाने का एक अत्यंत आवश्यक क्षेत्र माना जाएगा। राष्ट्रीय शिक्षा नीति, 1968 में यह निर्धारित किया गया था कि शिक्षा पर होने वाले निवेश को धीरे-धीरे बढ़ाया जाए ताकि वह यथाशीघ्र राष्ट्रीय आय के 6 प्रतिशत तक पहुँच सके। चूँकि तब से अब तक शिक्षा पर लगी पूँजी का स्तर उस लक्ष्य से काफी कम रहा है, अत: यह अत्यंत महत्त्वपूर्ण है कि अब इस नीति में निर्धारित कार्यक्रमों की वित्तीय आवश्यकताओं को पूरा करने के लिए अधिक दृढ़ संकल्प दर्शाया जाए। यद्यपि, समय-समय पर विभिन्न कार्यक्रमों की प्रगति के जायजे के आधार पर वास्तविक आवश्यकताओं का अनुमान लगाया जाएगा, पर इस नीति के कार्यान्वयन में पूँजी निवेश जिस हद तक जरूरी होगा, उस हद तक सातवीं पंचवर्षीय योजना में बढ़ाया ही जाएगा। यह सुनिश्चित किया जाएगा कि आठवीं पंचवर्षीय योजना से शुरू करके वह राष्ट्रीय आय के 6 प्रतिशत से सर्वदा अधिक हो।

संशोधित (1992): पैरा 11.4 — इन अनिवार्यताओं को ध्यान में रखते हुए शिक्षा को राष्ट्रीय विकास और पुनरुत्थान के लिए पूँजी लगाने का एक अत्यंत आवश्यक क्षेत्र माना जाएगा। राष्ट्रीय शिक्षा नीति 1968 में यह निर्धारित किया गया था कि शिक्षा पर होने वाले निवेश को धीरे-धीरे बढ़ाया जाए ताकि वह यथाशीघ्र राष्ट्रीय आय के 6 प्रतिशत तक पहुँच सके। चूँकि तब से अब तक शिक्षा पर लगी पूँजी का स्तर उस लक्ष्य से काफी कम रहा है, अत: यह महत्त्वपूर्ण है कि अब इस नीति में निर्धारित कार्यक्रमों की वित्तीय आवश्यकताओं को पूरा करने के लिए अधिक दृढ़ संकल्प दर्शाया जाए। यद्यपि मानीटरिंग और समीक्षा के आधार पर वास्तविक आवश्यकताओं का आकलन समय-समय पर किया जाएगा तथापि शिक्षा पर परिव्यय को यह सुनिश्चित किए जाने के वास्ते बढ़ाया जाएगा कि आठवीं पंचवर्षीय योजना के दौरान तथा इसके बाद भी, यह सर्वदा राष्ट्रीय आय के 6 प्रतिशत से अधिक होगा।

14.3 संशोधित राष्ट्रीय शिक्षा नीति 1992 संबंधी कार्य-योजना (Programme of Action on Modified National Policy on Education 1992)

नीति के संशोधन के परिणामस्वरूप, सरकार ने 1992 में एक संशोधित कार्यवाही योजना (का. योजना) भी तैयार की। कार्यवाही योजना, 1992 में इस बात पर बल दिया गया है कि प्रथम तथा प्रमुख कार्य शिक्षा के प्रबंध में सुधार करना है और शैक्षिक आयोजना तथा प्रशासन के सभी स्तरों पर लागत प्रभावित और जवाबदेही की एक विशिष्ट प्रकृति विकसित की जानी आवश्यक है। दक्षता का मापदण्ड बजट खर्च करने और नई माँग प्रस्तुत करने की क्षमता ही नहीं बल्कि निष्पादन-कार्य की पूर्ति होनी चाहिए। कार्यवाही योजना, 1992 में घटिया संस्थाओं की अनियोजित वृद्धि रोकने के लिए कहा गया है। कार्यक्रम में यह परिकल्पना की गई है कि राज्यों द्वारा अपनी-अपनी कार्यवाही योजनाएँ राष्ट्रीय नीति तथा स्थितिगत आवश्यकताओं को ध्यान में रखते हुए तैयार की जाएँगी। राज्य कार्यवाही योजनाओं को शीघ्र क्रियान्वित किए जाने के उद्देश्य से चार क्षेत्रीय कार्यशालाएँ आयोजित की गई थीं। आशा है कि राज्य कार्यवाही योजनाएँ शीघ्र ही तैयार हो जाएँगी।

अन्य बातों के साथ-साथ, कार्यवाही योजना प्रारंभिक शिक्षा जन-जन तक पहुँचाए जाने की रणनीति पर बल देती है जिसमें अलग-अलग लक्ष्य निर्धारण और आठवीं योजना में विकेन्द्रीकृत आयोजना को अपनाए जाने की परिकल्पना की गई है। शैक्षिक रूप से पिछड़े हुए जिलों और उन जिलों में जहाँ कि साक्षरता अभियान सफल रहे हैं, जिनके फलस्वरूप प्राथमिक शिक्षा की माँग बढ़ गई है, प्राथमिक शिक्षा के सुधार के लिए एक नई योजना शुरू की जा रही है। इन ज़िलों में, प्रारंभिक शिक्षा को जन-जन तक पहुँचाए जाने के लक्ष्यों की पूर्ति के लिए जिला विशेष और जनसंख्या विशेष योजनाएँ तैयार की जा रही हैं। शैक्षिक रूप से पिछड़े हुए लगभग 200 जिलों, जहाँ महिला-साक्षरता राष्ट्रीय औसत से कम है, में से 20 से 25 जिलों को 1993-94 में जिला योजनाएँ तैयार करने के लिए लिया जाएगा। इसने पुनःसंरचित ऑपरेशन-ब्लैक बोर्ड के जरिए स्कूली-सुविधाओं में सुधार का भी सुझाव दिया है जिसका विस्तार अपर प्राथमिक स्तर तक कर दिया ज़ाएगा। कार्यक्रम में इस बात का ध्यान रखा गया है कि पूर्ण साक्षरता अभियान व्यवहार्य मॉडल के रूप में उभरकर आया। इसने सार्वजनिक प्रौढ़ साक्षरता की अवधारणा को एक निराशाजनक स्वप्न से एक निष्पाध संभावना में बदल दिया है। ये अभियान क्षेत्र विशिष्ट, समयबद्ध, स्वयंसेवी आधारित, लागत प्रभावी और परिमाणोन्मुखी हैं। 8 राज्यों में हुए 30 जिलों में पूर्ण साक्षरता अभियान पहले ही सफलतापूर्वक पूरे कर लिये गये हैं और 4 करोड़ से अधिक लोगों को शामिल करते हुए 182 जिलों में ये अभियान या तो आंशिक रूप से अथवा पूर्ण रूप से चल रहे हैं।

कार्यवाही योजना में प्रारंभिक शिक्षा के सर्वसुलभीकरण की समस्या को मूलतः लड़कियों की समस्या के रूप में परिकल्पना की गई है तथा शिक्षा के सभी स्तरों, विशेषकर विज्ञान, व्यावसायिक, तकनीकी और वाणिज्य शिक्षा की धाराओं में लड़कियों का नामांकन बहुत ही कम है। कार्यवाही योजना ने महिला समानता और शिक्षा को प्रोन्नत करने के लिए शिक्षा पद्धति को नया रूप देने की आवश्यकता पर बल दिया। इस बात को सुनिश्चित करने के लिए कि महिला पुरुष के प्रति संवेदनशीलता में सभी राष्ट्रीय कार्यक्रमों के क्रियान्वयन को प्रतिबंधित करती है, यह संस्थागत तंत्र की आवश्यकता को वकालत करती है।

संशोधित राष्ट्रीय शिक्षा नीति एवं कार्यवाही योजना में नीति में जिन बिंदुओं पर बल दिया गया है, और जिन कार्यनीतियों की परिकल्पना की गई है उनके लिए आठवीं पंचवर्षीय योजना में प्रावधन किया गया है। संपूर्ण साक्षरता प्राप्त करने के लिए, प्राथमिक शिक्षा, गैर-औपचारिक शिक्षा एवं प्रौढ़ साक्षरता की त्रिमार्गी कार्यनीति अपनाई गई है। इस उद्देश्य की पूर्ति के लिए अपनाए गए उपायों में ये शामिल हैं—कक्षा में छात्रों के बनाए रखने और उनकी उपलब्धि के स्तरों को उतना ही महत्त्व देना जितना कि उनके नामांकन को, पहुँच के अपेक्षतया अधिक कठिन पहलुओं पर ध्यान केंद्रित करना, ये पहलू इस प्रकार हैं—लड़कियों तथा सुविधाविहीन वर्गों तक शिक्षा पहुँचाना, शिक्षकों का सेवापूर्व तथा सेवाकालीन प्रशिक्षण, स्कूल की प्रभावोत्पादकता में सुधार, गैर-औपचारिक तथा दूरस्थ शिक्षा पद्धतियों के माध्यम से शिक्षा के वैकल्पिक माध्यमों का प्रावधान, शिक्षा की घटी हुई माँग को उत्प्रेरित करना और शिक्षा की आयोजना और उसके प्रबंध में स्थानीय समुदायों को सहयोजित करना, तथा यह सुनिश्चित करना कि सामाजिक क्षेत्रों में विभिन्न सेवाओं, विशेष रूप से शिशु देखभाल, पोषण, प्रारंभिक शिशु शिक्षा, प्राथमिक शिक्षा तथा स्वास्थ्य

को शामिल कर लिया जाता है। चालू योजनाओं की उनके कार्यान्वयन से प्राप्त अनुभव और राष्ट्रीय शिक्षा नीति तथा कार्यवाही योजना में संशोधन के परिप्रेक्ष्य में समीक्षा की गई है। जहाँ भी आवश्यक हुआ है, नई योजनाएँ तैयार की गई हैं।

राष्ट्रीय शिक्षा नीति और कार्यवाही योजना में मूल्य शिक्षा तथा देश की सांस्कृतिक परम्पराओं के बारे में उपयुक्त परिप्रेक्ष्य को जेहन में बैठाने पर पर्याप्त बल दिया है। स्कूल छात्रों में राष्ट्रीय, धर्मनिरपेक्ष और मानवीय दृष्टिकोण विकसित करने के लिए, अपेक्षित रवैये और मूल्यों को उनके जेहन में बिठाने की दृष्टि से स्कूली पाठ्यपुस्तकें अत्यधिक प्रभावशाली साधन हैं। मंत्रालय ने जून 1991 में राष्ट्रीय एकता के दृष्टिकोण से स्कूली पाठ्यपुस्तकों की समीक्षा करने के लिए एक राष्ट्रीय संचालन समिति का गठन किया ताकि यह सुनिश्चित किया जा सके कि पाठ्यपुस्तकें सांप्रदायिक और राष्ट्रविरोधी प्रभावों से मुक्त रहें। राष्ट्रीय एकता के दृष्टिकोण से स्कूली पाठ्यपुस्तकों की समीक्षा के प्रश्न पर विचार करने के लिए 1 फरवरी, 1993 को राज्य शिक्षामंत्रियों और शिक्षाविदों का एक सम्मेलन आयोजित किया गया।

अन्य बातों के साथ-साथ, कार्यवाही योजना प्रारंभिक शिक्षा जन-जन तक पहुँचाए जाने की रणनीति पर बल देती है जिसमें अलग-अलग लक्ष्य निर्धारण और आठवीं योजना में विकेन्द्रीकृत आयोजना को अपनाए जाने की परिकल्पना की गई है। विभिन्न योजनाओं का विवरण अलग से दिया गया है।

14.4 विभिन्न विषयों पर कार्यदल (Task Forces on Different Subjects)

1. महिलाओं की समानता के लिए शिक्षा।
2. अनुसूचित जातियों, अनुसूचित जनजातियों तथा अन्य पिछड़े वर्गों की शिक्षा।
3. अल्पसंख्यकों की शिक्षा।
4. विकलांगों की शिक्षा।
5. शिशु देखभाल और शिक्षा।
6. प्रौढ़ तथा सतत् शिक्षा।
7. प्रारम्भिक शिक्षा।
8. माध्यमिक शिक्षा।
9. नवोदय विद्यालय।
10. व्यावसायिक शिक्षा।
11. उच्च शिक्षा।
12. मुक्त शिक्षा।
13. डिग्रियों को नौकरी से अलग करना।
14. ग्रामीण विश्वविद्यालय तथा संस्थान।
15. तकनीकी तथा प्रबंध शिक्षा।
16. खोज तथा विकास।
17. सांस्कृतिक परिप्रेक्ष्य।
18. भाषाओं का विकास।

19. संचार माध्यम तथा शैक्षिक तकनीकी।
20. खेल, शारीरिक शिक्षा तथा युवा।
21. मूल्यांकन प्रणाली तथा परीक्षा सुधार।
22. अध्यापक तथा उनका प्रशिक्षण।
23. शिक्षा का प्रबन्ध।

14.5 कार्ययोजना की प्रमुख विशेषताएँ (Chief Features of Programme of Action)

जैसा कि ऊपर दर्शाया गया है, शिक्षा नीति 1992 के कार्यान्वयन के लिए क्रमबद्ध कार्ययोजना निर्मित की। इसकी मुख्य विशेषताएँ निम्नलिखित हैं–

1. **सार्थक तथा प्रभावी भागेदारी**–शिक्षा में कार्यरत तथा संबंधित पक्षों के तालमेल पर जोर दिया गया है–केन्द्रीय सरकार, राज्य सरकारों, शैक्षिक समुदाय तथा सम्पूर्ण समुदाय के सहयोग पर बल दिया गया तथा मोटे तौर पर कार्यक्षेत्र निश्चित किया गया।

2. **लोचक दृष्टिकोण**–यद्यपि वित्तीय साधन विभिन्न मदों पर निर्धारित किए गए परन्तु फिर भी आवश्यकता के अनुसार उनमें फेरबदल संबंधी छूट का प्रावधन किया गया।

3. **प्रबंध में जवाबदेही (Accountability)**–हम सब के कुछ उत्तरदायित्व हैं। उत्तरदायित्व निभाने के लिए हमें किसी न किसी रूप में कुछ पारिश्रमिक मिलता है, जिसके बदले में हमारे कुछ दायित्व हैं। इन दायित्वों को निभाना हमारा कर्त्तव्य बन जाता है। शिक्षा के क्षेत्र में विभिन्न क्षेत्रों तथा सत्रों पर जवाबदेही पर बल दिया गया। वृत्तिक प्रतिमान स्थापित करने तथा उनके आधार पर जवाबदेही मापन की आवश्यकता पर जोर दिया गया।

4. **समुदाय की भागेदारी**–प्रौढ़ शिक्षा तथा प्राथमिक शिक्षा में विशेषकर जनता की भागीदारी की महत्ता को स्वीकार किया गया।

5. **शिक्षा तथा अन्य सेवाओं में तालमेल (Linkage)**–यह अनुभव किया गया कि शिक्षा तथा अन्य सेवाएँ जैसे बच्चों की देखभाल, भोजन तथा स्वास्थ्य आदि में तालमेल की अत्यन्त आवश्यकता है।

6. **शिक्षा द्वारा नारी को सशक्त करना**–स्त्रियों की समानता के लिए शिक्षा को सशक्त साधन माना गया तथा इस दिशा में अनेक कार्यक्रमों की रूपरेखा बनाई गई।

7. **वंचित वर्गों की शिक्षा**–वंचित वर्गों की शिक्षा पर विशेष ध्यान दिया गया तथा योजनाएँ बनाईं गईं।

14.6 शिक्षा नीति 1992 कार्यान्वयन के सन्दर्भ में विशेष कार्यक्रम (Special Schemes for the Implementation of 1992 NPE)

1. शिक्षक समाख्या योजना। (Teacher Empowerment)।
2. जिला प्राथमिक शिक्षा कार्यक्रम (District Primary Education Programme DPEP)
3. मध्याह्न भोजन योजना (Mid-Day Meals School)
4. सर्वशिक्षा अभियान (Sarva Shiksha Abhiyan—Education for All)

5. शिक्षा गारण्टी योजना और वैकल्पिक शिक्षा (Education Guarantee Scheme and Alternative Education)
6. कस्तूरबा गाँधी बालिका विद्यालय (Kasturba Gandhi Balika Vidyalaya)
7. शिक्षा का अधिकार (Right to Education)
8. लोक जुम्बश (Lok Jumbish)।

(सभी योजनाओं का विवरण अलग से दिया गया है)।

14.7 राष्ट्रीय शिक्षा नीति 1986 तथा 1992 द्वारा परिकल्पित राष्ट्रीय शिक्षा प्रणाली (National System of Education as Envisaged in the NPE 1986 and 1992)

राष्ट्रीय शिक्षा नीति द्वारा परिकल्पित राष्ट्रीय शिक्षा प्रणाली के मुख्य तत्त्व नीचे दिए जा रहे हैं। तीन-चार राज्यों को छोड़ कर सारे भारत में इस प्रकार से ही राष्ट्रीय शिक्षा प्रणाली को लागू करने के प्रयास किए गए हैं।

1. एक निश्चित स्तर तक प्रत्येक छात्र को बिना किसी जाति-पाति, धर्म, स्थान या लिंगभेद के लगभग एक जैसी अच्छी शिक्षा उपलब्ध कराना।
2. 10+2+3 की शिक्षा संरचना करना (चित्र में ढाँचा दर्शाया गया है)।
3. प्रथम स्कूली दस वर्ष अर्थात् 1 से कक्षा 10 तक सामान्य शिक्षा की व्यवस्था करना।
4. विषयों का चुनाव कक्षा 11 से करना।
5. सामान्य केन्द्रिक अथवा कोर पाठ्यक्रम को अपनाना।
6. सभी को समान अवसर प्रदान कराना।
7. प्रत्येक स्तर पर न्यूनतम शैक्षिक स्तर निर्धारित करना।
8. देश में सम्पर्क भाषा को बढ़ावा देने के प्रयास करना।
9. व्यावसायिक शिक्षा पर स्कूल स्तर पर विशेष बल देना।
10. मूल्यांकन प्रक्रिया में सुधार लाना।
11. पिछड़े वर्गों तथा क्षेत्रों की ओर विशेष ध्यान देना।
12. स्त्री शिक्षा पर बल देना।
13. शिक्षा में असमानताएँ कम करना।
14. प्रौद्योगिकी का शिक्षा में अधिक से अधिक उपयोग करना।
15. दूरस्थ शिक्षा का विकास करना।

14.8 सर्वशिक्षा अभियान (Education for All)

अध्याय 10 देखें।

15

राष्ट्रीय पाठ्यक्रम की रूपरेखा, 2005: आवश्यकता तथा उद्देश्य

(National Curriculum Framework, 2005: Need and Objectives)

15.1 भूमिका (Introduction)

वर्ष 2000 में निर्मित पाठ्यक्रम की समीक्षा करते के लिए राष्ट्रीय शैक्षिक अनुसंधान और प्रशिक्षण परिषद् (NCERT) के एक राष्ट्रीय संचालन समिति का गठन किया। संचालन समिति के 38 सदस्य थे। प्रो. यशपाल, पूर्व अध्यक्ष विश्वविद्यालय अनुदान आयोग के अध्यक्ष थे। समिति ने पाठ्यचर्चा से सम्बन्धित विषयों पर विद्वानों, प्रधानाध्यापकों शिक्षकों, अभिभावकों, गैर-सरकारी संस्थानों के प्रतिनिधियों आदि से विचार विमर्श करके राष्ट्रीय पाठ्यक्रम की रूप रेखा तैयार की।

15.2 राष्ट्रीय पाठ्यक्रम की रूपरेखा की विषय वस्तु (Contents of National Curriculum Frame Work)

मुख्य तौर पर संचालन समिति ने पाठ्यक्रम से सम्बन्धित निम्न विषयों पर अपनी संतुतियाँ दी है।

1. पाठ्यक्रम के मार्गदर्शन सिद्धान्त (Guiding Principles of Curriculum)
2. गुणवत्ता के आयाम (Quality Dimensions)
3. सक्रिय विद्यार्थी की प्राथमिकता (Primacy of the Active Learner)
4. शैक्षिक अनुभवों की रूपरेखा बनाना (Designing Learning Experiences)
5. ज्ञान सृजन तथा शिक्षण (Teaching for Construction of Knowledge)
6. अन्तक्रिया का मूल्य (Value of Interaction)
7. स्कूली ज्ञान तथा समुदाय (School Knowledge and Community)
8. पाठ्यक्रम के क्षेत्र, स्कूल के स्तर तथा आंकलन (Curricular Area, School Stages and Assessment)

9. स्कूल तथा कक्षा का वातावरण (School and Classroom Environment)
10. व्यस्थापक सुधार (Institutional Reforms)

15.3 राष्ट्रीय पाठ्यक्रम की रूप रेखा की आवश्यकता (Need for National Curriculum Frame Work)

राष्ट्रीय पाठ्यक्रम रूपरेखा की निम्न कारणों से आवश्यकता अनुभव की गई:

1. शिक्षा में छात्रों पर बहुत बोझ है। उसे कम करने की आवश्यकता है।
2. बच्चों की रटने की प्रवृत्ति बढ़ती जा रही है। उसे कम करना।
3. भूमण्डलीयकरण की आवश्यकता स्कूली पाठ्यक्रम में संशोधन की माँग करती है।
4. उदारीकरण के कारण नए प्रकरणों की आवश्यकताओं की पूर्ति करना।
5. ज्ञान का स्कूली जीवन से कोई सम्बन्ध नहीं है। पाठ्यक्रम द्वारा इस आवश्यकता की पूर्ति करना।
6. प्रचलित पाठ्यक्रम स्कूल में बाहरी ज्ञान से जुड़ा हुआ है, उसे जोड़ने की आवश्यकता है।
7. प्रचलित पाठ्यक्रम बच्चों के चहुँमुखी विकास के अवसर प्रदान नहीं करता जो इसे करने चाहिए।
8. परीक्षा में अनेक दोषों का आ जाना तथा इसका समयानुकूल न होता।
9. छात्रों में राष्ट्रीय चिन्ताओं के प्रति जो उदासीनता है उसे दूर करने की आवश्यकता है।

15.4 राष्ट्रीय पाठ्यक्रम रूपरेखा 2005 के उद्देश्य (Aims of National Curriculum Frame Work 2005)

राष्ट्रीय पाठ्यक्रम, रूपरेखा, 2005, के निम्नलिखित उद्देश्य दर्शाए हैं:

1. ज्ञान को स्कूल के बाहर के जीवन से जोड़ना।
2. पढ़ाई रटत प्रणाली से व बच्चों की मुक्ति सुनिश्चित करना।
3. पाठ्यचर्चा कर इस प्रकार संवर्धन करना कि वह छात्रों को चहुँमुखी विकास के अवसर उपलब्ध करवाए बजाए इसके कि वे पाठ्यपुस्तक-केन्द्रित बन रह जाएँ।
4. परीक्षा को अपेक्षाकृत अधिक लचीला बनाना।
5. परीक्षा को कक्षा की गतिविधियों से जोड़ना।
6. शिक्षा की राष्ट्रीय व्यवस्था को बहुलतावादी समाज में मजबूती प्रदान करना।
7. शिक्षा बिना बोझ के' की सूझ के आधार पर पाठ्यचर्या के बोझ को कम करना।
8. पाठ्यचर्या सुधार से सुसंगत व्यवस्थागत परिवर्तन करना।
9. संविधान में उल्लिखित मूल्यों: जैसे-सामाजिक न्याय, समता एवं धर्मनिरपेक्षता पर आधारित पाठ्यचर्या अभ्यास।
10. सभी बच्चों के लिए गुणवत्ता पूर्ण शिक्षा सुनिश्चित करना।

11. ऐसे नागरिक वर्ग का निर्माण जो लोकतांत्रिक व्यवहारों, मूल्यों के प्रति कटिबद्ध हो, लैंगिक न्याय के प्रति, अनुसूचित जातियों-जनजातियों और विशेष आवश्यकता वाले बच्चों को समस्याओं एवं आवश्यकताओं के प्रति संवेदनशील हो तथा उसमें राजनीतिक एवं आर्थिक प्रक्रियाओं में भाग लेने की क्षमता हो।

15.5 राष्ट्रीय पाठ्यक्रम की रूपरेखा 2005 में से चुने हुए अंश (Selected Extracts From National Curriculum Frame Work 2005)

पाठ्चर्या में ज्ञान के अभिगम संबंधी कुछ सिद्धांत

- विषय द्वारा दिए गए कौशलों के आधार पर सामाजिक यथार्थ और परिवेश के प्रति आलोचनात्मक दृष्टिकोण का विकास।
- स्थानीय के साथ जुड़ाव, ज्ञान को संदर्भों में रखा जाए ताकि उसकी प्रासंगिकता और अर्थपूर्णता महसूस की जा सके, स्कूल के बाहर के अनुभवों की पुष्टि हो पाए, अवलोकन, वर्गीकरण, श्रेणियाँ बना कर, प्रश्न पूछ कर इन अनुभवों के संबंध में तर्क करके स्वयं सीखना।
- विभिन्न अनुशासनों में अंतर्संबंध देखना और ज्ञान में अंतनिर्हित जुड़ाव को समझना।
- जाँच के खुलेपन और उपयोगिता को पहचानना और तथ्यों की अस्थायी प्रकृति को समझना।
- स्थानीय ज्ञान और स्थानीय क्षेत्र के रिवाजों और प्रथाओं के साथ जुड़ना और जहाँ भी संभव हो इन्हें स्कूली ज्ञान के साथ जोड़ना।
- प्रश्न करने को प्रोत्साहन देना और नए प्रश्नों की तरफ बढ़ने के लिए अवसर प्रदान करना।
- कक्षायी प्रक्रियाओं में 'समानता' के मुद्दों के प्रति संवेदनशील होना और कई समूहों द्वारा ज्ञान के विभिन्न क्षेत्रों को सीख पाने को लेकर स्थापित रूढ़िबद्ध धारणाओं और भेदभाव के प्रति सजग होना (उदाहरण-लड़कियों को क्षेत्राधारित परियोजनाएँ न देना, नेत्रहीनों को गणित सीखने से वर्जित करना, इत्यादि।)
- कल्पनाशीलता का विकास और कल्पना एवं अतिकल्पना को सजीव रखना।

बच्चे पढ़ना क्यों नहीं सीखते? (Why don't Children Learn to Read)

- शिक्षक शिक्षाशास्त्र के बुनियादी कौशलों में कमजोर होते हैं, यानी इस समझ की उनमें कमी पाई जाती है कि कहाँ विद्यार्थी समझ रहा है, कहाँ उपयुक्त प्रश्न पूछ रहा है। पढ़ना सीखने की प्रक्रिया की समझ का उनमें अभाव होता है जिसमें नीचे से ऊपर की ओर जाने की प्रवृत्ति होती है, जिसमें पहचान और पाठ के अर्थ-निर्माण की प्रक्रिया शामिल होती है। उनमें कई बार कक्षा प्रबंधन के कौशलों का भी अभाव होता है। उनका ध्यान गलतियों पर अधिक होता है न कि कल्पनाशीलता और अभिव्यक्ति पर।

- सेवा-पूर्व प्रशिक्षण शिक्षकों को पठन के शिक्षा-शास्त्र की तैयारी के लिए पर्याप्त प्रशिक्षण नहीं देता, न ही सेवा-काल प्रशिक्षण में ही इस मुद्दे पर ध्यान दिया जाता है।
- पाठ्यपुस्तकें तदर्थ आधार पर तैयार की जाती हैं जिसमें पठन को लेकर कोई सुसंगत नीति नहीं होती।
- वंचित पृष्ठभूमि के बच्चे, विशेषकर प्रथम पीढ़ी के विद्यार्थी, शिक्षकों द्वारा स्वयं को स्वीकार्य नहीं समझते और स्वयं को पाठ्यपुस्तकों से जोड़ नहीं पाते।

पठन शुरू करने का कारगर उपागम

- कक्षा में छपी हुई सामग्री की बहुतायत हो, संकेतों, चार्ट, कार्य संबंधी सूचना आदि उसमें लगे हों ताकि विभिन्न अक्षरों की ध्वनियाँ सीखने के साथ वे लिखित संकेतों की पहचान भी कर सकें।
- कल्पनाशील निवेशों की जरूरत है, जिसे एक योग्य पाठक हाव-भाव से पढ़े, आदि।
- विद्यार्थियों द्वारा बताए गए अनुभवों का लेखन और उसके द्वारा उस लिखित पाठ का वाचन।
- अतिरिक्त सामग्री का पठन: कहानियाँ, कविता आदि।
- प्रथम पीढ़ी के विद्यार्थियों को इसका अवसर दिया जाना चाहिए कि वे अपने पाठ स्वयं तैयार करें और स्वयं द्वारा चुने हुए पाठों का कक्षा में योगदान दें।

दसवीं और बाहरवीं की परीक्षा में तनाव कम करने और सफलता बढ़ाने के उपाय (Reading Stress and Enrencing Success in the Classes X and XII Public Examinations)

- पाठ-आधारित परीक्षा की जगह समस्या सुलझाने और क्षमता-आधारित मूल्यांकन की ओर बढ़ना होगा। क्योंकि पाठ-आधारित परीक्षा से शिक्षा की गलत पद्धति और रटने की आदत को बढ़ावा मिलता है, इन दोनों से परीक्षा के दौरान तनाव पैदा होता है। कुछ बुनियादी तालिकाएँ और सूत्र उपलब्ध कराए जा सकते हैं जिससे स्मृति पर ज़ोर कम हो और ज्यादा ध्यान विश्लेषण, मूल्याँकन और व्यावहारिक उपयोगों पर हो।
- लचीले समय वाली छोटी अवधि की परीक्षा की ओर-लचीले समय वाली परीक्षा जिसमें 25% से 40% जगह संक्षिप्त प्रकार के उत्तर के लिए हो और बाकी बहुविकल्पी प्रश्नों के लिए। उपस्थित विद्यार्थियों को 90% पर्चा पूरी तरह आता हो और वे उसकी समीक्षा करने में भी सक्षम हो।
- विद्यार्थी के अपने या बगल के स्कूल में ही परीक्षा का आयोजन हो–गलत प्रथाओं को इस प्रकार रोका जा सकता है अगर वहाँ परीक्षा के परिवीक्षण का काम दूसरे स्कूल के शिक्षक करें।
- परीक्षा की तिथि को किसी भी सूरत में आगे नहीं बढ़ाया जाए।

- विद्यार्थियों को उतने ही पत्रों की परीक्षा देने का अधिकार हो जितने की तैयारी हो। तीन साल के दौरान परीक्षा पूरी हो सके। बोर्ड अपनी तैयारी इस तरह कर सकते हैं कि माँग के अनुसार परीक्षाओं की व्यवस्था हो सके जिनमें शिक्षार्थी तब बैठ सकें जब उन्हें लगे कि वे परीक्षा के लिए तैयार हैं।
- पास-फेल लिखने की जगह 'पुनर्परीक्षा वाँछनीय' लिखा जाए जिससे दक्षता के अभाव का पता चलता है।
- पुनर्परीक्षा परीक्षाफल की घोषणा के तुरंत बाद हो ताकि जो विद्यार्थी, एक या दो विषय में फिर से परीक्षा देना चाहते हैं, उनका साल बरबाद न हो।
- गणित और अंग्रेजी का मूल्यांकन दो स्तरों पर किया जा सकता है–सामान्य और उच्चतर। लंबे दौर में हर विषय को दो स्तरों पर पढ़ाया जाए, जिसमें सामान्य स्तर पर विद्यार्थी छह में से कम से कम तीन या दो मानक विषय पढ़ें और उच्चतर में बाकी तीन या चार।
- 'लचीली समय सीमा' के साथ परीक्षा बच्चों में तनाव कम करने का प्रभावी माध्यम हो सकती है।
- स्कूल में सहायता और परामर्श की सेवा उपलब्ध करवा कर बच्चों की तनाव से जुड़ी समस्याओं का समाधान ढूँढा जा सकता है, साथ ही विद्यार्थियों, अभिभावकों और शिक्षकों को भी बच्चों के तनाव से निपटने की दिशा में इससे मार्गदर्शन मिल सकता है। बोर्ड के दौरान हेल्पलाइन की सेवा से भी विद्यार्थियों और अभिभावकों को मदद मिल सकती है।

15.6 राष्ट्रीय पाठ्यक्रम की रूपरेखा 2005 का सारांश (Summary of National Curriculum Frame Work 2005)

सीखना और ज्ञान (Learning and Knowledge)

- अध्यापन और अध्ययन संबंधी हमारी समझ का पुन:अभिमुखीकरण।
- विद्यार्थियों के विकास एवं अधिगम के संबंध में सर्वांगीण दृष्टिकोण।
- कक्षा में सभी विद्यार्थियों के लिए समावेशी वातावरण तैयार करना।
- ज्ञान निर्माण में विद्यार्थियों की सहभागिता और रचनात्मकता को बढ़ावा।
- प्रयोगात्मक माध्यमों द्वारा सक्रिया शिक्षण।
- पाठ्यचर्या की प्रक्रियाओं में बच्चों की सोच, जिज्ञासा और प्रश्नों के लिए पर्याप्त स्थान।
- ज्ञान को अनुशासनिक सीमाओं के पार जोड़ते हुए ज्ञान के अन्तर्दृष्टिपूर्ण निर्माण के लिए एक व्यापक ढाँचा प्रदान करना।
- विद्यार्थियों की सहभागिता के क्षेत्र–अवलोकन, अन्वेषण, विश्लेषणात्मक विमर्श आदि भी उतने ही महत्त्वपूर्ण हैं जितनी कि ज्ञान की विषय-वस्तु।
- सामाजिक-सांस्कृतिक यथार्थ पर विवेचनात्मक परिप्रेक्ष्य को विकसित करने वाली प्रक्रियाओं को पाठ्यचर्या में स्थान देने की आवश्यकता।

- स्थानीय ज्ञान एवं बच्चों के अनुभव पाठ्यपुस्तकों और अध्यापन प्रक्रियाओं के महत्त्वपूर्ण अंग हैं।
- पर्यावरण संबंधी परियोजनाओं से जुड़े विद्यार्थी ऐसे ज्ञान के निर्माण में अपना योगदान दे सकते हैं जो भारतीय पर्यावरण का एक पारदर्शी, सार्वजनिक आँकड़ा–आधार तैयार करने में सहायक हो।
- स्कूल के वर्ष बच्चों की तीव्र वृद्धि का दौर होता है, उनकी क्षमताओं, अभिरूचियों व दृष्टिकोण में काफी बदलाव आते हैं। इसलिएं विषयवस्तु के चुनाव एवं व्यवस्था को तथा ज्ञान निर्माण की प्रक्रियाओं को उनके हिसाब से अनुकूलित करना चाहिए।

15.7 पाठ्यचर्या के क्षेत्र, स्कूल की अवस्थाएँ और आँकलन (Curriculum Areas, School Stages and Assessment)

भाषा

- लिखने-बोलने, सुनने एवं पढ़ने की भाषिक क्षमताएँ स्कूल के सभी विषयों और अनुशासनों के शिक्षण से विकसित होती हैं। प्राथमिक शिक्षा से लेकर उच्च माध्यमिक स्तर तक बच्चों के ज्ञान निर्माण में उनके बुनियादी महत्त्व को समझना आवश्यक है।
- त्रिभाषा फॉर्मूले को पुनः लागू किए जाने की दिशा में काम किया जाना चाहिए, जिसमें बच्चों की घरेलू भाषाओं और मातृभाषाओं को शिक्षण के माध्यम के रूप में मान्यता देने की ज़रूरत है। इनमें आदिवासी भाषाएँ भी शामिल हैं।
- अंग्रेजी को अन्य भारतीय भाषाओं के बीच स्थान दिए जाने की आवश्यकता है।
- भारतीय समाज के बहुभाषात्मक प्रकृति को स्कूली जीवन की समृद्धि के लिए संसाधन के रूप में देखा जाना चाहिए।

गणित

- गाणित-शिक्षण का मुख्य लक्ष्य गणितीकरण (तार्किक ढंग से सोचने, अमूर्तनों का निर्माण करने तथा संचालित करने की योग्यताओं का विकास) होना चाहिए न कि गणित का ज्ञान (औपचारिक एवं यांत्रिक प्रक्रियाओं का ज्ञान)।
- तार्किक ढंग से सोचने की क्षमता।
- गणित की शिक्षा से बच्चों की तर्क, सोचने की, अमूर्तनों के निर्माण तथा दृष्टिकरण की क्षमाताओं एवं बच्चों में समस्या सुलझाने की क्षमता का विकास हो। गणित की बेहतर शिक्षा का हक हर बच्चे को है।

विज्ञान

- विज्ञान की भाषा, प्रक्रिया एवं विषयवस्तु विद्यार्थी की उम्र और उसकी ज्ञान की सीमा के अनुकूल होनी चाहिए।

- विज्ञान शिक्षा को विद्यार्थियों को उन तरीकों एवं प्रक्रियाओं का बोध कराने में सक्षम होना चाहिए जो उनकी रचनात्मकता और जिज्ञासा को संपोषित करने वाली हों, विशेषकर पर्यावरण के संदर्भ में।
- विज्ञान की शिक्षा को बच्चों के परिवेश के व्यापक संदर्भ के अनुकूल होना चाहिए ताकि उनमें काम के संसार में प्रवेश करने लायक ज़रूरी ज्ञान एवं कौशल्न विकसित हो सकें।
- पर्यावरण की चिंताओं के प्रति जागरूकता को संपूर्ण स्कूली पाठ्यचर्या में व्याप्त होना चाहिए।

सामाजिक विज्ञान

- सामाजिक विज्ञान की विषयवस्तु में अवधारणात्मक समझ पर ध्यान दिए जाने की जरूरत है बजाए इसके कि बच्चों के सामने परीक्षा के लिए रटने वाली सामग्री का अंबार खड़ा कर दिया जाए। इससे उनमें सामाजिक मुद्दों पर स्वतंत्र तथा आलोचनात्मक रूप से सोचने का अवसर मिलेगा।
- प्रमुख राष्ट्रीय चिंताओं; जैसे–लैंगिक न्याय, मानव अधिकार और हाशिए के समूहों तथा अल्पसंख्यकों के प्रति संवेदनशीलता को विकसित किए जाने के लिए अंतः अनुशासनात्मक दृष्टिकोण अपनाए जाने की जरूरत है।
- नागरिक शास्त्र को राजनीतिशास्त्र में तब्दील कर दिया जाए, तथा इतिहास को बच्चे की अतीत तथा नागरिकता की पहचान की अवधारणा पर प्रभाव डालने वाले विषय के रूप में पहचाना जाए।

काम

- पूर्व-प्राथमिक से लेकर उच्च माध्यमिक स्तर तक स्कूली पाठ्यचर्या को पुनर्गठित किए जाने की आवश्यकता है जिसमें ज्ञान अर्जन, मूल्यों का विकास और बहुविध कौशलों के निर्माण के संदर्भ में काम की शिक्षाशास्त्रीय संभावनाओं को देखा जा सके।

कला

- कलाओं (संगीत, नृत्य, दृश्यकलाएँ, कठपुतली कला, मिटटी की कला, नाटक आदि के लोक तथा शास्त्रीय रूपों) और धरोहर शिल्पों को पाठ्यचर्या में समेकित घटकों के रूप में मान्यता।
- वैयक्तिक, सामाजिक, आर्थिक और सौंदर्यात्मक आवश्यकताओं के संदर्भ में उनकी प्रासंगिकता के बारे में माता-पिता, स्कूली अधिकारियों और प्रशासकों में जागरूकता पैदा करना।
- कला को स्कूली शिक्षा के हर स्तर पर शामिल किए जाने पर बल।

शांति

- स्कूली शिक्षा के दौरान उपयुक्त गतिविधियों के माध्यम से सभी विषयों में शांति के मूल्यों का संवर्द्धन।
- शांति के लिए शिक्षा को शिक्षक-प्रशिक्षण का भी एक अवयव बनाया जाना चाहिए।

स्वास्थ्य एवं शारीरिक शिक्षा

- स्वास्थ्य एवं शारीरिक शिक्षा विद्यार्थियों के समग्र विकास के लिए आवश्यक है। स्वास्थ्य एवं शारीरिक शिक्षा के माध्यम से स्कूल में नामांकन, उपस्थिति एवं ठहराव आदि की समस्या से निपटा जा सकता है।

आवास और अधिगम

- पर्यावरण शिक्षा सबसे अच्छी तरह विभिन्न अनुशासनों की शिक्षा के साथ, उसके मुद्दों और चिंताओं को सभी स्तरों पर जोड़कर दी जा सकती है। परन्तु इसमें यह ध्यान देना आवश्यक है कि संबंधित गतिविधियों के लिए पर्याप्त समय दिया जाए।

विद्यालय एवं कक्षा का वातावरण (School and Class Room Environment)

- शिक्षकों के प्रदर्शन को सुधारने के लिए ढाँचागत और भौतिक सामग्री की न्यूनतम उपलब्धता और दैनिक योजना को लचीला बनाना आवश्यक है।
- बच्चों को सीखने वालों के रूप में पहचानने वाली स्कूली संस्कृति हर बच्चे की रूचियों और उसकी संभावनाओं को और अधिक समृद्ध करती है।
- ऐसी विशिष्ट गतिविधियों का आयोजन जिसमें सक्षम और विभिन्न अक्षमताओं को झेल रहे बच्चे भी भाग ले सकें। यह सबके सीखने के लिए एक अनिवार्य शर्त है।
- लोकतांत्रिक तरीके द्वारा बच्चों में स्व-अनुशासन का विकास हमेशा ही प्रासंगिक रहा है।
- ज्ञान की प्रक्रिया में समुदाय के लोगों को शामिल किए जाने से स्कूल और समुदाय में साझेदारी होने लगती है।
- सीखने के लिए जरूरी संसाधनों के बारे में इन संदर्भों में पुनर्विचार की आवश्यकता–
  - पाठ्यपुस्तकों में अवधारणाओं की व्याख्या, गतिविधियाँ, समस्याएँ और अभ्यास इस तरह से दिए गए हों कि वे उससे संबंधित चिंतन और समू कार्य को बढ़ावा देने वाले हों।
  - सहायक पुस्तकें, कार्यपुस्तिकाएँ, शिक्षकों के लिए मार्गदर्शिकाएँ आदि अभिनव चिंतन और नयी दृष्टियों पर आधारित हों।

- शिक्षा को इकतरफा रूप से प्राप्त की जाने वाली वस्तु की जगह इसमें दोतरफा संवाद बनाने के लिए मल्टीमीडिया और सूचना एवं संचार तकनीकी के साधनों का उपयोग।
- स्कूल का पुस्तकालय विद्यार्थियों, शिक्षकों और समुदाय के लोगों के लिए ज्ञान को गहरा करने और विस्तृत संसार के साथ जोड़ने का कार्य करे।

- शिक्षा के माहौल को बनाने के लिए स्कूल सारणी की विकेंद्रीकृत योजना तथा दैनिक सारणी और शिक्षक को पेशेवर कार्यों के लिए स्वायत्तता अनिवार्य है।

व्यवस्थागत सुधार (Systematic Reforms)

- व्यवस्थागत सुधार का एक प्रमुख लक्षण है, गुणवत्ता की चिंता जिसका मतलब हुआ कि संस्था में अपनी कमज़ोरियों की पहचान कर नयी क्षमताओं का विकास करते हुए खुद को सुधारने की क्षमता हो।
- यह वाँछनीय है कि समान स्कूल व्यवस्था विकसित की जाए ताकि देश के अलग-अलग क्षेत्रों की तुलनीय गुणवत्ता भी सुनिश्चित हो सके क्योंकि जब अलग-अलग पृष्ठभूमियों के बच्चे साथ-साथ पढ़ते हैं तो इससे शिक्षण की गुणवत्ता में विकास होता है और स्कूल का माहौल समृद्ध होता है।
- आगामी योजना के लिए महत्त्वपूर्ण क्षेत्रों की पहचान की शुरूआत स्कूलों से करते हुए, संकुल तथा खण्ड स्तर पर हो। बाद में इनका समेकन करते हुए विस्तृत रूपरेखा बनाई जा सकती है। यह आगे जिला स्तर पर विकेन्द्रीकरण योजना नीति बनाने में मदद कर सकती है।
- प्रधानाध्यापक और शिक्षकों के सहयोग से सार्थक अकादमिक योजना का विकास।
- पठन-पाठन के संदर्भ में प्रत्येक स्कूल के साथ सतत अन्त:क्रिया की जानी चाहिए ताकि गुणवत्ता का निरीक्षण किया जा सके।
- शिक्षक-शिक्षा कार्यक्रमों का इस प्रकार पुनर्सूत्रीकरण एवं शक्तिकरण किया जाए ताकि शिक्षक निम्नलिखित रूपों में अपनी भूमिका निभा सके:
  - अध्ययन-अध्यापन की परिस्थितियों को शिक्षकों के लिए उत्साहवर्धक, सहयोगी और मानवीय बनाया जाए ताकि विद्यार्थियों को अपनी शारीरिक तथा बौद्धिक संभावनाओं के पूर्ण विकास का मौका मिले। साथ ही, जिम्मेदार नागरिक के रूप में अपनी भूमिका निभाने के लिए वाँछनीय सामाजिक और मानवीय मूल्यों के विकास का भी अवसर मिल सके; और
  - शिक्षक को ऐसे समूह का हिस्सा होना चाहिए, जो लगातार सामाजिक और विद्यार्थियों की व्यक्तिगत आवश्यकताओं को ध्यान में रखकर पाठ्यचर्या सुधार में सजगता से लगें।

- शिक्षक-शिक्षा का इस प्रकार पुनर्सूत्रीकरण हो कि इसमें ज्ञान निर्माण में विद्यार्थी की सक्रिय भागीदारी, अधिगम के साझे संदर्भ, ज्ञान निर्माण की प्रक्रिया में शिक्षक उत्प्रेरक का काम करे, आदि पर बल दिया जाए। शिक्षक-शिक्षा का दृष्टिकोण बहु-अनुशासनात्मक हो, उसमें सिद्धांत और व्यवहार अंतर्भूत हों तथा इसमें आलोचनात्मक परिप्रेक्ष्य विकसित करने की दृष्टि से समकालीन भारतीय सामाजिक मुद्दों पर बातचीत हो।
- शिक्षक-शिक्षा में भाषिक दक्षता को केंद्र में रखा जाए और शिक्षक-शिक्षा का समेकित मॉडल विकसित किया जाए ताकि शिक्षकों के पेशेवरपन को मजबूत किया जा सके।
- सेवाकालीन शिक्षण स्कूल में बदलाव का उत्प्रेरक हो।
- लोकतांत्रिक सहभागिता को साकार करने हेतु गाँव के स्तर पर समांतर संस्थाओं के क्रियाकलापों को नियंत्रित कर पंचायती राज संस्थाओं को मज़बूती प्रदान की जा सके।
- निम्नलिखित बिन्दुओं पर बल देकर परीक्षा के कारण होने वाले तनाव में कमी लाई जा सकती है और सफलता बढ़ाई जा सकती है:
    - विषयवस्तु के परीक्षण के बदले शिक्षार्थियों की समस्या समाधान तथा समझ को जाँचने की दिशा में बदलाव। इसके लिए प्रश्न-पत्र के वर्तमान स्वरूप में परिवर्तन आवश्यक है।
    - लघु परीक्षाओं की ओर बदलाव।
    - लचीली समय सीमा के साथ परीक्षा।
    - एक ऐसी नोडल एजेंसी की स्थापना जो प्रवेश परीक्षाओं के डिज़ाइन बनाए तथा उन्हें संचालित कर सके।
    - स्कूली पाठ्यचर्या में पूर्व प्राथमिक से 12वीं कक्षा तक काम-केंद्रित शिक्षा को, शिक्षा का अभिन्न अंग मान संस्थागत दर्जा दिया जाए। इससे वैश्विक अर्थव्यवस्था की चुनौतियों का सामना करने के लिए व्यावसायिक शिक्षा की पुनर्रचना हो सकेगी।
    - व्यावसायिक शिक्षा एवं प्रशिक्षण (वेट) को मिशन मोड के रूप में प्रारम्भ करने तथा क्रियान्वित करने की आवश्यकता है। इस क्षेत्र में पहले से उपलब्ध सुविधाओं के सहयोग से गाँव, समुदाय और ब्लॉक स्तर से लेकर अनुमण्डल/ज़िला, नगर और महानगर तक में व्यावसायिक शिक्षा तथा प्रशिक्षण केन्द्रों और संस्थाओं की स्थापना की जाए।
    - शिक्षकों के चुनाव और बच्चों की आवश्यकताओं तथा रूचियों की विविधता का विस्तार करने के लिए विविध पाठ्यपुस्तकों की उपलब्धता।
    - शिक्षण अनुभवों तथा विविध कक्षा अभ्यासों में साझेदारी को बढ़ावा देना ताकि नए विचार उत्पन्न हो सकें और नवाचार तथा प्रयोग को बढ़ावा मिले।
    - विश्वविद्यालयों, गैर-सरकारी संस्थाओं तथा शिक्षक संगठनों से शिक्षकों और विशेषज्ञों की मदद से विकेंद्रीकृत तरीके से सबकी सहभागिता के

साथ पाठ्यक्रमों, पाठ्यपुस्तकों तथा शिक्षण-अधिगम संसाधनों का विकास, किया जा सकता है।

15.8 राष्ट्रीय पाठ्यक्रम के रूपरेखा 2005 का मूल्याँकन (Evaluation of the National Curriculum Framework 2005)

राष्ट्रीय पाठ्यक्रम की रूपरेखा दस्तावेज (Document) देश के प्रतिष्ठित विद्वानों, विचारकों तथा शिक्षाविदों तैयार किया गया है। यह अत्यंत परिश्रम तथा विचार विमर्श पर आधारित है। यह एक अति गहन निबन्ध है। जैसे इसकी आवश्यकता नहीं थी क्योंकि केन्द्रीय माध्यमिक शिक्षा बोर्ड (CBSE) तथा अन्य 39 बोर्ड पाठ्यक्रम में समय-समय पर आवश्यकतानुसार संशोधन करते रहते हैं। सूचना-प्रेषण तकनीकी (ICT) भूमण्डलीयकरण तथा उदारीकरण की आवश्यकताओं को ध्यान में रखते हैं।

राष्ट्रीय पाठ्यक्रम की रूपरेखा में दी गई सामग्री में कोई ठोस ताल-मेल दृष्टिगोचर नहीं होता। छोटे-मोटे उदाहरणों से भरा पड़ा है जैसे छोटे बच्चों को कहानियाँ सुनायी जाती हैं। वाँछित दिशा-निर्देशों का अभाव है। इसमें यह जोर दिया गया है कि छात्रों पर पढ़ायी का बोझ (Teaching Load) कम हो। परन्तु क्रियान्वयन में ऐसा नहीं हुआ। छात्रों पर तथा उनके अभिभावकों पर बोझ बड़ा ही है।

जैसा कि ऊपर कहा गया है देश के 40 बोर्डों ने समयानुसार पाठ्यक्रम तथा पाठ्यपुस्तकों का निर्माण किया है जो गतिशीलता तथा सजृनात्मकता को बढ़ावा देने वाली हैं। पाठ्यक्रम के क्रियान्वयन में 'ज्ञान कैसे अर्जित किया जाता है, इस बात पर बल दिया गया है। छात्रों में तर्कशक्ति तथा व्यावहारिकता आदि गुणों के विकास सम्बन्धी अधिक से अधिक अवसर प्रदान करने के प्रयास किया जा रहे हैं।'

अन्त में इस तत्व पर जोर देना आवश्यक है कि पाठ्यक्रम चाहे कितना भी अच्छा तथा चुनौतीपूर्ण क्यों न हो, वह तभी प्रभावी हो सकता है, जबकि उसका कार्यान्वयन सुचारू ढंग से किया जाए। इस तत्व पर भी ध्यान देना आवश्यक है कि पाठ्यक्रम का अर्थ केवल विषयों (Subjects) से ही नहीं है। यह एक विस्तृत अवधारणा है। इसमें सभी विषय, कक्षा तथा स्कूल के अनुभव, शिक्षण विधियाँ तथा परीक्षा-मूल्यांकन आ जाते हैं।

भाग II

माध्यमिक शिक्षा की समस्याएँ तथा मुद्दे
PROBLEMS AND ISSUES IN SECONDARY EDUCATION

16

राष्ट्रीय शिक्षा प्रणाली 10+2+3 का विकास
(Evolution of the National System of Education 10+2+3)

16.1 डलरस अथवा अन्तर्राष्ट्रीय शिक्षा आयोग, 21वीं शताब्दी (1993-96) [(Delors Commission or International Commission on Education for the Twenty-first Century (1993-96)]

भूमिका (Introduction)

समय-समय पर यूनेस्को (UNESCO) शिक्षा में सुधार हेतु कमीशन तथा समितियों का गठन करना है। इसी कड़ी में 1993 में एक अन्तर्राष्ट्रीय आयोग का गठन किया गया। इसके सदस्य संसद के प्रसिद्ध दार्शनिक तथा विचारक थे। Delors जोकि फ्राँस के वित्त तथा अर्थशास्त्र के मंत्री थे तथा European Commission (1985-1995) के अध्यक्ष रह चुके थे, वे इसी आयोग के अध्यक्ष भी थे। भारत का दार्शनिक, राजनीतिक तथा शिक्षाविद् डा. कर्णसिंह इसके सदस्य थे।

आयोग की रिपोर्ट का शीर्षक था–'*Learning The Treasure Within*'

कमीशन की शिक्षा सम्बन्धी महत्त्वपूर्ण सिफारिशें तथा उद्देश्य (Significant Educational Recommendations and Objectives of the Commission)

1. शिक्षा मानव का मूलभूत आधार है।
2. सभी प्रकार की शिक्षा-औपचारिक तथा अनौपचारिक समाज के कल्याण के लिए है।
3. शिक्षा हर प्रकार का ज्ञान बढ़ाएँ
4. शिक्षा की प्रत्येक नीति में प्रासंगिकता (Relevance), समानता तथा परिस्थितियों को ध्यान में रखकर सुधार किए जाएँ ।

5. शिक्षा में सभी सुधार निम्नलिखित मूल्यों पर आधारित होने चाहिए:
(i) मानव अधिकार (Human Rights)
(ii) सहिष्णुता (Tolerance)
(iii) शान्ति (Peace)
(iv) पर्यावरण का सुरक्षण (Preservation of Environment)
(v) ज्ञान का आदान-प्रदान (Sharing Knowledge)
(vi) निर्धनता का उन्मूलन (Alleviation of Poverty)
(vii) जनसंख्या नियन्त्रण (Population Control)
(viii) स्वास्थ्य विकास (Health Development)

शिक्षा के चार स्तम्भ (Four Pillars of Education)

आयोग ने शिक्षा के चार स्तम्भ इस प्रकार बताए:

1. ***जानने के लिए सीखना (Learning to Know)*:** ज्ञान उपार्जन पर न बल देकर इस बात पर बल देना कि ज्ञान किस प्रकार अर्जित किया जा सकता है। अर्थात् छात्रों को इस बात का ज्ञान कराना कि वे स्वयं ज्ञान अर्जित करना सीखें।

2. ***कार्य करना (Learning to Do)*:** इसका अर्थ केवल व्यावसायिक कुशलता से ही नहीं है अपितु सामाजिक कुशलता भी।

3. ***मिल-जुल कर रहना (Learning to Live Together)*:** इसका अर्थ दूसरों के विचारों को समझना तथा आदर करता है।

4. ***बनने के लिए सीखना (Learning to Be)*:** इसका अभिप्राय: व्यक्तित्व के व्यक्तिगत के सम्पूर्ण विकास से है। व्यक्तिगत उत्तरदायित्व की भावना, तर्क शक्ति का विकास, शारीरिक शक्ति का विकास, अयोजन शक्ति का विकास, स्मृति का विकास आदि।

16.2 राष्ट्रीय शिक्षा प्रणाली की अवधारणा (Concept of National System of Education)

राष्ट्रीय शिक्षा प्रणाली से अभिप्राय उस शिक्षा प्रणाली से है, जो कि किसी भी राष्ट्र की आकांक्षाओं, आवश्यकताओं तथा आदर्शों के अनुसार हो।

16.3 राष्ट्रीय शिक्षा प्रणाली की आवश्यकता (Need for National Policy of Education)

1. राष्ट्रीय शिक्षा प्रणाली नागरिकों में राष्ट्रीयता की भावना उत्पन्न करती है तथा साथ-साथ यह भावात्मक एकता को भी बढ़ावा देती है क्योंकि इस प्रणाली के अन्तर्गत प्रत्येक धर्म तथा विश्वास को एक सार समझकर शिक्षा प्रदान की जाती थी।

2. राष्ट्रीय शिक्षा प्रणाली के अन्तर्गत सामाजिक भावनाओं तथा कुशलताओं की वृद्धि की जाती है।

3. यह शिक्षा प्रणाली नागरिकों में उत्तम नागरिकता के गुणों का विकास करती है तथा कुशल व योग्य नागरिकों का निर्माण करती है।

4. राष्ट्रीय शिक्षा प्रणाली नागरिकों में राष्ट्र हित हेतु त्याग की भावना विकसित करके उन्हें अनुशासित बनाती है।

5. राष्ट्रीय शिक्षा प्रणाली व्यक्तिगत विकास के साथ सार्वजनिक विकास की भावना का भी विकास करती है।

6. प्रत्येक स्वतन्त्र तथा विकासशील देश में राष्ट्रीय शिक्षा प्रणाली का निर्माण उसके संविधान में दिये गये मूल्यों के सन्दर्भ में होता है।

7. राष्ट्रीय शिक्षा प्रणाली सभी वर्गों में समानता की भावना बढ़ाती है।

8. राष्ट्रीय शिक्षा प्रणाली में 'मैं' (I) की जगह पर 'हम' (We) पर बल दिया जाता है।

16.4 राष्ट्रीय शिक्षा प्रणाली के मुख्य तत्व (Chief Characteristics of National System of Education)

राष्ट्रीय शिक्षा नीति के मुख्य तत्व निम्नलिखित है:

1. शिक्षा में समानता लाना तथा देश के प्रत्येक भाग में एक समान शिक्षा की संरचना करना।

2. राष्ट्रीय भाषा को शिक्षा का माध्यम बनाना।

3. प्राथमिक शिक्षा का सार्वभौमिकरण तथा सभी को शिक्षित करना।

4. पाठ्यक्रम में राष्ट्रीय नेताओं, सुधारकों आदि के जीवन पर पर्याप्त सामग्री का समावेश करना।

5. छात्रों के लिए एक-सी वेशभूषा होना तथा एक ही लिपि का होना।

6. विद्यालयों में प्रार्थना सभा के दौरान राष्ट्रीय गीत गाना तथा छात्रों में राष्ट्रीय गीत, राष्ट्रीय ध्वज तथा राष्ट्रीय चिह्मों के प्रति आदर भरना।

7. देश की एकता पर बल देना।

8. प्रतिदिन राष्ट्र-सेवा हेतु प्रतिज्ञा लेना।

9. देश के प्रत्येक क्षेत्र में छात्रों तथा शिक्षकों का आदान-प्रदान करना तथा भ्रमिक यात्राओं के अवसर प्रदान करना।

10. शिक्षण संस्थाओं में प्रवेश हेतु जाति, धर्म आदि की जगह पर योग्यता को बल देना।

11. सामाजिक विषयों पर विशेषत: इतिहास तथा समाजशास्त्र आदि में तथ्यों सम्बन्धी धार्मिक तथा क्षेत्रीय भाव निष्पक्ष प्रस्तुत करना।

12. राष्ट्रीय एकता, भावात्मकता तथा एकत्व की भावना को बढ़ावा देने हेतु देशगीतांजलि की रचना करना तथा छात्रों द्वारा मिलकर देश-भक्ति आदि के गीत गाना।

16.5 अंग्रेजी काल में राष्ट्रीय शिक्षा प्रणाली (National System of Education During the British Period)

अंग्रेजी काल के अन्तर्गत राष्ट्रीय शिक्षा प्रणाली का आधार अंग्रेजी राज की प्रशासनिक तथा आर्थिक आवश्यकताओं की पूर्ति करना था। भारतीय हितों की विदेशी राज को किसी भी प्रकार की कोई चिन्ता नहीं थी।

अंग्रेजी राज में भारतीय शिक्षा-प्रणाली को प्रभावित करने वाले तत्त्वों का विवरण निम्नलिखित है:

10 जून, 1834 को लॉर्ड मैकॉले भारतीय गवर्नर जनरल की कौंसिल के सदस्य बनकर भारत आए। उन्हें यहाँ जनरल कमेटी ऑफ पब्लिक इन्सट्रक्शन का अध्यक्ष बना दिया गया।

सन् 1835 मैकॉले ने कौंसिल के सामने अपना प्रसिद्ध विवरण-पत्र (Minutes) रखा। जिसमें पाश्चात्य शिक्षा तथा अंग्रेजी माध्यम की सिफारिश की। साथ ही 7 मार्च, 1835 की लार्ड विलियम बेटिंग ने सरकारी नीति स्पष्ट करते हुए कहा कि "ब्रिटिश सरकार का महान उद्देश्य है कि इस देश में यूरोपीय साहित्य तथा विज्ञानों की उन्नति हो तथा शिक्षा पर होने वाला समस्त व्यय अंग्रेजी शिक्षा पर ही करना उसका श्रेष्ठतम उपयोग होगा।"

लॉर्ड मैकॉले शिक्षा के द्वारा ऐसे व्यक्तियों का निर्माण करना चाहते थे, जो कि रंग रूप में तो भारतीय थे, किन्तु बातचीत, चिन्तन तथा वेशभूषा में अंग्रेज लगते हों।"

लॉर्ड मैकॉले ने अपने शिक्षा सम्बन्धी विचार निम्न प्रकार प्रस्तुत किये–

1. भारत तथा अरब के साहित्य से अधिक महत्त्व यूरोपीय साहित्य को दिया जाए।

2. भारत के निवासियों में प्रचलित देशी भाषाओं में साहित्यिक एवं वैज्ञानिक ज्ञान कोष का अभाव है तथा वह पूर्णत: विकसित भी नहीं है। इन्हें विकसित करने के लिए जब तक बाह्य भण्डार से सम्पन्न नहीं किया जाएगा, तब तक सुगमता से किसी भी महत्त्वपूर्ण ग्रन्थ का अनुवाद नहीं हो सकेगा।

3. लॉर्ड मैकॉले ने संस्कृत भाषा का मजाक उड़ाया तथा कहा कि "चिकित्सा सिद्धान्त पढ़ाये जाते हैं, जिन पर अंग्रेज पशु चिकित्सकों को लज्जा आएगी। ज्योतिष ऐसा है, जिस पर विद्यालय की अंग्रेज बालिकाएँ हँस पड़ेंगी, भूगोल ऐसा है, जिसमें, शीरे तथा मक्खन के समुद्रों का वर्णन है।"

4. मैकॉले ने अंग्रेजी भाषा की अत्यधिक प्रशंसा की। साथ ही यह कहा कि, "यह भाषा पाश्चात्य भाषाओं में भी सर्वोपरि है। जो इस भाषा को जानता है वह सुगमता से उस विशाल ज्ञान भण्डार को प्राप्त कर सकता है, जिसे विश्व की सबसे ज्यादा बुद्धिमान जातियों ने रचा है।"

मैकॉले ने भारतीय शिक्षा पद्धति की प्रगति पर अंकुश लगा दिये। तथा उस वर्ग का निर्माण करना शिक्षा का प्रमुख उद्देश्य रखा जो कि अंग्रेजी भाषा, साहित्य, पसन्द, विचार तथा आचरण का अपनायें। इस प्रकार पाश्चात्य सभ्यता एवं संस्कृति के उपासक वर्ग का निर्माण करके वह भारतीयों में फूट डालना चाहते थे।

कुछ लोग मैकॉले को भारतीय शिक्षा का पथ प्रदर्शक मानते हैं। उनका विचार है, कि अंग्रेजी शिक्षा द्वारा भारतीय पाश्चात्य देशों के समानता, स्वतन्त्रता एवं बन्धुत्त्व के सिद्धान्तों से परिचित हुए और उन्होंने राजनैतिक संघर्ष प्रारम्भ करके भारत को दासता की बेड़ियों से मुक्त कर दिया। परन्तु यह मानने के लिए प्रमाण भी नहीं है, कि मैकाले की नीति के कारण ही राष्ट्रीयता तथा एकता का विकास हुआ और उसके बिना भारत कभी भी स्वतन्त्र नहीं होता।

16.6 स्वतन्त्रता पश्चात् राष्ट्रीय शिक्षा प्रणाली (National System of Education During Post Independence Period)

स्वतन्त्रता-प्राप्ति के पश्चात् राष्ट्रीय शिक्षा नीति को तीन भागों में विभाजित किया गया था–

(I) 1947 से 1966 के मध्य–प्रथम चरण।

(II) 1966 से 1986 के मध्य–द्वितीय चरण।

(III) 1986 के पश्चात्–तृतीय चरण।

(I) 1947 से 1966 के मध्य–प्रथम चरण: 1947 से 1966 के मध्य राष्ट्रीय शिक्षा नीति में निम्नलिखित महत्त्वपूर्ण बिन्दुओं पर विचार किया गया–

शिक्षा में कोई ठीक प्रकार की शिक्षा नीति न होने के कारण सर्वप्रथम इस समय काल के दौरान एक शिक्षा समिति (Education Commission) बनाने पर विचार-विमर्श किया गया।

स्वतन्त्रता संग्राम के दौरान गाँधीजी तथा अन्य नेताओं ने यह माना कि अंग्रेजी शिक्षा प्रणाली के द्वारा भारत का हित नहीं किया जा सकता। अत: इस प्रणाली को बदलना अनिवार्य हो गया है। इसलिए गाँधीजी ने एक नई शिक्षा प्रणाली निर्मित किया, जो 'बेसिक शिक्षा प्रणाली' कहलाई। परन्तु कई कारणों से इस शिक्षा प्रणाली को सफलता नहीं मिली। स्वतंत्रता-प्राप्ति के बाद यह दृढ़ निश्चय किया गया कि प्रचलित शिक्षा प्रणाली को बदले बिना शिक्षा देश की आवश्यकताओं की पूर्ति नहीं कर सकती। अत: शिक्षा को सुधारने के लिए लगभग 100 समितियों का निर्माण किया गया तथा इतने ही शिक्षा आयोग भी भारत में गठित किए गए।

शिक्षा प्रणाली के दौरान निम्नलिखित महत्त्वपूर्ण कदम उठाये–

1. *बेसिक शिक्षा*: स्वतन्त्रता-प्राप्ति के पश्चात् 'नई तालीम' अथवा 'बेसिक शिक्षा' की शुरूआत की गई। तथा इसको प्राथमिक स्तर पर राष्ट्रीय शिक्षा नीति का चरण घोषित कर दिया गया। तथा सरकार द्वारा इसके विकास के भरपूर प्रयास किये गये। परन्तु यह नीति अत्यधिक सफल नहीं हो पाई। तथा तीसरी पंचवर्षीय योजना के पश्चात् तो यह नीति सिर्फ 'कागजी पद्धति' बनकर रह गई।

2. *विश्वविद्यालय शिक्षा आयोग* 1948-49: इस शिक्षा आयोग ने विश्वविद्यालय स्तर पर शिक्षा को समझा तथा अवलोकन के पश्चात् शिक्षा के सुधार हेतु अनेक सुझाव दिये। इस आयोग ने सम्पूर्ण राष्ट्रीय शिक्षा प्रणाली को न लेकर सिर्फ विश्वविद्यालय स्तर पर ही कार्य किया।

3. *माध्यमिक स्तर की शिक्षा प्रणाली*: माध्यमिक शिक्षा आयोग के द्वारा माध्यमिक स्तर पर एक शिक्षा प्रणाली का आयोजन किया गया। जिसे चलाने हेतु तथा इसमें सुझाव प्रस्तुत करने के लिए ही माध्यमिक शिक्षा आयोग (Secondary Education Commission 1952-53) की स्थापना की गई। माध्यमिक शिक्षा आयोग की संस्तुतियों पर कोई विशेष कार्यवाही नहीं की जा सके। इसका मुख्य कारण शिक्षा के प्रति लोगों का सचेत न होना था तथा यह प्रणाली सिर्फ माध्यमिक स्तर पर ही थे। प्राथमिक तथा विश्वविद्यालयों स्तर से इसका कोई सम्बन्ध नहीं था।

4. *कोठारी शिक्षा आयोग* (1964-66): सम्पूर्ण शिक्षा प्रणाली को लेकर चलने के लिए स्वतन्त्रता-पश्चात् भारत सरकार ने एक सम्पूर्ण शिक्षा प्रणाली की स्थापना की, तथा

देश के सभी भागों में इसके क्रियान्वयन पर बल दिया गया। यही राष्ट्रीय शिक्षा आयोग 1964-66 कोठारी शिक्षा आयोग कहलाया। आयोग ने शिक्षा की राष्ट्रीय जनजीवन से सम्बन्धता के लिए राष्ट्रीय शिक्षा प्रणाली की रूपरेखा प्रस्तुत की। इसने शिक्षा के विभिन्न पक्षों तथा स्तरों पर सुधार के उपाय बताए।

(II) 1966-1986 के मध्य-द्वितीय चरण: अध्यक्ष के नाम पर राष्ट्रीय शिक्षा प्रणाली के निर्माण का द्वितीय चरण 1966 से 1986 के मध्य शुरू हुआ। इसके अन्तर्गत निम्नलिखित प्रस्ताव रखे गये–

1. *राष्ट्रीय शिक्षा नीति पर प्रस्ताव* (1968): राष्ट्रीय शिक्षा नीति पर प्रस्ताव 1968 में पास किया गया। तत्पश्चात् इस आयोग की संस्तुतियों पर संसद में भी विचार किया गया। इसके अन्तर्गत अन्य बातों के साथ-साथ यह कहा गया कि "देश के सभी भागों में एक जैसा ही शैक्षिक ढाँचा होना चाहिये। तथा यही लाभदायक रहेगा तथा शिक्षा का अन्तिम उद्देश्य 10+2+3 ही होना चाहिए।"

2. *शिक्षा की चुनौती नामक दस्तावेज*: राष्ट्रीय शिक्षा नीति के ही अन्तर्गत भारत सरकार ने "शिक्षा की चुनौती" नामक एक दस्तावेज छापा। जिसके अन्तर्गत सम्पूर्ण देश की शिक्षा प्रणाली को लिया गया।

(III) 1986 व इसके पश्चात्-तृतीय चरण: "राष्ट्रीय शिक्षा नीति" तब से देश में इसी शिक्षा नीति में दर्शाये गये दिशा-निर्देशों के अनुसार सभी शैक्षिक कार्यक्रमों को चलाने के भरपूर प्रयास किये जाने लगे। तथा समय-समय पर इन कार्यक्रमों का मूल्यांकन भी किया जाने लगा। 1992 में इस शिक्षा नीति में थोड़े से संशोधन किए गए, लेकिन आधारभूत उद्देश्य 1986 की नीति वाले ही रहें।

16.7 राष्ट्रीय शिक्षा प्रणाली की महत्त्वपूर्ण विशेषताएँ (Significant Features of National System of Education)

1986 की राष्ट्रीय शिक्षा नीति को महत्त्वपूर्ण विशेषताएँ निम्नलिखित थीं–

1. "सबके लिए शिक्षा" (Education for All): हमारे राष्ट्रीय परिप्रेक्ष्य के सन्दर्भ में हमारी भौतिक तथा आध्यात्मिक विकास की बुनियादी आवश्यकता "सबके लिए शिक्षा" थी। अर्थात् शिक्षा को प्रत्येक व्यक्ति हेतु अनिवार्य किया गया। शिक्षा को सुसंस्कृत बनाने का माध्यम माना गया। तथा शिक्षा द्वारा ही हमारी संवेदनशीलता को ठीक प्रकार से उन्नत करने का माध्यम बताया गया। इसके अतिरिक्त शिक्षा हमारे संविधान में प्रतिष्ठित समाजवाद, धर्मनिरपेक्षता तथा लोकतंत्र के लक्ष्यों की प्राप्ति में अग्रसर होने में हमारी सहायता करती है।

शिक्षा के द्वारा ही आर्थिक व्यवस्था के विभिन्न स्तरों हेतु जनशक्ति का विकास होता है। शिक्षा के द्वारा ही अनुसंधान तथा विकास को बल प्राप्त होती है। जो एक राष्ट्र के आत्म-निर्भरता की आधारशिक्षा कहलाती है। अत: शिक्षा को राष्ट्रीय शिक्षा नीति के निर्माण की धुरी माना गया है।

2. सबके लिए समान शिक्षा अवसर (Equality of Opportunity): शिक्षा के अन्तर्गत बिना किसी जाति, वर्ग, लिंग तथा वर्ग भेद को देखे सबके लिए समान शिक्षा का

प्रावधान रखा गया। सबके लिए समान शिक्षा के अन्तर्गत महिलाओं, अनुसूचित जाति, जनजाति हेतु, पिछड़े वर्गों हेतु, अल्पसंख्यकों तथा विकलांगों की विशेष शिक्षा का प्रावधान रखा गया। इसके अतिरिक्त महिलाओं हेतु विशेषत: "महिला शिक्षा" की व्यवस्था की गई है। पाठ्यक्रम तथा पुस्तकों में भी लिंग भेद को समाप्त कर दिया गया। 15 साल से 35 साल तक के प्रौढ़ों हेतु साक्षरता कार्यक्रम तथा सतत् शिक्षा की व्यवस्था की गई। वाचनालयों की स्थापना हेतु विस्तार, रेडियो, दूरदर्शन तथा दूरस्थ शिक्षा आदि सम्मिलित हैं।

3. एक समान शैक्षिक संरचना (Uniform Educational Structure): राष्ट्रीय शिक्षा व्यवस्था के अनुसार सम्पूर्ण देश में एक प्रकार की शैक्षिक संरचना होनी चाहिये। साथ-साथ 10+2+3 के ढाँचे को पूरे देश ने स्वीकार कर लिया। तथा इस ढाँचे के पहले दस वर्षों के सम्बन्ध में कहा गया कि इसे तीन वर्गों में बाँटा जाए। जो निम्नलिखित थे:

(a) 5 वर्ष का प्राथमिक स्तर।

(b) 3 वर्ष का उच्च प्राथमिक स्तर।

(c) दो वर्ष का हाई स्कूल।

इस प्रकार इन तीनों वर्गों को बाँटकर शिक्षा का निर्धारण किया गया।

4. कोर पाठ्यक्रम (Core Curriculum): राष्ट्रीय शिक्षा का पाठ्यक्रम सम्पूर्ण राष्ट्र हेतु एक-सा होता है। परन्तु आवश्यकतानुसार इसमें लचीलापन लाया जा सकता है। पाठ्यचर्या के समान ही अतिरिक्ति पाठ्यक्रम में भारतीय स्वतन्त्रता आन्दोलन, संवैधानिक जिम्मेदायिों तथा राष्ट्रीय पहचान से सम्बन्धित अनिवार्य तत्त्व शामिल होंगे। ये मुद्दे किसी भी विषय के हिस्सा हो सकते हैं। जो हमारे विविध सांस्कृतिक पहलुओं, लोकतन्त्र, धर्मनिरपेक्षता, स्त्री-पुरूष के मध्य समानता, पर्यावरण के महत्त्व तथा सामाजिक एकता की बाधाओं को दूर करने, सीमित परिवार के महत्त्व को समझाने तथा वैज्ञानिक अभिरूचि को बनाने की जरूरत सिखा सकें। सभी शैक्षिक कार्यक्रमों को धर्मनिरपेक्षता के मूल्यों के अनुरूप ही आयोजित किया जायेगा।

5. अनौपचारिक शिक्षा (Non-formal Education): ऐसे बच्चे जिनकी आयु 9 से 14 वर्ष के मध्य है। उनके लिए शिक्षा की व्यवस्था की जायेगी। साथ ही नई शिक्षा नीति के अन्तर्गत औपचारिकेतर शिक्षा केन्द्रों के माध्यम से बालकों को शिक्षित किया जायेगा। नई राष्ट्रीय शिक्षा व्यवस्था में उदारतापूर्वक अनुदान देकर इन केन्द्रों को विकसित करने की योजना बनाई गई है।

6. व्यावसायिक शिक्षा (Vocational Education): राष्ट्रीय शिक्षा नीति में यह स्पष्ट रूप से बताया गया है कि 10+2 में शिक्षा ग्रहण करने वाले कुछ प्रतिशत छात्रों को लगभग (10% तक) को व्यावसायिक शिक्षा की तरफ मोड़ दिया जाए।

7. उच्च शिक्षा (Higher Education): राष्ट्रीय शिक्षा नीति के अन्तर्गत उच्च शिक्षा को भी महत्त्वपूर्ण माना गया है। इसके अन्तर्गत प्राचीन भारत से सम्बन्धित समस्त ज्ञान भण्डार को खोजने तथा उन्हें जीवन की समकालीन वास्तविकताओं से जोड़ने का प्रयास किया जायेगा। इसके अतिरिक्त शिक्षा के द्वारा ही चुने हुए क्षेत्रों में डिग्रियों को नौकरियों से अलग करने की प्रक्रिया भी की जायेगी।

इसके अतिरिक्त छात्रों हेतु तकनीकी संस्थाओं व उद्योग, शोध व विकास संस्थाओं में तालमेल तथा ग्रामीण विकास कार्यक्रमों में तालमेल स्थापित करना भी आता है।

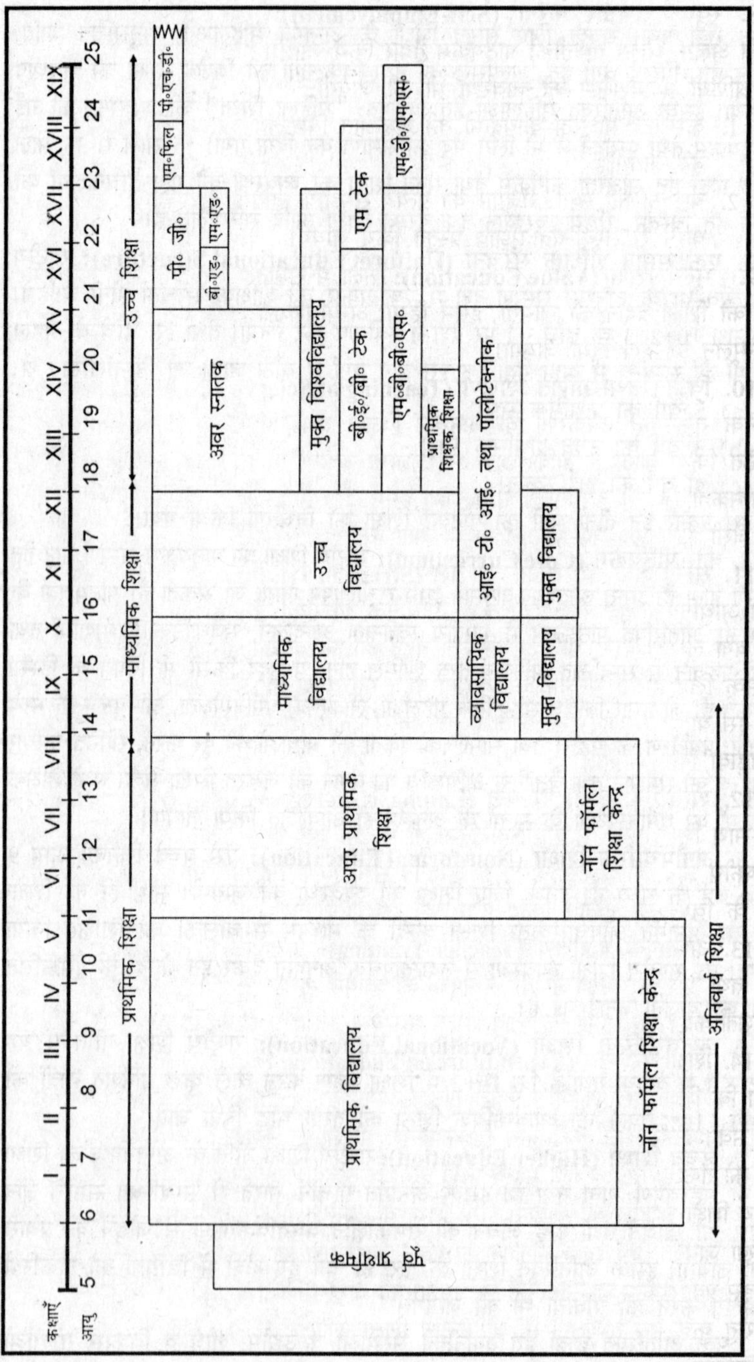

चित्र: भारत में राष्ट्रीय शैक्षिक ढाँचा (National Educational Structure in India)

8. स्वत: रोजगार करना (Self-Employement): स्वत: रोजगार योजना के अन्तर्गत अलग-अलग तकनीकी पाठ्यक्रम तैयार किये जायेंगे। इसके अन्तर्गत बालकों हेतु निम्न श्रेणियों में प्रशिक्षण की व्यवस्था भी की जायेगी:

1. कम्प्यूटर साक्षरता कार्यक्रमों की शुरूआत विद्यालय स्तर से व्यापक स्तर तक की जायेगी।
2. बालकों को स्वत: रोजगार का प्रत्यय समझाया जायेगा तथा व्यापार आदि शुरू करने से सम्बन्धित सुझाव प्रस्तुत किये जायेंगे।

9. मूल्य शिक्षा (Value Education): शिक्षा में समानता लाने हेतु समान स्तर पर मूल्यों की शिक्षा प्रदान की जायेगी, इसमें हिंसा, अन्धविश्वास, धर्म तथा भाग्यवादिता के भी उन्मूलन पर बल दिया जायेगा।

10. विज्ञान तथा गणित शिक्षण (Teaching of Science and Mathematics): आधुनिक तकनीकी उपकरणों के अनुरूप विज्ञान तथा गणित सम्बन्धित शिक्षण को पुनर्गठित किया जाता है ताकि छात्रों में जिज्ञासा उत्पन्न हो तथा वह प्रत्येक कार्य को सृजनात्मकता से पूर्ण कर सके। साथ-साथ इसमें उद्देश्यपरक प्रश्न पूछने का साहस तथा मूल्य जैसी भावनाओं का विकास किया जाता है।

11. सांस्कृतिक परम्पराओं पर बल (Stress on Traditional Values): आज के युग में आधुनिकता का बहुत प्रचलन है। आधुनिक तकनीकी ने समाज में अपनी महत्त्वपूर्ण जगह बना ली है। परन्तु यही आधुनिकता बहुत अधिक बढ़कर देश की जड़ों को न काट दे, इसके लिए हमारी संस्कृति को बचाना बहुत महत्त्वपूर्ण है। अत: राष्ट्रीय शिक्षा नीति में सदैव इस बात का ध्यान रखा जाता है, कि किस प्रकार शिक्षा नीति के द्वारा संस्कृतिकरण को बढ़ावा दिया जायेगा।

12. शारीरिक शिक्षा पर बल (Emphasis on Physical Education): पढ़ाई के साथ-साथ शिक्षा नीति में शारीरिक क्रियाओं पर भी बल दिया गया। जैसे-खेलकूद तथा मस्तिष्कीय ज्ञान आदि। इस नीति के अन्तर्गत सभी विद्यालयों में योग कक्षाएँ भी आरम्भ करने के विषय पर विचार किया गया तथा इसे लागू भी।

13. अध्यापक प्रशिक्षण (Teacher Training): अध्यापकों के प्रशिक्षण हेतु जिला शिक्षा तथा प्रशिक्षण संस्थाओं की स्थापना की जायेगी तथा अध्यापकों के वेतनमान तथा सेवा-शर्तों को उनके सामाजिक व्यावसायिक स्तर तथा उत्तरदायित्वों के अनुरूप बनाया जायेगा।

14. शिक्षा पर व्यय (Expenditure on Eudcation): शिक्षा पर व्यय इस प्रकार किया जायेगा कि शिक्षा पर होने वाला निवेश राष्ट्रीय आय के 6% (वर्तमान लगभग 3% तक) तक पहुँच सके। इसमें शिक्षा का प्रबन्ध विकेन्द्रीकरण भी शामिल किया जाता है। इनके साथ ही शिक्षा को राष्ट्रीय परिप्रेक्ष्य तथा महत्व प्रदान करने व उचित शैक्षिक प्रबन्ध ढाँचे के विकास हेतु भारतीय शिक्षा स्थापित की जाएगी। इसमें शिक्षा के अन्तर्गत गैर-सरकारी संस्थाओं का योगदान भी देखा जायेगा। तथा इनके योगदान को बढ़ाने हेतु सुझाव भी प्रस्तुत किये जायेंगे।

इस प्रकार कहा जा सकता है कि 1986 की राष्ट्रीय शिक्षा प्रणाली की यही मुख्य बातें हैं। परन्तु कुछ ऐसे तथ्य भी हैं, जो राष्ट्रीय शिक्षा प्रणाली के अन्तर्गत बताये गये हैं। यह निम्नलिखित हैं:

(1) राष्ट्रीय शिक्षा प्रणाली का मूल मंत्र यह है कि एक निश्चित स्तर पर प्रत्येक छात्र को बिना किसी जात-पात, धर्म, स्थान तथा लिंग भेद के, लगभग एक जैसी अच्छी शिक्षा उपलब्ध हो।

(2) राष्ट्रीय शिक्षा प्रणाली के अन्तर्गत सम्पूर्ण देश के लिए 10+2+3 की संरचना स्वीकार की गई।

राष्ट्रीय शिक्षा प्रणाली में सामान्य केन्द्रिक (Common Core) को बढ़ावा दिया गया। साथ-साथ इन्होंने पूरे देश हेतु एक राष्ट्रीय पाठ्यक्रम (Curriculum) रखा। सामान्य केन्द्रिक के अर्न्तगत भारतीय स्वतंत्रता आन्दोलन का इतिहास संवैधानिक जिम्मेदारियाँ (Constitutional Obligations) तथा राष्ट्रीय अस्मिता (National Identity) से सम्बन्धित तत्त्व रखे जायेंगे तथा इन तत्त्वों को इस प्रकार रखा जायेगा, जिससे राष्ट्रीय मूल्यों को विकसित किया जा सकेगा।

15. राष्ट्रीय मूल्य (National Values): राष्ट्रीय मूल्यों में निम्न बातें शामिल की जायेंगी:

(i) लोकतन्त्र, (ii) धर्मनिरपेक्षता, (iii) जनतन्त्र (Democracy) से समानता (Equality)

(3) नवीन शिक्षा प्रणाली आने वाली सन्तति में विश्वव्यापी दृष्टिकोण को सुदृढ़ बनाने के साथ ही अन्तर-राष्ट्रीय सहयोग और शन्तिपूर्ण सह-अस्तित्व की भावना का विकास करे।

(4) समानता के उद्देश्य को साकार बनाने के लिए राष्ट्रीय शिक्षा प्रणाली में सबको शिक्षा का समान अवसर ही उपलब्ध नहीं कराया जायेगा। सभी को शिक्षा में सफलता प्राप्त करने का समान अवसर दिया जायेगा। अत: राष्ट्रीय शिक्षा प्रणाली का उद्देश्य है, कि सामाजिक माहौल तथा जन्म के संयोग से उत्पन्न पूर्वाग्रहों की कुंठाओं को समाप्त करना।

(5) प्रत्येक चरण पर दी जाने वाली शिक्षा का न्यूनतम स्तर पर निर्धारित किया जायेगा। तथा ऐसे उपाय भी किये जायेंगे कि छात्र देश के विभिन्न भागों की संस्कृति, परम्परा तथा सामाजिक व्यवस्था को समझ सकें। औपचारिक शिक्षा को संरचना निम्न प्रकार की होगी–

स्तर *(Level)*	कार्य-अवधि *(Duration)*
1. आँगनवाड़ी प्री-प्राइमरी (पूर्व-माध्यमिक)	प्राय: 2 से 5 साल के मध्यान्तर तक
2. प्राइमरी या प्राथमिक	6 से 11 साल की आयु-5 साल
3. उच्च प्राथमिक	11 से 14 साल की आयु-3 साल
4. माध्यमिक 10+2+3 के नये	15 से 16 साल की आयु-2 साल
5. उच्च माध्यमिक पैटर्न पर आधारित	17 से 18 साल की आयु-2 साल
6. प्रथम डिग्री कोर्स	19 से 21 साल की आयु-3 साल
7. उच्च स्नातक (एम.ए., एम.एस.सी. आदि)	21 से 23 साल की आयु-3 साल
8. बी.ई. तथा बी.टैक	19 से 22 साल की आयु-4 साल
9. एम.टैक. आदि	23 से 24 साल की आयु-2 साल
10. बी.एड.	22 से 23 साल में-एक साल

11. एम.बी.बी.एस. 19 से 23 की आयु-4 साल
12. एम.डी.तथा एम.एस. 24 से 25 साल की आयु-2 साल

16.8 भारत के विभिन्न राज्यों तथा संघीय क्षेत्रों में शैक्षिक ढाँचे (Structure of Educaton in Different States and Union Territories of India)

क्र.सं. संख्या	राज्य/संघ शासित क्षेत्र	प्राथमिक स्तर	अपर प्राथमिक स्तर	माध्यमिक स्तर	उच्च माध्यमिक स्तर	उच्च माध्यमिक स्तर की कक्षाएँ जो कॉलेजों में है।
1.	आन्ध्रप्रदेश	I-V	VI-VII	VIII-X	XI-XII	कोई नहीं
2.	अरूणाचल प्रदेश	I-V	VI-VIII	IX-X	XI-XII	कोई नहीं
3.	असम	I-IV	V-VII	VIII-X	XI-XII	हाँ
4.	बिहार	I-V	VI-VIII	IX-X	XI-XII	हाँ
5.	छत्तीसगढ़	I-V	VI-VIII	IX-X	XI-XII	
6.	गोवा	I-IV	V-VII	VIII-X	XI-XII	हाँ
7.	गुजरात	I-IV	V-VII	VIII-X	XI-XII	
8.	हरियाणा	I-V	VI-VIII	IX-X	XI-XII	हाँ
9.	हिमाचल प्रदेश	I-V	VI-VIII	IX-X	XI-XII	
10.	जम्मू कश्मीर	I-V	VI-VIII	IX-X	XI-XII	
11.	झारखण्ड	I-V	VI-VIII	IX-X	XI-XII	हाँ
12.	कर्नाटक	I-IV	V-VII	VIII-X	XI-XII	हाँ
13.	केरल	I-V	V-VII	VIII-X	XI-XII	हाँ
14.	मध्यप्रदेश	I-V	VI-VIII	IX-X	XI-XII	
15.	महाराष्ट्र	I-IV	V-VII	VIII-X	XI-XII	
16.	मणिपुर	I-V	VI-VIII	IX-X	XI-XII	
17.	मेघालय	I-IV	V-VIII	IX-X	XI-XII	हाँ
18.	मिजोरम	I-IV	V-VII	VIII-X	XI-XII	हाँ
19.	नगालैंड	I-IV	V-VII	IX-X	XI-XII	हाँ
20.	उड़ीसा	I-V	VI-VII	VIII-X	XI-XII	हाँ

क्रमश:

क्र.सं. संख्या	राज्य/संघ शासित क्षेत्र	प्राथमिक स्तर	अपर प्राथमिक स्तर	माध्यमिक स्तर	उच्च माध्यमिक स्तर	उच्च माध्यमिक स्तर की कक्षाएँ जो कॉलेजों में है।
21.	पंजाब	I-V	VI-VIII	IX-X	XI-XII	हाँ
22.	राजस्थान	I-V	VI-VIII	IX-X	XI-XII	
23.	सिक्किम	I-V	VI-VIII	IX-X	XI-XII	
24.	तमिलनाडु	I-V	VI-VIII	IX-X	XI-XII	
25.	त्रिपुरा	I-V	VI-VIII	IX-X	XI-XII	
26.	उत्तरप्रदेश	I-V	VI-VIII	IX-X	XI-XII	
27.	उत्तरांचल	I-V	VI-VIII	IX-X	XI-XII	
28.	पश्चिमी बंगाल	I-V	VI-VIII	IX-X	XI-XII	हाँ
29.	अण्डमान-निकोबार द्वीप समूह	I-V	VI-VIII	IX-X	XI-XII	
30.	चण्डीगढ़	I-V	VI-VIII	IX-X	XI-XII	
31.	दादरा एवं नगर हवेली	I-IV	V-VII	VIII-X	XI-XII	
32.	दमन एवं द्वीप	I-IV	V-VII	VIII-X	XI-XII	
33.	दिल्ली	I-V	VI-VIII	IX-X	XI-XII	
34.	लक्षद्वीप	I-IV	V-VII	VIII-X	XI-XII	
35.	पाण्डिचेरी	I-V	VI-VIII	IX-X	XI-XII	

सारांश

1. भारत के राज्य तथा संघशासित क्षेत्र जिनमें कक्षा I से V तक प्राथमिक स्तर का माना जाता है–23
2. भारत के राज्य तथा संघशासित क्षेत्र जिनमें कक्षाएँ I से IV तक प्राथमिक स्तर की मानी जाती है–12
3. अपर प्राथमिक अर्थात् कक्षा V से VII वाले राज्यों की संख्या–12
4. भारत के राज्य जिनमें प्राथमिक तथा अपर प्राथमिक कक्षाएँ 1 से VIII हैं–23

ऊपर के विवरण से स्पष्ट है कि अभी भी भारत में एक जैसी शिक्षा स्तर की संरचना नहीं है।

17

माध्यमिक शिक्षा के उद्देश्य
(Aims of Secondary Education)

17.1 माध्यमिक शिक्षा में उद्देश्यों का महत्त्व (Significance of Aims of Secondary Education)

जिस प्रकार जीवन के प्रत्येक क्षेत्र में उद्देश्यों की आवश्यकता होती है, उसी प्रकार शिक्षा के प्रत्येक स्तर में सुचारू रूप से कार्य करने के लिए उद्देश्यों का होना अत्यन्त आवश्यक है। यही तथ्य माध्यमिक शिक्षा पर भी लागू होता है।

माध्यमिक स्तर पर शिक्षा के उद्देश्य निम्न प्रकार से सहायक होते हैं:

1. उद्देश्य शिक्षा को दिशा प्रदान करते हैं।
2. उद्देश्य हमें राष्ट्रीय लक्ष्यों की प्राप्ति में सहायक होते हैं।
3. उद्देश्य हमें बुद्धिमानी के समय कार्य करने की प्रेरणा देते हैं।
4. उद्देश्य कार्यकरने के लिए योजना बनाने में सहायता देते हैं।
5. उद्देश्य शिक्षा में कार्यरत शिक्षा कर्मियों अर्थात् प्रबन्धकों, मुख्याध्यापकों तथा अध्यापकों का मार्गदर्शन करते हैं।
6. उद्देश्य कुशलतापूर्वक प्रबन्धन तथा निरीक्षण के लिए आवश्यक है।
7. उद्देश्य माता-पिता/अभिभावकों को स्कूल की क्रियाओं के क्रियान्वयन के लिए प्रेरित करते हैं।
8. उद्देश्य छात्रों को अभिप्रेरणा प्रदान करते हैं।
9. उद्देश्य शिक्षा प्रक्रिया के मूल्यांकन में सहायता प्रदान करते हैं।
10. उद्देश्य अपव्यय को रोकने में सहायता देते हैं।

17.2 माध्यमिक शिक्षा आयोग (1952-53) तथा शिक्षा के उद्देश्य (Secondary Education Commission and Objectives of Education)

माध्यमिक शिक्षा आयोग यद्यपि माध्यमिक शिक्षा के बारे में विवेचना हेतु बनाया गया था तथापि इसने शिक्षा के उद्देश्यों पर भी चर्चा की। भारतीय समाज के शिक्षा के उद्देश्यों के बारे में माध्यमिक शिक्षा आयोग (1952-53) ने इस प्रकार विचार प्रकट किए,

ज्यों-ज्यों राजनीतिक, सामाजिक तथा आर्थिक परिस्थितियों में परिवर्तन होता रहता है तथा नई-नई समस्याएँ सामने आती रहती हैं, त्यों-त्यों शिक्षा के विभिन्न स्तरों पर दृष्टि में रखे जाने वाले उद्देश्यों का पुनः परीक्षण तथा सावधानी से पुनर्वर्णन अवश्य हो जाता है। माध्यमिक शिक्षा आयोग ने गणतन्त्रीय समाज में शिक्षा के उद्देश्यों के बारे में इस प्रकार विचार व्यक्त किए, "लोकतन्त्र प्रत्येक व्यक्ति के मनुष्य के रूप में सम्मान व योग्यता पर आधारित है। अतः लोकतान्त्रिक शिक्षा का उद्देश्य है व्यक्तित्व का पूर्ण व चहुँमुखी विकास।" आयोग ने जोर देकर कहा "उस शिक्षा का कोई लाभ नहीं जो अपने साथी नागरिकों के साथ शालीनता सामंजस्य, कार्यकुशलता के साथ जीने की शैली (Art of Living) के लिए आवश्यक गुणों को पोषित न करती हो।"

संविधान में बताई गई गणतान्त्रिक आवश्यकताओं को ध्यान में रखते हुए माध्यमिक शिक्षा आयोग ने भारतीय शिक्षा के निम्नलिखित उद्देश्य बताए हैं:

1. गणतान्त्रिक नागरिकता का विकास (Development of Democractic Citizenship): इसके अन्तर्गत इन गुणों का व्यक्ति में निर्माण करना है–(i) स्पष्ट विचार, (ii) नए विचारों को स्वीकार करने की क्षमता, (iii) लिखने तथा पढ़ने में विचारों की स्पष्टता, (iv) समाज में रहने की कला, (v) सामाजिक जागरूकता, (vi) सहनशीलता, (vii) देश प्रेम की भावना तथा (viii) अन्तर्राष्ट्रीय भावना।

2. व्यावसायिक क्षमता का विकास (Development of Vocational Efficiency): शिक्षा का दूसरा उद्देश्य छात्रों में व्यावसायिक क्षमता को बढ़ाना है। इसके अन्तर्गत हैं–(क) कार्य के महत्त्व को समझने की भावना, (ख) कार्य को यथाशक्ति अच्छा तथा सुन्दर बनाना।

3. व्यक्तित्व का विकास (Development of Persoanlity): इसके अन्तर्गत हैं–विद्यार्थियों में सृजनात्मक शक्तियों का विकास करना जिससे वे अपनी सांस्कृतिक परम्पराओं के प्रति गर्व का अनुभव कर सकें। साथ ही कला-कौशल आदि विषयों में स्थान देकर उनकी सौन्द्रर्य शक्ति का विकास करना।

4. नेतृत्व के गुणों का विकास (Development of Qualities of Leadership): गणतन्त्र की सफलता के लिए आवश्यक है कि शिक्षा ऐसे गुणों का निर्माण करे जिससे छात्रों में नेतृत्व के गुणों का विकास हो। जहाँ एक ओर अनुयायी बनने के गुणों का होना आवश्यक है वहाँ दूसरों का आवश्यकतानुसार नेतृत्त्व करना आना जरूरी है।

माध्यमिक शिक्षा आयोग द्वारा प्रस्तावित शिक्षा के उद्देश्य आगे दिए गए चार्ट 17.1 में दर्शाए गए है।

17.3 शिक्षा आयोग (1964-66) द्वारा भारतीय समाज की अंकित की गई आवश्यकताएँ तथा दर्शाए गए शिक्षा के उद्देश्य (Objectives of Education as Envisaed by the Education Commission)

(A) भारतीय समाज की आवश्यकताएँ (Needs of Indian Society): शिक्षा आयोग ने भारतीय समाज की चार आवश्यकताएँ अनुभव कीं और उनकी पूर्ति के लिए शिक्षा में आवश्यक सुधारों की सिफारिशें की। भारतीय समाज की चार आवश्यकताएँ इस

चार्ट 17.1: माध्यमिक शिक्षा आयोग द्वारा दर्शाए गए शिक्षा के उद्देश्य
(Objectives of Education According to the Secondary Education Commission)

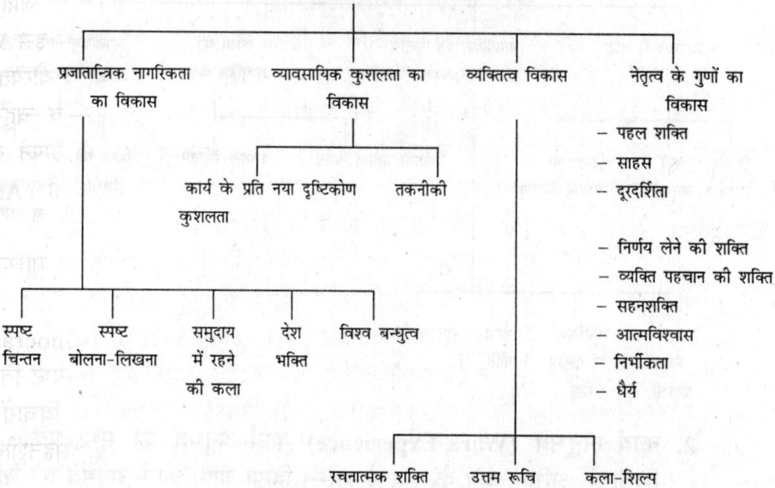

प्रकार बताई–(1) उत्पादन बढ़ाना (Productivity), (2) सामाजिक तथा राष्ट्रीय एकीकरण (Social and National Integration), (3) आधुनिकीकरण (Modernisation) तथा (4) सामाजिक, नैतिक और आध्यत्मिक मूल्यों का विकास (Development of Social, Moral and Spiritual Values)

(B) भारतीय समाज के उद्देश्य (Objectives of Indian Society): शिक्षा आयोग ने भारतीय शिक्षा के निम्नलिखित चार उद्देश्य बताए हैं:

1. शिक्षा और उत्पादकता (Education and Productivity)
2. शिक्षा तथा सामाजिक एवं राष्ट्रीय एकीकरण (Education and Social and National Integration)
3. शिक्षा तथा आधुनिकीकरण (Education and Modernisation),
4. शिक्षा एवं सामाजिक, नैतिक तथा समाजिक मूल्यों का विकास (Education and Devlopment of Social, Moral and Spiritual Values)

(C) उद्देश्यों की प्राप्ति के साधन (Means for the Realisation of Objectives): कोठारी आयोग द्वारा बताए गए शिक्षा के उद्देश्य तथा उनकी प्राप्ति के साधन निम्न प्रकार से दर्शाए गए हैं (चार्ट 17.2):

(I) शिक्षा और उत्पादिकता (Education and Productivity): शिक्षा का सम्बन्ध उत्पादकता से जोड़ने के लिए निम्नलिखित कार्यक्रम आवश्यक है:

1. **विज्ञान की शिक्षा (Science Education):** विज्ञान की शिक्षा स्कूल शिक्षा का एक अभिन्न अंग बन जाना चाहिए और अन्त में जाकर यह विश्वविद्यालय स्तर पर सभी पाठ्यक्रमों का एक भाग बन जाए।

चार्ट 17.2: शिक्षा आयोग (1964-66) द्वारा दर्शाए गए शिक्षा के उद्देश्य तथा उनकी प्राप्ति के साधन

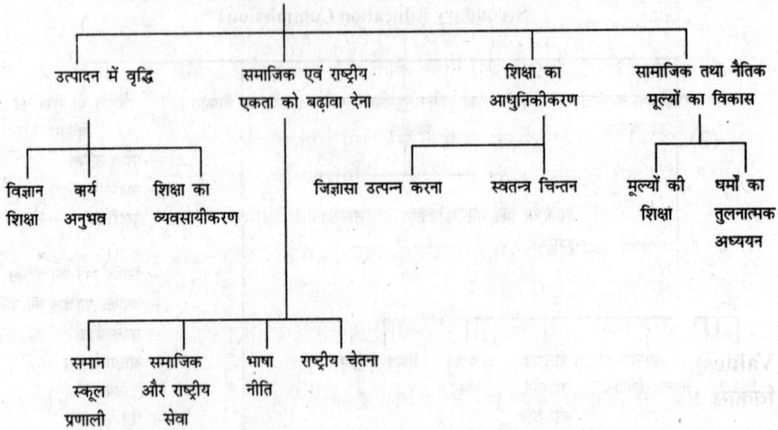

2. **कार्य-अनुभव (Work Experience):** कार्य-अनुभव को सभी प्रकार की शिक्षा के अभिन्न अंग के रूप में प्रारम्भ किया जाए। कार्य-अनुभव को शिल्प विज्ञान तथा औद्योगिकीकरण की ओर उन्मुख करने तथा उत्पादक प्रक्रियाओं, जिनमें कृषि भी शामिल है, में विज्ञान के उपयोग के लिए हर प्रयत्न किया जाना चाहिए।
3. **व्यावसायीकरण (Vocationalisation):** माध्यमिक शिक्षा का अधिकाधिक तथा बड़े पैमाने पर व्यावसायीकरण होना चाहिए तथा उच्चतर शिक्षा में कृषि और तकनीकी शिक्षा पर अधिक जोर दिया जाना चाहिए।

(II) सामाजिक और राष्ट्रीय एकीकरण (Social and National Intergration): शिक्षा प्रणाली का एक महत्त्वपूर्ण लक्ष्य सामाजिक तथा राष्ट्रीय एकीकरण है। राष्ट्रीय चेतना और एकता को मजबूत ढंग से बनाने के लिए निम्नलिखित कदम उठाए जाने चाहिए–

(1) समान स्कूल प्रणाली: लोक शिक्षा प्रणाली के रूप में समान स्कूल प्रणाली को राष्ट्रीय लक्ष्य के रूप में अपनाया जाना चाहिए और उसे 20 वर्षों की अवधि में क्रमबद्ध कार्यक्रम के रूप में प्रभावपूर्ण ढंग से अमल में लाया जाना चाहिए।

(2) सामाजिक और राष्ट्रीय सेवा: सामाजिक और राष्ट्रीय सेवा सभी स्तरों पर सभी विद्यार्थियों के लिए अनिवार्य बना दी जानी चाहिए। स्कूलों और कॉलेजों में अध्ययन-विषयों के साथ इन कार्यक्रमों का आयोजन किया जाना चाहिए।

(III) शिक्षा और आधुनिकीकरण (Education and Modernisation): आयोग ने इस सम्बन्ध में इस प्रकार सुझाव दिए:

(1) आधुनिक समाज में, ज्ञान की वृद्धि बड़ी तेजी से होती है और सामाजिक परिवर्तन भी बहुत जल्दी होता है। इस कारण शिक्षा प्रणाली में क्रान्तिकारी परिवर्तन की आवश्यकता पड़ती है। शिक्षा को अब केवल ज्ञान प्रदान करने या किसी तैयार वस्तु का उत्पादन करने से ही नहीं सीमित रखना चाहिए, किन्तु

जिज्ञासा उत्पन्न करने, उचित रूचियों, प्रवृत्तियों तथा मूल्यों के विकास तथा स्वतन्त्र अध्ययन और स्वयं विचार और निर्माण करने की क्षमता विकसित करने से मुख्यतः सम्बन्धित माना जाता है। इसके लिए अध्ययन के तरीके तथा शिक्षकों के प्रशिक्षण में भी क्रान्तिकारी परिवर्तन आवश्यक होने चाहिए।

(2) अपने को आधुनिक बनाने के लिए, किसी भी समाज को अपने आपको शिक्षित बनाना होता है। औसत नागरिक का शैक्षिक स्तर ऊँचा उठाने के अतिरिक्त, शिक्षा को समुचित आकार और क्षमता वाला ऐसा बुद्धिजीवी वर्ग उत्पन्न करने का प्रयत्न करना चाहिए जिसकी निष्ठा तथा आकांक्षाओं की जड़ें भारतीय भूमि में हों।

(IV) सामाजिक, नैतिक और आध्यात्मिक मूल्य (Social, Moral and Spiritual Values): शिक्षा प्रणाली को मूलभूत सामाजिक, नैतिक और आध्यात्मिक मूल्यों के विकास पर जोर देना चाहिए। इस दृष्टि से:

1. केन्द्रीय तथा राज्य सरकारों को अपने (या स्थानीय प्राधिकार के) नियन्त्रण की सभी शिक्षा संस्थाओं में नैतिक, सामाजिक और आध्यात्मिक मूल्यों की शिक्षा विश्वविद्यालय शिक्षा आयोग तथा धार्मिक और नैतिक शिक्षण समिति की सिफारिशों के अनुसार प्रारम्भ करना चाहिए।
2. गैर-सरकारी प्रबन्ध की शिक्षा संस्थाओं से भी यह आशा की जाए कि वे भी ऐसा ही करेंगी।
3. इस प्रकार के मूल्यों की शिक्षा को स्कूल कार्यक्रमों का सामान्यतः अभिन्न अंग बनाने के अतिरिक्त, इस प्रयोजन के लिए टाइम-टेबल में कुछ घण्टे अलग रखे जाने चाहिए। ये घण्टे विशेष रूप से भर्ती किए गए शिक्षकों द्वारा नहीं, अपितु इस प्रयोजन के लिए उपयुक्त समझे गए सामान्य शिक्षकों द्वारा लिए जाएँ और यदि वे विभिन्न समुदायों के हों, तो अधिक अच्छा होगा। शिक्षकों के प्रशिक्षण में लक्ष्य इस प्रकार के शिक्षकों को तैयार करना भी आना चाहिए।
4. तुलनात्मक धर्मों सम्बन्धी विश्वविद्यालयों के विभागों की यह खोज करना विशेष कार्य होना चाहिए कि किन तरीकों से छात्र इन मूल्यों की शिक्षा बुद्धिमत्तापूर्वक एवं प्रभावशाली ढंग से धारण कर सकें।

कोठारी आयोग ने भारत की वास्तविक स्थिति का आर्थिक, सामाजिक, जनतान्त्रिक तथा सांस्कृतिक परिवेश में अध्ययन किया तथा शिक्षा के योगदान पर उचित प्रकाश डाला तथा लक्ष्यों की प्राप्ति के उचित सुझाव दिए।

17.4 राष्ट्रीय शिक्षा नीति, 1986 द्वारा प्रस्तावित शिक्षा के उद्देश्य

राष्ट्रीय शिक्षा नीति 1986 में किसी एक विशेष स्थान पर शिक्षा के उद्देश्यों का विवरण नहीं दिया है। शिक्षा नीति के विभिन्न भागों का अवलोकन करने पर शिक्षा के निम्नलिखित उद्देश्य दृष्टिगोचर होते है:

1. परम्परागत मूल्यों की रक्षा, 2. वैज्ञानिक दृष्टिकोण का विकास, 3. जन शक्ति का विकास 4. समाजवाद के मूल्यों का विकास, 5. धर्म-निरपेक्षता के मूल्यों का विकास,

6. लोकतन्त्र के मूल्यों का विकास, 7. भावात्मक तथा राष्ट्रीय एकता का विकास, 8. व्यावसायिक क्षमता का विकास, 9. अन्तर्राष्ट्रीय भावना का विकास

17.5 भारतीय समाज में शिक्षा के दो प्रमुख उद्देश्य जो माध्यमिक स्तर पर भी लागू होते हैं (Two Aims of Education of India Society Also Relevant to Secondary Education)

देश बड़े नाजुक दौर से गुजर रहा है। इसके सम्मुख अनेक चुनौतियाँ हैं। इन चुनौतियों का प्रभावशाली ढंग से मुकाबला करने के लिए शिक्षा के दो महत्त्वपूर्ण उद्देय हैं: 1. चरित्र निर्माण करना। 2. व्यावसायिक क्षमता का निर्माण करना।

1. शिक्षा तथा चरित्र-निर्माण उद्देश्य (Education and Character Development Objective): आज हम अपने दैनिक जीवन में मूल्यों के क्रमिक ह्रास को देखकर अत्यन्त खिन्न हैं। इस अनैतिकता की जड़ इतनी गहरी चली गई है कि कई बार उन लोगों के कार्यकलाप पर भी प्रश्न चिन्ह लग जाता है जो कि अनुकरणीय हैं क्योंकि वे इस प्रक्रिया के शिकार हो जाते हैं। यह स्थिति विशेष रूप से उस देश के लिए जो उच्च परम्पराओं में धनी रहा है, अत्यन्त दुर्भाग्यपूर्ण है। हमें इस बात को कभी नहीं भूलना होगा कि देश में सम्प्रदायवाद, विघटन, अलगाववाद तथा आतंकवाद के पनपने में नैतिक मूल्यों का ह्रास प्रमुख कारण है। यह नितान्त आवश्यक है कि गणमान्य लोग समाज में नैतिकता के उच्चतम कीर्तिमान कायम करें। नैतिक पुनरूत्थान की दिशा में हमें एक धर्मयुद्ध छेड़ना है। शिक्षा चरित्र-निर्माण के लिए धर्मयुद्ध का सबसे प्रमुख और प्रभावी साधन है।

चरित्र के मुख्य पक्ष हैं–सभी के साथ भ्रातृभाव, अहिंसा, सहनशीलता, ईमानदारी से धन कमाना और सामाजिक कल्याण के लिए खर्च करना, सरकार द्वारा लगाए गए करों का समय पर भुगतान करना, देश-प्रेम आदि। यदि गम्भीरतापूर्ण इस उद्देश्य पर विचार किया जाए तो पता चलता है कि इसके अन्तर्गत जनतन्त्र, नागरिकता, धर्म-निरपेक्षता तथा समाजवाद के मूल्यों का समावेश है। चरित्र-निर्माण में ही व्यक्तित्व का विकास आ जाता है और नेतृत्व के गुणों का विकास भी।

स्वामी दयानन्द तथा स्वामी विवेकानन्द ने शिक्षा का उद्देश्य चरित्र-निर्माण बताया। उनका कहना था कि चरित्रबल अथवा नेक जीवन और धर्माचरण सर्वोत्तम सद्गुण हैं। सारे पढ़ने, लिखने, सीखने और सुनाने का निचोड़ यही है, यहीं पर इस सबकी समाप्ति है। सच्ची शिक्षा वही है जो चरित्र का निर्माण करे, चरित्रबल वाला मनुष्य ही सदा नेकी के मार्ग पर चल सकेगा।

मनुष्य का चरित्र उसकी विभिन्न प्रवृत्तियों को जोड़ना है, उसके मन के समस्त झुकावों का योगफल है। सुख तथा दु:ख मनुष्य के मन पर होकर ज्यों-ज्यों गुजरते हैं वे उस पर अपनी छाप अथवा संस्कार छोड़ जाते हैं। इन सब भिन्न-भिन्न छापों का फल ही मनुष्य का चरित्र कहलाता है। यदि आप किसी मनुष्य के चरित्र की जाँच वस्तुत: करना चाहते हैं तो उसके बड़े कार्यों द्वारा जाँच मत करें। उसके अत्यन्त साधारण कार्यों की जाँच करें। वास्तव में वे ही ऐसे हैं जिनसे किसी महापुरूष के वास्तविक चरित्र का ठीक-ठीक

पता लगा सकता है। कुछ विशेष अवसर तो छोटे मनुष्य को भी किसी-न-किसी प्रकार का बड़प्पन दे देते हैं, परन्तु वास्तव में बड़ा तो वही है जिसका चरित्र सदैव और सभी अवस्थाओं में महान रहता है।

जिस प्रकार स्वामी दयानन्द तथा स्वामी विवेकानन्द ने चरित्र-निर्माण पर बल दिया, उसी प्रकार गाँधीजी ने भी शिक्षा में चरित्र-निर्माण पर बल दिया। उनका कहना है कि हमारी सारी सीख और सारी विद्या निष्फल रहेगी यदि वे हमारे हृदय में पवित्र भावों को नहीं उपजाते।

"सारे ज्ञान का अन्तिम लक्ष्य आवश्यक रूप से चरित्र-निर्माण ही है। वह शिक्षा ही क्या जिसमें चरित्र-निर्माण न हो सके और वह चरित्र ही क्या जिसमें आरम्भिक वैयक्तिक पवित्रता न हो। व्यक्ति का चरित्र उसकी व्यक्तिगत शुचिता का परिणाम होता है।" संसार के सब बड़े-बड़े महत्त्वशाली धर्म, चाहे वे आपस में बहुत अधिक भिन्न-भिन्न ही क्यों न हों, इस आधारभूत विषय में सर्वथा एकमत हैं कि कोई भी व्यक्ति जो अपवित्र मन वाला होगा, सम्भवत: महान श्वेत सिंहासन के सामने खड़ा होने का साहस नहीं कर सकता। गाँधीजी ने हमें याद दिलाया है कि "शिक्षा का मुख्य और पहला कर्त्तव्य यह है अथवा होना चाहिए कि उससे विद्यार्थियों के चरित्र का निर्माण हो और उस अध्यापक को निराश होने की आवश्यकता नहीं है जो स्वयं चरित्र का पालन करता है।" "वे (अध्यापक) भले ही अपने विद्यार्थियों को संसार भर की विद्याएँ प्रदान कर दें, परन्तु उनके मनों में शुचिता और सत्य की भावनाएँ नहीं बैठाते तो निस्सन्देह वे उन्हें धोखा दे देंगे और उनको उन्नति के मार्ग पर डाल देने के स्थान पर विनाश के पथ पर लुढ़का देंगे। अध्यापक का कार्य बड़ा पुण्य कार्य है। उसको एक उच्च पद मिला हुआ है, जहाँ वह अपने शिष्यों को बहुत अधिक प्रभावित कर सकता है।" "मैंने देखा है कि विद्यार्थी अध्यापकों के निजी जीवनों से जितना अधिक पा लेते हैं, उतना वे उनसे सुनी हुई बातों तथा पुस्तकों से ग्रहण नहीं करते।"

2. शिक्षा तथा व्यावसायिक क्षमता के विकास का उद्देश्य (Education and Development of Vocational Capacity): शिक्षा का दूसरा महत्त्वपूर्ण उद्देश्य समाज के व्यक्तियों में व्यावसायिक तथा तकनीकी कुशलता लाना है। इसके अन्तर्गत है–(1) कार्य के प्रति एक नई भावना को जन्म देना जिससे वे कार्य के महत्त्व को समझ सकें, (2) विद्यार्थियों को अनुभव कराना कि देश की समृद्धि इस बात पर निर्भर है कि हम जिस कार्य को भी आरम्भ करें उसे यथाशक्ति सफल और सुन्दर बनाएँ, (3) सभी अध्यापक इस बात का प्रयत्न करें कि यह बात पाठशाला में विद्यार्थियों के व्यवहार में स्पष्ट रूप से दिखाई दे, और (4) शिक्षा के सभी स्तरों पर व्यावसायिक क्षमता का विकास हो जिससे औद्योगिक और तकनीकी क्षेत्र में कुशल व अनुभवी व्यक्ति मिल सकें।

गाँधीजी ने 11 सितम्बर, 1937 के 'हरिजन' में लिखा, "शिक्षा को बेरोजगारी के विरुद्ध एक बीमा (Insurance) होना चाहिए।" उन्होंने बेसिक पद्धति में इस बात पर बल दिया कि छात्र किसी न किसी व्यवसाय के लिए तैयार हो सकें।

निष्कर्ष: विभिन्न उद्देश्यों को एक-दूसरे से पूरे तौर पर अलग करना सम्भव नहीं है। समाज में परिस्थितियाँ इतनी जटिल हो गई हैं कि किसी एक ही उद्देश्य को पूर्ण मानना न्यायसंगत नहीं है। अत: यहाँ पर दो प्रमुख उद्देश्यों की चर्चा की गई है। ये दोनों ही महत्त्वपूर्ण हैं तथा इन्हीं की प्राप्ति से देश संसार में उचित मान-सम्मान प्राप्त कर सकता है।

18

माध्यमिक तथा उच्च माध्यमिक पाठ्यक्रम की मुख्य विशेषताएँ
(Main Features of Secondary and Senior Secondary Curriculum)

18.1 भूमिका (Introduction)

मोटे तौर पर कहा जा सकता है कि माध्यमिक शिक्षा के पाठ्यक्रम का सम्बन्ध कक्षा 9 तथा 10 से है। तथा उच्च माध्यमिक पाठ्यक्रम का सम्बन्ध कक्षा 11 तथा 12 से है। माध्यमिक स्तर पर कक्षाएँ 1 से 8 भी ले ली जाती है जब हम समान शैक्षिक संरचना (Uniform Educational Structure) की चर्चा करते हैं।

18.2 माध्यमिक स्तर के पाठ्यक्रम की मुख्य विशेषताएँ (Chief Characterstics of Secondary Curriculum)

राष्ट्रीय शैक्षिक अनुसंधान और प्रशिक्षण परिषद् (National Council of Educational Research and Training) ने माध्यमिक स्तर के पाठ्यक्रम के उद्देश्य तथा मुख्य विशेषताएँ इस प्रकार दशार्यी हैं–

1. सामाजिक जीवन तथा भावी अधिगम के लिए आवश्यक भाषा संबंधी योग्यताएँ, (सुनना, बोलना, पढ़ना व लिखना)।
2. दिन प्रतिदिन के कार्यकलापों में प्रभावशाली प्रतिभागिता के लिए संप्रेषण कौशल (मौखिक तथा दृश्यात्मक)।
3. तार्किक बुद्धि के विकास के लिए गणितीय योग्यताएँ, ताकि शिक्षार्थी साधारण गणितीय कार्यों और दैनिक जीवन में उनके अनुप्रयोगों से कुछ सीख सके।
4. रूढ़िवादिता, अंधविश्वास तथा भाग्यवाद को समाप्त करने के लिए प्रश्न पूछने का साहस करने तथा जानने की इच्छाशक्ति के विकास के उद्देश्य से वैज्ञानिक दृष्टिकोण और सोच विकसित करना।
5. जाँच पड़ताल की वैज्ञानिक प्रविधियों का ज्ञान तथा समस्याओं के समाधान में इसका अनुप्रयोग।

6. पर्यावरण को उसकी संपूर्णता में जानना (प्राकृतिक और सामाजिक तथा उनकी अनुक्रियात्मक प्रक्रिया), पर्यावरण की समस्याएँ और पर्यावरण की रक्षा का उपाय।
7. विभिन्न विषयों और समस्याओं को स्थानीय, क्षेत्रीय, राष्ट्रीय और विश्व स्तर पर जांचने-परखने की योग्यता तथा स्वतंत्र रूप से स्वयं मूल्यांकन करने की क्षमता।
8. भारत के स्वाधीनता संग्राम में स्वतंत्रता सेनानियों और सामाजिक उत्थान के सामाजिक कार्यकर्ताओं के योगदान तथा उनके बलिदान का महत्त्व समझना तथा उनके आदर्शों पर तत्परता से अमल करना।
9. ऐसे गुण जिनसे मनुष्य में मानवता का विकास हो तथा वे सामाजिक दृष्टि से प्रभावी सिद्ध हो सकें और उन्हें जीवन की सार्थकता और दिशा मिले। ये मूल्य सामाजिक/आर्थिक और वैयक्तिक/आध्यात्मिक मूल्यों से बंधे होने चाहिए।
10. देश के विभिन्न भागों में रहने वाले लोगों तथा देश के विभिन्न भागों में व्याप्त विविधता को समझना तथा देश की सामासिक सांस्कृतिक विरासत को समझना।
11. परिवर्तन सापेक्ष प्रौद्योगिकी और देश की परंपरा तथा विरासत की निरंतरता के बीच संतुलित संश्लेषण की आवश्यकता को महत्त्व देना।
12. राष्ट्रीय प्रतीकों के प्रति सम्मान और राष्ट्र की एकता और पहचान के आदर्श को अक्षुण्ण रखने वाले आदर्शों और आकांक्षाओं का ज्ञान।
13. अपने देश के विशिष्ट संदर्भ में भूंमडलीकरण, उदारीकरण तथा स्थानीकरण की प्रक्रियाओं के सकारात्मक और नकारात्मक प्रभावों को समझना।
14. सामान्य विकास के प्रतिमान के आधार पर शारीरिक और मानसिक रूप से पूर्णतः स्वस्थ रहने के लिए आवश्यक ज्ञान, मनोवृत्ति, जीवनचर्या और आदतों का विकास करना।
15. मानवीय मूल्यों और सामाजिक न्याय के प्रति दृढ़ प्रतिबद्धता के साथ विश्वव्यापी भाईचारे के लिए आवश्यक समानता के प्रति जागरूकता पैदा करना।
16. समाजवाद, पंथ निरपेक्षता, स्वस्थ लोकतंत्र तथा अहिंसा के राष्ट्रीय उद्देश्यों को जीवन में अपनाने के महत्त्व और इसके प्रति तत्परता का बोध कराना।
17. सुशिक्षित समाज के निर्माण के लिए स्व-अधिगम, स्वतः निर्देशित अधिगम तथा जीवनपर्यन्त अधिगम के लिए आवश्यक गुणवत्ता और चारित्रिक विशिष्टताएँ।
18. उत्पादकता वृद्धि, आजीविका वृत्ति संतुष्टि और अर्थोपार्जनकारी कार्य प्रणालियों के लिए अपेक्षित शारीरिक कार्य की गरिमा और महत्त्व को समझना।
19. जीवन की विभिन्न परिस्थितियों में सौंदर्य की खोज तथा उसके महत्त्व को जानने की योग्यता तथा इसे अपने व्यक्तित्त्व में उतारने की आवश्यकता।
20. वास्तविक सूचना को ग्रहण करने के अतिरिक्त उसे समझने, परिलक्षित करने तथा आत्मसात करने और अपनी अंतर्दृष्टि को विकसित करने की क्षमता।
21. विभिन्न विषयों/विचारधाराओं की विविधता और अंतरालों को स्वीकार करने और उनके महत्त्व को समझने की योग्यता और मूल्य व्यवस्थाओं के विकल्पों के चयन की क्षमता।
22. बड़े परिवारों के विभिन्न प्रभावों और परिणामों को समझना तथा जनसंख्या अतिवृद्धि और जनसंख्या वृद्धि को रोकने की जरूरत को समझना।

23. स्वस्थ लैंगिक संबंधों के प्रति समुचित दृष्टिकोण और मनोवृत्ति का विकास तथा विपरीत लिंग के सदस्यों के प्रति आदरपूर्ण व स्वस्थ दृष्टिकोण का विकास।

18.3 शिक्षा के विभिन्न स्तरों के उद्देश्य (Objectives of Education at Different Stages)

किसी विशिष्ट आयु-वर्ग के शिक्षार्थियों के शारीरिक, मानसिक, सामाजिक, भावानात्मक और सामान्य विकास की आवश्यकताओं को ध्यान में रखते हुए किसी स्तर/कक्षा विशेष में संप्राप्ति योग्य शिक्षा के उद्देश्यों के सावधानीपूर्वक निर्धारण के लिए "शिक्षार्थी-केंद्रित अभिगम" पर बल देना आवश्यक है। किसी कक्षा स्तर विशेष के लिए प्रत्येक उद्ददेश्य से संबद्ध प्रत्याशित भावी अधिगम प्रतिफलों का पूर्वानुमान किया जाना चाहिए।

18.2 में दिए गए उद्देश्यों में से अधिकतर उद्देश्य विभिन्न कक्षाओं में निरंतर जारी रखे जाने चाहिए। फिर भी, एक कक्षा से दूसरी कक्षा में किसी विशिष्ट उद्देश्य के संदर्भ में संप्राप्ति के स्तर में उत्तरोत्तर वृद्धि होती रहेगी। जहाँ तक किसी विशिष्ट उद्देश्य की संप्राप्ति के लक्ष्य का प्रश्न है वहाँ एक प्रकार का अधिगम सांतत्यक होगा तथा यह किसी विशिष्ट कक्षा स्तर पर अंतिम बिंदु तक पहुँचेगा जो कि संबंधित उद्देश्य के स्वरूप पर निर्भर होगा।

18.4 छात्रों की विशिष्टताएँ (Characteristics of Students)

वर्तमान विचारधारा से इस धारणा को बल मिला है कि शिक्षार्थी न तो निष्क्रिय होता है और न ही अक्षम। इसके विपरीत शिक्षार्थी एक सक्रिय तथा सक्षम व्यक्ति है। वह इस रूप में सक्रिय व्यक्ति है, क्योंकि आसपास का वातावरण ही उसे प्रेरित नहीं करता बल्कि वह काफी हद तक वातावरण को प्रेरित व प्रभावित करता है। अत: शिक्षार्थी कक्षा में खाली दिमाग/मनोदशा के साथ नहीं आता बल्कि उसके मन में पहले से ही विचार विद्यमान होते हैं। इन पूर्व बोध और धारणाओं के संदर्भ में शिक्षार्थी द्वारा कक्षा अनुभवों को परिभाषित किया जाता है। इस प्रकार पूर्व अनुभव, विश्वास तथा भावनाएँ व्यक्तिगत दृष्टिकोण तथा घटनाओं के संबंध में उसके विचार को प्रभावित करती हैं। यह ज्ञान प्राप्ति सकारात्मक अथवा विकासात्मक प्रक्रिया है तथा प्रत्येक विद्यार्थी का ज्ञान उसका व्यक्तिगत ज्ञान अथवा उसकी स्वाभाविक विलक्षणता का परिचायक है।

बहुत समय से बच्चे अथवा शिक्षार्थी को एक प्राकृतिक अथवा प्रदत्त वर्ग के रूप में देखा जाता रहा है। हम इसके इस तथ्य से विमुख हो गए हैं कि शिक्षार्थी का विकास समाज की सामाजिक-सांस्कृतिक तथा ऐतिहासिक परिस्थितियों के परिवर्तन से निकटता से जुड़ा हुआ है। अत: विभिन्न समूहों के बीच अंतर तथा एक ही समूह के अंदर के परिवर्तन शिक्षार्थी के स्वरूप में परिवर्तन ला सकते हैं। इसलिए शिक्षार्थी के प्रति एक अखण्डित दृष्टिकोण युक्तिसंगत नहीं है। शिक्षार्थी की विशिष्टताओं को समझने के लिए एकीकृत दृष्टिकोण का अपनाना अधिकाधिक उचित प्रतीत होता है।

1. पूर्व-प्राथमिक स्तर (Pre-primary Stage) के दौरान बच्चे की शारीरिक वृद्धि और विकास के रूप में बहुत से परिवर्तन होते हैं। एक निर्भर और असहायपूर्ण स्थिति से निकलकर बच्चे एक स्वतंत्र तथा जिज्ञासु शिक्षार्थी के रूप में प्रकट होते हैं। जैसे-जैसे

उनके शरीर का विकास होता जाता है। और वे सामाजिक और सांस्कृतिक परिस्थितियों का मुकाबला करते जाते हैं उनकी तंत्रिका तंत्र परिपक्वता की ओर बढ़ती जाती है तथा उनका संज्ञानात्मक अनुभव व्यापक होता जाता है। वे तेजी से दुनियादारी की बातों को अपनाने लगते हैं, धीरे-धीरे विचारों पर धरातल के अपने भविष्य की परिकल्पना करने लगते हैं तथा पूर्व और वर्तमान घटनाओं को स्मरण रखने की विधियों को खोजने का प्रयास करने लगते हैं। खेल खेलने से शिक्षार्थी के संज्ञानात्मक, भाषिक, सामाजिक, भावनात्मक और व्यक्तित्त्व के विकास का पोषण होता है तथा प्रोत्साहन मिलता है। शिक्षार्थी, प्रकार्यात्मक (अर्थात् किसी वस्तु के साथ अथवा उसके बिना भी साधारण और गतिविधियों की पुनरावृत्ति सहित) तथा रचनात्मक (किसी वस्तु को उल्टा सीधा करने अथवा नए सिरे से जोड़ने या बनाने का शारीरिक प्रयास करने वाले) खेल खेलने लगता है। इस अवधि के दौरान बच्चे में भाषा का विकास, संकेतों का प्रयोग तथा आत्मकेंद्रित विचारधारा (अर्थात् अपने विचारों और दूसरे के विचारों में अंतर को न समझ पाने की स्थिति) का प्रवाह होता है। बच्चे नए-नए काल्पनिक खेल भी खेलते हैं।

(2) प्राथमिक स्तर (Primary Stage) में प्रवेश करते समय बच्चे का शारीरिक विकास अपेक्षाकृत धीमा होता है। वे पतले और लंबे होने लगते हैं और उनकी शारीरिक मांसपेशियाँ मजबूत होने लगती हैं और वे नए-नए कौशल सीखने लगते हैं, जिनके कारण वे अपने साथियों के साथ प्रभावी प्रतियोगिता करने लगते हैं। इस अवधि के दौरान कम वजन वाले तथा कुपोषित बच्चों का शारीरिक, सामाजिक और संज्ञानात्मक विकास बाधित होने लगता है। इसी प्रकार मोटे, भारी वजन वाले बच्चों में भी बचपन से ही भारीपन के कारण समस्याएँ उत्पन्न होने लगती हैं। यह बच्चे की आर्थिक-सांस्कृतिक व्यवस्था और उसके विकास पर निर्भर है, जो बच्चे में विभिन्न कौशलों की संप्राप्ति पर बल देती है, जिसके कारण बच्चा एक बेहतर सामंजस्य की स्थिति में सामने आता है। बच्चे के विचारधारा तर्कशक्ति के मौलिक नियमों से नियंत्रित होती है। यहाँ बच्चे के निकटस्थ विकास (जेड.पी.डी.) के क्षेत्र की अवधारणा का महत्त्व उद्घाटित होता है। जेड.पी.डी. का अभिप्राय बच्चे के वास्तविक विकास के स्तर तथा विकास के अनुकूलतम स्तर के बीच के अंतराल का सूचक है। बच्चा जो स्वतंत्र रूप से सीख सकता है तथा यदि उसे सहायता अथवा मार्गदर्शन दिया जाए तो उसका किस स्तर तक विकास होगा यह इन दोनों के बीच का अंतर है। यदि उसके वास्तविक विकास के स्तर की बजाय उसकी व्यक्तिगत क्षमता पर ध्यान केंद्रित किया जाए तो बच्चे की संज्ञानात्मक क्षमता में अभिवृद्धि होती है। जेड.पी.डी. की संकल्पना **विगोंतस्की की सामाजिक प्रभाव की अवधारणा** पर देती है, जिसमें कहा गया है कि सामाजिक प्रभाव का बच्चे की मानसिक योग्यता के विकास में महत्त्वपूर्ण योगदान है तथा मार्गदर्शन प्रदान करने से उसका विकास सुदृढ़ होता है। आत्मकेंद्रित वाक् से (जो बच्चे के व्यवहार पर आत्मनियंत्रण करती है तथा जो सामान्यतः मौखिक होती है), बच्चे की आंतरिक वाक्शक्ति का विकास होता है। इसमें अपने आप से बात करना शामिल है। इस अवधि के दौरान बच्चा कुछ कहने से पहले इसका अभ्यास करता है कि वह क्या कहने जा रहा है। अपने हम उम्र साथियों के साथ मिलकर बच्चा प्रतिदिन के झगड़ों से निपटना और काल्पनिक खेलों के द्वारा भय से निपटना सीखता जाता है। वे आतुरता और हिंसा का मुकाबला करने के लिए

काल्पनिक खेलों में भी लग जाते हैं। दूसरे बच्चों के साथ मिल-जुलकर उनमें आपसी सहयोग तथा आदान-प्रदान की भावना भी उत्पन्न होती है।

(3) उच्च प्राथमिक स्तर (Upper Primary Stage) पर बच्चों के बहुत से शारीरिक परिवर्तन होते हैं क्योंकि यह समय उनके बचपन और जवानी के बीच की जैवकीय संक्रमण की अवधि होती है। मानसिक स्तर पर, बच्चा किसी विशिष्ट समस्या से छुटकारा पाने के लिए सभी काल्पनिक परिस्थितियों के संबंध में तार्किक रूप से सोचने का प्रयास करने लगता है। बच्चा काल्पनिक समस्याओं तथा रिपेक्ष विचारों (एक ही लक्ष्य की प्राप्ति के लिए दो अलग-अलग मार्गों से पहुँचने की मानसिक विचारधारा) का सामना करने की योग्यता धीरे-धीरे प्राप्त करने लगता है। बच्चे अपनी-अपनी पहचान बनाने में जुट जाते हैं। पहचान बनाने की प्रक्रिया में बच्चा अपने विचारों के साथ-साथ दूसरों के विचारों तथा सामाजिक दृष्टिकोण को समझने लगता है। आपसी सहयोग की भावना का धीरे-धीरे महत्त्व बढ़ने लगता है। इस दौरान बच्चे अपनी अभिरूचि में बार-बार उतार-चढ़ाव तथा विचारों के विरोधाभास का अनुभव करने लगते हैं।

(4) माध्यमिक स्तर (Secondary Stage) पर, उच्च प्राथमिक स्तर के दौरान स्पष्ट की गई विकास की विशेषताएँ बच्चे में सुदृढ़ हो जाती हैं। उनमें अमूर्त संकल्पनाओं पर विचार करने, सामाजिक पहचान बनाने तथा अपने साथी समूहों के महत्त्व को जानने की प्रवृत्ति बढ़ने लगती है।

बच्चों में सामाजिक मेल-मिलाप को प्रोत्साहित करना भी आवश्यक है। प्रभावशाली अधिगम और बौद्धिक विकास के लिए यह आवश्यक है कि शिक्षार्थी अपने मित्रों से सहयोग करे, उनके साथ अपने अनुभवों और खोज को बाँटे तथा वैचारिक विरोधाभास पर बहस करे।

बच्चे में संकल्पना का विकास धीरे-धीरे होता है। अध्यापन-अधिगम प्रक्रिया इस प्रकार से तैयार की जानी चाहिए कि इससे शिक्षार्थी के संपूर्ण संज्ञानात्मक ढाँचे में निरंतर विकास को प्रोत्साहन मिले। इसके लिए कार्यों की विविधता, सामग्री और प्रत्येक शिक्षार्थी के लिए उपयुक्त संज्ञानात्मक संरचना के सापेक्ष समस्याओं से निपटने का प्रावधान करने की आवश्यकता होती है।

18.5 पाठ्यक्रम (Curriculum)

I. प्रारंभिक शिक्षा पाठ्यक्रम–8 वर्ष (Elementary Education Curriculum—8 years)

प्राथमिक स्तर (5 वर्ष) (Primary Stage-5 years)

A. *कक्षा* I *तथा* II

(i) एक भाग-घर में बोली जानेवाली भाषा/क्षेत्रीय भाषा

(ii) गणित

इन दो क्षेत्रों में पाठ्यचर्या तथा कक्षा में प्रयोग के लिए पाठ्य-सामग्री तैयार करने की आवश्यकता है।

(iii) पर्यावरण अध्ययन

(iv) कार्य शिक्षा के तीन क्षेत्रों, कला (ललित और अभिनय), तथा स्वास्थ्य कार्यकलापों को एक साथ रखा जाए तथा उन्हें एक समुचित नाम दिया जाए। इससे महात्मा गाँधी के विचारों से भी समर्थन मिलेगा कि:

संगीत को प्राथमिक शिक्षा के पाठ्यक्रम का एक भाग बनाना चाहिए। ध्वनि का स्वर माधुर्य उतना ही आवश्यक है जितना कि हाथ का प्रशिक्षण। शारीरिक अभ्यास, हथकरघा, कला तथा संगीत लड़कों और लड़कियों को साथ-साथ सिखाया जाए ताकि उनका सर्वोत्तम विकास हो सके तथा वे शिक्षा में वास्तविक रूचि ले सकें । (हरिजन, 11 सितम्बर, 1937)

(iii) और (iv) के अंतर्गत दिए गए क्षेत्रों के लिए स्थानीय साधन उपलब्ध करवाने तथा स्थानीय रूप से विकसित पाठ्यचर्या के प्रयोग में विद्यालयों को पूर्व स्वायत्तता प्रदान की जानी चाहिए।

B. कक्षा *III-V (Class III-V)*

(i) एक भाग-घर में बोली जाने वाली भाषा/क्षेत्रीय भाषा
(ii) अंग्रेजी
(iii) गणित
(iv) पर्यावरण अध्ययन
(v) कार्य शिक्षा के तीन क्षेत्रों (ललित और अभिनय कला) तथा स्वास्थ्य कार्यकलापों को इकट्ठा रखा जाए तथा उन्हें एक समुचित नाम दिया जाए।
  - इस स्तर पर भी विद्यालयों को उपर्युक्त कक्षा 1 तथा 2 की भाँति पूर्ण स्वायत्तता प्रदान करनी चाहिए।
  - बदलते हुए सामाजिक-आर्थिक परिदृश्य में तथा भूमंडलीकरण तथा सूचना प्रौद्योगिकी की प्रक्रिया से व्यक्तिगत और राष्ट्रीय अपेक्षाएँ उत्पन्न होने के कारण इस स्तर पर अंग्रेजी पढ़ाना आवश्यक हो गया है। इसे अभी शीघ्र ही प्रारंभ नहीं किया जाना चाहिए। क्योंकि (1) इसको प्रारंभ करने से पूर्व शिक्षार्थी की प्रथम भाषा इतनी सुदृढ़ होनी चाहिए कि वह दूसरी भाषा सीखने के लिए इसका प्रयोग कर सके तथा (2) पहले दो वर्षों में अधिकांश मामलों में यह प्रयास किया जाना चाहिए कि बच्चे अपने घर में बोली जाने वाली भाषा से आगे बढ़कर विद्यालय में पढ़ाई जाने वाली भाषा या क्षेत्रीय भाषा को अपना सकें।

C. *उच्च प्राथमिक स्तर (3 वर्ष) (Higher Primary–3 Years)*

(i) तीन भाषाएँ
(ii) गणित
(iii) विज्ञान और प्रौद्योगिकी
(iv) सामाजिक विज्ञान
  - (य) कार्य शिक्षा, कला शिक्षा (ललित तथा अभिनय कला) तथा स्वास्थ्य एवं शारीरिक शिक्षा (एन.सी.सी., स्काउट तथा गाइड) शामिल हों।

– इन तीन क्षेत्रों का एकीकृत किया जा सकता है और उसे एक समुचित नाम दिया जा सकता है।

II. माध्यमिक स्तर (2 वर्ष) (Secondary Stage)

(i) तीन भाषाएँ
(ii) गणित
(iii) विज्ञान और प्रौद्योगिकी
(iv) सामाजिक विज्ञान

– (य) कार्य शिक्षा/पूर्व-व्यावसायिक कौशल, कला शिक्षा (ललित तथा अभिनय कला) तथा स्वास्थ्य एवं शारीरिक शिक्षा (जिसमें एन.सी.सी स्काउट एवं गाईड शामिल हों)
– इन तीन क्षेत्रों को एक साथ मिलाकर एक समुचित नाम दिया जा सकता है।
– इस बात पर भी विचार किया जा सकता है कि इस स्तर पर कम्प्यूटर साक्षरता को थी एक विषय के रूप में (10%) रखा जाए।

18.6 उच्चमाध्यमिक पाठ्यक्रम (कक्षा 11 से 12)
(Higher/ Senior Secondary Curriculum)

18.7 उच्च माध्यमिक स्तर की कुछ विशेषताएँ
(Some Characteristics of Secondary Education)

उच्च माध्यमिक स्तर की कुछ विशेषताएँ हैं, जिन्हें पाठ्यक्रम बनाते समय निर्माताओं को ध्यान में रखना होता है। ये विशेषताएँ इस प्रकार हैं:

1. किशोर से युवावस्था में संक्रमण की अवस्था (Transition from Adolscence to youth)
2. शिक्षा में पहुँच, समता तथा उत्कृष्टता (Access, Equity and Excellence)
3. गुणवत्ता सुधार (Qualitative Improvment)
4. विविधता तथा लचीलापन (Diversification and Flexibility)

इस अवस्था पर छात्र अपनी रूचि तथा क्षमता के अनुसार विषयों का चुनाव करते हैं।

18.8 शैक्षिक धारा का पाठ्यक्रम (Curriculum of Academic Stream)

उद्देश्य (Objectives): इस स्तर पर पाठ्य के निम्नलिखित उद्देश्य है–

1. विभिन्न विषयों/अनुशासनों (Disciplines) में छात्रों को ज्ञान के उच्चतर स्तरों से परिचित करना।
2. विशिष्ट विषयों में छात्रों को आँकड़े तथा सूचनाएँ एकत्रित करने के अलग-अलग तरीकों से परिचित कराना और निष्कर्ष निकालना तथा निष्कर्ष तक पहुँचने, नई

अन्तदृर्ष्टि (Insight) तथा ज्ञान उत्पादन करने की प्रक्रिया में उनकी सहायता करना।

3. जन-सामान्य के जीवन की गुणवत्ता स्तर को उठाने तथा निर्धनता दूर करने के प्रयासों के लिए आवश्यक विज्ञान, प्रौद्योगिकी तथा सूचना के प्रति प्रतिबद्ध समाज की बढ़ती माँगों से निपटने के लिए भावी नागरिकों में समस्या समाधान (Problem Solving) तथा सृजनात्मक चिन्तन (Reflective Thinking) क्षमता को बढ़ावा देना।
4. भविष्य निर्माण के लिए उपयुक्त जीविका (Career) के चुनाव में अपनी रूचियों तथा रूझानों का पता लगाने में छात्रों की सहायता करना।

18.9 पाठ्यक्रम के विषय (Scheme of Studies)

इस स्तर पर पाठ्यक्रम इस प्रकार है:

1. दो भाषाएँ (Two Languages)
2. तीन वैकल्पिक विषय (Three Elective Subjects)
3. कार्य अनुभव (Work Experience)
4. स्वास्थ्य तथा शारीरिक शिक्षा (Health and Physical Education)

केन्द्रीय माध्यमिक शिक्षा बोर्ड (CBSE) द्वारा वैकल्पिक विषयों की सूची इस प्रकार है दी गई है–

1. आधुनिक भारतीय भाषाएँ, 2. प्राचीन भाषाएँ, 3. अंग्रेजी, 4. भौतिक शास्त्र, 5. रसायन शास्त्र, 6. जीव विज्ञान, 7. गणित, 8. कम्प्यूटर विज्ञान, 9. भूगर्भ विज्ञान, 10. इतिहास, 11. राजनीति, 12. भूगोल, 13. अर्थशास्त्र, 14. समाजशास्त्र, 15. मनोविज्ञान, 16. दर्शन, 17. ललित कला, 18. मूर्तिकला, 19. वाद्य संगीत, 20. वादन गायन, 21. गृहविज्ञान, 22. वाणिज्य, 23. प्रबन्धन, 24. व्यवसाय अध्ययन, 25. अभियांत्रकी, 26. चित्रकारी

18.10 समय आबंटन (Distribution of Time)

	विषय/अध्ययन सत्र	समय का आबंटन		क्रेडिट्स
		प्रतिशत	अवधि (घण्टे)	
1.	भाषा (एक भाषा)	12	5	20
2.	सामान्य अध्ययन	10	4	16
3.	कार्य शिक्षा	8	3	12
4.	स्वास्थ्य तथा शारीरिक शिक्षा	10	4	16
5.	वैकल्पिक विषय (3)	60	24	96
		100	40	160

18.11 पाठ्यक्रम का मूल्यांकन (Evaluation of the Curriculum)

केन्द्रीय माध्यमिक शिक्षा बोर्ड (CBSE) का पाठ्यक्रम छात्रों की शारीरिक, मानसिक, भावात्मक तथा वृत्तिक आवश्यकताओं को ध्यान में रख कर बनाया गया है।

पाठ्यक्रम भूमण्डलीकरण (Globalisation) तथा उदारीकरण (Liberalisation) को सन्दर्भ में है। पाठ्यक्रम में सूचना-प्रेषण प्रौद्योगिकी (ICT) के तत्त्वों को सम्मिलित किया गया है।

पाठ्यक्रम का पूरा-पूरा लाभ उठाने के लिए इसको व्यावहारिक पक्षों पर विशेष ध्यान दिया गया है।

यह अत्यन्त हर्ष का विषय है कि सभी बोर्ड प्राय: प्रतिवर्ष पाठ्यक्रम का मूल्यांकन करते रहते हैं तथा समय तथा स्थिति के अनुसार इसमें संशोधन करते रहते हैं तथा पाठ्यक्रम में गतिशीलता रहते हैं।

जहाँ पर इस बात पर भी बल देना आवश्यक है कि केवल अच्छा पाठ्यक्रम ही पर्याप्त है। महत्त्वपूर्ण बात है इसका उचित ढंग से क्रियान्वयन (Implementation) करना। अत: सभी शैक्षिक संस्थाओं में पर्याप्त संख्या में प्रशिक्षित अध्यापक, शिक्षण-अधिगम सामग्री तथा भवन आदि की उचित व्यवस्था होनी चाहिए। शिक्षा में सभी सुधारों की यही आधार शिला है। इसे दृढ़ तथा प्रभावी बनाया जाए।

18.12 21वीं शताब्दी के अनुरूप पाठ्यक्रम का निर्माण (Curriculum Construction for the 21st Century)

21वीं शताब्दी के अनुरूप स्कूली पाठ्यक्रम निम्न उद्देश्यों की पूर्ति करने वाला हो:

1. सामाजिक जीवन तथा भावी अधिगम के लिए आवश्यक भाषा सम्बन्धी योग्यताएँ (सुनना, बोलना, पढ़ना व लिखना) निर्मित करना।
2. दिन-प्रतिदिन के कार्यकलापों में प्रभावशाली प्रतिभागिता के लिए सम्प्रेषण कौशल का निर्माण करना (मौखिक तथा दृश्यात्मक)।
3. तार्किक बुद्धि के विकास के लिए गणितीय योग्यताओं का विकास करना ताकि शिक्षार्थी साधारण गणितीय कार्यों और दैनिक जीवन में उनके अनुप्रयोगों से कुछ सीख सके।
4. रूढ़िवादिता, अन्धविश्वास तथा भाग्यवाद को समाप्त करने के लिए प्रश्न पूछने का साहस करने तथा जानने की इच्छा-शक्ति के विकास के उद्देश्य से वैज्ञानिक दृष्टिकोण और सोच विकसित करना।
5. जाँच-पड़ताल की वैज्ञानिक प्रविधियों का ज्ञान तथा समस्याओं के समाधान में इसका अनुप्रयोग करना।
6. पर्यावरण को उसकी सम्पूर्णता में जानना (प्राकृतिक और सामाजिक तथा उनकी अनुक्रियात्मक प्रक्रिया), पर्यावरण की समस्याएँ और पर्यावरण की रक्षा के उपाय जानना।

7. विभिन्न विषयों और समस्याओं को स्थानीय, क्षेत्रीय, राष्ट्रीय और विश्व स्तर पर जाँचने-परखने की योग्यता तथा स्वतंत्र रूप से स्वयं मूल्यांकन करने की क्षमता का विकास करना।
8. भारत के स्वाधीनता संग्राम में स्वतन्त्रता सेनानियों और सामाजिक उत्थान के सामाजिक कार्यकर्ताओं के योगदान तथा उनके बलिदान का महत्त्व समझना तथा उनके आदर्शों पर तत्परता से अमल करना।
9. ऐसे गुणों को बढ़ावा देना जिनमें मनुष्य में मानवता का विकास हो तथा वे सामाजिक दृष्टि से प्रभावी सिद्ध हो सकें और उन्हें जीवन की सार्थकता और दिशा मिले। ये मूल्य सामाजिक/आर्थिक और वैयक्तिक/आध्यात्मिक मूल्यों से बँधे होने चाहिए।
10. देश के विभिन्न भागों में रहने वाले लोगों तथा देश के विभिन्न भागों में व्याप्त विविधता को समझना तथा देश की सामाजिक सांस्कृतिक विरासत को समझना।
11. परिवर्तन सापेक्ष प्रौद्योगिकी और देश की परम्परा तथा विरासत की निरन्तरता के बीच सन्तुलित संश्लेषण की आवश्यकता को महत्त्व देना।
12. राष्ट्रीय प्रतीकों के प्रति सम्मान और राष्ट्र की एकता और पहचान के आदर्श को अक्षुण्ण रखने वाले आदर्शों और आकांक्षाओं का ज्ञान कराना।
13. अपने देश के विशिष्ट सन्दर्भ में भूमण्डलीकरण, उदारीकरण तथा स्थानीयकरण की प्रक्रियाओं के सकारात्मक और नकारात्मक प्रभावों को समझना।
14. सामान्य विकास के प्रतिमान के आधार पर शारीरिक और मानसिक रूप से पूर्णतः स्वस्थ रहने के लिए आवश्यक ज्ञान, मनोवृत्ति, जीवनचर्या और आदतों का विकास करना।
15. मानवीय मूल्यों और सामाजिक न्याय के प्रति दृढ़ प्रतिबद्धता के साथ विश्वव्यापी भाईचारे के लिए आवश्यक समानता के प्रति जागरूकता पैदा करना।
16. समाजवाद, पंथनिरपेक्षता, स्वस्थ लोकतन्त्र तथा अहिंसा के राष्ट्रीय उद्देश्यों को जीवन में अपनाने के महत्त्व और इसके प्रति तत्परता का बोध कराना।
17. सुशिक्षित समाज के निर्माण के लिए स्व-अधिगम, स्वतः निर्देशित अधिगम तथा जीवनपर्यन्त अधिगम के लिए आवश्यक गुणवत्ता और चारित्रिक विशिष्टताएँ उत्पन्न करना।
18. उत्पादकता वृद्धि, आजीविका वृत्ति सन्तुष्टि और अर्थोपार्जनकारी कार्य प्रणालियों के लिए अपेक्षित शारीरिक कार्य की गरिमा और महत्त्व को समझना।
19. जीवन की विभिन्न परिस्थितियों में सौन्दर्य की खोज तथा उसके महत्त्व को जानने की योग्यता तथा इसे अपने व्यक्तित्व में उतारने की आवश्यकता को समझना।
20. वास्तविक सूचना को ग्रहण करने के अतिरिक्त उसे समझने, परिलक्षित करने तथा आत्मसात् करने और अपनी अन्तर्दृष्टि को विकसित करने की क्षमता का निर्माण करना।

21. विभिन्न विषयों/विचारधाराओं की विविधता और अन्तरालों को स्वीकार करने और उनके महत्त्व को समझने की योग्यता और मूल्य व्यवस्थाओं के विकल्पों के चयन की क्षमता बढ़ाना।
22. बड़े परिवारों के विभिन्न प्रभावों और परिणामों को समझना तथा जनसंख्या अतिवृद्धि और जनसंख्या वृद्धि को रोकने की जरूरत को समझना।
23. स्वस्थ लैंगिक सम्बन्धों के प्रति समुचित दृष्टिकोण और मनोवृत्ति का विकास तथा विपरीत लिंग के सदस्यों के प्रति आदरपूर्ण व स्वस्थ दृष्टिकोण का विकास करना।

(*Source*: Various Documents of NCERT and Delex Education Commission)

19

भाषाओं का अध्ययन तथा त्रिभाषा सूत्र
(The Study of Languages and Three Language Formula)

19.1 भूमिका: बहुभाषी देश
(India: Multiple Language Country)

भारत एक बहुभाषी देश है। यह एक विशाल देश है। इसके ऐसे अनेक तत्त्व हैं जो अनेक प्रकार की विभिन्नताओं को उत्पन्न करते हैं। इस देश में अनेक जातियों और नस्लों के लोग रहते हैं। आर्य, द्रविड़, मुंड, किरात आदि जातियों के लोग यहाँ बसते हैं। हिन्दी, गुजराती, मराठी, पंजाबी, तमिल, तेलुगु, बँगला, उर्दू आदि कितनी ही भाषाएँ इस देश में बोली जाती हैं। यहाँ 22 भाषाएँ और सैकड़ों की संख्या में बोलियाँ बोली जाती हैं। धर्म की दृष्टि से यहाँ हिंदू, मुस्लिम, ईसाई, बौद्ध, जैन, पारसी आदि कितने धर्म विद्यमान हैं।

अंग्रेजी के अतिरिक्त संविधान में दी गई भाषाएँ निम्नलिखित हैं:

1. असमिया, 2. बँगला, 3. गुजराती 4. हिंदी, 5. कन्नड़, 6. कश्मीरी, 7. कोंकणी, 8. मलयालम, 9. मणिपुरी, 10. मराठी, 11. नेपाली, 12. उड़िया, 13. पंजाबी, 14. संस्कृत, 15. सिंधी, 16. तमिल, 17. तेलुगु. 18. उर्दू, 19. बोरजे, 20. डोंगरी, 21. मैथली, 22. सन्थाली।

जहाँ पर विभिन्न राज्यों तथा केन्द्र शसित क्षेत्रों को प्रमुख भाषाओं की सूची नीचे दी जा रही है। इससे भाषा की जटलता की समस्या का परिचय मिलता हैं।

19.2 भारत के विभिन्न राज्यों तथा केन्द्र शासित क्षेत्रों की प्रमुख भाषाएँ
(Major Languages of States and Union Territories of India)

क्र. सं.	*राज्य/केन्द्र प्रशासित क्षेत्र (State/Union Territory)*	*प्रमुख भाषा / भाषाएँ (Chief Language/Languages)*
1.	आंध्र प्रदेश	तेलुगु और उर्दू
2.	अरूणाचल प्रदेश	मेनपा, मिजी, अका, शेरदुकेपन, निशी, वांचू अपतानी, तगिन, अदी, दिगारू, मिशमी, नोकटे, इदु-मिशमी, मिजु मिशमी, खामटी, तंगसा

(क्रमशः)

क्र. सं.	राज्य/केन्द्र प्रशासित क्षेत्र (State/Union Territory)	प्रमुख भाषा / भाषाएँ (Chief Language/Languages)
3.	असम	असमिया
4.	बिहार	हिंदी
5.	छत्तीसगढ़	हिंदी
6.	गोवा	कोंकणी तथा मराठी
7.	गुजरात	गुजराती
8.	हरियाणा	हिंदी
9.	हिमाचल प्रदेश	हिंदी और पहाड़ी
10.	जम्मू और कश्मीर	उर्दू, डोगरी, कश्मीरी, लद्दाखी, बाल्टी, पहाड़ी, पंजाबी, गुजरी, ददरी।
11.	झारखंड	हिंदी
12.	कर्नाटक	कन्नड़
13.	केरल	मलयालम
14.	मध्यप्रदेश	हिंदी
15.	महाराष्ट्र	मराठी
16.	मणिपुर	मणिपुरी
17.	मेघालय	खासी, गारो तथा अंग्रेजी
18.	मिजोरम	मिजो और अंग्रेजी
19.	नागालैंड	अंगामी, चांग, कोन्याक, लोथा, संगताम, सेमा, और चाखेसांग
20.	उड़ीसा	उड़िया
21.	पंजाब	पंजाबी
22.	राजस्थान	हिंदी और राजस्थानी
23.	सिक्किम	लेप्चा, भूटिया और नेपाली
24.	तमिलनाडु	तमिल
25.	त्रिपुरा	बांग्ला और काकबरक
26.	उत्तरांचल	हिंदी, गढ़वाली और कुमांऊनी
27.	उत्तर प्रदेश	हिंदी और उर्दू
28.	पश्चिम बंगाल	बांग्ला
29.	अंडमान और निकोबार द्वीपसमूह	हिंदी, निकोबारी, तमिल, बांग्ला, मलयालम, तेलुगु
30.	चंडीगढ़	हिंदी, पंजाबी, अंग्रेजी
31.	दादरा और नगर हवेली	गुजराती तथा हिंदी

(क्रमशः)

क्र. सं.	राज्य/केन्द्र प्रशासित क्षेत्र (State/Union Territory)	प्रमुख भाषा / भाषाएँ (Chief Language/Languages)
32.	दमन और दीव	गुजराती
33.	दिल्ली	हिंदी, पंजाबी, उर्दू, अंग्रेजी
34.	लक्षद्वीप	जेसरी (द्वीप भाषा) और माहल
35.	पांडिचेरी	तमिल, तेलुगु, मलयालम, फ्रेंच, अंग्रेजी

सारांश: प्रमुख भाषाएँ इस प्रकार हैं: 54 भाषाएँ

1. अंग्रेजी, 2. हिन्दी, 3. तेलुगु, 4. उर्दू, 5. मोनपा, 6. मिजी, 7. अका, 8. शेरदुकपेन, 9. निशी, 10. वाचू, 11. अपताती, 12. तगिन, 13. अदी, 14. दिमारू, 15. मिशमी, 16. नोकटे, 17. इदुमिशमी, 18. मिजु मिशमी, 19. खामरी, 20. तंगसा, 21. असमिया, 22. कोंकणी, 23. मराठी, 24. गुजराती, 25. पहाड़ी, 26. डोगरी, 27. कश्मीरी, 28. लद्दाखी, 29. बाल्टी, 30. लोथा, 31. पंजाबी, 32. गुजरी, 33. ददररी, 34. कन्नड़, 35. मलयालम, 36. मणिपुरी, 37. मिजो, 38. चांग, 39. कोन्याक, 40. संगताम, 41. सेमा, 42. चाखेसांग, 43. उड़िया, 44. राजस्थानी, 45. तमिल, 46. बांग्ला, 47. काकबरक, 48. गढ़वाली, 49. कुमांऊनी, 50. गारो, 51. निकोबारी, 52. जेसरी, 53. माहल, 54. फ्रेंच

19.3 भाषा विवाद क्या है? (What is the Language Problem?)

भाषा-विवाद यह है कि शिक्षा का माध्यम (विशेषत: उच्च कक्षाओं में) अग्रेंजी हो या मातृ-भाषा हिन्दी या क्षेत्रीय भाषाएँ हों। स्वतन्त्र भारत के संविधान ने हिन्दी को राष्ट्र भाषा का स्थान प्रदान किया और यह भी निश्चित किया कि सन् 1965 तक अंग्रेजी के स्थान पर हिन्दी को राजकीय काम-काज की भाषा के रूप में प्रतिष्ठित कर दिया जायेगा। परन्तु इस बहुभाषी देश में ऐसा अभी तक सम्भव नहीं हो सका। ऐसा क्यों नहीं हो सका? इसका एक मात्र उत्तर है-शक्ति-लोलुपो की स्वार्थ सिद्धि।

भाषा सम्बन्धी निम्न प्रश्न उठते हैं:

1. शिक्षा किस भाषा में दी जाए?
2. छात्रों को राष्ट्रीय भाषा का कितना ज्ञान होना चाहिए?
3. मातृभाषा का कितना तथा किस प्रकार का ज्ञान दिया जाना चाहिए?
4. प्रादेशिक भाषाओं को क्या स्थान मिलना चाहिए?
5. अंग्रेजी किस कक्षा तक पढ़ाई जाए?
6. शिक्षा का विभिन्न स्तरों पर माध्यम कौन सी भाषा होनी चाहिए?
7. विदेशी भाषा का पाठ्यक्रम में क्या स्थान है?

समस्या अत्यन्त जटिल है। इसका अभी तक कोई ठोस सुझाव सामने नहीं आया है। यहाँ पर भाषा सम्बन्धी कुछ समितियों तथा आयोगों की संतुतियाँ दी जा रही हैं:

1. राधाकृष्णन् आयोग (1948-49) (Radha Krishnan Commission): इस आयोग का सुझाव था कि उच्च माध्यमिक एवं विश्वविद्यालय-स्तर पर छात्रों को तीन भाषाओं का ज्ञान कराया जाए, यथा-

(i) क्षेत्रीय भाषा अथवा मातृभाषा।
(ii) संघीय भाषा अथवा मातृभाषा।
(iii) अंग्रेजी।

2. मुदालियर आयोग, 1952 (Mudailiar Commission): इस 'आयोग' ने द्विभाषा-सूत्र प्रतिपादित किया और यह सुझाव दिया कि छात्र को माध्यमिक स्तर तक निम्नलिखित भाषाओं में से दो भाषाएँ पढ़ाई जाएँ:

(i) मातृभाषा या क्षेत्रीय भाषा या मातृभाषा और एक शास्त्रीय भाषा (Classical Language) का मिश्रित पाठ्यक्रम।
(ii) निम्नांकित में से चुनी जाने वाली एक अन्य भाषा।
(अ) हिन्दी (उनके लिए जिनकी मातृभाषा हिन्दी नहीं है)।
(ब) प्रारम्भिक अंग्रेजी (उनके लिए जिन्होंने मिडिल स्तर (Middle Stage) पर इसका अध्ययन नहीं किया है।
(स) उच्च अंग्रेजी (उनके लिए जिन्होंने पहले अंग्रेजी का अध्ययन किया है)।
(द) हिन्दी के अतिरिक्त एक अन्य भारतीय भाषा।
(य) अंग्रेजी के अतिरिक्त एक अन्य आधुनिक विदेशी भाषा।
(र) एक शास्त्रीय भाषा।

3. भावात्मक एकता-समिति, 1962 (Emotional Integration Commission): इस समिति ने त्रिभाषा-सूत्र का समर्थन किया, जिसका वर्णन 'त्रिभाषा-सूत्र' के अन्तर्गत आगे किया गया है।

4. कोठारी आयोग, 1964 (Kothari Commission): इस आयोग ने निम्नलिखित त्रिभाषा-सूत्र प्रतिपादित किया:

(i) मातृभाषा या क्षेत्रीय भाषा।
(ii) संघ की राजभाषा या सह-राजभाषा।
(iii) एक आधुनिक भारतीय भाषा या विदेशी भाषा, जो न. (i) और (ii) के अन्तर्गत छात्र द्वारा न चुनी गई हो और जो शिक्षा का माध्यम न हो।

उपर्युक्त सुझावों पर दृष्टिपात करने से विदित होता है कि स्वतन्त्र भारत में भाषाओं की उलझन को सुलझाने के लिए दो सूत्र प्रतिपादित किए गए–द्विभाषा-सूत्र

19.4 त्रिभाषा-सूत्र (Three Language Formula)

भाषा-समस्या के समाधान के लिए द्विभाषा-सूत्र की अपेक्षा त्रिभाषा-सूत्र को अधिक उपयोगी मानकर, सन् 1956 में केन्द्रीय स्तर पर त्रिभाषा-सूत्र का प्रतिपादन किया गया। उस समय से लेकर सन् 1968 तक, जब केन्द्रीय सरकार ने इसको मान्यता प्रदान की यह अपना अन्तिम रूप ग्रहण करने के लिए अनेक अवस्थाओं में से होकर गुजरा। हम इस सम्बन्ध में निम्नलिखित विषय-सामग्री के प्रति आपका ध्यान आकृष्ट कर रहे हैं–

1. सूत्र का प्रतिपादन, 1956–देश की आवश्यकताओं के सन्दर्भ में त्रिभाषा-सूत्र का सर्वप्रथम प्रतिपादन सन् 1956 में केन्द्रीय शिक्षा-सलाहकार-बोर्ड (Central Advisory Board of Education) ने अपनी 23वीं बैठक में किया। उसने सरकार के अनुमोदनार्थ निम्नलिखित दो सूत्रों का निर्माण किया:

पहला सूत्र: (i) (अ) मातृभाषा, या

(ब) क्षेत्रीय भाषा या

(स) मातृभाषा और क्षेत्रीय भाषा का मिश्रित पाठ्यक्रम, या

(द) मातृभाषा और एक शास्त्रीय भाषा का मिश्रित पाठ्यक्रम, या

(य) क्षेत्रीय भाषा और एकशास्त्रीय भाषा का मिश्रित पाठ्यक्रम।

(ii) हिन्दी या अंग्रेजी।

(iii) एक आधुनिक भारतीय भाषा या एक आधुनिक यूरोपीय भाषा, जो (i) और (ii) में न ली गई हो।

दूसरा सूत्र: (i) पहले सूत्र के समान।

(ii) अंग्रेजी या एक आधुनिक यूरोपीय भाषा।

(iii) हिन्दी (अहिन्दी क्षेत्रों के लिए, या कोई अन्य आधुनिक भारतीय भाषा हिन्दी क्षेत्रों के लिए)।

2. सूत्र का सरलीकरण, 1961: उक्त दोनों सूत्रों पर विचार करने के लिए सरकार ने सन् 1961 में मुख्यमन्त्रियों का सम्मेलन (Chief Minister's Conference) आयोजित किया। इस 'सम्मेलन' ने दोनों सूत्रों पर विचार-विमर्श करने के पश्चात् यह निश्चय किया कि शिक्षा के माध्यमिक स्तर पर छात्रों द्वारा किसी आधुनिक भारतीय भाषा का अध्ययन किया जाना सम्भव नहीं है। अपने इस निश्चय के अनुसार, सम्मेलन ने त्रिभाषा-सूत्र का निम्नलिखित सरलीकृत रूप तैयार किया:

(i) क्षेत्रीय भाषा (यदि क्षेत्रीय भाषा, मातृभाषा से भिन्न है, तो क्षेत्रीय भाषा और मातृभाषा दोनों)।

(ii) हिन्दी या अहिन्दी-क्षेत्रों में इसके स्थान पर कोई अन्य भारतीय भाषा।

(iii) अंग्रेजी या कोई अन्य आधुनिक यूरोपीय भाषा।

3. सूत्र में दो संशोधन, 1962 और 1964–त्रिभाषा-सूत्र में संशोधन करके, उसे देश के लिए वास्तव में उपयोगी बनाने के लिए सन् 1962 की भावानात्मक एकता-समिति (Emotional Integration Committee) और सन् 1964 के **'कोठारी आयोग'** द्वारा रचनात्मक कदम उठाए गये। उनके द्वारा त्रिभाषा-सूत्र में किए जाने वाले संशोधन द्रष्टव्य हैं:

(1) भावात्मक एकता-समिति का संशोधन–भावात्मक 'एकता-समिति' ने हिन्दी और अहिन्दी क्षेत्रों के लिए दो पृथक् त्रिभाषा-सूत्रों का निर्माण किया: यथा–

हिन्दी क्षेत्रों के लिए त्रिभाषा-सूत्र

(अ) निम्न प्राथमिक स्तर (कक्षा 1 से कक्षा 5): (i) केवल एक अनिवार्य भाषा: मातृभाषा या क्षेत्रीय भाषा, जो शिक्षा का माध्यम हो। (ii) किसी भारतीय भाषा या अंग्रेजी की शिक्षा स्वेच्छा से दी जा सकती है।

(ब) उच्च प्राथमिक स्तर (कक्षा 6 से 8): (i) मातृभाषा या क्षेत्रीय भाषा। (ii) नम्बर (ii) से भिन्न आधुनिक भारतीय भाषा या एक शास्त्रीय भाषा। (iii) अंग्रेजी।

(स) निम्न माध्यमिक स्तर (कक्षा 9 व 10): (i) मातृभाषा या क्षेत्रीय भाषा। (ii) अंग्रेजी। (iii) नम्बर (i) से भिन्न आधुनिक भारतीय भाषा या एक शास्त्रीय भाषा या एक आधुनिक विदेशी भाषा।

(द) उच्च माध्यमिक स्तर (कक्षा 11 व 12): निम्नलिखित में से दो भाषाएँ:

(i) हिन्दी के अलावा कोई अन्य आधुनिक भारतीय भाषा। (ii) अंग्रेजी या कोई अन्य आधुनिक विदेशी भाषा। (iii) शास्त्रीय भाषा।

अहिन्दी क्षेत्रों के लिए त्रिभाषा-सूत्र

(अ) निम्न प्राथमिक स्तर (कक्षा 1 से कक्षा 5): (i) केवल एक अनिवार्य भाषा-मातृभाषा या क्षेत्रीय भाषा, जो शिक्षा का माध्यम हो। (ii) किसी भारतीय भाषा या अंग्रेजी की शिक्षा स्वेच्छा से दी जा सकती है।

(ब) उच्च प्राथमिक स्तर (कक्षा 6 से 8): (i) मातृभाषा या क्षेत्रीय भाषा या मातृभाषा और शास्त्रीय भाषा का मिश्रित पाठ्यक्रम या क्षेत्रीय भाषा और शास्त्रीय भाषा का मिश्रित पाठ्यक्रम। (ii) हिन्दी। (iii) अंग्रेजी।

(स) निम्न माध्यमिक स्तर (कक्षा 9 व 10): (i) मातृभाषा या क्षेत्रीय भाषा। (ii) अंग्रेजी या हिन्दी। (iii) नम्बर (i) से भिन्न आधुनिक भारतीय भाषा या एक शास्त्रीय भाषा या एक आधुनिक विदेशी भाषा।

(द) उच्च माध्यमिक स्तर (कक्षा 11 से 12): निम्नलिखित में से दो भाषाएँ:

(i) हिन्दी। (ii) एक आधुनिक भारतीय भाषा, जो शिक्षा का माध्यम न हो। (iii) अंग्रेजी।

(2) कोठारी आयोग का संशोधन: 'कोठारी आयोग' ने त्रिभाषा-सूत्र के क्रियान्वयन का विस्तृत अध्ययन और सूक्ष्म विश्लेषण किया। परिणामस्वरूप वह इस निष्कर्ष पर पहुँचा कि इसके क्रियान्वयन में अनेक कठिनाइयों का सामना करना पड़ा है। उसने अपने प्रतिवेदन में इन कठिनाइयों का वर्णन किया है, फिर सूत्र के आधारभूत सिद्धान्तों का उल्लेख किया है और अन्त में संशोधित त्रिभाषा-सूत्र को लेखबद्ध किया है। 'आयोग' ने त्रिभाषा-सूत्र का रूप इस प्रकार अंकित किया है: (i) मातृभाषा या क्षेत्रीय भाषा। (ii) संघ की राजभाषा या सह-राजभाषा; और (iii) एक आधुनिक भारतीय भाषा या विदेशी भाषा जो नं० (i) और (ii) के अन्तर्गत छात्र द्वारा न चुनी गई हो ओर जो शिक्षा का माध्यम न हो।

भाषाओं का अध्ययन: 'आयोग' ने शिक्षा के विभिन्न स्तरों पर भाषाओं के अध्ययन के विषय में अग्रांकित सुझाव दिये हैं–

(अ) निम्न प्राथमिक स्तर (कक्षा 1 से 4): (i) एक भाषा-मातृभाषा या क्षेत्रीय भाषा।

(ब) उच्च प्राथमिक स्तर (कक्षा 5 से 7): दो भाषाएँ–(i) मातृभाषा या क्षेत्रीय भाषा। (ii) हिन्दी या अंग्रेजी।

नोट–किसी तीसरी भाषा (अंग्रेजी, हिन्दी या क्षेत्रीय भाषा) का अध्ययन वैकल्पिक आधार पर किया जा सकता है।

(अ) निम्न माध्यमिक स्तर (कक्षा 8 से 10):

तीन भाषाएँ–अहिन्दी भाषी क्षेत्रों में सामान्य रूप से निम्नलिखित भाषाएँ होनी चाहिए: (i) मातृभाषा या क्षेत्रीय भाषा। (ii) उच्च या निम्न स्तर की हिन्दी। (iii) उच्च या निम्न स्तर की अंग्रेजी।

हिन्दी-भाषी क्षेत्रों में सामान्यतः निम्नलिखित भाषाएँ होनी चाहिए: (i) मातृभाषा या क्षेत्रीय भाषा। (ii) अंग्रेजी या हिन्दी यदि अंग्रेजी मातृभाषा के रूप में ले ली गई है। (iii) हिन्दी के अतिरिक्त एक अन्य आधुनिक भारतीय भाषा।

***नोट*:** शास्त्रीय भाषा का अध्ययन वैकल्पिक आधार पर उपर्युक्त भाषाओं के अतिरिक्त किया जा सकता है।

4. सूत्र का अन्तिम रूप, 1968: भारत सरकार ने त्रिभाषा-सूत्र के समस्त रूपों का अध्ययन करने के पश्चात् इस सूत्र को अन्तिम रूप प्रदान किया है। सरकार ने अपनी सन् 1968 की शिक्षा की राष्ट्रीय नीति (National Policy on Education) में निम्नलिखित त्रिभाषा-सूत्र को मान्यता प्रदान की है और घोषित किया है कि माध्यमिक स्तर पर छात्रों के लिए निम्नलिखित तीन भाषाओं का अध्ययन अनिवार्य है:

(i) हिन्दी-भाषी राज्यों में: हिन्दी, अंग्रेजी और आधुनिक भारतीय भाषा, जिसमें दक्षिण की कोई भाषा होनी चाहिए।

(ii) अहिन्दी भाषी राज्यों में: हिन्दी, अंग्रेजी और क्षेत्रीय भाषा।

19.5 राष्ट्रीय शिक्षा नीति (1986) तथा भाषाओं का अध्ययन (National Policy on Education 1986 and Study of Languages)

राष्ट्रीय शिक्षा-नीति (1986) में भाषाओं के सम्बन्ध में उस नीति को दोहराया गया है जो राष्ट्रीय शिक्षा-नीति सन् 1968 में स्पष्ट की गई थी। संक्षेप में इस नीति में निम्न बातों पर बल दिया गया-

(अ) विश्वविद्यालय स्तर पर शिक्षा का माध्यम: इस नीति में विश्वविद्यालय स्तर पर शिक्षा के माध्यम के रूप में आधुनिक भाषाएँ अपनाने पर बल दिया गया है। तथापि मातृभाषा, जो आठवीं अनुसूची में शामिल किसी आधुनिक भारतीय भाषा से भिन्न हो सकती है, के माध्यम से शिक्षा प्रदान करने की आवश्यकता को मान्यता दी गई।

(ब) त्रिभाषा-सूत्र का कार्यान्वयन: त्रिभाषा-सूत्र में हिन्दी भाषी राज्यों में हिन्दी के अतिरिक्त एक आधुनिक भारतीय भाषा अधिमानतः दक्षिणी भाषाओं में एक के अध्ययन का और अहिन्दी भाषी राज्यों में अंग्रेजी और क्षेत्रीय भाषा के साथ-साथ हिन्दी के अध्ययन का प्रावधान है। सन् 1986 की कार्य-योजना को तैयार करते समय यह अनुभव किया गया कि निम्नलिखित कारणों से त्रिभाषा-सूत्र का कार्यान्वयन सन्तोषजनक ढंग से न हो सका:

1. माध्यमिक स्तर पर सभी भाषाएँ अनिवार्य रूप से नहीं पढ़ायी जा रही हैं।
2. कुछ राज्यों में आधुनिक भारतीय भाषा के स्थान पर एक प्राचीन भाषा को प्रतिस्थापित किया गया है।
3. हिन्दी भाषी राज्यों में दक्षिण भारतीय भाषाओं के शिक्षण के लिए कोई उपयुक्त प्रावधान नहीं किया गया।
4. तीन भाषाओं के अनिवार्य अध्ययन की अवधि भिन्न-भिन्न है।
5. प्रत्येक भाषा के छात्रों द्वारा प्राप्त किये जाने वाले सक्षमता के स्तर स्पष्ट रूप से उल्लिखित नहीं किये गये हैं।

सन् 1992 की कार्य-योजना में अपेक्षित कार्यवाही में निम्नलिखित शामिल होंगे:

1. केन्द्रीय सरकार हिन्दी शिक्षकों की नियुक्ति के लिए गैर हिन्दी भाषी राज्यों/संघ शासित प्रशासनों को सहायता प्रदान करना जारी रखेगी।

2. त्रिभाषा-सूत्र के कार्यान्वयन की बाधाओं को दूर करने के लिए सरकार कदम उठायेगी।

(स) छात्रों की भाषा-दक्षताओं में सुधार: शिक्षा विभाग के अधीन सभी भाषा संस्थानों को स्कूल स्तर पर छात्रों की भाषा-दक्षता में सुधार के लिए शामिल किया गया है। ये संस्थान भाषा-शिक्षकों का प्रशिक्षण, शिक्षक-सामग्री को तैयार करना, भाषा-दक्षता जाँच (टेस्ट) तथा क्षेत्र सर्वे आदि कार्यक्रमों को चला रहे हैं। केन्द्रीय भारतीय भाषा संस्थान 13 आधुनिक भारतीय भाषाओं में 10 महीने का प्रशिक्षण कार्यक्रम चला रहा है। केन्द्रीय भारतीय भाषा संस्थान आधुनिक भारतीय भाषाओं में भाषा प्रवीणता परीक्षणों को तैयार कर रहा है। अब तक वह छः भाषाओं के लिए परीक्षण बना चुका है।

अन्त में, हम कह सकते हैं कि आज की परिस्थितियों में निम्नांकित कठोर तथ्यों को भुलाया नहीं जा सकता है:

1. भारतीय भाषाओं की उन्नति अनिवार्य है। उन्हें राष्ट्रीय जीवन का अंग बनाया जाए।

2. अंग्रेजी के प्रभुत्व को स्थापित करने के लिये प्रयास नहीं किये जाने चाहिए।

3. यदि देश को राष्ट्र के रूप में विकसित करने का संकल्प दृढ़ रखना है तो भारतीय भाषाओं के विकास के साथ-साथ राष्ट्र भाषा हिन्दी के देशव्यापी पठन-पाठन को आधुनिक, वैज्ञानिक तथा युद्धस्तरीय महत्त्व का मानकर उसे अधिक से अधिक व्यापक बनाने के लिये कार्य किये जायें।

4. राष्ट्रीय एकता के लिये एक नवीन भाषा आन्दोलन चलाया जाए। यह भाषा आन्दोलन भावात्मकता पर नहीं, शैक्षणिक तथा वैज्ञानिक स्तर पर चलाया जाए। भाषाओं के पठन-पाठन में एक नवीन दृष्टिकोण विकसित किया जाए। इसके लिये भाषायी दक्षता के विकास पर बल दिया जाना चाहिये।

5. आज प्रत्येक पढ़े-लिखे भारतवासी के लिये बहुभाषाविद् होना आवश्यक है, यह उसकी नियति ही नहीं, उसका सौभाग्य भी है। भाषाओं के ज्ञान से हम सम्प्रदाय को समाज में, धर्म को सहिष्णुता में, भाषा को संवाद में और जाति को मानव-समूह में परिवर्तित करने के लिये कदम उठा सकते हैं।

20

माध्यमिक शिक्षा की गुणवत्ता: डेलोर आयोग
(Quality of Secondary Education: Delors Commission)

20.1 शिक्षा की गुणवत्ता की अवधारणा, अर्थ तथा समस्याएँ (Concept, Meaning and Problems of Quality in Education)

शिक्षा की गुणवत्ता के बारे में चर्चा करते समय निम्नलिखित बातों पर ध्यान देना आवश्यक है:

1. शिक्षा में गुणवत्ता का क्या अर्थ है?
2. शिक्षा में गुणवत्ता का उद्देश्य क्या है?
3. शिक्षा में गुणवत्ता के कौन-कौन से मापदंड हैं?
4. क्या शिक्षा में गुणवत्ता का सम्बन्ध उसके उद्देश्य से है?
5. क्या कुछ संस्थाओं की गुणवत्ता से सम्पूर्ण शैक्षिक गुणवत्ता का अर्थ निकाला जा सकता है?
6. क्या शिक्षा में गुणवत्ता का अर्थ छात्रों की विशेष उपलब्धियों से माना जा सकता है?
7. क्या गुणवत्ता शिक्षा का अर्थ परीक्षाफल से है?
8. क्या गुणवत्ता का अर्थ कुछ छात्रों का विदेश जाकर विभिन्न क्षेत्रों में ऊँचे पद प्राप्त करना है?
9. क्या गुणवत्ता का अर्थ शिक्षण विधियों से है?
10. क्या शैक्षिक संस्था या संस्थान में अनुशासन से है?
11. क्या गुणवत्ता का अर्थ छात्रों की विभिन्न क्षेत्रों में उपलब्धियों से है?
12. क्या गुणवत्ता का अर्थ संस्था में पाठान्तर क्रियाओं की व्यवस्था से है?

शैक्षिक साहित्य का अध्ययन करने पर ज्ञात होता है कि किसी भी शिक्षा आयोग अथवा शिक्षा समिति ने शिक्षा में गुणवत्ता की व्याख्या नहीं की है। विश्वविद्यालय शिक्षा आयोग 1948-49, माध्यमिक शिक्षा आयोग 1952-53 तथा शिक्षा आयोग 1964-66 ने प्राय: 'शिक्षा-स्तर' (Education Standard) पर जोर दिया है।

20.2 गुणवत्ता शिक्षा के विभिन्न अर्थ
(Different Meaning of Quality Education)

किसी भी संस्था की गुणवत्ता का मापदण्ड प्राय: परीक्षाफलों से लेते हैं। प्राय: लोग उसी शिक्षा संस्था को अच्छा मानते हैं जहाँ पर छात्र अच्छे अंक लेते हैं। दूसरा मापदण्ड उन संस्थाओं से शिक्षा प्राप्त छात्रों का ख्याति प्राप्त संस्थाओं में प्रवेश पाना होता है। तीसरा मापदण्ड है। सरकारी परीक्षाओं जैसे राज्य सिविल सेवा (IAS) आदि सेवाएँ।

शैक्षिक संस्थाओं में कार्यरत अध्यापक प्राय: परीक्षाफल पर विशेष जोर देते हैं।

शिक्षाविद् छात्रों के अधिगम विकास पर बल देते हैं। वे चाहते हैं कि छात्रों में स्वयं सीखने तथा करने की क्षमता का विकास हो।

अत्यन्त हैरानी की बात है कि चारित्रिक विकास गुणवत्ता की कसौटी का तत्व कभी ही माना जाता है।

संक्षेप में कहा जा सकता है कि शिक्षा में गुणवत्ता को परिभाषित करना अत्यन्त कठिन कार्य है।

20.3 शिक्षा में गुणवत्ता नियंत्रण को प्रभावित करने वाले मुख्य कारण
(Main Factors Exercising Quality Control in Education)

शिक्षा में गुणवत्ता नियंत्रण को प्रभावित करने वाले मुख्य कारण नीचे दिए जा रहे हैं–

1. स्टाफ की गुणवत्ता। 2. पाठ्यक्रम की गुणवत्ता। 3. छात्रों की गुणवत्ता। 4. उपलब्ध उपकरणों की गुणवत्ता। 5. शिक्षण की गुणवत्ता। 6. मूल्यांकन पद्धति की गुणवत्ता। 7. अनुशासन की गुणवत्ता। 8. अनुसंधान की गुणवत्ता। 9. अन्तर्राष्ट्रीय योगदान की गुणवत्ता। 10. संस्थाओं की प्रवेश नीति की गुणवत्ता। 11. निष्पादन लेख (Performance Audit) तथा इसकी गुणवत्ता।

स्टाफ की गुणवत्ता: स्टाफ की गुणवत्ता का अर्थ है:

(i) अध्यापकों की सामाजिक तथा आर्थिक स्थिति का वांछनीय स्तर का होना।

(ii) अध्यापकों के निष्पादन के आधार पर उनका मूल्यांकन करना।

(iii) अध्यापकों के सेवारत प्रशिक्षण के उपयुक्त कार्यक्रमों की व्यवस्था करना।

(iv) अध्यापकों के लिए उत्प्रेरकों की व्यवस्था करना।

पाठ्यक्रम की गुणवत्ता: (i) समाज की आवश्यकताओं के अनुसार पाठ्यक्रम का होना।

(ii) अन्तर्राष्ट्रीय परिप्रेक्ष्य की आवश्यकताओं को ध्यान में रखना।

छात्रों की गुणवत्ता: (i) छात्रों की समस्याओं पर विशेष ध्यान देना।

(ii) पिछड़े हुए छात्रों के विकास के लिए उपयुक्त नीति का निर्धारण करना।

(iii) छात्रों के प्रवेश की वैज्ञानिक नीति अपनाना।

अवसंरचना (Infrastructure) की गुणवत्ता: (i) उपयुक्त प्रकार से पुस्तकालयों तथा वाचनालयों की व्यवस्था करना।

(ii) सूचना प्रौद्योगिकी का पर्याप्त उपयोग करना।

(iii) पाठान्तर क्रियाओं का उचित प्रावधान करना।

(iv) प्रयोगशालाओं में उचित प्रकार की सामग्री का प्रावधान करना।

प्रभावी शिक्षण विधियों की गुणवत्ता: (i) लेक्चरों को सावधानी से तैयार करना तथा कक्षा में प्रभावी ढंग से प्रस्तुत करना। (ii) कक्षा में छात्रों की उपस्थिति को अनिवार्य बनाना। (iii) ट्यूटोरियल अनुदेशन की व्यवस्था करना।

मूल्यांकन की गुणवत्ता: (i) आन्तरिक मूल्यांकन को वस्तुनिष्ठ बनाना। (ii) बाह्य मूल्यांकन में सुधार लाना तथा वस्तुनिष्ठ बनाना।

प्रवेश प्रणाली की गुणवत्ता: (i) सम्बन्धित कॉलेज में लगभग 1500 छात्रों की संख्या रखना। (ii) छात्रों के प्रवेश की प्रक्रिया को सुगम एवं पारदर्शी बनाना।

20.4 संस्थागत गुणवत्ता के मूल्यांकन के सूचक (Indicators or Parameters of Quality of an Institution)

मोटे तौर पर इनके निम्नलिखित रूप हो सकते हैं:

1. संस्था के उद्देश्य (Objectives and Mission of an Institution)
2. संस्था का नियोजन तथा प्रबन्ध (Planning and Management of an Institution)
3. संस्था का अनुदेशनात्मक कार्य (Instructional Work of the Institution)
4. संस्था का पाठ्यान्तर क्रियाओं का प्रावधान (Provision of Co-curricular Activities)
5. अध्यापकों का सहयोग (Cooperation of Teachers)
6. छात्रों का सहयोग (Cooperation of Students)
7. भौतिक सुविधाएँ (Physical Facilities)
8. वित्तीय साधन तथा उनका उपयोग (Financial Resources and Their Use)
9. शैक्षिक परिणाम (Examination Results)
10. समाज से समन्वय (Co-ordination with the Community)
11. छात्रों का सर्वांगीण विकास अर्थात् विभिन्न पक्षों में विकास का मूल्यांकन (Evaluation of the All-round Development of the Students)
12. राष्ट्रीय नीतियों का क्रियान्वयन (Implementation of National Policies)
13. विभागीय नियमों का पालन (Following Department Rules and Regulations)

20.5 संस्थागत गुणवत्ता के मूल्यांकन के मूल्यांकनकर्ता (Evaluators of Quality of an Institution)

1. आत्म-मूल्यांकन (Self-Evaluation)
2. छात्रों द्वारा मूल्यांकन (Evaluation by Students)
3. छात्रों का अध्यापकों तथा सम्बन्धित संस्थाओं द्वारा मूल्यांकन (Evaluation of Students by Teachers and Concerned Organizations)
4. अध्यापकों द्वारा मूल्यांकन (Evaluation by Teachers)
5. विभागीय अधिकारियों द्वारा मूल्यांकन (Evaluation by Departmental Officers)

6. परीक्षा बोर्डों तथा शिक्षा बोर्डों द्वारा मूल्यांकन (Evaluation by Examination/ Education Boards)
7. विशेष संस्थाओं द्वारा मूल्यांकन जैसे विद्यालय अनुदान आयोग द्वारा स्थापित राष्ट्रीय प्रत्यानयन तथा निर्धारण परिषद द्वारा (Evaluation by Special Institutions Like UGC Established National Assessment and Accreditation Council)
8. समुदाय द्वारा मूल्यांकन (Evaluation by the Community)

20.6 संस्था की गुणवत्ता के मूल्यांकन सम्बन्धी प्रपत्र (Proforma for Evaluating Institutional/School Quality)

I. संस्थागत शैक्षिक निष्पादन (Academic Achievement of the Institution)

1. छात्रों का उत्तीर्ण प्रतिशत
2. विशेष उपलब्धियाँ (Distinction etc.)
3. प्रथम श्रेणी प्रतिशत
4. तृतीय श्रेणी प्रतिशत
5. द्वितीय श्रेणी प्रतिशत
6. कम्पार्टमेंट प्रतिशत
7. विभिन्न प्रतियोगिताओं में छात्रों की संख्या जैसे चिकित्सा तथा इंजीनियरिंग आदि।
8. उत्तम श्रेणी के महाविद्यालयों में छात्रों का प्रवेश।

II. शिक्षण अधिगम प्रक्रिया

अध्यापकों की शिक्षण अधिगम प्रक्रिया।

III. विद्यालय में उपस्थिति तथा अनुशासन

1. क्या छात्र तथा अध्यापक स्कूल में समय पर आते-जाते हैं?
2. यदि नहीं, तो इस सम्बन्ध में क्या कार्यवाही की जा रही है?
3. क्या प्रधानाध्यापक छात्रों तथा अध्यापकों में अनुशासन बनाये रखने में सक्षम है?

IV. स्कूल प्रबन्ध

1. क्या प्रधानाचार्य ने अध्यापकों में कार्य का बँटवारा ठीक ढंग से किया है?
2. क्या समय पर समय-सारणी बनायी जाती है?
3. क्या प्रधानाचार्य अपनी डायरी रखता है जिसमें अध्यापकों के निर्देशन तथा परामर्श सम्बन्धी दिशा-निर्देश हैं?
4. क्या विद्यालय में विषय संकायों का गठन किया गया जाता है?
5. क्या प्रधानाचार्य छात्रों द्वारा किये जा रहे कार्य का निरीक्षण करता है?

6. क्या प्रधानाचार्य अध्यापकों की शिक्षण-अधिगम प्रक्रिया से सहमत है?
7. क्या विद्यालय में आलेख ठीक ढंग से रखे जाते हैं?

V. विद्यालय में स्वशासन तथा छात्र सहभागिता

1. क्या विद्यालय में छात्रों द्वारा स्वशासन की व्यवस्था है?
2. क्या छात्र इस प्रक्रिया में भाग लेते हैं?
3. क्या अध्यापक छात्र स्वशासन प्रक्रिया में उत्साह दिखाते हैं?
4. क्या छात्रों के प्रतिनिधियों का चुनाव होता है या उनकी नियुक्ति की जाती है?

VI. विद्यालय में पाठ्यान्तर क्रियाएँ

1. विद्यालय में कौन--कौन सी पाठ्यान्तर क्रियाएँ हैं?
2. क्या पाठ्यान्तर क्रियाओं में छात्र उत्साहपूर्वक भाग लेते हैं?
3. क्या समय-समय पर पाठ्यान्तर क्रियाओं में प्रतियोगिताओं का आयोजन किया जाता है?
4. क्या स्कूल अन्तःस्कूल प्रतियोगिताओं में भाग लेता है?
5. विभिन्न अन्तर्स्कूल प्रतियोगिताओं में उपलब्धियाँ।

VII. छात्र प्रगति तथा उपलब्धि अभिलेख

1. क्या स्कूल में ली जाने वाली परीक्षाओं के परीक्षा-पत्र ठीक ढंग से बनाये जाते हैं?
2. क्या परीक्षाफलों का रिकॉर्ड उचित ढंग से रखा जाता है?
3. क्या छात्र संचित प्रगति-पत्र रखे जाते हैं?

VIII. शैक्षिक तकनीकी का प्रयोग

1. क्या विद्यालय में दृश्य-श्रव्य साधन उचित मात्रा में हैं?
2. क्या दृश्य-श्रव्य साधनों का उपयोग ठीक प्रकार से किया जाता है?
3. क्या शैक्षिक दूरदर्शन तथा आकाशवाणी का लाभ उठाया जा रहा है?
4. क्या तकनीकी उपकरणों का रख-रखाव ठीक है?

IX. विद्यालय में खेलों तथा शारीरिक शिक्षा का प्रबन्ध।

X. विद्यालय में प्रयोगशालाओं की देखभाल।

XI. विद्यालय में क्राफ्ट का प्रबन्ध।

XII. स्कूल भवन की देखभाल।

XIII. अभिभावकों से सम्पर्क।

XIV. विद्यालय में मानवीय सम्बन्ध।

XV. विद्यालय में वित्त का उचित उपयोग।

XVI. विभागीय नियमों का पालन।

XVII. राष्ट्रीय शिक्षा नीति का कार्यान्वयन।

नोटः यह प्रपत्र केवल सुरक्षात्मक (Suggestive) है। इसमें विद्यालय सम्बन्धी सभी पक्षों का विवरण निहित है। स्थान अभाव के कारण कुछ सूचकों का विवरण नहीं दिया गया है। समय तथा स्थिति के अनुसार मूल्यांकन सूचकों में परिवर्तन किया जा सकता है।

20.7 संस्थागत निष्पादन की ग्रेडिंग (Grading of Institutional Performance)

संस्थागत निष्पादन की ग्रेडिंग निम्न प्रकार से होनी चाहिए:

1. उत्कृष्ट (Excellent)
2. अति उत्तम (Very Good)
3. अच्छा (Good)
4. सन्तोषजनक (Satisfactory)
5. असन्तोषजनक (Unsatisfactory)

20.8 स्कूल शिक्षा की गुणवत्ता तथा राष्ट्रीय स्कूल प्रत्यानयन तथा निर्धारण परिषद् (School Quality Education and National Assessment and Accreditation Council)

उच्च शिक्षा स्तर की भाँति स्कूल शिक्षा की गुणवत्ता का मूल्यांकन करने के लिए राष्ट्रीय स्तर पर स्कूल परिषद की स्थापना की जाए जो गुणवत्ता के मापदण्ड तैयार करे तथा जिसके अनुसार स्कूलों में गुणवत्ता की वस्तुनिष्ठ (Objective) से जाँच हो सके।

20.9 भारत में संस्थागत गुणवत्ता का मूल्यांकन (Institutional Evaluation in India)

भारत में संस्थागत गुणवत्ता मूल्यांकन पर विशेष बल नहीं दिया जा रहा है। वास्तव में यह यहाँ नई अवधारणा मानी जाती है। संस्थागत गुणवत्ता मूल्यांकन के सन्दर्भ में मापदण्ड निर्मित नहीं किये गये हैं। संस्था के मानकीकृत सार्वजनिक परीक्षाफल को ही संस्था के निष्पादन का मापदण्ड माना जाता है। अन्य शैक्षिक पक्षों पर बहुत ही कम ध्यान दिया जाता है।

सार्वजनिक परीक्षाफल का मूल्यांकन करते समय इस तथ्य की अवहेलना की जाती है कि किन परिस्थितियों में विद्यालय कार्य कर रहे हैं। विद्यालय में छात्र किस प्रकार के घरों से आते हैं। विद्यालय झुग्गी-झोंपड़ी बस्ती में है अथवा सम्पन्न बस्ती में। क्या विद्यालय में शिक्षण-अधिगम सामग्री पर्याप्त मात्रा में है आदि।

विद्यालयों का निरीक्षकों द्वारा समय-समय पर निरीक्षण किया जाता है तथा विद्यालय के गुणों और कमियों का ब्यौरा निरीक्षक अपनी रिपोर्ट में देते हैं, परन्तु प्रायः इन पर कोई ध्यान नहीं दिया जाता है।

20.10 गुणवत्ता शिक्षा कार्यक्रम (Quality Education Programme)

शैक्षिक संस्थाओं में गुणवत्ता सुधार के लिए निम्न प्रकार के उपाय प्रयोग में लाए जाने चाहिए:

1. परिश्रमी तथा समर्पित अध्यापक।
2. संस्था का प्रभावी भौतिक वातावरण।
3. संतुलित व्यावहारिक तथा सैद्धान्तिक पाठ्यक्रम।
4. प्रगतिशील शिक्षण-अधिगम विधियों का प्रयोग।
5. संस्था में पर्याप्त शिक्षण-अधिगम साधन तथा उनका प्रभावी प्रयोग।
6. कक्षा में छात्रों की वांछित संख्या।
7. पुस्तकालय में पर्याप्त तथा उचित प्रकार की पाठ्य सामग्री।
8. मार्गदर्शन तथ परामर्श की सुविधाएँ।
9. छात्र-अध्यापक के व्यक्तिगत सम्पर्क के पर्याप्त अवसर।
10. उपचारिक शिक्षा की व्यवस्था।
11. श्रृव्य-दृश्य सामग्री का उचित भरपूर प्रयोग।
12. मानवीय सम्बन्धों पर आधारित वातावरण।
13. प्रेरित अनुशासन।
14. व्यवहार संहिता का पालन।

20.11 अध्यापक का समाज में कम होता स्तर तथा उसका सामाजिक परिवर्तन में सीमित योगदान (Decreasing Status of the Teacher in Society and His Marginal Role and Responsibilities in Social Change)

अनेक समाजशास्त्रियों के विचार में आज की परिस्थिति में अध्यापकों की भूमिका सामाजिक परिवर्तन में नगण्य है। एक समय था जबकि अध्यापक का स्थान समाज में ऊँचा था। उसे इतिहास का निर्माता कहा जाता था। परन्तु अब स्थिति इसके विपरीत है। आज समाज में उसे कहने को तो गुरु का दर्जा दिया जाता है परन्तु वास्तविक स्थिति कुछ और ही है। इसमें सन्देह नहीं कि आज समाज के मध्यम वर्ग से सम्बन्धित पुरुष सामान्यत: अध्यापक बनना नहीं चाहते। इस पेशे में न तो उचित मान रह गया है और न ही आय।

कक्षाओं में इतने छात्र होते हैं कि अध्यापक-छात्र के व्यक्तिगत सम्पर्क के लिए बहुत ही कम समय मिलता है।

प्राचीन काल में ज्ञान का साधन अकेला शिक्षक ही हुआ करता था। सूचना के साधनों के विस्फोट के कारण अब ज्ञान प्राप्त करने के अनेक साधन हैं। कम्प्यूटर द्वारा अनेक प्रकार का ज्ञान मिल जाता है।

प्राचीन काल में प्राय: छात्र एक ही अध्यापक (गुरु) से सम्पूर्ण शिक्षा प्राप्त करते थे। वह ही छात्रों का धर्मगुरु था अर्थात् आध्यात्मिक विकास का मार्ग दर्शाता था। परन्तु आज कक्षा एक से लेकर कक्षा बारह तक एक छात्र बारह से भी अधिक अध्यापकों से शिक्षा ग्रहण करता है। उसी मात्रा में एक छात्र का अपने अध्यापक के प्रति मान-सम्मान कम हो जाता है।

आज दूरदर्शन, रेडियो तथा सम्पूर्ण मीडिया (Media) का बहुत प्रभाव पड़ रहा है।

ऊपर लिखित कारणों से अध्यापक का समाज में स्तर गिरता जा रहा है।

20.12 अध्यापकों के सशक्तीकरण के उपाय (Measures of Teacher's Empowerment)

अध्यापकों का सशक्तिकरण के लिए निम्न बातों की आवश्यकता है:

1. अध्यापकों का स्वयं अपने व्यवसाय के प्रति निष्ठावान होना।
2. अध्यापकों को निर्मित आचार संहिता का पालन करना।
3. दैनिक तैयारी करके पढ़ाना।
4. छात्रों के कल्याण तथा विकास में वांछित रूचि रखना।
5. अध्यापकों के अच्छे वेतनमान तथा सेवा शर्तों का प्रावधान करना।
6. समाज द्वारा अध्यापकों को सामाजिक व्यवस्था में सम्मान का पात्र मानना।
7. कक्षाओं में छात्रों की संख्या कम करना ताकि अध्यापक व्यक्तिगत स्तर पर अधिक समय दे सके।
8. अध्यापकों के लिए व्यावहारिक सेवारत शिक्षा का प्रावधान करना।

20.13 डॉ. जाकिर हुसैन द्वारा दर्शायी गई उच्च कोटि स्कूल की विशेषताएँ (Views of Dr. Zakir Hussain on the Characteristics of Quality School)

डॉ. जाकिर हुसैन जो कि उच्च कोटि के शिक्षाविद् थे तथा बाद में भारत के राष्ट्रपति बने, उन्होंने उच्च कोटि के स्कूल की निम्न विशेषताएँ दर्शायी हैं:

1. *बालक के व्यक्तित्व पर ध्यान देना*: एक उच्च कोटि स्कूल के संचालक नियमों और परीक्षाओं द्वारा डाली गयी बाधाओं के होते हुए भी, कभी इस मूल सिद्धान्त को नहीं भूलते कि जिसको उन्होंने शिक्षा देनी है वह व्यक्तिगत मनुष्य का मन है जिसमें उद्देश्यों, लक्ष्यों और साधनों का एक विशेषक व्यवस्थित विन्यास विद्यमान है। प्रत्येक वास्तविक शिक्षण का आरम्भिक बिन्दु मूल्यों-लक्ष्यों और रुचियों की यह व्यक्तिसापेक्ष पद्धति है और इस पद्धति का अन्वेषण बालक के व्यक्तित्व का सच्चा बोध ही एक अच्छे अध्यापक और अच्छे स्कूल की चिन्ता का विषय होना चाहिए।

2. *व्यक्तित्व के विकास की अवस्था को सदा दृष्टि में रखना:* उच्च कोटि का स्कूल व्यक्तित्व के विकास की अवस्था को ध्यान में रखता है। इसका कारण यह है कि शिक्षा की प्रक्रिया एक सतत्गामी प्रक्रिया है जिसमें प्रत्येक अवस्था का अपना महत्त्व होता है। यह निरी अगली अवस्था की तैयार की अवस्था नहीं होती। शिक्षा प्रक्रिया में वर्तमान अवस्था का अन्तिम के लिए बलिदान करने से वर्तमान अवस्था को अवश्य हानि होगी।

3. *सारी शक्ति छात्रों के समग्र मानसिक संरचना के विकास में लगाना*: उच्च कोटि का स्कूल वही है जो सारा बल अपने छात्रों के समग्र मानसिक विकास के लिए, न कि किसी एक पक्ष अथवा एक ही अंश को विकसित करने में लगाता है। वह छात्रों के मस्तिष्क, हृदय और हाथों का भी उचित विकास करता है।

4. *उत्पादक कार्य की सप्रयोजन क्रियाओं की व्यवस्था करना*: उच्च कोटि का स्कूल शिक्षा की दृष्टि से उत्पादक कार्य की सप्रयोजन क्रियाओं को उचित स्थान देता है। मानसिक क्रिया ऐसे सभी कार्यों का भले ही वे बौद्धिक हों अथवा मानसिक, एक आवश्यक घटक हैं क्योंकि निरी यांत्रिक क्रिया शिक्षा प्रदान नहीं करती। शैक्षिक दृष्टि से

इस उत्पादनशील क्रिया में समस्याओं के प्रति जागरूकता सम्मिलित रहती है। इस क्रिया में समस्या के वैकल्पिक समाधानों का आकलन, कार्य की योजना का निर्माण और जिन विविध चरणों में इसको निष्पन्न करना है, उनका चिन्तन सम्मिलित है।

5. *वैयक्तिक उपलब्धि का सामाजिक उपलब्धि से सम्बन्ध रखना:* उच्च कोटि का स्कूल एक ऐसा समुदाय होता है जिसमें वैयक्तिक उपलब्धि का समन्वय सामाजिक उपलब्धि के साथ होता है। स्कूल को आदर्श समुदाय का रूप दिया जाए। उच्च कोटि का स्कूल अपने सदस्यों की उम्र के उपयुक्त नैतिक उद्देश्यों को मूर्तिमान रूप देता है। ऐसे समुदाय में जीवनयापन एक सेवा-कार्य बन जाता है। ऐसे समूह में चरित्र का निर्माण होता है। सामाजिक चेतना जाग्रत करता है। सहानुभूति तथा सामाजिक उत्तरदायित्व का बोध कराता है।

6. *छात्रों में स्वत: सीखने का गुण निर्माण करना:* उच्च कोटि के स्कूल में इस प्रकार की शिक्षण अधिगम की पद्धतियों पर जोर दिया जाता है जिनसे छात्रों को स्वयं सीखने की प्रेरणा मिलती है।

चुनींदा स्कूलों की स्वायत्तता (Autonomy to Select Schools)

विश्वविद्यालयों की स्वायत्तता पर विचार करने से पूर्व हमें स्वायत्तता तथा स्वतन्त्रता में भेद समझ लेना चाहिए। इस संदर्भ में कोठारी शिक्षा आयोग 1964-66 ने इस प्रकार लिखा है–

स्वाधीनता का अर्थ यह है कि किसी अध्यापक से न तो यह अपेक्षा की जा सकती है और न उसे यह आदेश दिया जा सकता है कि वह छात्रों को ऐसी कोई बात पढ़ाए जो उसकी आत्मा के प्रतिकूल हो अथवा जो सत्य की उसकी अपनी धारणा से मेल न खाती हो। इस संदर्भ में हम इस बात पर जोर देना चाहते हैं कि अध्यापक स्वाधीनतापूर्वक अपने विचारों पर दृढ़ बने रह सकते हैं–वे विचार कितने भी क्रांतिकारी क्यों न हों–और वे कक्षा के भीतर (तथा बाहर) उन्हें व्यक्त भी कर सकते हैं, बशर्ते कि वे शिक्षण को अपने विशिष्ट विचारों के पक्षपोषण तथा प्रचार का साधन बनाए बिना किसी समस्या के विभिन्न पहलुओं पर प्रकाश डाल दें। अध्यापक को अपने अध्ययन-अनुसंधान जारी रखने तथा उनका प्रकाशन करने और महत्त्वपूर्ण राष्ट्रीय एवं अन्तर्राष्ट्रीय प्रसंगों पर भाषण देने, लेख लिखने तथा तत्सम्बन्धी वाद-विवादों में भाग लेने की पूरी छूट होनी चाहिए। अपने कार्य, शिक्षण और अनुसंधान के सम्बन्ध में उसे सभी तरह की सुविधाएँ तथा प्रोत्साहन दिया जाना चाहिए, भले ही उसके विचार और दृष्टिकोण उसके वरिष्ठ सहकर्मियों और विभाग अथवा संकाय अध्यक्ष के विचारों के प्रतिकूल ही क्यों न हों।

सिद्धान्त रूप में शैक्षिक स्वाधीनता पर न कोई विशेष प्रतिबंध है, न उसे कम करना अभीष्ट है। पर हम यह चाहते हैं कि हमारे अध्यापक इस स्वाधीनता का व्यवहार रूप में अधिक तथा उत्साहपूर्वक प्रयोग करें। वस्तुत: शैक्षिक समुदाय का यह तो एक अनिवार्य दायित्व है कि वह उस पूरे के पूरे परिवेश की संकल्पनाओं तथा नीतियों के सूक्ष्म परिक्षण, मूल्यांकन और विकास में सक्रिय तथा निश्चयात्मक योगदान करें, जिसके साथ समाज का सम्बन्ध और लगाव है। देश में एक ऐसे बौद्धिक वातावरण के संवर्धन और विकास की दिशा में विश्वविद्यालयों को प्रधान दायित्व का निर्वाह करना है जो विद्वत्ता तथा उत्कृष्टता की प्राप्ति

के लिए अनुकूल हो और जो ऐसी आलोचना को बढ़ावा दे जो निमर्म-निर्दय होकर भी अनौपचारिक और रचनात्मक हो। इन सब कामों के लिए यह आवश्यक है कि अध्यापक अपनी शैक्षिक स्वाधीनता का प्रयोग प्रचुर मात्रा में उत्साह तथा बुद्धिमत्तापूर्वक करें।

विश्वविद्यालय स्वायत्तता के प्रमुख तत्व

1. विद्यार्थियों का चयन।
2. अध्यापकों की नियुक्ति और पदोन्नति।
3. अध्ययन पाठ्यक्रमों तथा शिक्षण विधियों का निर्धारण और अनुसंधान के क्षेत्रों तथा समस्याओं का चयन।
4. समाज को यह जानकारी मिल जाती है कि जिन उद्देश्यों को लेकर संस्था की स्थापना की गई है, वे किस मात्रा में पूरे हो रहे हैं।
5. यदि संस्था के संचालन में कमियाँ हैं, तो उन्हें कैसे दूर किया जा सकता है?
6. संस्था से संबंधित सभी वर्गों को संस्था के गुणों तथा कमियों के बारे में जानकारी प्राप्त हो जाती है।
7. संस्था में कार्यरत कर्मचारियों को आत्म-चिन्तन का अवसर मिल जाता है।
8. संस्था का वित्तीय प्रावधान करने वाले जान जाते हैं कि वित्तीय साधनों का किस प्रकार उपयोग हो रहा है?
9. संस्था के मूल्यांकन से यह पता चल जाता है कि इसमें किस प्रकार के नये नवाचार प्रारम्भ किये जा सकते हैं?
10. संस्था को मूल्यांकन से एक नई दिशा मिल सकती है जिससे वह अधिक उन्नति कर सके।
11. संस्था के मूल्यांकन से जब पता चलता है कि इसका स्तर ऊँचे दर्जे का है तो समाज में इसकी प्रतिष्ठा बढ़ती है।
12. संस्थाओं के मूल्यांकन से तुलनात्मक स्थिति का ज्ञान हो जाता है।

20.14 डेलोरस शिक्षा आयोग अथवा अन्तर्राष्ट्रीय शिक्षा आयोग, 21वीं शताब्दी (1993–96)

[(Delors Commission or International Commission on Education for the Twenty-first Century (1993-96)]

भूमिका (Introduction)

समय-समय पर यूनेस्को (UNESCO) शिक्षा में सुधार हेतु कमीशन तथा समितियों का गठन करता है। इसी कड़ी में 1993 में एक अन्तर्राष्ट्रीय आयोग का गठन किया गया। इसके सदस्य संसार के प्रसिद्ध दार्शनिक तथा विचारक थे। Delors जो कि फ्रांस के वित्त तथा अर्थशास्त्र के मंत्री थे तथा European Commission (1985-1995) के अध्यक्ष रह चुके थे, वे इसी आयोग के अध्यक्ष भी थे। भारत का दार्शनिक, राजनायिक तथा शिक्षाविद् डॉ. कर्ण सिंह इसके सदस्य थे।

आयोग की रिपोर्ट का शीर्षक था '*Learning the Treasure Withine*'.

कमीशन की शिक्षा सम्बन्धी महत्वपूर्ण सिफारिशें तथा उद्देश्य (Significant Educational Recommendations and Objectives of the Commission)

1. शिक्षा मानव का मूलभूत आधार है।
2. सभी प्रकार की शिक्षा–औपचारिक तथा अनौपचारिक समाज के कल्याण के लिए है।
3. शिक्षा हर प्रकार का ज्ञान बढ़ाए।
4. शिक्षा की प्रत्येक नीति में प्रासंगिता (Relevance), समानता (Equity) और उत्कृष्टता (Excellence) पर बल दिया जाए।
5. शिक्षा में सोच-समझकर तथा विशेष परिस्थितियों को ध्यान में रखकर सुधार किया जाएँ।
6. शिक्षा में सभी सुधार निम्नलिखित मूल्यों पर आधारित होने चाहिए:
   (1) मानव अधिकार (Human Rights)
   (2) सहिष्णुता (Tolerance)
   (3) शान्ति (Peace)
   (4) पर्यावरण संरक्षण (Preservation of Environment)
   (5) ज्ञान का आदान-प्रदान (Sharing Knowledge)
   (6) निर्धनता उन्मूलन (Alleviation of Poverty)
   (7) जनसंख्या नियंत्रण (Population Control)
   (8) स्वास्थ्य का विकास (Health Development)

शिक्षा के चार स्तम्भ (Four Pillars of Education)

आयोग ने शिक्षा के चार स्तम्भ इस प्रकार बताए:

1. *जानने के लिए सीखना (Learning to know)*: ज्ञान उपार्जन पर बल न देकर इस बात पर बल देना कि ज्ञान किस प्रकार अर्जित किया जा सकता है अर्थात् छात्रों को इस बात का ज्ञान कराना कि वे स्वयं ज्ञान अर्जित करना सीखें।
2. *कार्य करना (Learning to Do)*: इसका अर्थ केवल व्यावसायिक कुशलता से ही नहीं है अपितु सामाजिक कुशलता भी।
3. *मिल-जुलकर रहना (Learning to Live Together)*: इसका अर्थ दूसरों के विचारों को समझना तथा आदर करना है।
4. *बनने के लिए सीखना (Learning to Be)*: इसका अभिप्राय: व्यक्ति के व्यक्तित्व के सम्पूर्ण विकास से है। व्यक्तित्व उत्तरदायत्वि की भावना, तर्कशक्ति का विकास, शारीरिक शक्ति का विकास, सम्प्रेषण शक्ति का विकास, स्मृति का विकास आदि।

21

माध्यमिक शिक्षा का व्यावसायीकरण (Vocationalisation of Secondary Education)

21.1 माध्यमिक शिक्षा के व्यावसायीकरण का अर्थ (Meaning of Vocationalisation of Secondary Education)

माध्यमिक शिक्षा के व्यावसायीकरण का अर्थ है, इस स्तर पर ऐसे व्यावसायिक विषयों के अध्ययन की व्यवस्था करना जिनका अध्ययन करके तथा संबंधित प्रशिक्षण प्राप्त करके छात्र किसी रोजगार के योग्य बन सकें। व्यावसायिक शिक्षा के अन्तर्गत व्यापार औद्योगिकी, कृषि आदि से संबंधित विषय तथा कार्यक्रम आते हैं। व्यावसायीकरण एक विस्तृत प्रत्यय है इसमें अनेक छोटे-बड़े व्यवसाय आ जाते हैं।

शिक्षा आयोग 1964-66 ने व्यावसायिंक शिक्षा का अर्थ इस प्रकार बताया, "हमारी यह कल्पना है कि भविष्य में स्कूली शिक्षा की प्रवृत्ति सामान्य एवं व्यावसायिक शिक्षा के लाभदायक मिश्रण की ओर होगी। सामान्य शिक्षा में पूर्व-व्यावसायिक एवं तकनीकी शिक्षा के कुछ तत्त्व सम्मिलित होंगे और इसी प्रकार व्यावसायिक शिक्षा में सामान्य शिक्षा के कुछ तत्त्व सम्मिलित होंगे।"

व्यावसायिक क्षमता का अर्थ–व्यावसायिक क्षमता का अर्थ है (क) कार्य के प्रति नई भावना को जन्म देना जिससे विद्यार्थी कार्य के महत्त्व को समझ सकें, (ख) विद्यार्थियों को अनुभव कराना कि देश की समृद्धि इस बात पर निर्भर है कि हम जिस कार्य को भी आरम्भ करें उसे यथाशक्ति सफल और सुन्दर बनाएँ, (ग) सभी अध्यापक इस बात का प्रयत्न करें कि यह बात पाठशाला में विद्यार्थियों के व्यवहार में स्पष्ट रूप से दिखाई दे, और (घ) शिक्षा के सभी स्तरों पर व्यावसायिक क्षमता का विकास हो जिससे औद्योगिक और तकनीकी क्षेत्र में कुशल व अनुभवी व्यक्ति मिल सकें।

21.2 माध्यमिक शिक्षा के व्यावसायीकरण की आवश्यकता (Need for Vocationalization of Secondary Education)

आधुनिक औद्योगिक समाज की आवश्यकताओं एवं आकांक्षाओं की पूर्ति के लिए तथा भावी नागरिकों को तदनुरूप उत्पादकतामूलक शिक्षा प्रदान करने के लिए शिक्षा का

व्यावसायीकरण न केवल आवश्यक है अपितु अनिवार्य हो गया है। छात्रों को रोजगार प्राप्त करने, उन्हें स्वरोजगार के कार्य स्थापित करने तथा उचित कौशल निर्माण करने के लिए व्यावसायिक शिक्षा का विशेष योगदान है। देश में बढ़ते हुए पढ़े-लिखे बेरोजगारों की संख्या घटाने का, उनकी क्षमताओं एवं योग्यताओं का उचित उपयोग करने का केवल एक ही मार्ग है और वह है शिक्षा का व्यावसायीकरण।

शिक्षा का व्यावसायीकरण निम्न कारणों से महत्त्वपूर्ण है:

1. विद्यार्थियों की विभिन्न योग्यताओं एवं अभिरुचियों का विकास–स्वतन्त्रता प्राप्ति के पश्चात् शिक्षा में बहुत विस्तार हुआ। विभिन्न योग्यताओं तथा अभिरुचियों वाले विद्यार्थी शिक्षा प्राप्त करने के लिए स्कूल में प्रवेश पाने लगे। सभी विद्यार्थियों को एक ही प्रकार की शिक्षा प्रदान करना उनके प्रति अन्याय है। आवश्यकता इस बात की है कि विभिन्न कोर्सों की व्यवस्था करके उनकी योग्यताओं तथा रुचियों को उचित दिशा में विकसित होने के लिए पर्याप्त अवसर प्रदान किए जाएँ। शिक्षा का व्यावसायीकरण ऐसे अवसर प्रदान करने की ओर एक महत्त्वपूर्ण कदम है।

2. बेरोजगारी की समस्या का समाधान–आज देश में शिक्षितों को बेरोजगारी की समस्या का सामना करना पड़ रहा है। शिक्षा के विकास के साथ-साथ बेरोजगारों की संख्या में भी वृद्धि हो रही है। इसका एक कारण है कि शिक्षा विद्यार्थियों को रोजगार के लिए तैयार नहीं करती है। आज तक जो स्कूली शिक्षा चली आ रही है वह केवल क्लर्क ही तैयार करती है। शिक्षित उम्मीदवारों की संख्या तो बढ़ती जा रही है परन्तु क्लर्कों के पद उस मात्रा में उपलब्ध नहीं हैं। अतः यह आवश्यक है कि शिक्षा का व्यावसायीकरण किया जाए कि वे अपने पाँव पर खड़े हो सकें।

3. देश की उत्पादकता बढ़ाना–कोठारी आयोग ने उत्पादेयता के विकास को शिक्षा का महत्त्वपूर्ण अंग माना है। यह एक सर्वमान्य सत्य है कि किसी भी देश की प्रगति उसकी उत्पादन क्षमता पर निर्भर होती है। लोग जितना ज्यादा उत्पादक कार्यों में लगेंगे, देश उतना ज्यादा समृद्ध होगा। शिक्षा का व्यावसायीकरण विद्यार्थियों को उत्पादकता की ओर अग्रसर करने में महत्त्वपूर्ण भूमिका निभा सकता है। शिक्षा के व्यावसायीकरण के महत्त्व को दर्शाते हुए कोठारी आयोग ने कहा है, "देश में उत्पादेयता बढ़ाने के लिए माध्यमिक शिक्षा को प्रबल व्यावसायीकरण रूप देना अत्यन्त आवश्यक है।"

4. देश का तेज गति से आर्थिक विकास–देश में आर्थिक विकास निहित प्राकृतिक साधनों की कमी नहीं, परन्तु उनका उचित प्रयोग न होने के कारण वे व्यर्थ जा रहे हैं, या फिर विदेशी लाभ उठा रहे हैं। इसी कारण हमारी आर्थिक स्थिति कमजोर है। हमारा देश औद्योगिकरण की ओर अग्रसर है, परन्तु कुशल कारीगरों तथा उचित प्रकार से प्रशिक्षित व्यक्तियों के अभाव में उतनी तेजी से प्रगति नहीं कर पा रहा है। इसका मुख्य कारण हमारी शिक्षा पद्धति है जो प्रायः पुस्तकीय ज्ञान पर आधारित है। साथ ही अव्यावहारिक तथा अव्यावसायिक भी है। देश की तीव्र आर्थिक गति तभी हो सकती है जब विभिन्न क्षेत्रों के लिए उचित ढंग से प्रशिक्षित कर्मचारी मिल सकें।

5. नैतिक मूल्यों का विकास–प्राय: यह देखा गया है कि बेरोजगारी अपराधवृत्ति को बढ़ावा देती है "खाली मन शैतान का होता घर है।" अत: व्यक्ति को इस प्रकार का प्रशिक्षण मिलना चाहिए जिससे वह सम्मानपूर्वक जीवन व्यतीत कर सके। व्यावसायिक शिक्षा व्यक्ति को जीवन निर्वाह के लिए सक्षम बनाकर उसका नैतिक विकास भी कर सकती है।

6. शिक्षा प्रक्रिया को उद्देश्यपूर्ण बनाना–रटने-रटाने की शिक्षा का कोई उद्देश्य नहीं होता। व्यक्ति किसी व्यवसाय के योग्य न होने के कारण पढ़ाई करता चला जाता है और ऐसी शिक्षा प्राप्त करता है जिसका वास्तविक जीवन में कोई अर्थ नहीं होता। अत: शिक्षा को उद्देश्यपूर्ण बनाने के लिए उसे व्यावसायिक मोड़ देना आवश्यक है।

7. आनन्द की प्राप्ति–मनुष्य को सच्चा आनन्द उस समय प्राप्त होता है जब इसे अपनी रुचि का व्यवसाय मिल जाता है। शिक्षा के व्यावसायीकरण करने से व्यक्तियों को उनकी विशिष्ट योग्यताओं के विकास के अवसर प्रदान किए जा सकते हैं। वैसे आनन्द की प्राप्ति कई कारकों पर निर्भर है।

8. उचित व्यक्तियों के लिए उचित स्थान–शिक्षा का व्यावसायीकरण उचित व्यक्तियों को उचित स्थान तथा कार्य प्राप्त करने में सहायता देता है तथा मानवीय प्रतिभा और साधनों के अपव्यय को रोकता है।

21.3 व्यावसायिक शिक्षा का भारत में सिंहावलोकन (Overview of Vocational Education in India)

माध्यमिक स्कूलों के छात्रों के लिए व्यावसायिक शिक्षा को आरम्भ करने की सिफारिश सबसे पहले 1882 में हण्टर कमीशन अथवा शिक्षा आयोग 1882 ने की। उसके पश्चात् शिक्षा के व्यावसायीकरण करने के पक्ष में अनेक कमेटियों तथा आयोगों ने सुझाव दिए। इनमें कुछ इस प्रकार हैं–कलकत्ता विश्वविद्यालय कमीशन 1917, हरटॉग कमेटी 1929, सप्रू आयोग 1934, बेसिक शिक्षा समिति 1937, वुडऐबट रिपोर्ट 1936-37, माध्यमिक शिक्षा आयोग 1936-37, शिक्षा आयोग 1964-66, 10+2 कमेटी रिपोर्ट 1973 (10+2), आदिसेशैया राष्ट्रीय शिक्षा समिति 1987, राष्ट्रीय शिक्षा नीति 1986 ने देश में शिक्षा के व्यावसायीकरण की एक विस्तृत योजना बनाई है।

व्यावसायिक शिक्षा की निहितार्थाएँ (Implications of Vocationalisation of Education)

व्यावसायिक शिक्षा के प्रभावी विकास के लिए निम्न बातों पर ध्यान देना आवश्यक है–

1. उचित व्यावसायिक पाठ्यक्रमों का प्रावधान।
2. उचित सामग्री का प्रावधान।
3. उचित निर्देशन तथा परामर्श का प्रावधान।
4. आर्थिक विकास के संदर्भ में मानव संसाधनों की पूर्ति।

21.4 विभिन्न आयोगों की व्यावसायीकरण पर संतुतियाँ (Recommendations of Various Commissions on Vocationalisation of Education)

I. माध्यमिक शिक्षा आयोग 1952-53 तथा शिक्षा का व्यावसायीकरण

माध्यमिक शिक्षा आयोग ने अनुभव किया कि शीघ्र परिवर्तित होते देश के सामाजिक, राजनीतिक तथा आर्थिक ढाँचे में मैकॉले की चलाई हुई शिक्षा-पद्धति बेकार-सी हो गई है और आज की परिस्थिति में यह मेल नहीं खाती है। स्वतन्त्र भारत में जन-कल्याण का लक्ष्य सामने रखा गया है, अतः इसकी प्राप्ति के लिए शिक्षा का नवीन ढाँचा ही सहायक सिद्ध हो सकता है।

यह सर्वविदित है कि टैक्निकल क्षेत्र में कार्य करने वालों की अत्यन्त कमी है। हमारे बहुत-से ऐसे उद्योग-धन्धे हैं जिनके चलाने के लिए निपुण कारीगर नहीं मिलते तथा उनके अभाव से हमारे उद्योग-धन्धे उन्नति नहीं कर सकते। दूसरी ओर पुस्तकीय विषय पढ़कर महाविद्यालयों से निकलने वाले छात्रों की कोई कमी नहीं, बल्कि वे बिना काम के हजारों की संख्या में आवारा घूमते दिखाई देते हैं तथा समाज के लिए एक प्रकार के 'अभिशाप' बन गए हैं। आज इस बात की अत्यन्त आवश्यकता है कि भिन्न-भिन्न क्षेत्रों में कार्य करने वाले युवक तैयार किए जाएँ।

आयोग ने कहा है-"छात्रों में श्रमनिष्ठा की मनोवृत्ति के निर्माण के साथ-साथ शिक्षा के सभी स्तरों पर प्राविधिक कौशल एवं योग्यता को विकसित किया जाना चाहिए जिससे देश में औद्योगिक विकास हो सके।" आयोग ने प्रस्ताव किया है-"हस्तकला एवं उत्पादन कार्य पर सभी विद्यालयों में पर्याप्त बल दिया जाना चाहिए। साथ ही माध्यमिक स्तर पर विभिन्न पाठ्यक्रम आरम्भ किए जाएँ जैसे कृषि, प्राविधिक, व्यापारिक एवं अन्य व्यावहारिक पाठ्यक्रम।"

माध्यमिक शिक्षा आयोग की व्यावसायिक शिक्षा सम्बन्धी सिफारिशें निम्नलिखित हैं:

बहुउद्देश्यीय विद्यालयों की स्थापना

आयोग ने संस्तुति की कि एक ही स्कूल में कई प्रकार के पाठ्यक्रमों की व्यवस्था की जाए। व्यावसायिक पाठ्यक्रमों को चलाने के लिए उद्योग-धन्धों से तालमेल स्थापित किया जाए। छात्रों के मार्गदर्शन के लिए शैक्षिक एवं व्यावसायिक मार्गदर्शन सेवाएँ उपलब्ध कराई जाएँ।

जिन विद्यार्थियों ने इस प्रकार के पाठ्यक्रम सफलतापूर्वक पूर्ण कर लिए हों, उन्हें पौलीटेक्निक अथवा टैकनोलॉजिकल कॉलेजों में उच्च विशेष पाठ्यक्रम लेने का अवसर दिया जाए।

कृषि शिक्षा-सभी राज्य देहाती स्कूलों में खेतीबाड़ी की शिक्षा की विशेष सुविधा का प्रबन्ध करें तथा इस प्रकार के पाठ्यक्रमों में हॉर्टीकल्चर की शिक्षा सम्मिलित हो।

(क) पोलीटैक्नीकों में पूर्णकालिक अध्ययन की सुविधाओं के विस्तार के अलावा इस स्तर पर सैंडविच या पत्राचार के पाठ्यक्रम द्वारा व्यवस्थित किए गए अंशकालिक व्यावसायिक पाठ्यक्रमों का विकास किया जाए।

(ख) कृषि और इंजीनियरी पोलीटैक्नीकों को जो रोजगार में लग गए हैं, उन लोगों की प्रवीणता को उन्नत करने के लिए या जो पहले से ही योग्यता प्राप्त कर चुके हैं, उनकी योग्यता बनाए रखने या उनको पुनः शिक्षित करने के लिए छोटे-छोटे संक्षिप्त रूप में बनाए गए स्तर पाठ्यक्रम चलाने चाहिएँ।

(ग) औद्योगिक प्रशिक्षण संस्थानों में पढ़ाए जाने वाले बहुत-से पाठ्यक्रमों में प्रवेश के लिए कक्षा 10 पूरा करने की योग्यता की अपेक्षा की जाती है। इन सुविधाओं का तेजी से विस्तार किया जाए।

(घ) स्वास्थ्य, वाणिज्य, प्रशासन, छोटे पैमाने के उद्योगों और सभी सेवाओं में तरह-तरह के दूसरे पाठ्यक्रम विकसित किए जाने चाहिएँ, जिनकी अवधि प्रमाण-पत्र या डिप्लोमा की योग्यता के लिए छः महीने से तीन साल तक की हो सकती है। ये पहले से ही रोजगार में लगे लोगों को अंशकालिक या पत्राचार के आधार पर भी पढ़ाए जा सकते हैं।

"कार्यक्रम के महत्त्व और भारी पैमाने पर उसके चलाए जाने की दृष्टि में यह अत्यावश्यक है कि राज्य शिक्षा विभागों में शिक्षा अनुभाग खोले जाएँ और उनको इस तरह के पूर्णकालिक या अंशकालिक पाठ्यक्रमों को आयोजित करने पर पूरा-पूरा प्रभार सौंपा जाए। ऐसे कार्यक्रम आयोजित करने से अनुभागों को जनशक्ति की जरूरतों को ध्यान में रखना चाहिए और व्यावसायिक मार्गदर्शन के तंत्र और सामान्यतः उद्योगों और मालिकों के साथ निकट का सहयोग रखते हुए काम करना चाहिए।"

स्कूल स्तर पर व्यावसायिक शिक्षा के विकास के लिए केन्द्रीय अनुदान

केन्द्र सरकार राज्य सरकारों को केन्द्र आयोजित क्षेत्र में विशेष अनुदान देने की व्यवस्था करे। माध्यमिक स्कूलों में व्यावसायीकरण के लिए दिए गए अनुदानों ने ही संयुक्त राज्य अमेरिका में माध्यमिक शिक्षा के व्यावसायीकरण को प्रेरणा दी थी और यह अनुभव भारत के लिए महत्त्वपूर्ण पाठ देने वाला है।

अंशकालिक व्यावसायिक शिक्षा—आयोग ने विभिन्न स्तरों पर अंशकालिक व्यावसायिक शिक्षा पर भी बल दिया।

लड़कियों के लिए विशेष पाठ्यक्रम—जो लड़कियाँ 14 वर्ष की आयु के आसपास स्कूल छोड़ देती हैं, उनके लिए गृह विज्ञान या सिलाई, कला और शिल्प, मुर्गी-पालन, दुग्धशाला, आदि जैसे घरेलू उद्योगों में पूर्णकालिक या अंशकालिक पाठ्यक्रमों की व्यवस्था की जाए। ये पाठ्यक्रम अल्पकालीन, पूरे समय के लिए या अंशकालिक और लम्बे अरसे तक चलने वाले हो सकते हैं।

तकनीकी शिक्षा—मल्टीपरपज स्कूल के पास एक भाग के रूप में अथवा अलग से तकनीकी स्कूल पर्याप्त संख्या में स्थापित किए जाएँ।

बड़े-बड़े शहरों में केन्द्रीय तकनीकी संस्थाएँ खोली जाएँ जो कि कई स्थानीय स्कूलों की आवश्यकताओं को पूरा करें।

जहाँ तक संभव हो तकनीकी स्कूल संबंधित उद्योग के निकट स्थित हों तथा संबंधित उद्योग के सहयोग से कार्य करें।

'औद्योगिक शिक्षा कर' के नाम से उद्योगों पर कुछ कर लगाया जाना चाहिए तथा इस प्रकार प्राप्त आय को तकनीकी शिक्षा के विकास में लगाना चाहिए।

II. कोठारी शिक्षा आयोग तथा माध्यमिक स्तर पर व्यावसायिक शिक्षा (Kothari Commission on Vocationalisation at the Secondary Stage)

कोठारी शिक्षा आयोग ने देश में उत्पादन बढ़ाने के लिए माध्यमिक शिक्षा को प्रबल व्यावसायिक मोड़ देना आवश्यक समझा। साथ ही विश्वविद्यालय स्तर पर कृषि और शिल्प शिक्षा पर अधिक जोर देने की संस्तुति की। आयोग का विचार था कि वर्तमान भारतीय परिस्थिति में शिक्षा के व्यावसायीकरण का विशेष महत्त्व है क्योंकि प्रचलित शिक्षा प्रणाली युवकों को सरकारी नौकरियों तथा बाबूगीरी पेशे के लिए तैयार करती है।

व्यावसायिक शिक्षा का आयोजन (Organisation of Vocational Education)

1. अवर माध्यमिक स्तर (Lower Secondary Stage)

(i) औद्योगिक प्रशिक्षण संस्थानों में ऐसे पाठ्यक्रम हैं, जिनमें प्राथमिक स्कूल को पूरा कर लेने वाले छात्र जा सकते हैं। यदि इन पाठ्यक्रमों में प्रवेश की आयु बढ़ाकर 14 कर दी जाए, तो जो छात्र प्राथमिक स्कूलों को पूरा कर चुके हैं, उनमें से बहुत-से औद्योगिक प्रशिक्षण के इन पाठ्यक्रमों में प्रवेश ले सकेंगे।

(ii) उद्योगों में नौकरी के लिए छात्रों को तैयार करने वाले तकनीकी स्कूलों में कार्यक्रमों की जो व्यवस्था है, वे इस स्तर पर व्यावसायिक पाठ्यक्रमों की दूसरी श्रेणी बन जाते हैं।

(iii) कक्षा 7 या कक्षा 8 के बाद जो बहुत-से छात्र स्कूल छोड़ देते हैं, वे घर के कारोबार में लग जाएँ और कुछ छोटे पैमाने पर अपना ही उद्योग या व्यापार शुरू करने के विचार से स्कूल छोड़ देंगे। उनको योग्यता प्राप्त करने या अपनी प्रवीणता बढ़ाने के अंशकालिक आधार पर बहुत सारे पाठ्यक्रम उपलब्ध होने चाहिएं।

(iv) देहाती लड़कों का बहुत बड़ा अनुपात परिवार के खेत में काम करने चला जाएगा। उनके लिए आगे शिक्षा की व्यवस्था करनी होगी, जो उनको अपने पेशे की अपनी कार्यकुशलता और सामान्य शिक्षा में समर्थ बनाएगी।

(v) लड़कियों का बहुत बड़ा अनुपात तो तुरन्त ही या कुछ समय के बाद स्कूल छोड़ देगा और शादी कर लेगा। उनको गृह-विज्ञान और सामान्य शिक्षा में आगे शिक्षा दी जानी चाहिए।

2. उच्चतर माध्यमिक स्तर (Higher Secondary Stage)–इस स्तर पर तरह-तरह के व्यावसायिक पाठ्यक्रम उपलब्ध रहेंगे।

व्यावसायिक शिक्षा के निर्धारित लक्ष्य

आयोग ने 1966 में सुझाव दिया कि 1986 तक निम्न माध्यमिक स्तर पर पढ़ने व 20 प्रतिशत छात्र और कक्षा 11 और 12 में पढ़ने वाले 50 प्रतिशत छात्र अवश्य व्यावसायिक पाठ्यक्रम को अपनाएँ।

III. आदिसेशैया राष्ट्रीय समीक्षा समिति, 1978 (Adiseshiah Report)

राष्ट्रीय समीक्षा समिति का गठन–शिक्षा मन्त्रालय, भारत सरकार ने अक्टूबर 1977 में श्री एस. आदिसेशैया, उपकुलपति, मद्रास विश्वविद्यालय की अध्यक्षता में इस समिति का गठन किया। इस राष्ट्रीय शिक्षा समिति ने अपनी रिपोर्ट "सीखना–करने को–सीखते हुए तथा कार्यरत समाज के लिए" (Learning to Do—Towards a Learning Society) शीर्षक से मार्च 1978 में भारत सरकार को प्रस्तुत की।

इस समिति का कार्यक्षेत्र 10+2 पाठ्यक्रम के सुधार हेतु विशेषकर उच्चतर माध्यमिक शिक्षा के व्यावसायीकरण हेतु समस्याओं का अध्ययन करके सुझाव देना था।

+2 समीक्षा समिति की महत्त्वपूर्ण सिफारिशें

उच्चतर माध्यमिक शिक्षा का महत्त्व–इस स्तर की शिक्षा का विशेष महत्त्व है क्योंकि छात्रों की लगभग आधी संख्या के लिए औपचारिक शिक्षा का यह अन्तिम बिन्दु है। इस स्तर पर सीखने के अनुभव विद्यार्थियों की जीविका के लिए और उनके जीवन के ध्येय निर्माण में विशेष महत्त्व रखते हैं। यह स्तर छात्रों के व्यक्तित्व के निर्माण हेतु स्कूली शिक्षा एवं महाविद्यालय के बीच सेतु का काम देता है। यह किशोर अवस्था, बाल्यकाल तथा प्रौढ़काल के बीच का समय है। सम्भवत: यही ऐसी अवस्था है जिसमें अनेक प्रकार के क्षेत्रों–आध्यात्मिक एवं बौद्धिक विकास के मार्ग खुलते हैं। व्यक्तित्व की विशेष रुचियों, क्षमताओं आदि का सृजन एवं दमन होता है।

उच्चतर माध्यमिक शिक्षा के लक्ष्य–राष्ट्रीय विकास में योगदान के लिए इस स्तर के निम्नलिखित उद्देश्य हैं–बेरोजगारी को रोकने में सहायता देना। निराश्रितता को रोकने में सहायता देना। ग्रामीण विकास में सहायता देना। प्रौढ़-साक्षरता में सहायता देना।

उच्चतर माध्यमिक शिक्षा के दो प्रकार के पाठ्यक्रम–(i) सामान्य शिक्षा पाठ्यक्रम; (ii) व्यावहारिक पाठ्यक्रम।

सामान्य शिक्षा पाठ्यक्रम–इसमें निम्नलिखित विषय होंगे–

	विषय	*समय*
(क)	भाषाएँ	15%
(ख)	सामाजिक दृष्टि से लाभदायक उत्पादन कार्य	15%
(ग)	वैकल्पिक विषय (तीन)	70%

सामाजिक दृष्टि से लाभदायक उत्पादन कार्य–+2 समिति ने इस पर बहुत बल दिया क्योंकि यह क्रियात्मक है। इसे स्थानीय आवश्यकतानुसार अपनाने की संस्तुति की है। यह भी कहा है कि इसे पाठ्यक्रमों के विषयों से जोड़ा जाए और यह कार्य उचित निर्देशन में योजनानुसार किया जाए।

व्यावसायिक पाठ्यक्रम–समय विभाजन इस प्रकार होगा–

	पाठ्य-विवरण	*समय*
(i)	सामान्य आधार पाठ्य-विवरण	15%
(ii)	भाषा (भाषाएँ)	15%
(iii)	वैकल्पिक विषय (व्यावसायिक)	70%

सामान्य आधार पाठ्य-विवरण—इन पाठ्य-विवरणों के निम्नलिखित लक्ष्य हैं—

(i) छात्रों को ग्राम विकास तथा स्वयं रोजगार की आवश्यकता का अनुभव कराना।

(ii) छात्रों को राष्ट्रीय अर्थव्यवस्था में कृषि के महत्त्व की जानकारी देना।

(iii) छात्रों में लघु तथा कुटीर उद्योगों के चलाने की कुशलताओं एवं प्रबन्धकीय योग्यताओं का विकास करना।

(iv) बेरोजगार, क्षमता से निम्न रोजगार, अविकसित तथा पिछड़ी आर्थिक अवस्था में छात्रों की अन्तर्दृष्टि बढ़ाने हेतु योग्य बनाना।

व्यवसायिक वैकल्पिक विषय—निम्नलिखित विशेष बातों पर बल देने के लिए कहा गया है—

(i) प्रयोगात्मक कार्य पर लगभग आधा समय लगाया जाए।

(ii) स्वयं रोजगार तत्त्व पर विशेष ध्यान दिया जाए।

(iii) कृषि तथा इससे सम्बन्धित व्यवसायों के पाठ्यक्रम बनाए जाएँ।

(iv) व्यावसायिक पाठ्यक्रमों का समय साधारणतः दो वर्ष होना चाहिए।

शिक्षा के व्यावसायीकरण करने की प्रक्रिया को प्रबल बनाने के लिए सुझाव

1. व्यावसायिक सर्वेक्षण करना।
2. ग्रामीण क्षेत्रों में व्यावसायिक स्कूलों की स्थापना करना।
3. वर्तमान व्यावसायिक पाठ्यक्रमों तथा संस्थाओं से पूरा लाभ उठाना।
4. शैक्षिक तथा व्यावसायिक निर्देशन एवं परामर्श की उचित व्यवस्था करना।
5. अध्यापकों को उचित प्रशिक्षण का प्रबंध करना।
6. उचित पाठ्य-पुस्तकों का निर्माण।
7. राष्ट्रीय व्यावसायिक शिक्षा परिषद् का गठन करना।
8. अप्रेन्टिस शिक्षण की उचित व्यवस्था करना।

21.5 व्यावसायिक शिक्षा संबंधी राष्ट्रीय शिक्षा नीति 1986 तथा 1992 में निर्देश

(Directions of NPE 1986 and 1992 on Vocational Education)

राष्ट्रीय शिक्षा नीति, (1986)

पैरा 5.16—शिक्षा के प्रस्तावित पुनर्गठन में व्यवस्थित और सुनियोजित व्यावसायिक शिक्षा के कार्यक्रम को दृढ़ता से क्रियान्वित करना बहुत ही जरूरी है। इससे व्यक्तियों के रोजगार पाने की क्षमता बढ़ेगी, आजकल कुशल कर्मचारियों की माँग और आपूर्ति में जो असंतुलन है, वह समाप्त होगा और ऐसे विद्यार्थियों को एक वैकल्पिक मार्ग मिल सकेगा जो इस समय बिना किसी विशेष रुचि या उद्देश्य के उच्च शिक्षा की पढ़ाई किए जाते हैं।

संशोधित (1992)

पैरा 5-16—प्रस्तावित शैक्षिक पुनर्गठन में व्यावसायिक शिक्षा के सुव्यवस्थित, सुनियोजित और कड़ाई से कार्यान्वित किए जाने वाले कार्यक्रमों का लागू किया जाना अत्यधिक महत्त्वपूर्ण है। इन तत्त्वों से छात्रों में कार्य और जीवन के प्रति एक स्वस्थ दृष्टिकोण विकसित होगा, प्रत्येक छात्र के रोजगार पाने की क्षमता बढ़ेगी, कुशल जनशक्ति की माँग और आपूर्ति के बीच असंतुलन कम होगा और बिना विशेष रुचि अथवा प्रयोजन के उच्चतर अध्ययन जारी रखने वाले छात्रों के लिए एक विकल्प उपलब्ध हो जाएगा। उच्च माध्यमिक स्तर पर बच्चों को ऐसे व्यापक व्यावसायिक पाठ्यक्रम प्रदान करने का प्रयास किया जाएगा जो कि व्यवसाय-विशेष की श्रेणी में न आकर बहुविध व्यावसायिक क्षेत्रों से जुड़े हुए हों।

राष्ट्रीय शिक्षा नीति, (1986)

पैरा 5-17—व्यावसायिक शिक्षा अपने में शिक्षा की एक विशिष्ट धारा होगी जिसका उद्देश्य कई क्षेत्रों के चुने गए काम-धंधों के लिए विद्यार्थियों को तैयार करना होगा। ये कोर्स आमतौर पर सेकेंडरी शिक्षा के बाद दिए जाएँगे लेकिन इस योजना को लचीला रखा जाएगा ताकि आठवीं कक्षा के बाद भी विद्यार्थी ऐसे कोर्स ले सकें। औद्योगिक प्रशिक्षण संस्थान भी बड़ी व्यावसायिक शिक्षा के ढाँचे के अनुसार चलेंगे ताकि इनमें प्राप्त सुविधाओं का पूरा लाभ उठाया जा सके।

संशोधित (1992)

पैरा 5-17—व्यावसायिक शिक्षा एक भिन्न धारा भी होगी जिसका उद्देश्य छात्रों को विभिन्न प्रकार के क्रियाकलापों से जुड़े हुए निर्धारित व्यवसायों के लिए तैयार करना है। ये पाठ्यक्रम साधारणतः माध्यमिक स्तर के बाद प्रदान किए जाएँगे, किन्तु, इस योजना को लचीला रखते हुए वे कक्षा VIII के बाद भी उपलब्ध कराए जा सकते हैं।

पैरा 5-18—स्वास्थ्य आयोजना और स्वास्थ्य सेवा प्रबंध को स्वास्थ्य से संबंधित व्यावसायिक पाठ्यक्रमों के माध्यम से स्वास्थ्य जनशक्ति की उपयुक्त श्रेणियों की शिक्षा और प्रशिक्षण के साथ स्पष्ट रूप से जोड़ा जाना चाहिए। प्राथमिक और माध्यमिक स्तरों पर स्वास्थ्य शिक्षा व्यक्ति के परिवार और सामुदायिक स्वास्थ्य के प्रति वचनबद्धता को सुनिश्चित करेगी और उच्चतर माध्यमिक शिक्षा के +2 स्तर पर स्वास्थ्य से संबंधित व्यावसायिक पाठ्यक्रमों की ओर अग्रसर होगा। कृषि, विपणन और सामाजिक सेवाओं आदि पर आधारित ऐसे ही व्यावसायिक पाठ्यक्रम तैयार करने के प्रयास किए जाएँगे। व्यावसायिक शिक्षा में स्वरोजगार, उद्यमियों के लिए दक्षता और ज्ञान तथा रुझान के विकास पर भी जोर दिया जाएगा।

पैरा 5-19—व्यावसायिक पाठ्यक्रमों या संस्थाओं की स्थापना सरकार तथा सार्वजनिक तथा निजी क्षेत्रों के कर्मचारियों की होगी तथापि सरकार महिलाओं, ग्रामीण तथा जनजाति

के क्षेत्रों और समाज के वंचित वर्गों की आवश्यकताएँ पूरी करने के लिए विशेष कदम उठाएंगी। विकलांगों के लिए भी समुचित कार्यक्रम शुरू किए जाएँगे।

पैरा 5-20—व्यावसायिक पाठ्यक्रमों के स्नातकों को पूर्वनिर्धारित शर्तों के अंतर्गत व्यावसायिक विकास, वृत्ति का सुधार, और बाद में समुचित सेतु पाठ्यक्रमों के माध्यम से सामान्य, तकनीकी और व्यावसायिक शिक्षा के पाठ्यक्रमों में दाखिला दिया जाएगा।

पैरा 5-21—अनौपचारिक, लचीले और आवश्यकता पर आधारित व्यावसायिक कार्यक्रम भी नवसिखुओं, युवकों जिन्होंने प्राथमिक शिक्षा पूरी की है, स्कूल छोड़ गए हैं, और किसी कार्य में लगे हुए हैं और बेरोजगार हैं या वे व्यक्ति जो आंशिक रूप में रोजगारयुक्त हैं, के लिए उपलब्ध किए जाएँगे। इस संबंध में महिलाओं की ओर विशेष ध्यान दिया जाएगा।

पैरा 5-22—जो छात्र शिक्षा के उच्च माध्यमिक पाठ्यक्रमों से स्नातक बनते हैं और उन्हें व्यावसायिक पाठ्यक्रमों की भी जरूरत हो सकती है, उनके लिए शिक्षा के तृतीय स्तर के पाठ्यक्रम आयोजित किए जाएँगे।

राष्ट्रीय शिक्षा नीति (1986) : पैरा 5-23—यह प्रस्ताव है कि उच्चतर माध्यमिक स्तर के विद्यार्थियों का दस प्रतिशत 1990 तक और 25 प्रतिशत 1995 तक व्यावसायिक पाठ्यचर्या में आ जाए। इस बात के लिए कदम उठाए जाएँगे कि व्यावसायिक शिक्षा पाकर निकले हुए विद्यार्थियों में से अधिकतर को या तो नौकरी मिले या वे अपना रोजगार स्वयं कर सकें। व्यावसायिक पाठ्यक्रमों का पुनरीक्षण नियमित रूप से किया जाएगा। माध्यमिक स्तर पर पाठ्यक्रमों के विविधीकरण को बढ़ावा देने के लिए सरकार अपने अधीन की जाने वाली भर्ती की नीति पर भी पुन: विचार करेगी।

संशोधित (1992) : पैरा 5-23—यह प्रस्ताव किया जाता है कि व्यावसायिक पाठ्यक्रमों में 1995 तक उच्चतर माध्यमिक स्तर के छात्रों को 10 प्रतिशत और 2000 तक 25 प्रतिशत छात्रों को सम्मिलित किया जाए। यह सुनिश्चित करने के लिए कदम उठाए जाएँगे कि व्यावसायिक पाठ्यक्रमों में सफलता पाने वाले छात्रों का काफी बड़ा प्रतिशत रोजगार पर अथवा स्वरोजगार पर लग जाता है। लागू किए गए पाठ्यक्रमों की नियमित रूप से समीक्षा की जाएगी। माध्यमिक स्तर पर विविधता को बढ़ावा देने के लिए सरकार अपनी भर्ती-नीति की भी समीक्षा करेगी।

21.6 व्यावसायीकरण की धीमी गति तथा इसे प्रभावी बनाने के उपाय (Slow Progress of Vocational Education and Measures for Its Speedy Development)

माध्यमिक शिक्षा की विविधता, इसके व्यावसायीकरण की आवश्यकता तथा महत्त्व को जानते हुए, मानव संसाधन विकास मंत्रालय, भारत सरकार तथा रा. शै. अनु. प्रशि. परिषद् ने बहुत-सी गतिविधियाँ आरम्भ की हैं। परन्तु इन सब प्रयत्नों के बावजूद, शिक्षा-व्यावसायीकरण की योजना ने अभी पर्याप्त गति नहीं पकड़ी है।

तालिका 21.5: व्यावसायिक शिक्षा का भारत में प्रसार 1985&86

क्रम सं.	राज्य/केन्द्र प्रशासित प्रदेश	संस्थाओं की संख्या जिनमें व्यावसायिक शिक्षा की सुविधा है	छात्रों की संख्या		कोर्सों की संख्या
			कक्षा 11	कक्षा 12	
1.	आन्ध्र प्रदेश	148	2800	1600	21
2.	असम	02	40	38	06
3.	हरियाणा	41	1625	2149	20
4.	कर्नाटक	165	7014	3971	37
5.	केरल	73	3625	2840	27
6.	तमिलनाडु	1251	37050	30715	70
7.	पाण्डिचेरी	07	359	246	13
8.	गुजरात	45	1616	1446	–
9.	गोवा	05	275	254	03
10.	महाराष्ट्र	403	22650	18525	24
11.	उत्तर प्रदेश	249	6200 (लगभग)	700 (लगभग)	02
12.	सिक्किम	01	–	–	01
13.	दिल्ली	40	1000	1000	10

टिप्पणी–केवल दो राज्यों, अर्थात् तमिलनाडु तथा महाराष्ट्र, में आधे से ज्यादा छात्र हैं। अन्य राज्यों में स्थिति दयनीय है।

केवल ढाई प्रतिशत छात्र व्यासायिक धारा में हैं।

1985–86 में, कक्षा 9 से 12 तक छात्रों की कुल संख्या लगभग 162 लाख थी और केवल 1½ लाख छात्र व्यावसायिक शिक्षा पर रहे थे। यदि कक्षा 9 तथा 10 के छात्रों की संख्या निकाल दी जाए तो कक्षा 11 तथा 12 में लगभग 60 लाख में केवल 1½ लाख छात्र ही व्यावसायिक धारा में थे। व्यावसायिक शिक्षा पद्धति को सुदृढ़ बनाने के लिए तत्काल कार्यवाही करना अति आवश्यक है।

तालिका 21.6: माध्यमिक शिक्षा में व्यावसायिक योजना के अन्तर्गत स्कूलों की संख्या, अनुभाग तथा नामांकन क्षमता (2001-2002)

क्र. सं.	राज्य/केन्द्र शासित	स्कूलों की संख्या	विभागों की संख्या	अनुभाग क्षमता
(1)	(2)	(3)	(4)	(5)
1.	आन्ध्र प्रदेश	668	1880	94000
2.	अरुणाचल प्रदेश	4	4	200
3.	असम	225	510	25500
4.	बिहार	251	752	37600
5.	छत्तीसगढ़	–	–	–
6.	दिल्ली	38	93	4650

(क्रमशः)

क्र. सं.	राज्य/केन्द्र शासित	स्कूलों की संख्या	विभागों की संख्या	अनुभाग क्षमता
(1)	(2)	(3)	(4)	(5)
7.	गोवा	43	106	5300
8.	गुजरात	364	1032	51600
9.	हरियाणा	170	876	43350
10.	हिमाचल प्रदेश	40	82	4100
11.	जम्मू और कश्मीर	38	38	1900
12.	झारखण्ड	–	–	–
13.	कर्नाटक	564	1427	71350
14.	केरल	363	1008	50400
15.	मध्य प्रदेश	465	1307	65350
16.	महाराष्ट्र	1141	3480	17400
17.	मणिपुर	19	57	2850
18.	मेघालय	10	20	1000
19.	मिजोरम	17	51	2550
20.	नागालैण्ड	8	16	800
21.	उड़ीसा	231	924	46200
22.	पंजाब	282	846	42300
23.	राजस्थान	155	465	23250
24.	सिक्किम	7	9	450
25.	तमिलनाडु	700	2140	107000
26.	त्रिपुरा	12	12	600
27.	उत्तर प्रदेश	910	2350	117500
28.	उत्तरांचल	–	–	–
29.	पश्चिम बंगाल	39	39	1950
30.	अण्डमान और निकोबार	3	3	150
31.	चण्डीगढ़	17	58	2900
32.	दादर तथा नागर हवेली	2	2	100
33.	दमन तथा दीव	2	5	250
34.	लक्षद्वीप	–	–	–
35.	पाण्डिचेरी	12	16	800
	योग	**6800**	**19599**	**979950**

माध्यमिक शिक्षा की व्यावसायीकरण योजना के अन्तर्गत स्थिति (2001-2002)

1. विद्यालयों की संख्या जिनमें व्यावसायिक पाठ्यक्रम हैं = 6800
2. व्यावसायिक भागों की संख्या = 19599
3. छात्रों के नामांकन का प्रावधान = 979950

दैनिक 'Hindustan Times' (26.11.2005) में दिल्ली के स्कूलों में माध्यमिक स्तर पर व्यावसायीकरण के संबंध में जो आँकड़े छपे थे उससे स्पष्ट है कि स्थिति संतोषजनक नहीं है। 25 प्रतिशत के लक्ष्य के स्थान पर केवल 7-8 प्रतिशत छात्र ही व्यावसायिक पाठ्यक्रमों में थे। लगभग 1,000 अध्यापकों में जो व्यावसायिक पाठ्यक्रमों से जुड़े हुए थे, उनमें केवल 63 स्थायी थे तथा अन्य अंशकालिक।

व्यावसायीकरण की धीमी गति के कारण (Causes for the Slow Pace of Vocationalisation)

1. उपयुक्त सम्बन्धित प्रबंध समिति का अभाव।
2. व्यावसायिक शिक्षा प्राप्त छात्रों के लिए रोजगार की समस्याएँ।
3. व्यावसायिक क्षेत्रों में रोजगार माँग तथा पूर्ति में सामंजस्य का न होना।
4. समाज द्वारा व्यावसायिकता की अवधारणा के प्रति उदासीनता।
5. व्यावसायिक क्षेत्रों में व्यावसायिक वृद्धि के उचित अवसरों तथा उन्नति की कमी।
6. व्यावसायिक संबंधी उचित संगठन का अभाव।
7. व्यावसायिक संबंधी उपाधियों को उचित स्थान न देना।
8. परम्परागत धारणा के अनुसार व्यावसायिक शिक्षा को घटिया शिक्षा मानना।

21.7 व्यावसायिक शिक्षा के विकास के लिए चार सूत्री कार्यक्रम (Four Fold Programme for the Development of Vocational Education)

नई शिक्षा नीति में व्यावसायीकरण के महत्त्व को देखते हुए चार सूत्री कार्यक्रम प्रस्तावित किया गया–

I. प्रणाली का विकास (Development of the System)
II. व्यावसायिक शिक्षा कार्यक्रम (Vocational Education Programme)
III. विशेष वर्गों तथा स्कूलों से बाहर समुदाय के लिए कार्यक्रम (Vocational Programme for The Special Groups)
IV. लक्ष्य तथा विकास के लिए तैयारी (Targets and Preparation for The Development)

I. प्रणाली का विकास (Development of the System)

1. मानव संसाधन विकास मंत्रालय द्वारा व्यावसायिक शिक्षा की संयुक्त परिषद् (Joint Council for Vocational Education—JCVE) तथा व्यावसायिक शिक्षा ब्यूरो (Bureau of Vocational Education—BVE) का गठन किया।

2. अनुसंधान विकास, मॉनीटरिंग तथा मूल्यांकन कार्य करने के लिए रा. शै. अनु. परि. के अन्तर्गत एक केन्द्रीय व्यावसायिक शिक्षा संस्थान (CIVE) का गठन किया।

3. आवश्यकतानुसार राज्य सरकारों द्वारा राज्य व्यावसायिक शिक्षा परिषद् (State Council of Vocational Education—SCVE), राज्य व्यावसायिक शिक्षा संस्थान (State Institute of Vocational Education—SIVE), व्यावसायिक शिक्षा विभाग (Department of Vocational Education—DVE), जिला स्तरीय समन्वय समिति (District Level Coordination Committee—DCC) आदि का गठन किया जाए।

4. व्यावसायिक शिक्षा के विकास के लिए NCERT, CIVE, RIE (Regional Institutes of Education), SCERT (State Council of Education and Training Research), SIVE (State Institute of Vocational Education), TTTI (Technical Teacher Training Institute) आदि की क्षमता में वृद्धि की जाए।

5. SCVE द्वारा व्यावसायिक सर्वेक्षण द्वारा जिलेवार व्यावसायिक मानव शक्ति की आवश्यकताओं का अध्ययन किया जाए।

6. SIVE's तथा SCERT's में पाठ्यक्रम सेल स्थापित किए जाएँ।

7. NCERT द्वारा मॉडल पाठ्यक्रम तथा मार्गदर्शक रेखाएँ (Guidelines) तैयार किए जाएँ।

8. NCERT/CIVE अथवा SIVES/NCERT के सहयोग से व्यावसायिक शिक्षा सूचना प्रणाली (Vocational Monitoring System) विकसित किया जाए।

9. NCERT द्वारा विभिन्न व्यावसायिक संगठनों के कार्यक्षेत्र का निर्धारण किया जाए।

10. मानव संसाधन विकास मंत्रालय द्वारा विभिन्न संस्थाओं के बीच तालमेल सम्बन्धी निर्देश दिए जाएँ।

11. व्यावसायिक शिक्षा संगठनों, नियुक्तिकर्त्ताओं व स्वयंसेवी संगठनों के बीच तालमेल हेतु निर्देश दिए जाएँ।

II. व्यावसायिक शिक्षा कार्यक्रम (Vocational Education Programme)

इसके अन्तर्गत निम्नलिखित कार्यक्रम प्रस्तावित हैं–

1. 8+ छात्रों के लिए विभिन्न राज्यों के व्यावसायिक शिक्षा विभागों द्वारा सीमित स्तर पर प्रयोगात्मक आधार पर व्यावसायिक पाठ्यक्रम शुरू किया जाए।

2. SCERT's तथा SIVE's द्वारा 10+स्तर पर पाठ्यक्रम का उपलब्ध साधनों के संदर्भ में निर्धारण किया जाए।

3. इंजीनियरिंग तथा टेक्नोलॉजी में 10+व्यावसायिक पाठ्यक्रम के छात्रों के लिए और अवसर प्रदान करने के लिए नए व्यावसायिक संस्थान स्थापित किए जाएँ।

4. JCVE द्वारा व्यावसायिक धारा+2 के 70% छात्रों के लिए एप्रेण्टिस ट्रेनिंग के लिए छात्रवृत्ति (स्टाइपेण्ड) की व्यवस्था की जाए।

5. व्यावसायिक शिक्षा द्वारा छात्रों में स्वयं रोजगार दक्षताओं का विकास किया जाए।

6. जिला-स्तर पर जीविका कार्य दर्शन सेल गठित किया जाए।

7. विभिन्न व्यावसायिक संस्थाओं द्वारा सेतु-पाठ्यक्रमों का निर्माण किया जाए।

III. विशेष वर्गों तथा स्कूलों से बाहर समुदाय के लिए व्यावसायिक शिक्षा कार्यक्रम (Vocational Programme for The Special Groups)

1. जे. सी. वी. ई. द्वारा उपयुक्त प्रोत्साहनों, पुरस्कारों के माध्यम से व्यावसायिक शिक्षा में सार्वजनिक निजी क्षेत्रों के उद्योगों को शामिल करने के लिए योजनाएँ तैयार की जाएँ।

2. महिलाओं, जनजातीय, अपंग तथा विकलांग आदि जैसे विशेष वर्गों की व्यावसायिक शिक्षा में कार्यरत स्वैच्छिक संगठनों की पहचान करके सहायता प्रदान की जाए।

3. सभी पोलिटेकनिक संस्थाएँ, औद्योगिक प्रशिक्षण संस्थान, अन्य व्यावसायिक तथा तकनीकी प्रशिक्षण संस्थान, चुने हुए उच्चतर माध्यमिक स्कूल, कॉलेज तथा विशेष संस्थानों, ग्रामीण तथा गैर-व्यवस्थित क्षेत्रों में चरणबद्ध तरीके से गैर-औपचारिक कार्यक्रमों के माध्यम से व्यावसायिक शिक्षा प्रदान करने का कार्य किया जाए।

4. चुनिन्दा इंजीनियरी कॉलेज, पोलिटेकनिक, औद्योगिक प्रशिक्षण संस्थान तथा अन्य व्यावसायिक तथा तकनीकी प्रशिक्षण स्कूल/संस्थान विशेष वर्गों तथा पहले से ही रोजगार प्राप्त लोगों के लाभ के लिए अंशकालिक व्यावसायिक पाठ्यक्रमों को आयोजित किया जाए।

5. महिलाओं, जनजातीय तथा समाज के अन्य कमाजोर वर्गों की आवश्यकताओं को पूरा करने के लिए राज्य व्यावसायिक शिक्षा विभागों द्वारा विशेष व्यावसायिक प्रशिक्षण संस्थान स्थापित किए जाएँ।

IV. लक्ष्य तथा विकास के लिए तैयारी (Targets and Preparation for The Development)

साधनों की उपलब्धता का अनुमान लगा कर उसके अनुसार लक्ष्य निर्धारित किए जाएँ। प्राय: यह देखा गया है कि लक्ष्य बहुत ऊँचे निर्धारित किए जाते हैं परन्तु उनकी पूर्ति नहीं हो पाती है। उपयुक्त साधन उसी मात्रा में नहीं मिल पाते। परिणामस्वरूप निराशा होती है और व्यावसायीकरण की योजना को भी धक्का लगता है। अत: बहुत ही सावधानी से प्रोग्राम बनाए जाने चाहिए।

संक्षेप में शिक्षा के व्यावसायीकरण की प्रक्रिया को दृढ़ करने हेतु सुझाव

1. व्यावसायिक शिक्षा को शिक्षा का अभिन्न अंग माना जाए।
2. अनौपचारिक व्यावसायिक शिक्षा की उचित व्यवस्था की जाए।
3. व्यावसायिक शिक्षा को घटिया शिक्षा न माना जाए।
4. व्यावसायिक शिक्षा के लिए न्यूनतम व्यय का अनुमान तथा उसकी उपलब्धि आवश्यक है।
5. व्यावसायिक मानव शक्ति की माँग आर्थिक क्षेत्र में उत्पन्न की जाए।
6. स्कूलों में व्यावसायिक शिक्षा प्राप्त छात्रों के लिए उच्च व्यावसायिक शिक्षा का प्रबन्ध किया जाए।
7. स्कूलों में इस प्रकार की व्यावसायिक शिक्षा पर बल देना जिससे छात्र स्वयं व्यवसाय चला सकें।
8. व्यावसायिक शिक्षा प्राप्त छात्रों के लिए सतत शिक्षा के प्रशिक्षण की सुविधा प्रदान की जाए।
9. विभिन्न अभिकरणों की सुनिश्चित भूमिका व स्कूल में भिन्न कार्यक्षेत्रों पर जोर दिया जाए।
10. 10+2 स्तर के 70% छात्रों के लिए एपरेन्टिस ट्रेनिंग के लिए छात्रवृत्ति (स्टाइपेण्ड) की व्यवस्था की जाए।

22

परीक्षा सुधार

(Examination Reform)

22.1 उपलब्धि परीक्षण का अर्थ (Meaning of Achievement Test)

ब्लूम व बेलिंसकी (Blum and Ballinsky) के विचार में, "उपलब्धि परीक्षण किसी व्यवसाय या विद्यालय विषयों में अर्जित कुशलताओं या ज्ञान को मापना है।"

सुपर (Super) का कहना है, "एक उपलब्धि या दक्षता-परीक्षण यह निश्चित करने के लिए प्रयोग में लाया जाता है कि क्या तथा कितना सीखा गया है या किस दक्षता से कार्य सम्पन्न किया गया है। इसमें मुख्य ध्यान भूत के मूल्यांकन का होता है न कि भविष्य का। भविष्य का तो केवल इतना ध्यान रखा जाता है कि प्राप्त ज्ञान अथवा कौशल भविष्य में हितकारी होगा।"

बिंघम (Bingham) के शब्दों में, "उपलब्धि-परीक्षण वह माप है जिसके द्वारा स्कूल के अन्दर तथा बाहर प्राप्त ज्ञान को समय तथा प्रकृति के अनुसार देखा जाता है।"

गैरेट (Garret) ने लिखा है, "उपलब्धि-परीक्षणों का प्रयोग छात्रों के सामान्य शैक्षिक स्तर या स्थिति और किसी विशेष विषय में उनके ज्ञान का निश्चय करने के लिए किया जाता है।"

जोन्स (Jones) का कहना है, "उपलब्धि-परीक्षणों का प्रयोग यह निश्चय करने के लिए किया जाता है कि कुछ समय तक अध्ययन करने के पश्चात् छात्र द्वारा क्या सीखा गया है अर्थात् उसने किन-किन आदतों और कुशलताओं का विकास किया है। छात्र ने वांछित लक्ष्य की ओर किस सीमा तक प्रगति की है? वह अधिक प्रगति करने के लिए उद्यत है या नहीं और उसकी उपलब्धि उसके समूह के अन्य सदस्यों की तुलना में कितनी है।"

परीक्षा प्रणाली का महत्त्व (Significance of Examinations)

परीक्षा-प्रणाली का विशेष महत्त्व है। इसे समाप्त नहीं किया जा सकता, अपितु इसमें सुधार की पर्याप्त गुंजाइश है। परीक्षा-प्रणाली शिक्षकों के लिए, छात्रों के लिए, अभिभावकों के लिए, सरकार तथा समाज के लिए बहुत लाभदायक है। परीक्षा-प्रणाली छात्रों को अनुभव के लिए प्रेरित करती है। परीक्षा छात्रों के सम्मुख एक लक्ष्य निर्धारित करती है।

छात्रों को अपने पाठ दोहराने का अभ्यास कराती है। इससे वर्गीकरण में सहायता मिलती है। छात्रों की कमियों का ज्ञान होता है। अध्यापकों की कार्यकुशलता का पता चलता है। उन्हें अपनी शिक्षण-विधियों की जाँच का अवसर मिलता है। समाज तथा समुदाय को विद्यालय की प्रगति के बारे में जानकारी प्राप्त होती है। परीक्षाओं द्वारा छात्रों को जीवन में कई प्रकार की परीक्षाएँ देने में प्रशिक्षण मिलता है। छात्र भी स्कूल में लगे अपने कर्मचारियों की दक्षता का अनुमान लगाता है।

निम्नलिखित चार्ट में परीक्षाओं के लाभों को दर्शाया गया है:

परीक्षा के लाभ (Merits of Examinations)

- अध्यापक के लिए
  - अपने काम की जाँच का अवसर
    - कठिनाइयों का ज्ञान
  - श्रेणी संगठन में सहायता
    - अपनी कमियों का बोध
  - काम का दुहराना जाँच
    - शिक्षण-विधि में सुधार का अवसर
- छात्र के लिए
  - सर्वतोमुखी विकास की जाँच
    - बुद्धि की जाँच
  - अपनी त्रुटियों का ज्ञान
    - व्यावहारिकता की जाँच
  - पाठों का दुहराना
    - ज्ञान-बुद्धि तथा रचनात्मक कार्य
- समाज के लिए

समाज के लिए

- माता-पिता के लिए
  - बालक की प्रगति से परिचय
- सरकार के लिए
  - अपने कर्मचारियों के काम से परिचय
- जनता के लिए
  - अपनी संस्था के काम से परिचय

22.2 विद्यालय परीक्षा के प्रकार (Types of School Examination)

विद्यालय परीक्षाओं को कई प्रकार से बाँटा जा सकता है:

(क) समय के अनुसार: इसमें वार्षिक, अर्द्धवार्षिक, त्रैमासिक, मासिक, साप्ताहिक तथा दैनिक परीक्षाएँ आती हैं।

(ख) प्रश्नों के अनुसार: इसमें लिखित तथा मौखिक विधियाँ आती हैं। लिखित परीक्षा दो प्रकार की होती है–निबन्धात्मक तथा वस्तुनिष्ठ।

(ग) परीक्षकों के अनुसार: बाह्य अथवा आन्तरिक।

22.3 निबन्धात्मक परीक्षाएँ (Essay Type Tests or Examination)

निबन्धात्मक परीक्षाओं में कुछ प्रश्न दिये जाते हैं जिनमें से कुछ प्रश्नों की छूट दी जाती

है, जैसे कि दस प्रश्नों में से कोई सात प्रश्न करें। दूसरे शब्दों में, समस्त पढ़ाई गई सामग्री में से कुछ पर ही प्रश्न पूछे जाते हैं और इन प्रश्नों का उत्तर निबन्धात्मक रूप में देना होता है।

22.4 निबन्धात्मक परीक्षाओं में प्रयुक्त होने वाले प्रश्नों के प्रकार (Type of Questions Used in Essay Type Tests)

1. वर्णनात्मक प्रश्न (Descriptive Questions)
2. व्याख्यात्मक प्रश्न (Explanatory Questions)
3. विवेचनात्मक प्रश्न (Discussion Questions)
4. परिभाषात्मक प्रश्न (Definition Questions)
5. उदाहरणार्थ प्रश्न (Illustrative Questions)
6. तुलनात्मक प्रश्न (Comparison Questions)
7. रूपरेखात्मक प्रश्न (Outline Questions)
8. आलोचनात्मक प्रश्न (Criticism Questions)
9. विश्लेषणात्मक प्रश्न (Analytical Questions)
10. वर्गीकरणात्मक प्रश्न (Classification Questions)

22.5 निबन्धात्मक प्रश्नों की विशेषताएँ/गुण (Characteristics/Merits of Essay Type Quesitons)

1. रचना की सुविधा (Easy Costruction)
2. प्रशासन की सुविधा (Easy Administration)
3. जाँच की सुविधा (Easy Marking)
4. विचारों की अभिव्यक्ति (Freedom of Expression)
5. मितव्ययिता (Economical—Less Expensive)
6. विचारों की स्वतन्त्रता (Freedom of Views)
7. आलोचनात्मक चिन्तन (Reflective Thinking)
8. लेखन शैली की प्रभावकता (Effectivenss of Style of Writing)
9. उच्च मानसिक योग्यताओं का अध्ययन (Examination of Higher Mental Capacities)
10. नकल की कम सम्भावना (Less Chance of Unfair Means)
11. विस्तृत तथा गहन अध्ययन को प्रोत्साहित (Encouragement of Extensive and Intensive Studies)
12. समस्त विद्यालय विषयों में उपयुक्ता (Suitability for All Subjects)

22.6 निबन्धात्मक परीक्षा के मुख्य दोष (Chief Demerits of Essay Type Examiantion)

निबन्धात्मक परीक्षा-पद्धति के दोषों की बहुत चर्चा की गयी है और इसे घृणा के कई नामों से पुकारा जाता है। कुछ इसे '*एक बला*' कहते हैं, कुछ इसे '*वास्तविक शिक्षा की*

शत्रु' 'खून चूसने वाली', 'शिक्षा का मृतक हाथ', 'परस्पर शत्रुता उत्पन्न करने वाली', 'रटने की शान', 'शिक्षा में रुकावट', 'बढ़ता हुआ अत्याचार' आदि नाम देते हैं।

ये दोष इस प्रकार है:

1. *संयोग की प्रधानता*: प्राय: देखा जाता है कि बहुत से छात्र कुछ ही प्रश्नों को याद करते हैं और दूसरों को छोड़ देते हैं। यदि ये प्रश्न परीक्षा-पत्र में आ जाते हैं तो वे सफल हो जाते हैं। परन्तु प्रश्न यह उत्पन्न होता है कि क्या वास्तव में उन्होंने ज्ञान प्राप्त कर लिया है? उत्तर स्पष्ट है कि नहीं?

कई छात्र ऐसे भी होते हैं, जो सारा वर्ष कार्य करते हैं, परन्तु दुर्भाग्यवश वे परीक्षा के समीप बीमार पड़ जाते हैं और उन बेचारों का एक वर्ष अकारण ही बर्बाद हो जाता है।

2. *छात्रों पर कई प्रकार का बोझ*: परीक्षा का भूत जब छात्रों पर सवार हो जाता है तो उनके मन तथा शरीर पर बहुत बोझ पड़ जाता है। बेइज्जती का भय, साथियों की आलोचनाएँ, माँ-बाप की भर्त्सना, शिक्षकों की कटु आलोचना आदि बातें उनके जीवन पर बहुत बुरा प्रभाव डालती हैं। बहुत-से छात्र ऐसे भी होते हैं, जो साल भर तो परिश्रम नहीं करते परीक्षा निकट आने पर पढ़ने-लिखने में दिन-रात एक कर देते हैं। रात-रात भर जागकर पढ़ने से उनके स्वास्थ्य पर बुरा प्रभाव पड़ता है।

3. *परीक्षा के विभिन्न माप*: छात्रों की उत्तर-कापियाँ जाँचने का निश्चित मापदण्ड नहीं होता है। परीक्षक अपने-अपने दृष्टिकोण से छात्रों की कापियाँ जाँचते हैं। कोई छात्र के लेख से, कोई भाषा से, कोई विवरण से प्रभावित होकर अंक देते हैं। इस प्रकार परीक्षकों में मतभेद होने के कारण परीक्षाफल का एक माप नहीं होता। यहाँ तक देखा गया है कि उत्तर-पर्चों के अंकित करने में एक ही परीक्षक द्वारा दूसरे दिन अथवा सवेरे और शाम में ही काफी अन्तर आ जाता है। कहा जाता है कि जब परीक्षक शोक अथवा क्रोध में होता है तो वह कम अंक देता है।

4. *रटने की प्रवृत्ति*: वर्तमान परीक्षा-प्रणाली से छात्रों में रटने की प्रवृत्ति बढ़ती है। वे सहायक पुस्तकों, जैसे-कुंजियाँ और प्रश्नोत्तरी पर अधिक निर्भर रहते हैं। छात्रों के वास्विक ज्ञान को जानना अत्यन्त कठिन हो जाता है।

5. *छात्रों के स्वभाव की अवहेलना*: वर्तमान शिक्षा-पद्धति छात्रों के स्वभाव पर विशेष ध्यान नहीं देती। बहुधा देखा गया है कि कई योग्य छात्र परीक्षा के समय बिल्कुल घबरा जाते हैं। वे प्रश्न-पत्रों के उत्तर ठीक प्रकार नहीं दे पाते और अपनी योग्यता को पूर्ण रूप से प्रकट करने में असमर्थ रहते हैं। परीक्षाएँ उन्हें कम्पायमान और भयभीत कर देती हैं।

निबन्धात्मक प्रश्न-पत्रों में सुधार (Reforms in Essay Type Questions)

एक अच्छा तथा आदर्श प्रश्न-पत्र निर्मित करने के लिए पर्याप्त चिन्तन, अनुभव एवं व्यावसायिक निपुणता अत्यन्त आवश्यक है। निबन्धात्मक प्रश्न-पत्र बनाते समय निम्नलिखित बातों को दृष्टिगत रखना चाहिए:

1. *शिक्षण लक्ष्यों की पूर्ति*: इस बात के लिए प्रयत्न करना आवश्यक है कि निर्धारित लक्ष्यों की भली-भाँति जाँच हो सके।
2. *विषयवस्तु की पूर्ति*: पढ़ाये गये पाठ्यक्रम में से इस प्रकार के प्रश्न-पत्र बनाने चाहिए कि चुने गये प्रश्न विषय-वस्तु का आदर्श नमूना हों, जो अधिक से अधिक विषयवस्तु की जाँच करने की क्षमता रखते हैं।
3. *विकल्प-प्रश्नों की व्यवस्था*: प्रश्न-पत्रों में विकल्प नहीं होने चाहिए अर्थात् इस प्रकार से चुनाव का अवसर देना 'कोई पाँच प्रश्न-करो'। एक ही प्रश्न के भीतर विकल्प प्रश्नों की व्यवस्था की जा सकती है।
4. *कठिनाई का स्तर*: छात्रों की शैक्षिक निष्पत्ति का अनुमान ठीक ढंग से लगाने के लिए जरूरी है कि प्रश्न-पत्र में सरल, औसत तथा कठिन प्रश्नों की संख्या पूर्व निर्धारित होनी चाहिए।
5. *निर्देश*: प्रश्न-पत्र को हल करने के स्पष्ट निर्देश देने चाहिए।
6. *अंकों का वितरण*: उचित होगा यदि प्रश्नों के भीतर अलग-अलग हिस्सों पर अंकों का वितरण सतर्कता तथा सावधानी से किया जाए।
7. *आदर्श उत्तर, अंकन कुंजी तथा अंकन विधि (Model Answer, Scoring Key and Marking Key)*: परीक्षक प्रश्न-पत्र बनाते समय ये कार्य स्वयं कर लें ताकि प्रश्न-पत्रों के उत्तरों आदि के बारे में पूर्ण जानकारी हो सके तथा उत्तर-पुस्तिकाओं का मूल्यांक[illegible]ज्ञानिक तथा वस्तुनिष्ठ बन सके।

22.7 संक्षिप्त अथवा लघु उत्तर वाले प्रश्न (Short-Answer Type Questions)

इस प्रकार के प्रश्नों के उत्तर कुछ पंक्तियों में दिए जाते हैं, जैसे–महाराजा अशोक के जीवन पर दस पंक्तियाँ लिखो, वनों के कोई तीन लाभ लिखो, जाति-प्रथा के दो दोष लिखें आदि। इस प्रकार के प्रश्नों का सबसे बड़ा लाभ यह है कि छात्रों से अधिक से अधिक प्रश्न निर्धारित समय में पूछे जा सकते हैं। पढ़े हुए कोर्स के अधिकतम भाग से प्रश्न दिए जा सकते हैं। जाँच में निबंधात्मक प्रश्नों की तुलना में अपेक्षाकृत वस्तुनिष्ठता अधिक रहती है। परन्तु इन प्रश्नों से छात्रों की तर्कशक्ति का परीक्षण पूरी तरह से नहीं हो पाता।

22.8 वस्तुनिष्ठ प्रश्न (Objective Type Questions)

वस्तुनिष्ठ प्रश्नों का अर्थ (Meaning of Objective Tests)

वस्तुनिष्ठ प्रश्न वे प्रश्न हैं जिनका उत्तर अत्यंत थोड़े शब्दों अर्थात् 'एक-दो' अथवा 'हाँ-न' अथवा 'शुद्ध-अशुद्ध' टिक (✓) में दिया जाता है।

22.9 वस्तुनिष्ठ प्रश्नों की विशेषता (Characteristics of Objective Type Questions)

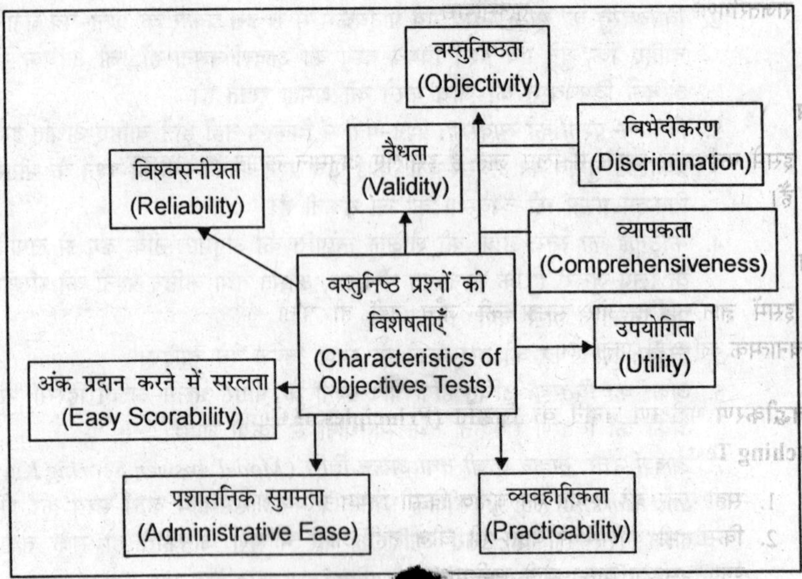

22.10 वस्तुनिष्ठ प्रश्नों के प्रकार (Forms of Objective Type Questions)

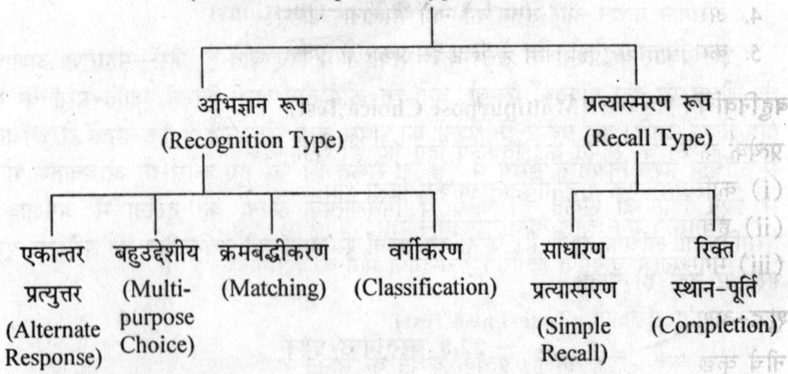

I. क्रमबद्धीकरण परीक्षण (Matching Test): कॉलम 'क' के नीचे कुछ पुस्तकों के नाम दिए गए हैं और कॉलम 'ख' के नीचे कुछ लेखकों के नाम हैं। कॉलन 'ग' के नीचे प्रत्येक पुस्तक के सामने सही लेखक का नाम लिखिए:

'क'	'ख'	'ग'
भगवद्गीता	श्रीकृष्ण	....
इण्डिका	कालिदास	....

बुद्ध-चरित्र	कल्हण	....
रघुवंश महाकाव्यम्	मेगस्थनीज	....
राजतरंगिणी	तुलसीदास	....
	अश्वघोष	....

लाभ

इसमें कई उत्तर प्रयोग में लिए जाते हैं इसलिए अनुमान लगाने के अवसर कम हो जाते हैं।

हानि

इसमें ज्ञान प्राप्ति और समझ की जाँच नहीं हो पाती और न ही भावों की विवेचनात्मक जाँच हो पाती है।

क्रमबद्धीकरण परीक्षण बनाने के सिद्धाँत (Principles of Constructing Matching Test)

1. सही उत्तर की स्थिति का चुनाव किसी नियम पर आधारित नहीं होना चाहिए।
2. किसी भी कॉलम में बहुत-सी चीजें नहीं आनी चाहिए। अधिक-से-अधिक इनकी संख्या बारह होनी चाहिए।
3. साधारणतया कथन की अपेक्षा उत्तर की संख्या अधिक होनी चाहिए जिससे कि अंतिम उत्तर का चयन करने की भी आवश्यकता है।
4. असमान कथन और उत्तर को नहीं मिलाना चाहिए।
5. कम विषयवस्तु की जाँच के लिए इस प्रकार के प्रश्नों का प्रयोग नहीं करना चाहिए।

II. बहुनिर्वाचन परीक्षण (Multipurpose Choice Test)

प्रत्येक कथन के सामने कई विकल्प दिए गए हैं। सही विकल्प का प्रयोग कीजिए:

(i) कालिदास एक राजनीतिज्ञ/नाटककार/योद्धा था।

(ii) ह्वेनसांग एक बौद्ध/हिन्दू/मुसलमान था।

(iii) मेगस्थनीज चन्द्रगुप्त द्वितीय/हर्ष/चन्द्रगुप्त मौर्य के शासनकाल में भारत आया था?

III. शुद्ध-अशुद्ध परीक्षण (True-False Test)

नीचे कुछ कथन दिए गए हैं। प्रत्येक कथन के सामने शुद्ध-अशुद्ध शब्द लिखे गए हैं। शुद्ध उत्तर के नीचे रेखाएँ खींचिए। इस प्रकार के प्रश्न में विद्यार्थी दो उत्तरों में से एक का चयन करता है।

नीचे दिए गए कथनों में से लगभग आधे शुद्ध होते हैं:

(i) बुद्ध का जन्म ईसा से पूर्व हुआ था।	शुद्ध/अशुद्ध
(ii) आर्यों ने सुंदर मंदिर बनाए थे।	शुद्ध/अशुद्ध
(iii) हिन्दुओं के धार्मिक ग्रन्थ वेद हैं।	शुद्ध/अशुद्ध
(iv) कनिष्क एक महान लेखक था।	शुद्ध/अशुद्ध

लाभ

1. इसका बनाना सरल है।
2. इससे बहुत-से ज्ञान की जानकारी शीघ्र की जा सकती है।
3. यह उन स्थितियों में बहुत लाभकारी है जहाँ विकल्प देने में कठिनाई है अथवा जहाँ केवल दो ही उत्तर संभव हैं।

हानियाँ

अन्य प्रश्नों की अपेक्षा इसमें अनुमान के अधिक अवसर होते हैं।

बनाने के सिद्धांत

1. कथन सरल शब्दों में होना चाहिए अन्यथा उसके अशुद्ध होने के सम्भावना रहती है।
2. कथनों को किसी निश्चित नियम से नहीं देना चाहिए।
3. छात्रों को अनुमान करने की मनाही कर देनी चाहिए।
4. प्रश्नों को विश्वसनीय बनाने के लिए आवश्यक है कि प्रश्न लम्बा हो।

IV. साधारण प्रत्यास्मरण परीक्षण (Simple Recal Test)

निम्नलिखित किन राज्यों में स्थित हैं:

एलोरा ....
नालन्दा ....
थानेश्वर ....
उज्जैन ....
मोहनजोदड़ों ....

इस प्रकार के प्रश्नों में उत्तर नहीं दिया जाता, बल्कि याद करके लिखा जाता है।

लाभ

1. यह साधारण प्रश्न के समान होता है।
2. इसकी क्रिया स्वाभाविक होती है।
3. इसमें अनुमान की संभावना नहीं होती।
4. इसका बनाना सरल है।
5. इसमें पहचान की अपेक्षा याद करना पड़ता है।
6. विवरणात्मक ज्ञान की जाँच के लिए उपयुक्त होता है।

हानियाँ

1. इसका कार्यक्षेत्र रटने वाले ज्ञान तक सीमित है।
2. यह सोचने की क्षमता की जाँच नहीं करता है।
3. यह अन्य वस्तुनिष्ठ प्रश्नों की अपेक्षा कम वस्तुनिष्ठ होता है।

बनाने के सिद्धान्त

1. महत्त्वपूर्ण ज्ञान की जानकारी के विषय में अधिक प्रश्न होने चाहिए।
2. जहाँ तक संभव हो प्रश्न ऐसा कीजिए कि उत्तर एक ही हो।
3. यथासंभव प्रश्नों और वाक्यों को छोटा बनाइए।
4. यथासंभव प्रश्न सीधा कीजिए।
5. जाँच की सुविधा के लिए प्रश्नों के उत्तर दाहिनी ओर के हाशिए में लिखवाएँ।

V. रिक्त-स्थान पूर्ति (Completion Test)

निम्नलिखित रिक्त स्थानों में उपयुक्त शब्द भरें:

1. .... के अनुसार आर्यों का मूल निवास स्थान तिब्बत था।
2. बौद्धों का चौथा सम्मेलन .... में हुआ था।
3. भारत में आक्रमणकारी .... से आए थे।
4. पाटलिपुत्र .... नदी के किनारे स्थित था।

22.11 वस्तुनिष्ठ अथवा नए ढंग के परीक्षण में प्रश्न बनाने के सामान्य सिद्धांत (General Principles of Constructing Objective Tests)

1. परीक्षा के लिए निश्चित पाठ्यक्रम के समस्त विषयों की सूची बनाएँ।
2. प्रत्येक विषय की महत्त्वपूर्ण बातों को ध्यान में रखें।
3. प्रत्येक बात का केवल एक ही शुद्ध उत्तर होना चाहिए।
4. प्रारंभ में सरल प्रश्न होने चाहिए। उसके बाद साधारण और अंत में सबसे कठिन प्रश्न आने चाहिए।
5. विभिन्न प्रकार के वस्तुनिष्ठ प्रश्न सम्मिलित कीजिए।
6. निश्चित और संक्षिप्त प्रश्न बनाइए।
7. प्रश्न-पत्र हल करने के लिए छात्रों को पर्याप्त समय दीजिए।
8. स्पष्ट आदेश कीजिए।

22.12 लाभ (Merits)

1. जाँच पक्षपात रहित है।
2. सुलेख और लेख गति का छात्रों की ज्ञान जाँच पर कोई प्रभाव नहीं पड़ता।
3. पूर्ण विषयवस्तु में से बहुत से प्रश्न ले लेने के कारण अनुमान लगाने की संभावना बहुत कम हो जाती है।
4. उत्तर की जाँच सरल होती है और उत्तर जाँचने में समग कम लगता है।
5. रटने के प्रोत्साहन नहीं मिलता है।
6. प्रमाणित परीक्षण परिणामों के आधार पर वस्तुनिष्ठ परीक्षण प्रमाणित किए जो सकते हैं। इन परीक्षणों की सहायता से स्कूल विशेष अपने स्कूल के स्तर की तुलना अपने क्षेत्र के दूसरे स्कूलों से कर सकते हैं।

22.13 वस्तुनिष्ठ परीक्षण निर्माण के सोपान (Steps in Constructing Objectives Tests)

परीक्षण की तैयार (Preparation of Tests)	जाँच प्रश्नों का चुनाव (Selection of Test Items)	परीक्षण की परख (Testing the Test)
1. उद्देश्यों का निर्धारण 2. पाठ्यक्रम का विश्लेषण	1. प्रश्न अथवा पद (Item) सरल हों। 2. पद विभिन्न प्रकार के हों। 3. पदों का स्तर सरल से कठिन हो।	परीक्षक को स्वयं प्रश्न पत्र हल करके लेना चाहिए। इससे उसे पता चल जाएगा कि प्रश्न-पत्र में वस्तु-निष्ठता हैं या नहीं। यदि नहीं तो उसमें परिवर्तन लाया जाए।

22.14 सीमाएँ (Limitations)

1. इस प्रकार के परीक्षणों द्वारा व्यक्ति की अभिव्यक्ति क्षमता की जाँच नहीं की जा सकती।
2. इनमें अनुमान को प्रोत्साहन मिलता है। छात्रों को दिए गए विकल्पों में से एक का चयन करना होता है।
3. अध्यापकों को यह जानने का अवसर नहीं मिलता कि छात्र किस प्रकार और कहाँ गलती करते हैं।
4. ये छात्रों की तर्कक्षमता की जाँच भी नहीं कर पाते हैं।
5. विवरणात्मक प्रश्नपत्रों की भाँति ये चरित्र निर्माण की जाँच नहीं कर पाते।

22.15 पुराने और नए ढंग अथवा वस्तुनिष्ठ के परीक्षणों की तुलना (Comparison Between Old and New Type of Tests)

1. विवरणात्मक या पुराने ढंग के परीक्षणों में प्रश्नों की संख्या कम होती है। साधारणत: एक प्रश्नपत्र में पाँच या छह प्रश्न होते हैं।
   नए ढंग के परीक्षणों में प्रश्नों की संख्या अधिक होती है।
2. पुराने ढंग के प्रश्नपत्रों में प्रश्नों के उत्तर विस्तृत होते हैं।
   वस्तुनिष्ठ प्रश्नपत्रों (Objective Type Question Papers) में उत्तर इतने छोटे होते हैं कि वे एक या दो शब्दों या अधिक-से-अधिक एक वाक्य में लिखे जा सकते हैं।
3. विवरणात्मक प्रश्न सामान्यत: विस्तृत, साधारण और अनिश्चित होते हैं। परीक्षार्थी यह नहीं समझ पाते कि वे कितना उत्तर लिखें।
   वस्तुनिष्ठ प्रश्न सीमित और निश्चित होते हैं।

4. विवरणात्मक प्रश्नों की जाँच निष्पक्ष नहीं होती है। इसमें परीक्षक के विचार, स्वभाव आदि का प्रभाव रहता है।
   नए ढंग के परीक्षणों की जाँच निष्पक्ष रहती है।
5. विवरणात्मक प्रश्नों के उत्तर आंशिक रूप से शुद्ध और अशुद्ध हो सकते हैं, परंतु आंशिक शुद्ध उत्तर के लिए अंक दिए जा सकते हैं।
   नए ढंग के प्रश्नों में आंशिक उत्तर देने के लिए अंक देने की व्यवस्था नहीं होती। उत्तर या तो शुद्ध होते हैं, अथवा अशुद्ध, इसलिए या तो अंक पूरे मिलते हैं या बिलकुल नहीं।
6. विवरणात्मक परीक्षणों में परीक्षार्थियों का अधिक समय लगता है।
   नए ढंग के परीक्षणों के उत्तर लिखने में समय कम लगता है।
7. विवरणात्मक परीक्षणों में प्रश्नों का चुनाव आकस्मिक होता है और पूरा पाठ्यक्रम सम्मिलित नहीं किया जाता। कुछ पाठ्यक्रम अथवा अध्याय अथवा प्रश्न छोड़ दिए जाते हैं।
   नए ढंग के परीक्षणों में प्रश्नों की अधिकता के कारण पूरा पाठ्यक्रम सम्मिलित करना संभव हो जाता है।
8. विवरणात्मक परीक्षण में अभिव्यक्ति को महत्त्व दिया जाता है। इसलिए छात्रों को प्रश्नों के संबंध में सोचने का अवसर बहुत ही कम मिल पाता है।
   नए ढंग के परीक्षणों में सोचने को महत्त्व दिया जाता है।
9. जो छात्र भाषा में कुशल होते हैं उन्हें विवरणात्मक परीक्षणों में लाभ होता है।
   नए ढंग के परीक्षणों में बौद्धिक दृष्टि से चतुर छात्रों को लाभ होता है।
10. विवरणात्मक प्रश्न-पत्र के प्रश्न बनाने में कम समय लगता है।
    नए ढंग का प्रश्न-पत्र बनाने में अधिक समय लगता है।
11. विवणात्मक ढंग के प्रश्न-पत्र में छात्र बहुत-सी विषय-वस्तु को सरतला से छोड सकते हैं, इसलिए परीक्षा के लिए पूरा पाठ्यक्रम तैयार करना पड़ता है, छात्रों को तैयारी में अधिक समय लगाना पड़ता है।
12. विवरणात्मक प्रश्नों द्वारा विषय के ज्ञान और भाव व्यक्त करने की क्षमता को जाँचना संभव होता है।
    नए ढंग के प्रश्नों द्वारा विषय-ज्ञान, भाव व्यक्त करने की क्षमता और विषय की गुणात्मक क्षमता की जाँच करना संभव नहीं है।
13. विवरणात्मक परीक्षणों में 'अनुमान' लगाने के लिए पर्याप्त अवसर होता है, इसलिए छात्र कुंजी से परीक्षा की तैयारी करते हैं।
    नए ढंग के परीक्षणों में अनुमान लगाने का अवसर नहीं होता।
14. विवरणात्मक परीक्षण की उत्तर-पुस्तिकाएँ जाँचने में अधिक समय लगाता है।
    संक्षिप्त उत्तर जाँचने में कम समय लगता है।
15. विवरणात्मक परीक्षण प्रश्न-पत्र की छपाई पर कम खर्च होता है।
    नए ढंग के प्रश्न-पत्र में प्रश्न अधिक होते हैं, इसलिए छपाई पर अधिक खर्च होता है।

16. विवरणात्मक प्रश्नों के उत्तर विस्तृत और लंबे होते हैं, इसलिए उत्तर-पुस्तिकाओं पर अधिक खर्च होता है।
    नए ढंग के प्रश्न-पत्र के प्रश्नों के उत्तर संक्षिप्त होते हैं और साधारणतया प्रश्न-पत्र पर ही लिखे जा सकते हैं। इसलिए उत्तर पुस्तिकाओं पर बहुत ही कम खर्च होता है।
17. विवरणात्मक परीक्षणों में नकल आदि करने की कम संभावना होती है।
    नए ढंग के परीक्षणों में नकल आदि करने का पर्याप्त अवसर होता है।

उपसंहार–

एक आदर्श परीक्षण में तीनों प्रकार के प्रश्नों अर्थात् विवरणात्मक, संक्षिप्त तथा नए ढंग के वस्तुनिष्ठ का उपयुक्त सम्मिश्रण होना चाहिए।

प्राय: प्रश्न पत्र में प्रश्नों का अनुपात इस प्रकार होता है:

1. निबंधात्मक प्रश्न	50 प्रतिशत्
2. लघुप्रश्न	30 प्रतिशत्
3. वस्तुनिष्ठ प्रश्न	20 प्रतिशत्

22.16 मूल्यांकन परीक्षा में प्रश्न बनाने के सिद्धान्त
(Principles of Framing Questions in Evaluation Examination)

मूल्याँकन संबंधी प्रश्नों को बनाते समय निम्नलिखित सिद्धान्तों पर उचित ध्यान दिया जाना चाहिए।

1. प्रश्न विषय-अध्ययन के उद्देश्यों की पूर्ति में सहायक हों।
2. प्रश्न इस प्रकार बनाए जाएँ कि वे विषय-अध्ययन के निर्धारित पाठ्यक्रम के अधिक से अधिक भाग से संबंधित हों।
3. प्रश्न इस प्रकार के हों जिससे छात्रों की सोचने, परख करने तथा तर्क करने की शक्ति की जाँच हो सके।
4. प्रश्नों की भाषा सरल तथा स्पष्ट हो।
5. प्रश्न-पत्रों में प्रश्नों का चुनाव समग्र रूप में नहीं होना चाहिए अर्थात् कुल पाँच प्रश्न करें आदि। प्रश्न-पत्र को विभिन्न इकाइयों में विभक्त करें जिससे चुनाव का अवसर हो।
6. प्रश्न-पत्र बनाते समय यह निश्चित कर लिया जाए कि किसी भी विषय-वस्तु का मुख्य बिन्दु छूट न जाए।
7. प्रश्न बनाते समय मोटे तौर पर उत्तर का खाका बना लिया जाए।
8. प्रत्येक निबंधात्मक प्रश्न को विभिन्न उपभागों में बाँटा जाए तथा प्रत्येक उपभाग के अंक तय किए जाएँ।
9. विभिन्न प्रकार के प्रश्न तैयार किए जाँए ताकि छात्रों के ज्ञान के विभिन्न पक्षों की जाँच की जा सके।
10. प्रश्न में इस बात का स्पष्टीकरण करें कि किस प्रकार के उत्तर की अपेक्षा है।

11. प्रश्न में अत्यंत कठिन तथा अस्वाभाविक प्रत्यय नहीं होने चाहिए।
12. प्रश्नों का संबंध पाठ्यक्रम की निर्धारित विषय-वस्तु से होना चाहिए।
13. प्रश्नों का उत्तर देने के लिए स्पष्ट निर्देश होने चाहिए।
14. प्रश्न-पत्र में विभिन्न प्रकार के प्रश्नों का समायोजन होना चाहिए।

22.17 इकाई योजना परीक्षण (Unit Planning Test)

(A) उद्देश्यों के दृष्टि से अंकों का विभाजन
(Division of Marks on the Basis of Objectives)

क्र.सं.	उद्देश्य	अंक	प्रतिशत
1.	ज्ञान	20	40
2.	बोध	15	30
3.	ज्ञानोपयोग	10	20
4.	कौशल	5	10
	योग	50	100

(B) विषय-वस्तु के अनुसार अंक विभाजन
(Division of Marks on the Basis of Subject-matter)

क्र.सं.	इकाई	प्रकरण	अंक	प्रतिशत
1.	इतिहास	1	6	40
		2	6	
		3	4	
		4	4	
2.	नागरिकशास्त्र	1	5	20
		2	5	
		3	5	
3.	भूगोल	1	6	40
		2	6	
		3	4	
		4	4	
	योग		50	100

(C) प्रश्नों की दृष्टि से अंकों का विभाजन
(Division of Questions on the Basis of Type of Questions)

क्र. सं.	प्रश्नों के प्रकार	प्रश्नों की सं.	अंक	प्रतिशत
1.	निबन्धात्मक	3(6)	18	45%
2.	लघुउत्तरात्मक	2(4)	8	20%
3.	अतिलघु उत्तरात्मक	4(2)	8	20%
4.	वस्तुनिष्ठ	6(1)	6	15%
	कुल	15	40	100%

इकाई परीक्षण प्रश्न-पत्र: प्रकरण मौर्य साम्राज्य
(Unit Test Question Paper: Maural Empire)

कक्षा VI **अंक 50** **समय 2.30 घण्टे**

1. भारत का पहला ऐतिहासिक सम्राट किसे कहा जाता है तथा क्यों?
2. कलिंग युद्ध कहाँ लड़ा गया? इस युद्ध के पश्चात् अशोक के जीवन में क्या परिवर्तन आया तथा यह परिवर्तन क्यों आया?
3. सम्राट अशोक को 'अशोक महान्' क्यों कहते हैं?
4. अशोक ने जनकल्याण के लिए कौन-कौन से कार्य किए?
5. अर्थशास्त्र के लेखक कौन थे? उन्होंने मौर्य काल की शासन व्यवस्था के बारे में क्या लिखा?
6. मेगस्थनीज कौन था? उसने भारत के बारे में कौन-सी पुस्तक लिखी?
7. अशोक की राजाज्ञाओं का क्या महत्त्व है?
8. अशोक के धर्म के बारे में आप क्या जानते हैं?
9. सेल्यूकस कौन था? उसका युद्ध किसके साथ हुआ?
10. सिकन्दर के आक्रमण के समय तक्षशिला का राजा कौन था?
11. किसी एक स्थान का नाम लिखें जहाँ पर अशोक का स्तंभ है।
12. स्तंभ 'क' और 'ख' का आपस में सही मिलान करें।

(क)	(ख)
(a) सारनाथ स्तंभ के सिंह-शीर्ष	(1) स्तूप
(b) साँची	(2) कौटिल्य
(c) कलिंग	(3) आधुनिक भारत का चिह्न
(d) विष्णुगुप्त	(4) उड़ीसा

22.18 आत्म अथवा स्वयं मूल्यांकन सामग्री (Self-Evaluation Material)

आत्म मूल्याकन सामग्री का अर्थ (Meaning of Self-Evaluatin Material)

आत्म मूल्यांकन सामग्री का अर्थ उस सामग्री से है जिसके माध्यम से व्यक्ति अथवा छात्र स्वयं अपने बारे में मूल्यांकन करता है। वह विचार करता है कि उसने अपने व्यक्तित्त्व के विकास में किन-किन पक्षों में कितनी उपलब्धि प्राप्त की है। इस बात पर पहले ही जोर दिया गया है कि शिक्षा का उद्देश्य सर्वांगीण विकास है। यहाँ पर ज्ञानात्मक विकास के साथ-साथ मूल्य विकास पर भी चर्चा की गई है।

सामाजिक अध्ययन में ज्ञानात्मक विकास के स्वयं मूल्यांकन की विधि (Method of Self-Evalutaion of Achievement in Social Studies)

ऊपर इकाई परीक्षण दिया गया है। यह परीक्षण अध्यापक द्वारा कक्षा को दिया जाता है। सभी छात्र दिए गए प्रश्नों के उत्तर देते हैं। अध्यापक उन उत्तरों का मूल्यांकन करते हैं। इसी प्रकार से छात्र स्वयं भी इस प्रकार के परीक्षण बना कर अपना मूल्यांकन कर सकते हैं तथा अपनी उपलब्धि के बारे में जानकारी प्राप्त करके अपने गुणों तथा कमियों की समीक्षा करते हैं।

आत्म-मूल्यांकन का महत्त्व (Significance of Self-Evaluation)

प्रायः छात्र लिखित रूप में घर पर प्रश्नों के उत्तर लिखने तथा उनको अपनी पाठ्यपुस्तक में दिए गए उत्तर से मिलाने का अभ्यास नहीं करते हैं। यदि यह अभ्यास छोटी कक्षाओं में ही करने की आदत डाल ली जाए तो आगे चलकर इसके परिणाम बहुत लाभदायक सिद्ध हो सकते हें। छात्रों को यह पता चल जाता है कि निर्धारित समय में किस प्रकार प्रश्नों के उत्तर लिखने होते हैं। उन्हें समय के नियोजन का महत्त्व मालूम पड़ जाता है।

स्वयं/आत्म मूल्यांकन संबंधी दिशा-निर्देश (Guidelines for Self-Evaluation)

1. प्रश्न-पत्र स्वयं बना लें अथवा पाठ्यपुस्तक से अथवा पिछले वर्ष का ले लें।
2. अपने आपको परीक्षा कक्षा में बैठा हुआ जानें।
3. अपने आपको परीक्षार्थी तथा निरीक्षक समझें।
4. प्रश्न-पत्र लिखने से पूर्व समय नोट करें।
5. प्रश्नों को निर्धारित समय में हल करने का प्रयास करें।
6. निर्धारित समय के पश्चात् लिखना बंद कर दें।
7. तदुपरांत अपने उत्तर को पाठ्य पुस्तक में दिए गए उत्तर से मिलाएँ।
8. स्वयं उत्तर के आधार पर अंक लगाएँ।
9. अंग लगाने के पश्चात् अपनी त्रुटियों पर विचार करें तथा भविष्य में उन्हें दूर करें।
10. आप अपने उत्तर की जाँच अपने सहयोगियों तथा बड़ों से भी करा सकते हैं। कम्प्यूटर द्वारा भी आप स्वयं मूल्यांकन कर सकते हैं।

नैतिकता, सामाजिकता तथा नागरिकता के मूल्यों का स्वयं मूल्यांकन (Self-Evaluation of Moral, Social and Citizenship Values)

निम्न प्रकार के प्रश्नों को आत्म मूल्यांकन का आधार बनाया जा सकता है:

1. क्या मैं प्रातः उचित समय पर उठता हूँ?
2. क्या मैं प्रातः नित्य क्रियाएँ नियमित रूप से करता हूँ?
3. क्या मैं स्कूल तथा कक्षा में समय पर जाता हूँ?
4. क्या मैं कक्षा-कक्ष में अनुशासनपूर्वक रहता हूँ?
5. क्या मैं कक्षा-कक्ष कार्य में रूचि लेता हूँ?
6. क्या मैं अपने बड़ों तथा अध्यापकों का आदर करता हूँ?
7. क्या मैं आवश्यकतानुसार अपने साथियों को सहयोग करता हूँ?
8. क्या मैं प्रतिदिन अपना गृहकार्य करता हूँ?
9. क्या मैं घर में अपने परिवार में उचित व्यवहार का पालन करता हूँ?
10. क्या मैं पढ़ाई तथा अन्य कार्य करने के लिए समय सारणी बनाकर उसका पालन करता हूँ?

नोटः—यह केवल सुझावात्मक प्रश्नों की सूची है? इसमें परिवर्तन किया जा सकता है? अनेक प्रकार की बातें अथवा प्रश्न इसमें शामिल किए जा सकते हैं?

मूल्यांकन श्रेणी प्रमापनी (Criteria)

1.	बिल्कुल असंतोषजनक	तीन तथा इससे कम अंक
2.	असंतोषप्रद	चार अंक
3.	संतोषपद्र	पाँच अंक
4.	अच्छा	छः से अधिक
5.	उत्तम या उच्च कोटि	छः से अधिक

22.19 अवलोकन/निरीक्षण/प्रेक्षण/पर्यवेक्षण अनुसूची (Observation Schedule)

अवलोकन अनुसूची का अर्थ (Meaning of Observation Schedule)

अवलोकन अनुसूची दो शब्दों से बनी है अर्थात् 'अवलोकन'+'अनुसूची'। अवलोकन का अर्थ है विशेष रूप से ध्यान देते हुए किसी वस्तु या व्यवहार को देखना। गुड के शब्दों में "उपयुक्त परिस्थिति में किसी व्यक्ति का बाह्य व्यवहार अवलोकन कहलाता है।" प्रेक्षण अथवा अवलोकन सबसे प्राचीन प्रविधि है। डॉक्टर, वैद्य तथा मनोवैज्ञानिक रोगी की बातचीत, व्यवहार, मुखाकृति आदि का प्रेक्षण करके उसके रोग का निदान करते हैं। प्रेक्षण का प्रयोग सामान्य किसान से लेकर बड़े-बड़े वैज्ञानिक तक करते हैं। किसान हवा का रुख, आकाश का रंग-ढंग, चिड़ियों का व्यवहार, सूर्य, चन्द्रमा तथा तारों की गति आदि का अवलोकन करके यह जानने का प्रयास करते हैं कि मौसम कैसा रहेगा? प्रेक्षण एक प्रकार का मापन है जो बिना औजार या उपकरण के किया जा सकता है। शिक्षा के क्षेत्र

में भी प्रेक्षण का बहुत महत्त्व है। अध्यापक अवलोकन द्वारा छात्रों के सामाजिक व्यवहारों, रुचियों, अभिवृत्तियों, दृष्टिकोणों, कौशलों, ज्ञान तथा भावनाओं के बारे में जानकारी प्राप्त करते हैं। अवलोकन द्वारा छात्रों के कक्षा तथा कक्षा से बाहर का अवलोकन करते हैं।

अनुसूची एक नियोजित समय तालिका के समान है जिससे कार्य आरम्भ करने से पूर्ण होने तक का ब्यौरा होता है।

अतः अवलोकन अनुसूची वह है जिसमें व्यवहार अवलोकन संबंधी विवरण होता है। अध्यापक इस अनुसूची में छात्र के कक्षा में, आधी छुट्टी के समय, पाठ्यांतर क्रियाओं में, खेल के मैदान में तथा भ्रमण आदि में व्यवहार का अवलोकन करके तथ्यों को लिखते हैं तथा उसके अनुसार छात्र की विकास संबंधी योजनाएँ बनाते हैं।

अवलोकन के प्रकार (Types of Observation)

(1) सहभागी अथवा असहभागी (Participatory and Non-participatory)

(2) नियंत्रित अथवा अनियंत्रित (Controlled or Uncontrolled)

(3) बाह्य या स्वयं (External or Self)

(4) निर्देशित अथवा अनिर्देशित (Supervised or Non-supervised)

(5) स्वाभाविक अथवा अप्रमापीकृत (National or Standardized)

अवलोकन के लाभ (Advantages of Observation)

1. यह छात्रों के अशाब्दिक व्यवहार की जाँच में सहायक है।
2. इसका सभी स्तर पर प्रयोग किया जा सकता है।
3. अवलोकन के माध्यम से छात्रों के व्यक्तित्त्व के विभिन्न गुणों की जाँच की जा सकती है।
4. यह प्राकृतिक अथवा स्वाभाविक वातावरण में छात्रों के व्यवहार को जाँचने का अवसर प्रदान करता है।
5. अध्यापक छात्रों की प्रगति का क्रमबद्ध रूप से मूल्यांकन करता है।
6. अवलोकन के आधार पर अध्यापक छात्रों का विभिन्न गतिविधियों के संदर्भ में चयन करता है।
7. अवलोकन के आधार पर अध्यापक छात्रों को उनकी रुचियों, अभिरुचियों, दृष्टिकोणों, मूल्यों आदि के अनुसार मार्गदर्शन करता है।
8. अवलोकन द्वारा अध्यापक अपनी अनुदेशन प्रक्रिया में सुधार करता है।
9. अवलोकन के आधार पर अध्यापक के बाह्य व्यवहार के बारे में निर्णय लेता है।
10. वैज्ञानिक तथा मनोवैज्ञानिक ढंग से किया गया अवलोकन छात्रों तथा अध्यापक में अच्छे संबंध स्थापित करने में सहायक होता है।

23

सतत् एवं व्यापक मूल्यांकन (1992 की कार्यवाही)
(Continuous and Comprehensive Evaluation)

23.1 सत्त एवं व्यापक मूल्यांकन का अर्थ
(Meaning of Continuous and Comprehensive Evaluation)

सतत् एवं व्यापक मूल्यांकन वह मूल्यांकन है जो छात्र के सर्वांगीण विकास से संबंधित है न कि केवल ज्ञानात्मक पक्ष से। यह मूल्यांकन अवधि के आधार पर नहीं किया जाता। वास्तव में इस प्रकार का मूल्यांकन परीक्षा अथवा अपरोक्ष रूप से सदा होता रहता है।

23.2 सतत् तथा व्यापक मूल्यांकन शिक्षा के उद्देश्यों के संदर्भ में
(Continuous and Comprehensive Evaluation in the Context of Objectives of Education)

सतत् एवं विस्तृत मूल्यांकन की अवधारणा को ठीक प्रकार से जानने के लिए आवश्यक है कि शिक्षा के उद्देश्यों पर विचार किया जाए क्योंकि नवीनतम मूल्यांकन प्रणाली का इनसे घनिष्ठ संबंध है। शिक्षा का मुख्य उद्देश्य जो कि शिक्षा के अन्य उद्देश्यों का केन्द्र बिन्दु है, छात्र का सर्वांगीण विकास करना है–बौद्धिक, मानसिक, नैतिक, व्यावसायिक, सामाजिक आदि। अत: समय-समय पर इस बात की जाँच करते रहना चाहिए कि किस सीमा तक छात्रों का विभिन्न पक्षों में विकास हो रहा है। विकास की गति को कैसे बढ़ाया जाए जिससे उद्देश्यों की पूर्ति हो सके। विकास करने के लिए किस प्रकार की शिक्षण पद्धतियाँ अपनाई जा रही हैं तथा किस प्रकार के अनुभव छात्रों को उपलब्ध कराए जा रहे हैं। दूसरे शब्दों में यह कहा जा सकता है कि छात्रों का मूल्यांकन उनकों 'पास-फेल' अथवा 'ग्रेड' के लिए नहीं है, जैसा कि परम्परागत परीक्षा प्रणाली में होता था। अपितु मूल्यांकन का उद्देश्य छात्र का चहुँमुखी विकास करना है। मूल्यांकन हमें दिशा प्रदान करता है जिसको ध्यान में रखकर छात्र का सतत् विकास किया जाता है। मूल्यांकन केवल बौद्धिक पक्ष का ही नहीं, अपितु छात्र के सभी पक्षों का है।

23.3 मूल्यांकन के आधार (Basis of Evaluation)

सतत् तथा विस्तृत मूल्यांकन के निम्नलिखित तीन आधार हैं:

1. शिक्षा के उद्देश्य।
2. शैक्षिक अनुभव, जो छात्रों को उपलब्ध कराए जा रहे हैं।
3. मूल्यांकन की विधियाँ तथा साधन।

मूल्यांकन तथा शिक्षा के अन्य पक्षों का परस्पर गहरा संबंध है। मूल्यांकन के आधार पर उद्देश्यों में भी परिवर्तन लाया जाता है।

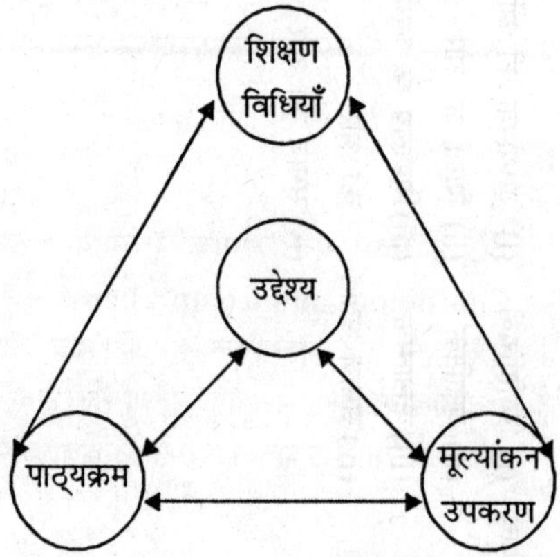

चित्र 23.1: सतत् तथा विस्तृत मूल्यांकन

सतत् (निरंतर) तथा विस्तृत मूल्यांकन के मुख्य तत्त्व इस प्रकार हैं:

1. आकस्मिक एवं व्यक्तिपरक तत्त्वों को मूल्यांकन विधि से प्राप्त करना।
2. रटने और बिना समझे याद करने की विधि को रोकना।
3. एक ऐसी मूल्यांकन-प्रक्रिया का कार्यान्वयन करना जिसमें छात्र के विकास के सभी पक्षों पर ध्यान दिया जाए।
4. मूल्यांकन प्रक्रिया का अध्यापकों, छात्रों और अभिभावकों द्वारा प्रभावशाली प्रयोग करना।
5. पाठांतर क्रियाओं का विस्तृत आयोजन करना।
6. माध्यमिक स्तर पर चरणबद्ध तरीके से सत्र-प्रणाली को प्रारंभ करना।
7. विभिन्न प्रकार के प्रश्न-निबंधात्मक तथा वस्तुनिष्ठ प्रश्नों की उचित व्यवस्था करना।
8. अंकों के स्थान पर ग्रेड का प्रयोग करना।

23.4 सतत् तथा विस्तृत मूल्यांकन का कार्यक्षेत्र (Scope of Continuous and Comprehensive Evaluation)

पाठ्यक्रम क्षेत्र बौद्धिकता	व्यक्तिगत	सामाजिक	अभिरुचियाँ	दृष्टिकोण	शारीरिक स्वास्थ्य	व्यावसायिक
(i) ज्ञानात्मक	(i) समयनिष्ठ	(i) सामाजिक उत्तरदायित्व की भावना	(i) साहित्यिक	(i) अध्यापक की ओर	(i) कद	
(ii) बोधात्मक	(ii) सदाचार	(ii) सहयोग	(ii) वैज्ञानिक	(ii) शिक्षा की ओर	(ii) वजन आदि	
(iii) ज्ञान का अनुप्रयोग	(iii) स्वच्छता	(iii) नागरिक जागरूकता	(iii) कलात्मक	(iii) विद्यालय के कार्यक्रमों की ओर		
(iv) कौशलात्मक	(iv) भावात्मक स्थायित्व	(iv) समाज सेवा	(iv) समाज सेवा	(iv) समाज की ओर		
(v) भावात्मक	(v) उत्तरदायित्व	(v) अभिक्रमशीलता				

23.5 सतत् तथा व्यापक मूल्यांकन तकनीक
(Techniques in Continuous and Comprehensive Evaluation)

सतत् तथा व्यापक मूल्यांकन में छात्रों के व्यक्तित्त्व के सभी पक्षों के विकास में जानकारी प्राप्त की जाती है, इसलिए यह प्रणाली अनेक तकनीकों का प्रयोग करती है। यह तकनीक गुणात्मक तथा परिमाणात्मक दोनों प्रकार की होती है।

1. मूल्यांकन की गुणात्मक तकनीकी (Qualitative Techniques of Evaluation)
2. परिमाणात्मक तकनीक (Quantitative Techniques)

गुणात्मक तकनीक (Qualitative Techniques)

1. साक्षात्कार (Interview)
2. निरीक्षण अथवा अवलोकन (Observation)
3. प्रश्नावली (Questonnaire)
4. परिस्थिति परीक्षण (Situational Tests)
5. चेकलिस्ट (Check List)
6. अभिवृत्ति मापनी (Attitude Scale)
7. रेटिंग स्केल (Rating Scale)
8. प्रक्षेपी तकनीक (Projective Techniques)
9. छात्र डायरी (Pupil's Diary)
10. आत्मकथा (Autobiography)
11. वादविवाद (Debates)
12. परिचर्चा (Discussion)
13. प्रयोगात्मक कार्य (Practical Work)
14. सृजनात्मक तथा निर्माणात्मक कार्य (Creative and Constructive Work)
15. प्रगति पत्र (Progress Report)
16. संचित अभिलेख पत्र (Cumulative Record Card)
17. व्यक्तित्त्व परीक्षण (Personality Tests)

परिमाणात्मक तकनीक (Quantiative Techniques)

1. लिखित परीक्षाएँ
   (i) निबंधात्मक (Essay Type Questions)
   (ii) लघु-उत्तरात्मक प्रश्न (Short Answer Questions)
   (iii) वस्तुनिष्ठ टेस्ट (Objective Tests)
2. मौखिक परीक्षाएँ (Objective Tests)
3. प्रयोगात्मक तथा क्रियात्मक परीक्षाएँ (Practical Tests)

27.6 निरंतर तथा व्यापक मूल्यांकन के लाभ
(Merits of Continuous and Comprehensive Evaluation)

1. **छात्रों का सर्वांगीण विकास:** शिक्षा का कार्य छात्रों का व्यक्तित्व के सब पक्षों का विकास करना होता है। निरंतर तथा विस्तृत मूल्यांकन इस दिशा में काफी सहायक सिद्ध होता है।
2. **उचित नियोजन:** चूँकि मूल्याँकन सतत् तथा विस्तृत होता है, अत: अध्यापक अपने कार्य की योजना व्यवस्थित ढंग से बना लेते हैं।
3. **नियमित शिक्षण:** अध्यापक जब जाने जाते हैं कि मूल्यांकन संबंधी प्रगति रिपोर्ट (Progress Report) नियमित अभिभावकों को प्रेपित करनी होती है तो वे शिक्षण में नियमित हो जाता है।
4. **नियमित अधिगम:** छात्रों को मालूम रहता है कि इनका सतत् तथा व्यापक मूल्यांकन होना है, वे समय पर तथा लगातार कार्य करते हैं।
5. **अशुद्धियों को शीघ्र ठीक करना:** छात्रों की अधिगम में जो त्रुटियाँ रह जाती हैं, उन्हें उनका सतत् मूल्यांकन से शीघ्र पता चल जाता है तथा उन्हें सुधार का अवसर प्राप्त हो जाता है।
6. **समयबद्धता:** अध्यापकों तथा छात्रों में समय पालन के मूल्य का विकास होता है, क्योंकि उनके कार्य का निरीक्षण भी सतत् तथा व्यापक रूप में होता है।
7. **सजगता:** सतत् तथा व्यापक मूल्यांकन छात्रों तथा अध्यापकों में सजगता के मूल्य का विकास करते हैं।
8. **अद्यतन कार्य (Upto-date Work):** सतत् तथा व्यापक मूल्यांकन प्रणाली की यह माँग रहती है कि कार्य सही समय पर तथा नियमित किया जाए।

23.7 सतत् तथा व्यापक मूल्यांकन की सीमाएँ
(Limitations of Continuous and Comprehensive Evaluation)

1. **खर्चीली:** यह प्रणाली खर्चीली बन जाती है क्योंकि इसमें कई प्रकार के रिकार्ड रखे जाते हैं जिनके छपवाने आदि में खर्च की आवश्यकता पड़ती है।
2. **अधिक समय:** सतत् तथा व्यापक मूल्यांकन प्रणाली में अध्यापकों का काफी समय प्रश्नपत्र तैयार करने तथा उत्तर पुस्तिकाएँ जाँचने में लग जाता है।
3. **साधनों का अभाव:** सतत् तथा व्यापक मूल्यांकन में अनेक प्रकार की सामग्री की आवश्यकता पड़ती है जिसे सामान्य स्कूल जुटा नहीं पाते हैं?
4. **अस्वास्थ्यकर संबंध:** मूल्यांकन व्यक्तिनिष्ठ (Subjective) बनाने का भय रहता है जिसके कारण छात्रों तथा अध्यापकों की बीच कटुता का भय बना रहता है।

23.8 सतत् तथा व्यापक मूल्यांकन पर प्रमुख दस्तावेज
(Main Documents on Continuous and Comprehensive Evaluation)

1. शिक्षा आयोग (1964-66) ने अनुभव किया कि अब यह मान लिया गया है कि मूल्यांकन एक निरंतर क्रिया है और शिक्षा-प्रणाली का एक अभिन्न अंग है। मूल्यांकन

का सीधा संबंध शिक्षा के उद्देश्यों स होता है। मूल्यांकन छात्रों के अध्ययन और अध्यापकों की शिक्षण-प्रणाली को बहुत प्रभावित करता है। इस प्रकार मूल्यांकन केवल सफलता अथवा असफलता की जाँच ही नहीं करता, बल्कि शिक्षा में सुधार लाने में भी सहायता देता है। मूल्यांकन द्वारा ऐसे प्रमाण एकत्र किए जाते हैं, जिनसे यह प्रमाणित किया जा सके कि छात्रों का विकास वांछनीय दिशा में हो रहा है। इसलिए मूल्यांकन प्रणाली दोष रहित तथा विश्वसनीय होनी चाहिए। आजकल भारत में मूल्यांकन की प्रचलित प्रणाली लिखित परीक्षा है। स्वाभाविक रूप से नई मूल्यांकन प्रणाली तब ही स्वीकार की जा सकती है, जब वह लिखित परीक्षाओं को इस प्रकार सुधार दे कि शैक्षिक सफलता की जाँच विश्वासपूर्ण और सरल हो जाए। छात्रों की कई प्रकार की उन्नति को लिखित परीक्षाओं द्वारा नहीं मापा जा सकता। अतः जाँच को पूर्ण और विश्वसनीय बनाने के लिए निरीक्षण, मौखिक और प्रयोगात्मक परीक्षा जैसे अन्य साधन प्रमाण एकत्र करने के लिए प्रयोग में जाए जाने लगे हैं। छात्रों की शैक्षिक उन्नति अथवा विकास की जाँच करने के लिए मूल्यांकन साधन को सुधारने और विश्वसनीय बनाने की आवश्यकता है।

2. नई शिक्षा नीति (1986) 1992 कार्यवाही: में मूल्यांकन प्रक्रिया तथा परीक्षा-सुधार: कार्य संपादन का मूल्यांकन शिक्षण और अध्ययन किसी भी प्रक्रिया का एक अभिन्न अंग होता है। एक सशक्त शैक्षणिक नीति के अंग के रूप में शिक्षा में कोटिपूरक सुधार करने के लिए परीक्षाएँ आयोजित की जाएँगी।

इसका उद्देश्य परीक्षा-प्रणाली को संगठित करना है ताकि मूल्यांकन द्वारा छात्र के विकास का वैध (Valid) और विश्वसनीय (Reliable) उपायोग से सुनिश्चित किया जा सके। प्रशिक्षण तथा अध्यापक में सुधार मूल्यांकन के लिए एक शक्तिशाली उपकरण है। कार्यात्मक परिभाषा में इसका अर्थ होगा:

(i) आकस्मिक एवं व्यक्तिपरक तत्त्वों (Subjective elements) को मूल्यांकन विधि से समाप्त करना।

(ii) रटने और बिना समझे याद करने की विधि को रोकना।

(iii) एक ऐसी सतत् और व्यापक मूल्यांकन-प्रक्रिया को लागू करना जिसमें शिक्षा के अतिरिक्त गैर-शैक्षिक पहलुओं को शांत करते हुए शिक्षण-अवधि में फैलाया जा सके।

(iv) मूल्यांकन प्रक्रिया का अध्ययन छात्रों और अभिभावकों द्वारा प्रभावशाली प्रयोग।

(v) परीक्षाओं के आयोजन में न्याय।

(vi) शैक्षिक सामग्रियों और शिक्षा-नीति-विधान में सहगामी परिवर्तनों को लागू करना।

(vii) माध्यमिक स्तर से चरणबद्ध तरीके से सत्र-प्रणाली को प्रारंभ करना; और

(viii) अंकों के स्थान पर ग्रेड का प्रयोग।

उपर्युक्त उद्देश्यों, बाह्य परीक्षाओं का शैक्षिक संस्थाओं के अंदर ही मूल्यांकन दोनों प्रणालियों के अनुरूप है। संस्थागत स्तर पर मूल्यांकन को सरल बनाया जाएगा और बाहरी परीक्षाओं के प्रभुत्त्व को कम किया जाएगा।

3. विद्यालयी शिक्षा के एन.सी.ई.आर.टी. पाठ्यक्रम की रूपरेखा (2000) तथा मूल्यांकन में सुधार (NCERT Curriculum and Evaluation Reform): वर्तमान मूल्यांकन पद्धति: असंतुलित, निवैयक्तिक तथा अपादर्शी (Present Evaluation: Unbalanced, subjective and Non-Transperent)—रा.शै.अनु. तथा प्रशिक्षण परिषद् ने नई शिक्षा के संदर्भ में तथा 21वीं शताब्दी की पाठ्यक्रम के अंतर्गत मूल्यांकन पद्धति पर भी विचार किया। वर्तमान परिस्थिति के बारे में परिषद् ने इस प्रकार टिप्पणी दी—"संक्षेप में हम कह सकते हैं कि वर्तमान मूल्यांकन और परीक्षा पद्धति असंतुलित, निवैयक्तिक तथा अपारदर्शी है एवं यह स्कूलों में उचित अध्ययन-अध्यापन को दृढ़ करने और स्वाध्याय से ज्ञानार्जन में प्रवृत्त करने और मार्गदर्शन करने में असमर्थ रही है। देश की अर्थव्यवस्था से प्राप्त संसाधनों से सुलभ कराये जाने वाले मूल्यावान आदान से यदि हमें उचित लाभ उठाना है तो प्राथमिक से लेकर उच्चतर माध्यमिक चरण तक की संपूर्ण परीक्षा तथा मूल्यांकन पद्धति को नये सिरे से सँवारना अत्यावश्यक है।"

मूल्यांकन की व्याप्ति (Comprehensive Evaluation): आज जो मूल्यांकन किया जाता है उसकी व्याप्ति बहुत सीमित है और प्रयोजन तथा उपयोगिता संकुचित। यद्यपि शैक्षिक लक्ष्यों का प्रतिपादन शिक्षार्थियों के बहुमुखी विकास को ध्यान में रखकर किया जाता है, जिसमें वैदुष्यमूलक आयामों (संज्ञानात्मक विकास) के साथ-साथ गैर-वैदुष्मूलक आयामों का भी समावेश है तथापि मूल्यांकन वैदुष्यमूलक पहलुओं से आगे कदाचित ही जाता है। पाठ्यचर्या में तो ऐसे अनुभवों के व्यवस्थित संगठन के संबंध में भी दिशा-निर्देश दिए जाते हैं जो शिक्षार्थियों के संज्ञानात्मक विकास के साथ-साथ उनके शारीरिक तथा सामाजिक चेतनोन्मुख विकास को भी बल दें, लेकिन विद्यालयों में शिक्षार्थियों के विकास के गैर-वैदुष्यमूलक (गैर-संज्ञानात्मक) पहलुओं पर सही जोर नहीं दिया जाता, क्योंकि उन्हें मूल्यांकन का विषय नहीं माना जाता। शिक्षा के प्रत्येक चरण की अगली पाठ्यचर्या में उचित विनिर्देशों को स्पष्ट रूप में परिभाषित करना होगा।

शिक्षा आयोग (1964-66) की राय थी और इस राय को राष्ट्रीय शिक्षा नीति (1986) में भी दुहराया गया था कि मूल्यांकन का मुख्य प्रयोजन राज्य और राष्ट्र दोनों स्तर पर उपलब्धि के मानकों को निर्धारित करने और क्रमशः उन्हें ऊपर उठाने में मदद करना है। इसलिए मूल्यांकन को सामान्यत: संपूर्ण शिक्षा की गुणवत्ता में सुधार लाने और खासतौर से अध्ययन-अध्यापन के स्तर को ऊपर उठाने के सशक्त उपकरण का रूप देना चाहिए। श्रेष्ठ शिक्षा का एक मुख्य घटक शिक्षार्थी की उपलब्धियों के दर्जे में सुधार है और इस उद्देश्य को प्रभावकारी रीति से फलीभूत करने के लिए शिक्षार्थियों, अध्यापकों तथा अभिभावकों के लाभ के लिए एक ऐसे तंत्र का उपयोग किया जाना चाहिए जिसके जरिए शैक्षिक प्रयत्नों के परिणामों की जानकारी आसानी से मिल सके। इन दिनों मूल्यांकन हमारी पद्धति की एक अनिवार्य आवश्यकता के रूप में सालना परीक्षाओं या साल के बीच में कभी-कभी ली जाने वाली परीक्षाओं के जरिए किया जाता है। शिक्षार्थी की प्रगति के सही मूल्यांकन के लिए केवल परीक्षा पर ही भरोसा करके नहीं चलना चाहिए। परख के दूसरे तरीकों का भी इस्तेमाल करना चाहिए, जैसे—व्यक्तिगत तौर पर या सामूहिक रूप से दिए गए कार्यों पर नजर रखना, सामाजिकता, साथियों की दृष्टि में शिक्षार्थी का महत्त्व आदि।

इस तरह के मूल्यांकन के परिणामों से हमें सिर्फ खास-खास समयों में अलग-अलग विद्यार्थियों की उपलब्धियों का अंदाजा मिलता है। यह सारा कार्यकलाप विद्यार्थियों अध्यापकों और अभिभावकों को खास-खास जानकारियाँ सुलभ कराने की बजाय एक औपचारिकता के निर्वाह के तौर पर किया जाता है। कमियों को दूर करने के लिए दी जाने वाली शिक्षा की दृष्टि से सुधारात्मक उपायों की इसमें कोई गुंजाइश ही नहीं होगी। परीक्षा और मूल्यांकन का पूरा लाभ प्राप्त करने के लिए परिणामों की व्याख्या इस प्रकार करने की आवश्यकता है:

1. शिक्षार्थी आपनी शक्ति और कमजोरी की जानकारी प्राप्त करे और अपनी कमियों को जल्दी से जल्दी दूर करने की प्रेरणा ग्रहण करे।

2. अध्यापक एक आरे तो विद्यार्थी की कार्य-निष्पादन की परख कर सके और दूसरी ओर अपने द्वारा प्रयुक्त अध्ययन-अध्यापन की कार्यनीति की प्रभावकारिता का पता लगा सके। इसकी व्याख्या विभिन्न कोटियों के विद्यार्थियों के लिए अलग-अलग प्रकार के शिक्षण की व्यवस्था करने की दृष्टि से की जानी चाहिए ताकि उन्हें निम्नलिखित प्रकार से प्रवृत्त किया जा सके:

(क) प्रतिभाशाली बच्चे को संवर्धन कार्यक्रम के जरिए लक्ष्य निर्देशित ज्ञानार्जन में प्रवृत किया जा सके।

(ख) सामान्य कोटि के बच्चों को छोटे-छोटे समूहों में खास-खास कार्यों में प्रवृत्त करके साथियों से सीखने का अवसर प्रदान किया जा सके।

(ग) कमजोर बच्चों की कमजोरियों का सही निदान क्रिया जा सके और नई अध्यापन इकाइयाँ शुरू करने से पहले उनकी कमजोरियों को दूर करने के लिए आवश्यक शिक्षा दी जा सके।

मूल्यांकन की उपर्युक्त रीति सतत्, सावधिक और व्यापक मूल्यांकन का हिस्सा होगी और इससे शिक्षार्थियों को क्षमताओं में प्रवीणता प्राप्त करने, बुनियादी कौशल हासिल करने, वाँछनीय दृष्टिकोण और मूल्य अपनाने में मदद मिल सकती है, जिससे उन्हें सुव्यवस्थित जीवन आरंभ करने और देश के अच्छे और लाभदायक नागरिक बनने में सहायता प्राप्त हो सकती है। तोता रटन्त की प्रवृत्ति को कम करके सीखी गई अवधारणों और कौशलों तथा प्राप्त क्षमताओं का व्यावहारिक स्थितियों में प्रयोग करने की प्रवृत्ति को उभारने के लिए आवश्यक उपाय किए जाने चाहिए। इसके अतिरिक्त पाठ्य-पुस्तकों और शैक्षिक सामग्री को इस लक्ष्य के अनुरूप ढालना होगा, अध्यापकों को अनुप्रेरित करना होगा और इस प्रकार के कार्य लगन के साथ आरंभ करने के लिए उन्हें प्राधिकृत करना होगा। परिणामों के आंकलन के तंत्र की आवश्यकता के महत्त्व को तो कम करके देखा ही नहीं जा सकता।

मूल्यांकन तथा राष्ट्रीय पाठ्यक्रमकी रूपरेखा-एन.सी.ई.आर.टी.-(2005) (Evaluation and National Curriculum Frame Work—NCERT 2005)

आकलन का उद्देश्य (Objectives of Assessment): शिक्षा का सरोकर एक सार्थक व उत्पादक जीवन की तैयारी से होता है और मूल्यांकन आलोचनात्मक प्रतिपुष्टि

(Feedback) देने का तरीका होना चाहिए। यह प्रतिपुष्टि इस बात की होती है कि हम ऐसी शिक्षा लागू करने में किस हद तक सफलता प्राप्त कर पाएँ। इस परिप्रेक्ष्य से देखें तो वर्तमान में चल रही मूल्यांकन की प्रक्रियाएँ जो केवल कुछ ही योग्यताओं को मापती और अंकित करती हैं बिल्कुल ही अपर्याप्त हैं और शिक्षा के उद्देश्यों की ओर प्रगति की संपूर्ण तस्वीर नहीं खींचती हैं।

लेकिन मूल्यांकन का यह सीमित प्रयोजन भी, अकादमिक और शैक्षिक विकास पर प्रतिपुष्टि देने वाला तभी बन सकता है जब शिक्षक पढ़ाने से पहले ही न केवल आकलन के तरीकों की तैयारी करें बल्कि मूल्यांकन के मानकों और उनके लिए प्रयुक्त होने वाले औजारों की भी तैयारी करे। विद्यार्थियों को उपलब्धि की गुणवत्ता की जाँच के अलावा एक अध्यापक को विभिन्न विषयों में उनकी उपलब्धि की जानकारी इकट्ठा कर, उसका विश्लेषण कर और उसकी व्याख्या करनी होगी। तभी अध्यापक विभिन्न क्षेत्रों में विद्यार्थियों के अधिगम की सीमा की एक समझ बना पाएँगे। आकलन का प्रयोजन निश्चय ही सीखने-सिखाने की ग्रक्रियाओं एवं सामग्री का सुधार करना है और उन लक्ष्यों पर पुनर्विचार करना है जो स्कूल के विभिन्न चरणों के लिए तय किए गए हैं। यह पुनर्विचार और सुधार इस आधार पर किय जा सकता है कि शिक्षार्थियों की क्षमता किस हद तक विकसित हुई है। यह कहने की जरूरत नहीं होनी चाहिए कि यहाँ इस आकलन का मतलब विद्यार्थियों का नियमित परीक्षण कतई नहीं है। बल्कि, दैनिक गतिविधियाँ और अध्याय के उपयोग से अधिगम का बहुत ही अच्छा आकलन हो सकता है।

23.9 सतत् तथा विस्तृत मूल्यांकन को प्रभावी बनाने के सुझाव (Suggestions for Effective Continuous and Comprehensive Evalution)

प्रस्तावित आकलन की रूपरेखा और उसका संचालन (Suggestive Design and Conduct of Assessment): आकलन और परीक्षाओं को विश्वसनीय होना चाहिए एवं अधिगम को मापने के वैध तरीकों पर आधारित होना चाहिए।

इस संदर्भ में निम्नलिखित सुझाव प्रभावी सिद्ध हो सकते हैं:

1. परीक्षा द्वारा समस्या सुलझाने की क्षमता का मूल्यांकन (Evaluation of the Students Ability to Solve Problems Through Tests): जब तक परीक्षाएँ बच्चों की पाठ्यपुस्तकीय ज्ञान को याद करने की क्षमताओं का परीक्षण करती रहेंगी, तब तक पाठ्यचर्या को सीखने की तरफ मोडने के सभी प्रयास विफल होते रहेंगे। पहला बिंन्दु यह है कि ज्ञान–आधारित विषय क्षेत्रों में परीक्षाएँ ये समझ पाएँ कि बच्चों ने क्या सीखा और उस ज्ञान को समस्या सुलझाने और व्यवहार में लाने की उनकी क्षमता को जाँच पाएँ। इसके अलावा, परीक्षाएँ यह भी जाँचने में सक्षम होनी चाहिए कि विद्यार्थियों की सोचने की प्रक्रियाएँ कैसी हैं तथा यह पता लगा पाएँ कि क्या शिक्षार्थी ने यह सीखा कि जानकारी कहाँ मिलती है, उस जानकारी का इस्तेमाल कैसे करते है और उसका विश्लेषण और मूल्यांकन कैसे करते हैं।

2. पुस्तकीय ज्ञान के परे मूल्यांकन (Evaluation Beyond Bookish Knowledge): आकलन के लिए जो प्रश्न निर्धारित किए जाते हैं उन्हें किताब में दी गई

जानकारी से आगे बढ़ाने की जरूरत है। कितनी ही बार बच्चों का अधिगम इसलिए बहुत ही सीमित रह जाता है क्योंकि शिक्षक उन उत्तरों को स्वीकार नहीं करते जो कुंजियों में दिए गए उत्तर से भिन्न होते हैं।

3. चुनौतीपूर्ण प्रश्न-पत्र (Challanging Question Papers): ऐसे प्रश्नों को भी इस्तेमाल करना चाहिए जिनका कोई एक उत्तर नहीं होता और जो बच्चों के सामने चुनौती पेश करते हैं। अच्छे प्रश्न और परीक्षा-पत्र बनाना भी एक कला है और शिक्षकों को ऐसे प्रश्न बनाने पर बल देने की जरूरत है। शिक्षकों की अच्छे प्रश्न बनाने की क्षमता और रूचि को बढ़ावा देने के लिए जिला या राज्य के स्तर पर प्रतियोगिताएँ की जा सकती हैं। सारे प्रश्न-पत्र कठिनाई की ऐसी रूपरेखा लिए हुए होने चाहिए कि सभी बच्चे सफलता के स्तर को अनुभव कर पाएँ और उत्तर देने एवं समस्या सुलझाने की क्षमता में आत्मविश्वास विकसित कर पाएँ।

4. खुली-पुस्तक परीक्षा (Open Book Examination): इस प्रकार की परीक्षा लेना भी एक चुनौती है जिसे स्कूल के प्रत्येक स्तर के पाठ्यचर्या प्रयासों में शामिल करना चाहिए। लेकिन ऐसा करने के लिए अध्यापकों और प्रश्न-पत्र बनाने वालों से यह अपेक्षा होगी कि वे व्याख्या करने और अधिगम के व्यवहारीय पहलू पर ज्यादा जोर न दें न कि किताब में दिए गए तर्क और तथ्यों पर। इस तरह के कई सफल उदाहरण हमारे पास मौजूद हैं कि ऐसी परीक्षाएँ बड़े स्तर पर आयोजित की जा सकती हैं और शिक्षक खुद ऐसी परीक्षाओं के परिणामों का नियमन (Moderate) कर सकते हैं और उन पर ऐसे नियमन के लिए भरोसा किया जा सकता है। इसलिए, परियोजनाओं और प्रयोगशाला के काम के आकलन को भी विश्वसनीय और पुख्ता बनाया जा सकता है।

5. छात्रों को उत्तर पुस्तिका दिखाना (Answer book to be Shown to Students): यह जरूरी है कि जाँचे गए उत्तर वापस मिलने पर बच्चे अपने उत्तर को दोबारा लिखें और शिक्षक उन पर पुनर्विचार करें ताकि यह सुनिश्चित किया जा सके कि बच्चों ने कुछ सीखा और ऐसी कठिन परीक्षा देने से उन्हें कोई लाभ हुआ।

6. स्पर्धा के तत्त्व को कम करना (Reducing the Element of Competition): स्पर्धा प्रोत्साहन तो देती हैं लेकिन वह प्रेरणा का आंतरिक रूप न होकर बाह्य रूप ही होती है। निश्चय ही इसे स्थापित करना और संचालित करना बड़ा आसान होता है इसीलिए शिक्षक और स्कूली व्यवस्थाएँ उत्कृष्टता (Excellence) की प्रेरणा को पोषण देने के लिए अकसर इसका सहारा ले लेती हैं। स्कूल पूर्व-प्राथमिक स्तर से ही बच्चों को प्रथम, द्वितीय की श्रेणियों में बाँटने लगते हैं, जिससे उनमें स्पर्धा की भावना आत्मसात् हो। इस तरह की प्रतियोगी प्रेरणा के अधिगम पर कई नकारात्मक प्रभाव हो सकते हैं। अकसर प्रभाव बनाने के लिए सतही स्तर पर सीखना भर पर्याप्त होता है। समय के साथ-साथ बच्चे अपनी रूचि के अनुसार पहल करने की क्षमता खो देते हैं और इस प्रक्रिया में वे क्षेत्र जिनमें पाठ्यचर्या में 'अंक' नहीं दिए जाते उपेक्षित हो जाते हैं। इसका कक्षा की संस्कृति पर बहुत ही बुरा प्रभाव पड़ता है, क्योंकि बच्चे व्यक्तिवादी बनते हैं और सामूहिक कार्य करने की क्षमता खो बैठते हैं। 'परीक्षा' को बिल्कुल असंगत महत्त्व दिया जाता है और उन पर अनावश्यक ध्यान केंद्रित किया जाता है, जिसमें अकसर गोपनीयता

और निरीक्षण की सख्त व्यवस्था की जाती है। माध्यमिक कक्षाओं तक तो इनके शारीरिक और मनोवैज्ञानिक प्रभाव आसानी से नहीं दिखते हैं लेकिन वह बच्चों में बेहद तनाव को जन्म देता है जिससे वह बहुत जल्दी उत्तेजित होने की हालत में पहुँच जाते हैं। स्कूल और शिक्षकों को अपने आप से पूछने की जरूरत है कि क्या इस तरह के व्यवहारों से सच में बहुत ज्यादा लाभ होता है और अधिगम को दरअसल किस हद तक अंक देते और श्रेणीकृत करने की जरूरत है।

7. स्व-आकलन और प्रतिपुष्टि (Self-Assesment and Feedback): आकलन की भूमिका उस प्रगति को समझने की होती है जो शिक्षार्थी और शिक्षक निर्धारित लक्ष्यों की दिशा में रहते हैं और इस तरह इस प्रक्रिया को बेहतर बनाने के लिए उसकी समीक्षा भी करते हैं। प्रतिपुष्टि पाने के ऐसे अवसर हमेशा उपलब्ध होने चाहिए जो प्रदर्शन को दोहराने व सुधारने की दिशा में ले जाएँ, परीक्षाओं व मूल्यांकन के भय का इस्तेमाल किए बिना पढ़ने की दिशा में प्रेरित करें।

8. छात्रों की उपस्थिति में जाँच (Assessment in the Presence of Student): विद्यार्थियों की मौजूदगी में की गई जाँच व सुधार कार्य उन्हें इस तरह की प्रतिपुष्टि देते हैं कि उन्होंने क्या सही किया, क्या गलत और क्यों? बच्चों से इस बारे में जानकारी लेना कि उन्होंने कोई उत्तर क्यों दिया, शिक्षक को लिखित उत्तर से आगे जाने में मदद देता है और बच्चों की सोच से जुड़ने का मौका देता है। ऐसी प्रक्रियाएँ परीक्षाओं के डरावने और निर्णायक गुण को भी दूर कर देती हैं और बच्चों को सक्षम बनाती है कि वह अपनी गलतियों को समझें, उन पर ध्यान दें और उनसे सीखें। कभी-कभी प्रधानाध्यापक यह कहकर एतराज उठाते हैं कि बच्चों की मौजूदगी में की गई जाँच में वस्तुपरकता नहीं आ पाती। वस्तुपरकता के लिए यह सरोकर बिलकुल अनुचित है जो प्रतियोगी व्यवस्था रखता है। वस्तुपरकता की दृष्टि से यह सरोकार उस मूल्याँकन के लिए भी अनुचित है जो शैक्षिक लक्ष्यों से सुसंगत हो।

9. अधिगम के अनुभवों का मूल्यांकन (Evaluation of Learning Experiences): न केवल अधिगम के परिणाम बल्कि अधिगम के अनुभवों का भी मूल्यांकन होना चाहिए। शिक्षार्थी बहुत खुशी से अपने अनुभवों की संपूर्णता पर टिप्पणी देते हैं। व्यक्तिगत और सामूहिक दोनों स्तर के ऐसे अभ्यास बनाए जा सकते हैं जिनसे बच्चे अपने अधिगम का आकलन करने और उस पर चिंतन करने में सक्षम हो जाएँ, इस तरह के अनुभव उन्हें स्व-नियामन (Self-Assessment) की क्षमताएँ भी देते हैं जो 'सीखने के लिए सीखने' की खातिर जरूरी होती है। ऐसी जानकारी शिक्षक के लिए भी बहुत मूल्यवान प्रतिपुष्टि होती है जिसका उपयोग अधिगम की पूरी व्यवस्था को बेहतर बनाने में किया जा सकता है।

10. पर्चा बनाने में सुधार (Improvement in Designing Question Paper): वर्तमान परीक्षा को अधिक वैध बनाने के लिए पर्चा बनाने की प्रक्रिया में पूरे बदलाव की जरूरत है। ध्यान अच्छे प्रश्न बनाने पर हो न कि महज पर्चा-निर्धारण पर। इस प्रकार के प्रश्न केवल विशेषज्ञों द्वारा ही नहीं बनाए जाने चाहिए। शिक्षकों से, विषय के प्रोफेसरों, से, राज्य के शिक्षाविदों और यहाँ तक कि विद्यार्थियों से भी साल-भर के दौरान अच्छे प्रश्न

मँगा लेने चाहिए। इन प्रश्नों को विशेषज्ञों की मदद से सावधानीपूर्वक संपादन करवा कर कठिनाई के स्तर, क्षेत्र, अवधारणा/दक्षता जिसका कि मूल्यांकन किया जाना है तथा हल करने में लगने वाले समय के आधार पर वगीकृत किया जा सकता है। इन प्रश्नों के बनने के दौरान, इन्हें इनके उपयोग और परीक्षण के रिकॉर्ड के साथ सँभाला जाना चाहिए ताकि प्रश्न-पत्र बनाते समय उन्हें काम में लाया जा सके।

11. अध्यापकों को उचित पारिश्रमिक (Reasonable Remuneration to Teachers): शिक्षकों को अपर्याप्त पारिश्रमिक देने से भी बेहतर और सुसंगत ढंग से उत्तर पुस्तिकाएँ जाँचने का उत्साह नहीं जगता। चूँकि सभी शिक्षा बोर्ड अच्छी आर्थिक हालत में हैं इसलिए मूल्यांकन की गुणवत्ता में धन को आड़े नहीं आने देना चाहिए।

12. कम्प्यूटरीकरण का उपयोग (Use of Computerisation Process): कम्प्यूटरीकरण के कारण परीक्षार्थी और परीक्षक की पहचान को छुपाए रखना अब आसान हो गया है। गलत प्रथा रोकने के लिए उत्तर पुस्तिकाएँ अदल-बदल कर दी जा सकती हैं। बाहर के व्यक्ति की मदद से परीक्षा में चोरी को इस तरह से रोका जा सकता है कि परीक्षा के पहले आधे समय में परीक्षार्थियों को परीक्षा-केन्द्र छोड़ने की इजाजत न मिले और परीक्षा के दौरान वह प्रश्नपत्र बाहर न ले जाए। प्रश्नपत्र परीक्षा के बाद उसको दिया जा सकता है।

13. आंतरिक मूल्यांकन (Internal Assessment): सत्र के मध्य में हमें स्कूल-आधारित आकलनों की ओर अधिक से अधिक बढ़ना चाहिए। ऐसे उपाय खोजे जाएँ जिनसे इस तरह के आंतरिक आकलन अधिक विश्वसनीय बन सकें। प्रत्येक स्कूल को एक लचीली और लागू होने योग्य मूल्यांकन प्रक्रिया की सतत् और व्यापक योजना लागू करनी चाहिए। यह योजना मुख्यतः सीखने में आने वाली कठिनाइयों के निदान व उपचार और अध्ययन में सुधार के लिए लागू की जानी चाहिए। इस योजना में सामाजिक वातावरण और उपलब्ध सुविधाओं का भी ध्यान रखा जाना चाहिए।

14. लचीली मूल्यांकन पद्धति (Flexible Evaluation System): तमाम मनोवैज्ञानिक आँकड़ों से यह पता चलता है कि विद्यार्थी अलग-अलग ढंग से सीखते हैं और सीखें हुए की जाँच की उनकी प्रस्तुति भी अलग-अलग होती है। इसलिए परीक्षा हॉल में कागज-कलम से ली गई परीक्षा के अलावा मूल्यांकन के बहुविध रूप से होने चाहिए। मौखिक परीक्षा और समूह कार्य मूल्यांकन को बढ़ावा दिया जाना चाहिए। खुली-पुस्तक परीक्षा और लचीली समय सीमा रहित परीक्षा को देश-भर में प्रायोगिक तौर पर लागू किए जाने की जरूरत है। इन नवाचारों का अतिरिक्त फायदा यह है कि वे परीक्षाओं को स्मृति जाँच से हटाकर व्याख्या, विश्लेषण और समस्या समाधान करने जैसे उच्चतर क्षमताओं की जाँच की ओर ले जा सकेंगे। यहाँ तक कि परंपरागत परीक्षा पद्धति को भी बेहतर तरीके से प्रश्नपत्र तैयार कर और विद्यार्थियों का वांछनीय जानकारी (जैसे आवर्ती सारणी, त्रिकोणमितीय आकृतियाँ, नक्शे, इतिहास की तिथियाँ, सूत्र आदि) देकर इस दिशा में मोड़ा जा सकता है।

चूँकि विद्यार्थियों की प्रकृति एक दूसरे से भिन्न होती है और शिक्षण की पद्धतियाँ भी अलग-अलग होती हैं, इसलिए अगले चरण में जाने के लिए हर विद्यार्थी से हर विषय

में समान स्तर की माँग करना उचित नहीं है। भारत में ग्रामीण-शहरी विभाजन के कारण इस माँग को सामाजिक दृष्टि से भी उचित नहीं कहा जा सकता। यह अभिलिखित तथ्य है कि ग्रामीण स्कूलों में असफलता और स्कूल छोड़ने का बड़ा कारण गणित और अंग्रेजी में कम क्षमता का प्रदर्शन है। बोर्डों को इस संभावना पर विचार करना चाहिए। इन विषयों में पास होने के लिए विद्यार्थियों को दो स्तर में से एक, यहाँ तक कि तीन स्तर में से एक पर परीक्षा देने का अवसर दिया जाए। इसके लिए यह आवश्यक नहीं है कि अलग-अलग चरण की पाठ्यचर्या और पाठ्यपुस्तकें अलग-अलग हों।

15. विद्यार्थी केन्द्रित मूल्यांकन प्रणाली (Student Centred Evaluaton System): 'सभी के लिए एक समान परीक्षा' की पद्धति सांगठनिक रूप से तो ठीक हो सकती है, लेकिन उसे विद्यार्थी-केन्द्रित नहीं कहा जा सकता और न ही भारत के तेजी से उभरते रोजगार बाजार के अनुकूल जिसमें विविधताएँ बढ़ रही हैं। आकलन की औद्योगिक एसेंबली लाइननुमा एकसमान मूल्यांकन पद्धति के स्थान पर आकलन को अधिक मानवीय और विविध बनाने की जरूरत है।

23.10 सतत् निर्देशन तथा व्यापक मूल्यांकन (Continuous Guidance and Comprehensive Evaluation)

शिक्षा आयोग (1964-66) ने अनुभव किया कि अब यह मान लिया गया है कि मूल्यांकन एक निरन्तर प्रक्रिया है और शिक्षा-प्रणाली का एक अभिन्न अंग है। मूल्यांकन का सीधा सम्बन्ध शिक्षा के उद्देश्य से होता है। मूल्यांकन छात्रों के अध्ययन, निर्देशन और अध्यापकों की असफलता की जाँच ही नहीं करता, छात्र के निर्देशन में सहायता देता है तथा शिक्षा में सुधार लाने में भी सहायक होता है। मूल्यांकन द्वारा ऐसे प्रमाण एकत्र किए जाते हैं जिनसे यह प्रमाणित किया जा सके कि छात्रों का विकास वांछनीय दिशा में हो रहा है। इसलिए मूल्यांकन प्रणाली दोषरहित तथा विश्वसनीय होनी चाहिए।

स्वाभाविक रूप से नई मूल्यांकन प्रणाली तब ही प्रभावी मानी जा सकती है जब वह लिखित परीक्षाओं को इस प्रकार सुधार दे कि शैक्षिक सफलता की जाँच विश्वासपूर्ण और सरल हो जाए। छात्रों की कई प्रकार की उन्नति को लिखित परीक्षाओं द्वारा नहीं मापा जा सकता, अत: जाँच को पूर्ण और विश्वसनीय बनाने के लिए निरीक्षण, मौखिक और प्रयोगात्मक परीक्षा जैसे अन्य प्रमाण एकत्र करने के लिए प्रयोग में लाए जाने लगे हैं। छात्रों की शैक्षिक, उन्नति अथवा विकास की जाँच करने के लिए मूल्यांकन प्रक्रिया को सुधारने और विश्वसनीय बनाने की आवश्यकता है।

23.11 एक अच्छी परीक्षा मापन, मूल्यांकन, परीक्षण तथा टेस्ट के गुण (Qualitites of a Good Examination Measurement and Test)

1. वस्तुनिष्ठता (Objectivity)
2. विश्वसनीयता (Reliability)
3. वैधता अथवा प्रामाणिकता (Validity)
4. प्रायोगिकता (Usability)

5. व्यापकता (Comprehensiveness)
6. व्यावहारिकता (Practicability)
7. मितव्ययिता (Inexpansiveness)

23.12 संचित अभिलेख (Cumulative Record)

संचित अभिलेख का अर्थ

संचित अभिलेख में छात्र के सम्बन्ध में समय-समय पर हो रही परीक्षाओं के परिणाम फलों का ब्यौरा रखा जाता है। प्राय: यह ब्यौरा तीन वर्षों का होता है। इसमें छात्र के जीवन के विभिन्न पहलुओं के सम्बन्ध में सामग्री इकट्ठी की जाती है। अभिलेख में छात्र के सम्बन्ध में इस प्रकार की बातें होती हैं–उसकी सामाजिक, बौद्धिक, शारीरिक, शिल्पकार्य स्थिति, परिवार सम्बन्धी तथा मनोविज्ञान सम्बन्धी तथ्य। यह अभिलेख छात्र की बहुमुखी शक्तियों के विकास पर प्रकाश डालता है।

जोन्स ने इस प्रकार लिखा है–"संचित अभिलेख एक छात्र का स्थायी रिकार्ड है जो विद्यालय के द्वारा वर्तमान समय तक ठीक-ठीक रखा जा सकता है, यह उसका शैक्षिक इतिहास है, जिसमें उसकी विद्यालय-उपलब्धि, उपस्थिति, स्वास्थ्य, परीक्षण अंक और इसी प्रकार की अन्य सम्बन्धित सूचनाएँ होती है।"

यह अभिलेख प्रत्येक छात्र के बारे में विभिन्न शिक्षकों द्वारा निरन्तर दी जाने वाली रिपोर्ट होने के कारण उसके शारीरिक, सामाजिक, मानसिक और संवेगात्मक विकास का वास्तविक ज्ञान प्रदान करने का एकाकी आधार है।"

राइटस्टोन व अन्य (Wrighstone and Others) "संचित अभिलेख, छात्रों के निर्देशन के लिए आवश्यक सूचना को दर्ज करने उसकी फाइल बनाने और उसका प्रयोग करने की एक विधि है। यह प्रत्येक छात्र के शैक्षिक, मानसिक, शारीरिक, सामाजिक तथा संवेगात्मक विकास की संक्षिप्त सूची है।"

डब्ल्यू.डी.एलिन (W.D. Allen) ने संकलित आलेख-पत्र की इस प्रकार परिभाषा दी–"संकलित आलेख-पत्र में व्यक्तिगत छात्र के मूल्यांकन (Appraisal) से सम्बन्धित सूचनाओं का आलेख होता है। सामान्यतया ये सूचनाएँ एक पत्र पर लिखकर एक स्थान पर ही रखी जाती है।"

जेन वार्टर्स (Jane Warters) के अनुसार–परीक्षा, प्रश्नावली, अवलोकन, साक्षात्कार, व्यक्ति-वृत्त अध्ययन आदि विभिन्न विधियों के प्रयोग से प्राप्त छात्र से सम्बन्धित महत्त्वपूर्ण सूचनाएँ सारांश रूप में संकलित आलेख-पत्र में संगृहीत करनी चाहिए"।

मुरे थामस (Murry Thomas) के अनुसार–"संकलित आलेख-पत्र में किसी छात्र के बारे में लम्बी अवधि में एकत्रित की गई सूचना होती है।"

संचित अभिलेख का महत्त्व तथा इसकी आवश्यकता

सबसे पहले 1928 में American Council of Education ने इसका प्रयोग किया। इस प्रकार के कार्ड की आवश्यकता को इसलिए अनुभव किया गया क्योंकि स्कूलों में छात्रों के अभिलेखों का अभाव था।

संयुक्त राज्य अमेरीका के शिक्षा कार्यालय की संकलित आलेखों की पुस्तिका में संकलित आलेख-पत्र के महत्त्व को इस प्रकार व्यक्त किया गया है:

"निरन्तर विकसित होने वाले पाठ्यक्रम में आलेख महत्त्वपूर्ण स्थान रखते हैं। छात्रों की आवश्यकताओं, रूचियों और योगयताओं में जो व्यक्तिगत विभिन्नताएँ विद्यालय की क्रियाओं में भाग लेने पर प्रकट होती है, उनका आलेख रहना चाहिए। छात्रों के स्वयं के विकास के विभिन्न स्तरों पर आवश्यक निर्देशन की प्रकृति तथा मात्रा का संकेत इन विभिन्नताओं द्वारा मिलता है।"

माध्यमिक शिक्षा आयोग (Secondary Education Commission, 1952-53) ने कहा है-"छात्रों के कार्यों का उचित मूल्यांकन बाह्य या विद्यालय की परीक्षाओं द्वारा सम्भव नहीं है। छात्र को भविष्य में नवीन विषय या व्यवसाय का चुनाव करने में सहायता देने के लिए उसके विकास का पूर्ण आलेख रखना चाहिए। विद्यालयों में रखे जाने वाले आलेख पत्र में छात्र द्वारा किये गये कार्यों का विवरण रखना चाहिए। इन आलेख-पत्रों में पढ़ाई में की गई प्रगति के अतिरिक्त व्यक्तित्त्व के गुण, सामाजिक समायोजन, रूचि तथा अभिवृत्ति तथा अन्य क्रियाओं का उल्लेख होता है। देश के सभी विद्यालयों में संकलित आलेख-पत्र रखना अनिवार्य होना चाहिए।"

जेन वार्टर्स ने संकलित आलेख-पत्र के उपयोग के सम्बन्ध में अपने विचार निम्न प्रकार से प्रकट किये हैं-

"संकलित आलेख-पत्र छात्र के वर्तमान को समझने के लिए भूत की व्याख्या करके, व्यावहारिक कठिनाइयों तथा असफलताओं के कारणों से, उसकी क्षमताओं तथा कमियों को दर्शाकर, छात्र के अध्ययन में अध्यापक की सहायता करते है।"

शिक्षा अयोग 1964-66 ने इसका महत्त्व इस प्रकार बताया है, "संचित अभिलेख का महत्त्वपूर्ण स्थान है क्योंकि इसके द्वारा प्रत्येक स्तर पर छात्र की वृद्धि एवं उसके विकास, उसकी शिक्षा-विषयक एवं भावनात्मक समस्याओं, उसकी समजन कठिनाइयों का ज्ञान होता है तथा यह पता लगता है कि उनकी समस्याओं और कठिनाइयों का हल करने के लिए किन-किन दिशाओं में उपचारी कार्य किये जाएँ।"

संचित अभिलेख के लाभ

1. छात्र को ठीक प्रकार से समझने में सहायक सिद्ध होता है।
2. छात्र के बारे में अधिक-से-अधिक ज्ञान प्राप्त होता है।
3. छात्रों के शैक्षिक, व्यावसायिक तथा नैतिक निर्देशन में सहायक सिद्ध होता है।
4. शिक्षक इसकी सहायता से शीघ्र जान सकते हैं कि कौन से छात्र धीमी गति से उन्नति कर रहे हैं।
5. इस अभिलेख के आधार पर शिक्षक छात्रों के अभिभावकों से सम्पर्क स्थापित कर सकते हैं।
6. स्कूल के अधिकारी कॉलेज के अधिकारियों अथवा Prospective Employers को छात्रों के बारे में परामर्श दे सकते हैं।
7. छात्रों के कल्याण में लगी हुई संस्थाओं के लिए इस प्रकार के अभिलेख पर्याप्त मात्रा में सामग्री दे सकते हैं।

8. छात्र के एक स्कूल छोड़ते समय और दूसरे स्कूल में प्रविष्ट होते समय यह अभिलेख उसके साथ ही भेज देना चाहिए। ताकि नये स्कूल में छात्र को वातावरण के अनुकूल बनाने में यह सहायक हो।
9. छात्र-प्रतिभा की खोज में सहायता मिलती है। इनको देखने से पता चलता है कि कौन से छात्र विज्ञान, आर्टस् आदि विषय में प्रतिभा रखते हैं।

संचित अभिलेख में तथ्य

संचित अभिलेख में इस प्रकार के तथ्य होने चाहिए:

1. व्यक्तिगत परिचय विवरण
2. परिवार अथवा कुटुम्ब का विवरण
3. उपस्थित विवरण
4. शारीरिक विवरण
5. मनोवैज्ञानिक विवरण
6. शैक्षिक उपलब्धि विवरण
7. सहपाठीय क्रियाओं सम्बन्धी विवरण
8. छात्रों का उत्तरदायी कार्यों में स्थान
9. व्यक्तित्व का विकास

छात्र परिचय विवरण

1. छात्र का नाम..
2. पिता का नाम..
3. पिता का व्यवसाय..
4. सरंक्षक का नाम (यदि पिता जीवित नहीं है)...
5. पिता या संरक्षक का पता..
6. जन्म तिथि...

कुटुम्ब का विवरण

1. घर की आर्थिक दशा..
2. कुटुम्ब कैसा है (मिश्रित या एकाकी)...
3. छात्र का कुटुम्ब में स्थान (इकलौता/सबसे बड़ा/सबसे छोटा आदि)
4. संरक्षक अथवा पिता की शिक्षा..
5. अन्य कोई विशेष तथ्य...

किन-किन शिक्षालयों में शिक्षा पाई?

शिक्षालय का नाम	मास तथा वर्ष जब प्रवेश लिया	श्रेणी का नाम जिसमें प्रवेश लिया	छोड़ने का मास तथा वर्ष	छोड़ने के कारण

उपस्थिति

वर्ष	कुल उपस्थिति संख्या	छात्र की वास्तविक उपस्थिति	दीर्घ अनुपस्थिति के कारण

शारीरिक विवरण

वर्ष	ऊँचाई	वजन	विशेष बीमारी यदि है तो

मनोवैज्ञानिक विवरण

20......
20......
20......

शैक्षिक योग्यता

वार्षिक तथा अन्य परीक्षाओं में प्राप्त अंक

विषय	कक्षा .... 20.........................	कक्षा .... 20.........................	कक्षा .... 20.........................
	अंक	अंक	अंक
1. मातृभाषा			
2. इतिहास/सामाजिक विज्ञान			
3. गणित			
4. विज्ञान/भौतिकशास्त्र			
5. रसायनशास्त्र			
6. ड्राइंग			
7. वाणिज्य			
8. अर्थशास्त्र			
9.			

सहपाठीय क्रियाओं में छात्र का विकास

क्रियाएँ	कक्षा .... 20.........................	कक्षा .... 20.........................	कक्षा .... 20.........................
1. खेल-कूद			
2. व्यक्तिगत सफाई			
3. साहित्यिक			
4. नाटक			
5. समाज-सेवा			
6. अन्य किसी कार्य में भाग			

छात्र का उत्तरदायी कार्यों में स्थान

वर्ष तथा कक्षा	छात्र सभा में	हाउस अथवा कक्षा में	स्काउटिंग के ग्रुप में	खेल-कूद में	सामाजिक सेवा में	अन्य किसी क्षेत्र में
20.... कक्षा....						
20.... कक्षा....						
20.... कक्षा....						

व्यक्तित्त्व का विकास

लक्षण	कक्षा......... 20............	कक्षा......... 20............	कक्षा......... 20............
ईमानदारी			
उत्तरदायित्त्व की भावना			
सहयोग की भावना			
स्हानुभूति			
शिष्टता			
समय पर आना			
काम करने का ढंग			
नेतृत्त्व की भावना			
आत्मविश्वास			
पहल करने की शक्ति			

मुख्याध्यापक द्वारा जाँच: प्रत्येक अध्यापक ने समय-समय पर इसमें विभिन्न स्तम्भों की पूर्ति की है अथवा नहीं, इस कार्य का निरीक्षण प्रधानाध्यापक त्रैमासिक रूप में करे।

अच्छे संचित अभिलेख की विशेषताएँ

1. यह पूर्ण होना चाहिए।
2. छात्र के बारे में नवीनतम सूचना होती चाहिए।
3. यह विश्वसनीय होना चाहिए।
4. यह अध्यापकों के व्यक्तिगत दुराव से मुक्त होना चाहिए।
5. तथ्य ठीक होने चाहिए।
6. इसे सोच-विचार के पश्चात् भरना चाहिए।
7. इसे इस प्रकार रखा जाए कि आवश्यकता पड़ने पर तुरन्त उपयोग किया जा सके।
8. यह छात्र को नहीं दिखाना चाहिए।
9. कक्षा-अध्यापक ही इसे भरें।
10. इसका आकार उचित होना चाहिए ताकि वह सुगमता से रखा जा सके।

संचित अभिलेख को रखने की विधि

जब छात्र शिक्षालय में प्रवेश करे तभी से उसका अभिलेख तैयार करना चाहिए। यह अभिलेख छात्र की कक्षा में उन्नति के साथ-साथ चलना चाहिए। छात्र के एक स्कूल छोड़ने पर दूसरे स्कूल में दाखिल होते समय इस अभिलेख को भी नये स्कूल में भेजा देना चाहिए।

कक्षा-अध्यापक ही इसे ठीक ढंग से रख सकता है। छात्रों के सम्पर्क में वही अधिक समय के लिए आता है। अतः वह उनके बारे में अधिक जानकारी रखता है। वह अपने पास एक डायरी और नोटबुक रखे, जिसमें समय-समय पर छात्रों के अनुभवों आदि के बारे में अपने विचार लिखे। वर्ष के अन्त में वह अपने विचार इन विचारों के आधार पर संक्षिप्त रूप से संचित अभिलेख में लिखे। यह अत्यावश्यक है कि वह छात्र के बारे में अपने साथी शिक्षकों से उनके विचार पूछे। विचार सोच-समझकर लिखने चाहिए।

इस बात पर बल दिया जाना आवश्यक है कि अभिलेख को ठीक ढंग से रखने के लिए अनेक वर्गों के सहयोग की आवश्यकता है। प्रशासक, निर्देशक, अध्यापक, छात्र तथा उनके माता-पिता अथवा संरक्षक एक-दूसरे को पूर्ण सहयोग दें।

इस पद्धति को कैसे प्रिय बनाया जाए?—अधिकांश शैक्षिक संस्थाओं में अभी इस प्रकार के संचित अभिलेख प्रायः नहीं है। इनको स्कूल में जबर्दस्ती चालू नहीं किया जा सकता। शिक्षकों में इसके प्रचार की अत्यन्त आवश्यकता है। उन्हें इसका महत्त्व समझाने के लिए सेमिनार आदि का प्रबन्ध करना बहुत जरूरी है।

23.13 क्रेडिट व्यवस्था (Credit System)

क्रेडिट व्यवस्था का सम्बन्धता मुख्यतः परीक्षा प्रणाली तथा स्त्रीकरण (Semestrisation) से है। अतः सर्वप्रथम स्त्रीकरण पर संक्षिप्त प्रकाश डाला जा रहा है।

उच्चत्तर माध्यमिक स्तर का सत्रीकरण (Semesterisation of Secondary Education)

राष्ट्रीय शिक्षा नीति (1986) माध्यमिक स्तर और उससे आगे सत्र व्यवस्था स्वीकृत करने की संस्तुति करती है। +2 के स्तर पर प्रस्तावित पाठ्यक्रमों के बीच आर्थिक

लचीलापन और क्रियाशीलता सुनिश्चित करने के उद्देश्य से सत्र व्यवस्था की दलील पेश की गई है। सत्र व्यवस्था के समर्थन में संभवतः सबसे बड़ा बिंदु यह है कि सामान्य और विशिष्ट अधिगम निष्कर्षों में यह मूल्यांकन के अधिक **संतोषजनक उपकरण** और तकनीक के प्रयोग की स्वतंत्रता प्रदान करता है। यह हमें इस सार्वभौमिक विश्वास के नजदीक ले जाता है कि मूल्यांकन व्यापक और निरंतर होना चाहिए। यह अपनी प्रकृति में मात्र योगकारी और वर्तमान मूल्यांकन-स्थिति की अपेक्षा अधिक निर्माणात्मक और शुद्ध (सही) होना चाहिए।

bl fn'kkesa10 + 2 (10 + 2 systemt) पद्धति की शिक्षा को कार्यान्वित करने के प्रयासों के अंतर्गत एन.सी.ई.आर.टी (NCERT) ने कुछ समय पूर्व (1991-92) कौंसिल ऑफ स्कूल एजुकेशन (सी.ओ.बी.एस.ई.) (Council of Board School Education) और राज्य शिक्षा बोर्डों से विचार-विमर्श प्रारंभ किया और **उच्चतर माध्यमिक शिक्षा और उसका व्यावसायीकरण** शीर्षक से एक दस्तावेज प्रस्तुत किया। यह दस्तावेज विशेष रूप से माध्यमिक शिक्षा के बाद के स्तर व्यावसायीकरण के संदर्भ में सत्रीकरण के प्रश्न से संबंधित है।

भारत में सत्रीकरण पर अक्सर विचार-विमर्श हुआ है और उसकी संस्तुति भी की गई है लेकिन इसे उच्च शिक्षा से संबंध रखने वाली कुछ संस्थाओं में ही लागू किया जा सका है, जो नगण्य हैं। अधिकतर स्थितियों में वर्ष के पाठ्यक्रम को स्वेच्छानुसार या मनमाने ढंग से दो भागों में बाँट दिया गया है, जिसे शिक्षा सत्र के प्रथम और द्वितीय भाग के रूप में पूरा करना होता है। दोनों भागों में से हर एक के लिए सत्र पाठ्यक्रम का नाम दिया जा चुका है, यद्यपि यह सत्र पाठ्यक्रम के आधारों को स्पष्ट नहीं करता। डिग्री/डिप्लोमा प्राप्त करने के लिए क्रेडिट का अर्जन और संचयन का कार्य भी केवल विकसित उच्चतर अधिगम संस्थाओं द्वारा ही किया जाता है। विश्वविद्यालयी और विद्यालयी प्रणाली में जिम्मेदार पदों पर कार्य कर रहे बुद्धिजीवियों से विचार-विमर्श के पश्चात् यह सामने आया है कि प्रायः पुनर्निर्मित पाठ्यचर्या और मूल्यांकन के क्रियान्वित न हो पाने के मूल में निम्नलिखित कारण हैं:

- सत्रीकरण के बारे में अवधारणात्मक स्पष्टता का अभाव
- कुछ नया लागू करने की स्वाभाविक अनिच्छा के साथ-साथ प्रतिरोध
- शैक्षिक और प्रशासनिक तैयारी करने की अक्षमता
- परीक्षा लेने वाले माध्यमों द्वारा अधिक परीक्षाएँ आयोजित करने का भौतिक आयामा, और
- आर्थिक उलझाव।

एन.सी.ई.आर.टी. ने कौंसिल ऑफ बोर्ड स्कूल एजुकेशन और विभिन्न बोर्डों (सी.बी. एस.ई. और स्टेट बोर्ड्स) के सहयोग से विद्यालयी शिक्षा के सत्रीकरण पर तीन सम्मेलनों का आयोजन किया। सम्मेलन के दौरान निम्नलिखित तीन विषय लिए गए और उन पर विचार-विमर्श हुआ:

- सत्रीकरण का अवधारणात्मक पहलू
- माध्यमिक और उच्चतर माध्यमिक स्तर पर सत्र प्रणाली का संचालन
- परीक्षा सुधारों के संदर्भ में सत्र प्रणाली में मूल्यांकन

सत्र आधारित शिक्षा के निम्नलिखित उद्देश्य या लक्ष्य हैं:

- शिक्षण की सुविधाजनक इकाइयों की निर्मिती और शैक्षिक स्तरों में मात्रात्मक वृद्धि
- पठन-पाठन की प्रक्रिया में आधुनिकीरण और सुधार की शुरूआत और उसे कायम रखना।
- प्रत्येक विद्यार्थी की आवश्यकताओं और रूचियों के अनुकूल पाठ्यक्रम के चुनाव में लचीलापन प्रदान करना
- मूल्यांकन की तकनीक में सुधार लाना
- अंतर-अनुशासनात्मक पद्धति और अध्ययन को बढ़ावा देना
- पाठ्यक्रम पढ़ाने वाले अध्यापकों द्वारा आंतरिक मूल्यांकन को बढ़ावा देना

हर सत्र 15 से 17 कैलेंडर सप्ताहों जो (परीक्षा काल को छोड़कर) लगभग 90 से 100 शिक्षण दिवसों के आसपास होता है, के बराबर होगा। उच्चतर माध्यमिक स्तर पर दो वर्ष के पाठ्यक्रम को चार सत्रों में विभाजित किया जाएगा।

1. क्रेडिट (Credit System)

सत्र प्रणाली की शिक्षा **क्रेडिट व्यवस्था** पर आधारित है। सत्र का हर पाठ्यक्रम कुछ अंको की क्रेडिट का है। यह क्रेडिट व्यवस्था एक निश्चित समय में किए जाने वाले कार्य और इस पर लगने वाले समय की मात्रा पर निर्भर करती है। क्रेडिट प्राय: सप्ताह में कक्षा से संबंधित घंटों की संख्या का संकेत करता है जो कि पूरे सत्र के दौरान व्याख्यान, शिक्षकीय और अध्ययन गोष्ठियों के रूप में होता है। एक क्रेडिट का पाठ्यक्रम सामान्यत: पूरे सत्र के दौरान प्रत्येक सप्ताह में 50 से 60 मिनट की कक्षा-शिक्षा के साथ-साथ घर पर 2-3 घंटे के अध्ययन का समय लेता है। प्रयोगशाला के कार्य और क्षेत्र अध्ययन में एक क्रेडिट का पाठ्यक्रम पूरे सत्र के दौरान प्रत्येक सप्ताह में 2-3 घंटे का समय लेता है। प्राय: सत्र का प्रत्येक पाठ्यक्रम 2 से 4 क्रेडिट का होता है। निम्नलिखित कार्यों की समाप्ति के बाद ही विद्यार्थी पाठ्यक्रम में क्रेडिट का अर्जन करता है:

- जिसने दिए गए शिक्षकीय, संगोष्ठीय या प्रयोगशाला के प्रयोगों, संचालित क्षेत्र कार्यों सहित निर्धारित व्याख्यानों में से एक न्यूनतम संख्या में उपस्थित रहा हो।
- जिसने अंकों के एक न्यूनतम प्रतिशत से कम अंक अथवा आंतरिक निर्धारण के लिए सुनिश्चित अर्हकारी श्रेणियों से कम न प्राप्त किया हो।
- जिसने उस पाठ्यक्रम की सत्र परीक्षा के लिए निधारित एक न्यूनतम अंको की प्रतिशत्/ग्रेड श्रेणियों से कम न प्राप्त किया हो।

क्रेडिट व्यवस्था के लाभ (Merits of Credit System)

क्रेडिट व्यवस्था के निम्नलिखित लाभ है:

1. छात्र की गतिशीलता बढ़ती है अर्थात् छात्र एक संस्था से दूसरी संस्था में भी सकते हैं। उन्हें उनके किए गए कार्य का क्रेडिट मिल जाता है।

2. पाठ्यक्रम डिज़ायन में सहायता मिलती है।
3. शिक्षा में सुधार होता है।
4. छात्र अपनी गति के अनुसार कार्य करते हैं। उन्हें एक ही समय में सभी विषयों में पास होना अनिवार्य नहीं रहता है।
5. छात्रों को अपने परिणाम की उपलब्धि का शीघ्र ज्ञान हो जाता है।

क्रेडिट व्यवस्था तथा राष्ट्रीय मुक्त शिक्षा संस्थान (National Institute of Open School) छात्रों को परीक्षा में उत्तीर्ण होने के लिए कई अवसर देता है। छात्र अपनी सुविधा अनुसार परीक्षा से सम्बन्धित विषयों की परीक्षा एक बार न देकर अलग से दे सकता है। वह कोर्स को कई प्रयासों में धीरे-धीरे पास करता है। जैसे-जैसे वह विषय में उत्तीर्ण हो जाता है, उस के खाते में उसकी उपलब्धि जोड़ दी जाती है।

वर्ष 2010 से केन्द्रीय माध्यमिक शिक्षा बोर्ड (CBSE) भी कक्षा दस में यह व्यवस्था चालू की है। छात्र एक ही समय परीक्षा पास करने के अतिरिक्त विभिन्न विषयों में उपलब्धि हेतु कई प्रयास कर सकते हैं।

क्रेडिट व्यवस्था की सीमाएँ (Limitations of Credit System)

1. क्रेडिट व्यवस्था के लागू करने सम्बन्धी अध्यापकों को अल्पकालीन प्रशिक्षण देना आवश्यक है।
2. क्रेडिट व्यवस्था के विभिन्न पक्षों पर छात्रों तथा अभिभावकों से वातसल्य किया जाए तथा उन्हें इस व्यवस्था के गुणों तथा विशेषताओं से परिचित कराया जाए।
3. शैक्षिक संस्थाओं को उचित समय पर पर्याप्त संख्या में अध्यापकों की व्यवस्था की आवश्यकता है।
4. क्रेडिट व्यवस्था में प्रयोग होने वाली सामग्री शैक्षिक संस्थाओं को उपलब्ध-कराने की आवश्यकता है।
5. क्रेडिट सम्बन्धी सभी आँकड़े तथा रिकार्ड ठीक ढंग से रखने की आवश्यकता है।
6. क्रेडिट व्यवस्था में विशेष ध्यान देने की आवश्यकता है कि इसके उपकरण वस्तुनिष्ठ (Objective) हों।

अभ्यास प्रश्न

A. निबंधात्मक प्रश्न

1. संचित अभिलेख की क्या आवश्यकता है? इसमें किस प्रकार के विवरण होने चाहिए और क्यों?
2. संचित अभिलेख रखते समय किन-किन सावधानियों का बरतना जरूरी है?
3. संचित अभिलेख तथा रखने में किस प्रकार की कठिनाइयाँ आती हैं? इन कठिनाइयों को कैसे दूर किया जा सकता है?
4. सतत् तथा विस्तृत मूल्यांकन का अर्थ स्पष्ट करें। इसका शिक्षा के उद्देश्यों से क्या संबंध है?

5. सतत् तथा विस्तृत मूल्यांकन की क्या आवश्यकता है?
6. सतत् तथा विस्तृत मूल्यांकन के गुण-दोषों पर अपने विचार लिखें। इस प्रकार के मूल्यांकन को कैसे प्रभावी बनाया जा सकता है?
7. सतत् तथा व्यापक मूल्यांकन का शिक्षा के उद्देश्यों से क्या संबंध है?
8. शिक्षा आयोग (1964-66) ने सतत् तथा व्यापक मूल्यांकन संबंधी क्या संतुतियाँ दी हैं?

B. लघु-उत्तरात्मक प्रश्न

1. सतत् तथा विस्तृत मूल्यांकन की व्याख्या 100 शब्दों में कीजिए।
2. संचित अभिलेख में छात्र के व्यक्तित्त्व के बारे में किस प्रकार के तथ्यों का उल्लेख किया जाता है?
3. सतत् तथा व्यापक मूल्यांकन का निर्देशन में क्या महत्त्व है?
4. सतत् तथा व्यापक मूल्यांकन के उद्देश्यों पर चर्चा करें।
5. सतत् तथा व्यापक मूलयांकन के किन-किन तकनीकों को अपनाया जाता है?
6. परंपरागत परीक्षा की अपेक्षा मूल्यांकन कितना व्यापक है?

C. वस्तुनिष्ठ प्रश्न

1. नीचे कुछ कथन दिये गये हैं। इनका उत्तर 'हाँ' अथवा 'नहीं' में दीजिए–
   (i) संचित अभिलेख केवल एक वर्ष के लिए होता है। (हाँ/नहीं)
   (ii) संचित अभिलेख में कम-से-कम छात्र सम्बन्धी तथ्य तीन वर्ष के लिए होते हैं। (हाँ/नहीं)
   (iii) संचित अभिलेख सबसे पहले भारत के स्कूलों में आरम्भ हुआ। (हाँ/नहीं)

24

अध्यापक शिक्षा
(Teacher Education)

24.1 अध्यापक शिक्षा का अर्थ
(Meaning of Teacher Education)

मुनरो शिक्षा शब्दकोष (Munro's Encyclopaedia of Education) के अनुसार, "अध्यापक शिक्षा में वे सभी शिक्षात्मक अनुभव सम्मिलित हैं जो किसी भी व्यक्ति को स्कूल में शिक्षण के लिए तैयार कराते हैं। परन्तु आमतौर पर इसका अर्थ उन कोर्सों तथा अनुभवों से लिया जाता है जिनका एक शिक्षा संस्था द्वारा इच्छुक व्यक्तियों को शिक्षण व्यवसाय में तैयार करने के लिए प्रावधान किया जाता है। ये कोर्स उनकी शिक्षण योग्यता को समृद्ध करते हैं। इस प्रकार की अध्यापक शिक्षा की व्यवस्था अध्यापक कॉलेजों, नॉर्मल स्कूलों तथा विश्वविद्यालयों में की जाती है।"

गुड के शिक्षा शब्दकोष (Good's Dictionary of Education) के अनुसार "अध्यापक शिक्षा में वे सभी औपचारिक क्रियाएँ तथा अनुभव सम्मिलित हैं जो किसी भी व्यक्ति को शिक्षण-व्यवसाय के सदस्य का दायित्व सँभालने की योग्यता प्रदान करते हैं।"

ऊपर लिखित विचारों से स्पष्ट होता है कि:

1. अध्यापक शिक्षा किसी शैक्षिक संस्था में दी जाती है।
2. अध्यापक शिक्षा में अनौपचारिक एवं अनौपचारिक अनुभव तथा क्रियाएँ सम्मिलित हैं।
3. अध्यापक शिक्षा व्यक्ति को शिक्षण व्यवसाय के सदस्य का दायित्व सँभालने की योग्यता प्रदान करती है।
4. कई वर्षों से अध्यापक शिक्षा न कि अध्यापक प्रशिक्षण शब्दों का प्रयोग किया जाता है। इसी कारण अध्यापक ट्रेनिंग कॉलेज न कह कर अध्यापक शिक्षा कॉलेज कहा जाता है।
5. अध्यापक शिक्षा का क्षेत्र व्यापक है। इसमें दोनों प्रकार की शिक्षा अर्थात् पूर्व सेवाकालीन तथा सेवाकालीन आ जाती हैं।

राष्ट्रीय शिक्षा नीति 1986 ने अध्यापक शिक्षा के बारे में इस प्रकार लिखा, "शिक्षक की शिक्षा एक सतत् प्रक्रिया है और इसके सेवापूर्व और सेवाकालीन अंशों को अलग नहीं किया जा सकता।"

24.2 अध्यापक शिक्षा का माध्यमिक स्तर पर महत्त्व तथा उद्देश्य (Significance and Objectives of Teacher Education at the Secondary Stage)

शिक्षा का स्तर अध्यापकों के गुणों पर निर्भर करता है और अध्यापकों के गुण उनके प्रशिक्षण अथवा उनकी शिक्षा पर निर्भर करते हैं। इसमें कोई सन्देह नहीं कि प्रशिक्षित अध्यापक शिक्षा स्तर को बढ़ाने में महत्त्वपूर्ण योगदान देते हैं। शिक्षा आयोग 1964-66 ने अध्यापक शिक्षा (प्रशिक्षण) का महत्त्व इस प्रकार बताया, "शिक्षा के गुणात्मक सुधार के लिए यह अनिवार्य है कि अध्यापकों के लिए वृत्तिक (व्यावसायिक) शिक्षा का एक समुचित कार्यक्रम हो। अध्यापकों के प्रशिक्षण पर किए गए व्यय का प्रतिफल सचमुच काफी मूल्यवान होगा क्योंकि उसके परिणामस्वरूप लाखों छात्रों की शिक्षा में जितना सुधार होगा, उसकी तुलना में आर्थिक व्यय की मात्रा बहुत कम होगी।"

अच्छे अध्यापक पैदा कम होते हैं, अधिकतर बनाये जाते हैं। अध्यापक को प्रशिक्षित करना उतना ही आवश्यक है जितना कि किसी को डॉक्टर आदि बनाने का प्रशिक्षण देना।

अध्यापक शिक्षा के महत्त्व पर प्रकाश डालते हुए राष्ट्रीय शिक्षक आयोग (स्कूल अध्यापक, 1983-85) ने लिखा, "किसी भी प्रशिक्षण कार्यक्रम की मूलभूत आवश्यकता यह है कि वह प्रशिक्षणार्थी के मूलभूत कौशलों को सीखने और अच्छे शिक्षक की योग्यता प्राप्त करने में सहायक हो, जैसे विभिन्न योग्यता वाले छात्रों की कक्षा को सँभालने, विचारों को स्पष्ट और तर्कसंगत ढंग से प्रस्तुत करने, शिक्षण को प्रभावी बनाने के लिए उपलब्ध टेक्नालॉजी का प्रयोग करने, शिक्षाप्रद अनुभव को कक्षा से बाहर आयोजित करने, समुदाय के साथ मिलकर काम करने और छात्रों को भी ऐसा करने में सहायता देने की क्षमताएँ।"

किसी भी शिक्षा प्रणाली में अध्यापक का महत्त्वपूर्ण स्थान है। अध्यापकों के उचित प्रशिक्षण तथा शिक्षा के बिना वे बच्चे के उचित निर्माता नहीं बन सकते और न ही वे अपने शिक्षण व्यवसाय में पर्याप्त सफलता प्राप्त कर सकते हैं। इसमें कोई सन्देह नहीं कि स्कूल भवन, शिक्षण सामग्री, पाठ्यपुस्तकें, शिक्षण विधियाँ आदि शिक्षा की प्रगति के लिए आवश्यक हैं, परन्तु अच्छे प्रशिक्षित अध्यापकों के बिना ये सब निरर्थक एवं निर्जीव हैं।

संक्षेप में अध्यापक शिक्षा के निम्नलिखित उद्देश्य हैं–

1. आत्मविश्वास निर्माण के लिए–प्रशिक्षण से अध्यापकों में आत्मविश्वास पैदा होता है। इससे अध्यापक अपने अध्यापन के आरम्भिक काल में उत्पन्न चिन्ताओं से मुक्त होने की क्षमता का निर्माण करते हैं।

2. अध्यापन विधियों की जानकारी–प्रभावी तथा सृजनात्मक विद्या प्राप्त करके अध्यापक अपने अध्यापक को रोचक तथा प्रभावी बना सकते हैं।

3. बच्चों को भली प्रकार समझाना–शिक्षा मनोविज्ञान का ज्ञान अध्यापकों को इस योग्य बना देता है कि वे बच्चों की रुचियों तथा स्वभावों को भली प्रकार जानकर उनका ठीक प्रकार मार्गदर्शन कर सकें।

4. विषय को रोचक तथा सरल बनाना–अध्यापक अपने शिक्षण से विषय को

रोचक तथा सरल बनाकर छात्रों का ध्यान विषय की ओर आकर्षित कर सकते हैं। वह छात्रों की शंकाओं का उन्मूलन करने में सहायक होते हैं।

5. शिक्षा क्षेत्र की नवीन पद्धतियों से जानकारी–विज्ञान तथा शैक्षिक मनोविज्ञान ने बहुत प्रगति की है जिसके परिणामस्वरूप बदलती हुई परिस्थिति से अध्यापन को प्रभावपूर्ण बनाने के लिए उनसे परिचित होना बहुत आवश्यक है।

6. शिक्षा का स्तर–इसमें कोई सन्देह नहीं कि प्रशिक्षित अध्यापक शिक्षा स्तर को बढ़ाने में योगदान देते हैं।

7. शिक्षा के क्षेत्र में नई चुनौतियों का मुकाबला करना–राष्ट्रीय शिक्षक आयोग 1983-85 ने इसे इस प्रकार स्पष्ट किया है, "आने वाले शिक्षकों को इन सामान्य अपेक्षाओं के अलावा नए शिक्षक की जो तस्वीर हमारे मन में है उसके अनुसार उसको पहले राष्ट्रीय लक्ष्यों को शैक्षिक कार्यकलापों में ढालना होगा। उसे अपने छात्रों को राष्ट्रीय अखण्डता और एकता की भावना और उसका महत्त्व, वैज्ञानिक दृष्टिकोण की आवश्यकता, कार्य और व्यवहार के स्तर में उत्कृष्टता के प्रति निष्ठा और समाज में दिलचस्पी लेना सिखाना होगा। वह तब तक ऐसा नहीं कर सकता जब तक वह स्वयं इन मूल्यों के प्रति प्रतिबद्ध न हो। विश्व स्तर पर उसे मानव दुविधा, जनसंख्या विस्फोट, पर्यावरण प्रदूषण, न्यूक्लियर विध्वंस के खतरे और विश्वशान्ति की समझ होनी चाहिए। अध्यापक प्रशिक्षण में सबसे अधिक महत्त्वपूर्ण यह है कि अध्यापक प्रशिक्षण से सम्बन्धित कौशलों में निपुणता प्राप्त करने के अतिरिक्त वे सही अभिवृत्तियों और मूल्यों को ग्रहण करे।"

24.3 अध्यापक शिक्षा अथवा प्रशिक्षण संस्थाओं के प्रकार (Types of Teacher Education)

1. पूर्व प्राथमिक प्रशिक्षण संस्थाएँ तथा केन्द्र–इन प्रशिक्षण संस्थाओं तथा केन्द्रों में माण्टेसरी, नर्सरी, किण्डरगार्डन, प्री-बेसिक, शिशु मन्दिर, बाल विहार आदि स्कूलों में पढ़ाने वाले शिक्षकों का प्रशिक्षण किया जाता है। प्राय: यह देखा गया है कि इनमें प्रशिक्षण पाने वाली अधिकांश महिलाएँ ही होती हैं। इन संस्थाओं में विभिन्न प्रकार के प्रशिक्षण पाठ्यक्रम चलाए जा रहे हैं। इनमें प्रवेश के न्यूनतम शिक्षा स्तर अलग-अलग हैं। इस क्षेत्र में राज्यों द्वारा मान्यता प्राप्त संस्थाओं की संख्या लगभग नहीं के बराबर है। इनकी मान्यता प्राय: राज्य शिक्षा संस्थान द्वारा दी जाती है। इनमें सरकारी तथा गैर-सरकारी सहायता प्राप्त संस्थाएँ हैं। हाल ही में निजी प्रयासों द्वारा अनेक मान्यता प्राप्त संस्थाएँ स्थापित की गई हैं जिनका मुख्य लक्ष्य केवल धन कमाना ही है।

2. प्राथमिक अथवा प्रारम्भिक कक्षाओं के लिए अध्यापकों के लिए प्रशिक्षण–प्राय: इस प्रशिक्षण में हाई अथवा हायर सेकेण्डरी पास दो-वर्षीय पाठ्यक्रम के लिए छात्र प्रविष्ट किए जाते हैं। पास होने के पश्चात् अध्यापकों को दिए जाने वाले प्रमाण-पत्र इन नामों से पुकारे जाते हैं–जूनियर बेसिक ट्रेनिंग सर्टीफिकेट, डिप्लोमा इन टीचिंग, जे.टी. आदि। यह प्रशिक्षण दो प्रकार का है–बुनियादी तथा गैर-बुनियादी।

3. माध्यमिक प्रशिक्षण विद्यालय–इन प्रशिक्षण विद्यालयों में केवल वे ही व्यक्ति प्रवेश पा सकते हैं जो हाई स्कूल या इण्टरमीडिएट पास हों। किसी राज्य में इस प्रशिक्षण

की अवधि 1 वर्ष है और किसी में 2 वर्ष। प्रशिक्षण के पश्चात् सी.टी. (C.T.) आदि डिप्लोमा दिया जाता है। डिप्लोमा प्राप्त अध्यापकों को लोअर सेकेण्डरी स्कूलों में नियुक्त किया जाता है। धीरे-धीरे इस प्रकार की संस्थाओं की संख्या कम हो रही है।

अध्यापक शिक्षा अथवा प्रशिक्षण संस्थाओं के प्रकार
(Types of Teacher Education)

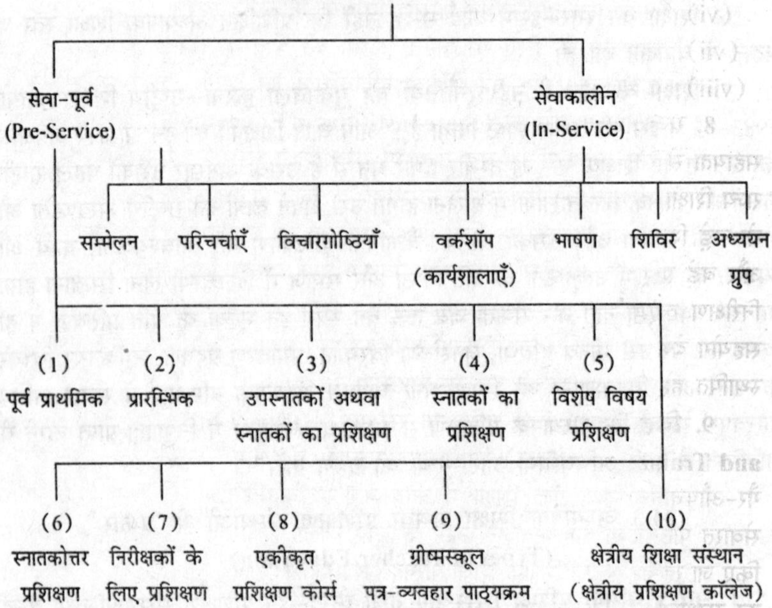

4. स्नातकों के लिए सेकेण्डरी प्रशिक्षण कॉलेज–इनका प्रशिक्षण कॉलेजों में एक वर्ष का पाठ्यक्रम होता है। प्रवेश के लिए न्यूनतम शैक्षिक योग्यता स्नातक है।

उत्तीर्ण होने वालों को विश्वविद्यालय द्वारा बी.एड. (B.Ed.) की डिग्री दी जाती है। विभिन्न राज्यों में पाठ्यक्रम एक जैसे नहीं हैं। अधिकतर प्रशिक्षण संस्थाओं में सुविधाओं का अभाव है। पहले एल.टी. (L.T.) तथा बी.टी. (B.T) उपाधियाँ दी जाती हैं।

5. विशेष विषय प्रशिक्षण संस्थाएँ–हिन्दी, संस्कृत, अंग्रेजी, कला, संगीत, शारीरिक शिक्षा अध्यापकों के प्रशिक्षण के लिए विशेष संस्थाएँ खोली गई हैं।

6. स्नातकोत्तर अध्यापकों के लिए अध्यापक शिक्षा तथा अनुसंधान संस्थाएँ–लगभग सभी विश्वविद्यालयों में स्नातकोत्तर शिक्षा एवं अनुसंधान कार्य के लिए सुविधाएँ प्राप्त हैं।

7. क्षेत्रीय शिक्षा संस्थान (Regional Institutes of Education)–पहले इन्हें क्षेत्रीय प्रशिक्षण कॉलेज कहा जाता था। 1963 में एन.सी.ई.आर.टी. ने तीन कॉलेज स्थापित किए। अब ये पाँच कॉलेज हैं–भुवनेश्वर, अजमेर, मैसूर, भोपाल तथा शिलाँग। ये संस्थान परम्परागत पद्धति से हट कर अध्यापक शिक्षा के कोर्स चलाते हैं। इन संस्थाओं के निम्नलिखित कार्य हैं–

(i) अपने-अपने क्षेत्र में शिक्षा-स्तर में सुधार लाने के प्रयास करना।

(ii) माध्यमिक स्कूलों के सेवारत अध्यापकों के लिए अध्यापक शिक्षा की व्यवस्था करना।

(iii) तकनीकी विषय जैसे शिल्प, विज्ञान, गृह विज्ञान, वाणिज्य आदि के लिए अध्यापकों का प्रशिक्षण।

(iv) नए-नए प्रयोगों द्वारा उपयोगी शिक्षण सामग्री का निर्माण करना।

(v) अपने क्षेत्र में शिक्षा विभागों से सम्पर्क स्थापित करना और उनके अधिकारियों तथा शिक्षकों को नई विधियाँ और शिक्षण सामग्री के बारे में जानकारी प्रदान करना।

(vi) अनुसंधानों द्वारा नवीन शिक्षण विधियों की खोज करना।

(vii) विशेषज्ञों के लिए स्नातकोत्तर कोर्सों की व्यवस्था करना।

(viii) रा.शि.अनु.प्र.परि. की शैक्षिक गतिविधियों का अपने क्षेत्र में प्रसार करना।

8. राज्य शिक्षा संस्थान (State Institutes of Education)–केन्द्रीय सरकार की सहायता से सन् 1964 में 15 बड़े राज्यों में राज्य शिक्षा संस्थानों की स्थापना की गई। इन राज्य शिक्षा संस्थानों का मूल उद्देश्य निरीक्षकों के लिए प्रशिक्षण व्यवस्था करना और राज्य के बड़े शिक्षा अधिकारियों के लिए शिक्षा सम्मेलन या कार्य गोष्ठियों का आयोजन करना और बड़े प्रशिक्षण संस्थाओं के विस्तार विभाग द्वारा आरम्भ किए गए पत्र-पाठ्यक्रम की निरीक्षण व्यवस्था करना तथा राज्यों में शिक्षा सुधारों के कार्यरूप में राज्य सरकारों को सहयोग देना था। देश के सभी राज्यों तथा कई संघ प्रशासित क्षेत्रों में राज्य शिक्षा संस्थान स्थापित हो चुके हैं। इनकी इस समय संख्या 30 है।

9. जिला शिक्षा तथा प्रशिक्षण संस्थान (District Institutes of Education and Training—DIETs)–प्राथमिक स्कूलों में काम करने वाले शिक्षकों और गैर-औपचारिक तथा प्रौढ़ शिक्षा में कार्य कर रहे कार्यकर्ताओं के लिए सेवा-पूर्व तथा सेवारत पाठ्यक्रमों का आयोजन करने के लिए जिला शिक्षा तथा प्रशिक्षण संस्थान स्थापित किए जा रहे हैं। राष्ट्रीय शिक्षक शिक्षा परिषद् (National Council of Teacher Education) इन संस्थानों का उचित मार्ग दर्शन करती है।

इस समय 599 जिलों में लगभग 500 संस्थान स्थापित किए जा चुके हैं।

10. अध्यापक शिक्षा का पत्राचार कोर्स संस्थान (Institutes for Teacher Education—Correspondence Courses)–अप्रशिक्षित अध्यापकों को प्रशिक्षण देने के लिए पत्राचार पाठ्यक्रम बहुत उपयुक्त है। इस योजना के अधीन अध्यापकों को अधिक समय के लिए स्कूल से बाहर नहीं रहना पड़ता।

11. राष्ट्रीय शैक्षिक अनुसंधान और प्रशिक्षण परिषद (रा. शै. अनु. प्र. परि.)–रा. शै. अनु. प्र. परिषद् का शिक्षक विभाग अध्यापक शिक्षा के क्षेत्र में अनुसंधान शिक्षण सामग्री तैयार करने तथा प्रशिक्षण विस्तार सेवाओं के कार्य करता है।

24.4 जिला शिक्षा एवं प्रशिक्षण संस्थानः प्राथमिक स्तर के अध्यापकों की शिक्षा (District Institutes of Education and Training: Education of Elementary Teachers)

भूमिका–जिला शिक्षा प्रशिक्षण संस्थान–जि.शि.प्र.सं. की अवधारणा शिक्षा नीति 1986 की उपज है। शिक्षा नीति में प्राथमिक स्तर पर अध्याय शिक्षा को सुदृढ़ करने के लिए इस अभिकरण की संस्तुति की गयी। इस संदर्भ में क्रियान्वयन कार्यक्रम (Programme of Activity) में कहा गया कि प्रत्येक जिले में एक DIET की स्थापना की जाएगी।

वर्ष 2004 तक 599 जिलों में से 498 जिलों में ये संस्थान स्थापित किये गये थे।

जिला शिक्षा एवं प्रशिक्षण संस्थान के मुख्य कार्य (Main Functions of DIETs)

प्राथमिक स्तर पर सेवाकालीन तथा सेवापूर्व अध्यापक शिक्षा कार्यक्रमों को व्यवस्थित करना।

राज्यवार डाइटों की संख्या (Statewise Number of DIETs)

क्र. सं.	राज्य	संख्या	क्र. सं.	राज्य	संख्या
1.	आन्ध्र प्रदेश	23	19.	नागालैण्ड	06
2.	अरुणाचल प्रदेश	11	20.	उड़ीसा	17
3.	असम	19	21.	पंजाब	17
4.	बिहार	24	22.	राजस्थान	30
5.	छत्तीसगढ़	07	23.	सिक्किम	03
6.	गोवा	01	24.	तमिलनाडु	29
7.	गुजरात	07	25.	त्रिपुरा	04
8.	हरियाणा	17	26.	उत्तर प्रदेश	70
9.	हिमाचल प्रदेश	12	27.	उत्तरांचल	10
10.	जम्मू तथा कश्मीर	04	28.	पश्चिम बंगाल	16
11.	झारखण्ड	10	29.	अण्डमान व निकोबार	01
12.	कर्नाटक	20	30.	चण्डीगढ़	–
13.	केरल	14	31.	दादरा और नागर हवेली	–
14.	मध्य प्रदेश	38	32.	दमन और दीव	–
15.	महाराष्ट्र	30	33.	दिल्ली	07
16.	मणिपुर	08	34.	लक्षद्वीप	01
17.	मेघालय	07	35.	पाण्डिचेरी	1
18.	मिजोरम	08		कुल	**498**

24.5 राष्ट्रीय शिक्षक शिक्षा परिषद् (National Council for Teacher Education—NCTE)

राष्ट्रीय शिक्षक शिक्षा परिषद् की स्थापना (Establishment of NCTE)

कोठारी शिक्षा आयोग की संस्तुतियों के पश्चात् 1973 में केन्द्रीय और राज्य सरकारों को अध्यापक शिक्षा के क्षेत्र में व्याप्त समस्याओं एवं विभिन्न कठिनाइयों के निराकरण हेतु आवश्यक सुझाव देने के लिए ही मूलत: इस परिषद् का गठन किया गया। सन् 1993 में 'National Council for Teacher Education Act' बनाया गया तथा इसका मुख्यालय दिल्ली में स्थापित किया गया। 1995 में इस परिषद् को वैधानिक दर्जा दिया गया और एन.सी.ई.आर.टी. के समान ही स्वायत्तशासी होने का अधिकार भी मिल गया। नई दिल्ली में आज इस परिषद् का अपना पृथक् कार्यालय है।

1993 से पूर्व राष्ट्रीय अध्यापक परिषद् के मुख्य कार्य (Main Functions of NCTE before 1993)

1. अध्यापक शिक्षा से सम्बन्धित समस्त विषयों में भारत सरकार को सुझाव एवं परामर्श प्रदान करना और सेवापूर्व तथा सेवाकालीन अध्यापक शिक्षा पाठ्यक्रम का मूल्यांकन करना और सुधार हेतु योजना निर्माण करना।
2. राज्य सरकारों को भी आवश्यकतानुसार अध्यापक शिक्षा के क्षेत्र में किसी योजना के गठन में सहायता एवं सुझाव प्रदान करना।
3. पंचवर्षीय योजनाओं में जिन योजनाओं को अध्यापक शिक्षा के परिप्रेक्ष्य में तैयार किया गया हो, उनकी निरन्तर प्रगति की समीक्षा करना।
4. सरकार को इस बारे में निर्णय ग्रहण में सहयोग करना कि देश में अध्यापक शिक्षा के स्तर को किस प्रकार से अपेक्षित एवं अभीष्ट वर्गीय बनाया जाए।
5. परिषद् से किसी सम्बन्धित आयाम के सन्दर्भ में यदि सरकार के द्वारा राय माँगी जाती है तो उपयुक्त सुझाव एवं अभिमत प्रस्तुत करना।

1995 के अधिनियम के अनुसार कार्य

1995 के एन.सी.टी.ई. अधिनियम के तहत इस परिषद् के कार्यक्षेत्र में विस्तारण हो पाया जिन्हें अग्रानुसार प्रस्तुत किया जा सकता है–

1. मान्यता प्रदान करना–अध्यापक शिक्षा के विभिन्न स्तरीय पाठ्यक्रमों के संचालन के लिए विश्वविद्यालय, महाविद्यालय या संस्थानों के शिक्षा विभागों को परिषद् द्वारा मान्यता प्राप्त करना आवश्यक माना गया और संसाधन एवं सुविधाओं की उचित जाँच करने के बाद जो कि सम्बन्धित विभाग में उपलब्ध हो, परिषद् का कार्य उन्हें मान्यता प्रदान करना है।

2. प्रमाणीकरण करना–अध्यापक शिक्षा हेतु निर्धारित मानकों को ध्यान में रखते हुए परिषद् का कार्य अध्यापक शिक्षा संस्थानों की निरीक्षण समितियों के माध्यम से जाँच करने के बाद उनका प्रमाणीकरण करना भी है। मान्यता में जहाँ उपाधि को वैध करार दिया जाता है वहीं पर प्रमाणीकरण में संस्थान को अध्यापक शिक्षा के किसी भी स्तरीय पाठ्यक्रम को संचालित करने के लिए योग्य माना जाता है जो कि शिक्षण-प्रशिक्षण सम्बन्धी आवश्यक साधन एवं सुविधाओं की पर्याप्तता पर निर्भर करता है।

3. अधिकार-पत्र प्रदान करना–इसके तहत परिषद् को उपयुक्त उपाधिधारी किसी व्यक्ति को शिक्षण कार्य को करने के लिए अधिकार-पत्र प्रदान करना आता है। पहले इसे दो वर्ष तक के लिए और पुनः बाद में 5 या 10 वर्ष की अवधि हेतु और अन्ततः आजीवन वैध अधिकार प्रदान किये जाने का प्रावधान किया गया है।

4. अन्य कार्य–इन प्रमुख कार्यों के अतिरिक्त जिन अन्य कार्यों को परिषद् के लिए निर्दिष्ट किया गया है उनमें से अध्यापक शिक्षा के क्षेत्र में विभिन्न वैषयिक सर्वेक्षण को कराना और प्राप्त परिणामों का प्रकाशन करना, अध्यापक शिक्षा कार्यक्रमों के लिए समन्वयन और नियमन (कोऑर्डीनेटिंग मॉनीटरिंग) करना, अध्यापक-शिक्षकों के लिए न्यूनतम योग्यता सम्बन्धी दिशा-निर्देश तैयार करना, किसी स्तर पर अध्यापक शिक्षा पाठ्यक्रम में सम्मिलित होने के लिए मानक (न्यूनतम शैक्षिक योग्यता, कुशलता, दक्षता आदि) को निर्धारित करना,

अध्यापक शिक्षा में नवीन पाठ्यक्रम एवं कार्यक्रमों के प्रारम्भीकरण के लिए उपयुक्त दिशा-निर्देश और विशिष्ट आवश्यकताओं की सूची तैयार करना जिनमें सामान्य तथा विशिष्ट दोनों ही स्तरीय अध्यापक शिक्षा शामिल हों (वर्तमान में विशिष्ट अध्यापक शिक्षा के क्षेत्र में भारतीय पुनर्वास परिषद् के द्वारा सम्बन्धित दिशा-निर्देशन तथा अपेक्षा सूची तैयार की गई)। नियमित रूप से नवचारिक और शोध सम्बन्धी गतिविधियों को अध्यापक शिक्षा के क्षेत्र में संचालित करना, समस्त अध्यापक शिक्षा कार्यक्रमों का निरीक्षण एवं अनुदान हेतु प्रबन्ध करना, अध्यापक शिक्षा के क्षेत्र में अन्तर्राष्ट्रीय सम्बन्धों को विकसित करना, सेवाकालीन अध्यापक शिक्षा योजना निर्माण और उनका क्रियान्वयन करना ताकि सेवारत अध्यापक अध्यापिकाओं को नवीनतम अनुसंधान और सूचनाओं के बारे में अभिज्ञता प्राप्त हो सके, अन्य संगठनों की सहभागिता को अध्यापक शिक्षा के क्षेत्र में सुनिश्चित करना ताकि व्यवस्था का विकेन्द्रीकरण हो सके, अध्यापक शिक्षा के क्षेत्र में वाणिज्यीकरण को रोकते हुए गुणवत्ता स्तर के उन्नयन एवं नियन्त्रण को सुनिश्चित करना, अध्यापक शिक्षा कार्यक्रमों को उत्तम अध्यापक/अध्यापिकाओं की तैय्यारी के लिए दायित्वशील बनाना आदि प्रमुख हैं।

अध्यापक परिषद् के क्षेत्रीय कार्यालय

अध्यापक परिषद् ने चार क्षेत्रीय कार्यालय स्थापित किए हैं।

अध्यापक परिषद् के कार्य का मूल्यांकन

आशा की गई थी कि देश में अध्यापक परिषद् की स्थापना के पश्चात् अध्यापक प्रशिक्षण में पर्याप्त सुधार हो सकेगा। परन्तु परिणाम उत्साहजनक नहीं निकले। अध्यापक शिक्षा में वाणिज्यीकरण का बोलबाला है। ठोस कदम उठाए बिना शिक्षक शिक्षा में सुधार होना सम्भव नहीं है।

24.6 अध्यापक शिक्षा में दोष (Shortcomings in Teacher Education)

समय-समय पर आयोगों, समितियों तथा गोष्ठियों में अध्यापक शिक्षा के दोषों पर प्रकाश डाला गया है तथा उनको दूर करने के उपाय बताए गए हैं। जहाँ पर केवल दो आयोगों के विचारों का विवरण दिया जा रहा है।

1. शिक्षा आयोग 1964-66
2. राष्ट्रीय शिक्षक आयोग I स्कूल शिक्षक आयोग 1983-85 (National Teacher Commission I for School Teachers)

शिक्षा आयोग 1964 तथा अध्यापक शिक्षा के दोष

1. साधारणत: प्राथमिक और माध्यमिक स्कूलों के अध्यापकों की शिक्षा संस्थाएँ विश्वविद्यालयों के शैक्षिक जीवन की धारा से अलग रही हैं।
2. साधारणत: प्राथमिक और माध्यमिक स्कूलों के अध्यापकों की शिक्षा संस्थाएँ स्कूलों की दैनिक समस्याओं से अलग रही हैं।

3. थोड़े-से अपवादों को छोड़ दिया जाए तो सामान्यतः शिक्षा संस्थाएँ मध्यम या घटिया कोटि की ही होती हैं।
4. पाठ्यक्रम अधिकतर परम्परागत होते हैं।
5. कार्यक्रम अधिकतर परम्परागत हैं।
6. कार्यक्रमों में वास्तविकता बहुत कम है।
7. कार्यक्रमों में सजीवता नहीं होती है।
8. शिक्षण के अभ्यास के लिए नीरस तकनीकें हैं।
9. शिक्षण के अभ्यास के लिए परम्परागत पद्धतियाँ अपनाई जाती हैं।
10. आज की आवश्यकताओं पर बहुत कम ध्यान रखा जाता है।

शिक्षक सुधार हेतु आयोग द्वारा दिए गए सुझाव

1. शिक्षक-शिक्षा की पृथकता का अन्त करना।
2. अध्यापकों की वृत्तिक शिक्षा में सुधार।
3. प्रशिक्षण-काल।
4. प्रशिक्षण-संस्थाओं में सुधार।
5. प्रशिक्षण-सुविधाओं में विस्तार।
6. उच्च शिक्षा के शिक्षकों की व्यावसायिक तैयारी।
7. अध्यापक-शिक्षा के स्तर।

शिक्षक-शिक्षा का पृथकता दूर करना

1. 'शिक्षा' विषय को विश्वविद्यालयों के प्रथम और द्वितीय डिग्री कोर्सों (अर्थात् बी.ए. और एम.ए.) के पाठ्यक्रमों में स्थान दिया जाए।
2. चुने हुए विश्वविद्यालयों में अध्यापक-शिक्षा के कार्यक्रमों के विकास, अध्ययन और अनुसंधान के लिये 'शिक्षा-विभागों' (Schools of Education) की स्थापना की जाए।
3. प्रत्येक प्रशिक्षण-संस्था में 'प्रसार-सेवा-विभाग' (Extension Service Department) की स्थापना की जाए।
4. प्रशिक्षण-संस्थाओं में 'पुरातन छात्र-संघों' (Old Boys' Associations) की स्थापना की जाए। ये छात्र शिक्षकों के साथ शिक्षा के विभिन्न विषयों, समस्याओं और पाठ्यक्रमों पर विचार-विमर्श करें।
5. प्रशिक्षण-काल में छात्राध्यापकों से मान्यता-प्राप्त स्कूलों में ही शिक्षण का अभ्यास कराया जाए।
6. सरकार द्वारा इन स्कूलों को उपयुक्त शिक्षण-सामग्री और साज-सज्जा के लिये विशेष अनुदान दिया जाए।
7. प्रशिक्षण-विद्यालयों और उनके सम्बद्ध अध्यापन-अभ्यास (Teaching-Practice) के स्कूलों के शिक्षकों में समय-समय पर विनिमय (Exchange) किया जाए।

8. विभिन्न प्रकार की शिक्षण-संस्थाओं की पृथकता को दूर करने के लिए सब को 'ट्रेनिंग कॉलेजों' की संज्ञा दी जाए, और उनको विश्वविद्यालयों से सम्बद्ध किया जाए।
9. प्रत्येक राज्य में 'कॉम्प्रीहेन्सिव कॉलेजों' (Comprehensive Colleges) का निर्माण किया जाए, जिनमें शिक्षा के विभिन्न स्तरों के लिए अध्यापकों को प्रशिक्षण दिया जाए।
10. प्रत्येक राज्य में 'अध्यापक-शिक्षा की राज्य परिषद् (State Board of Teacher-Education) स्थापित किया जाए। यह बोर्ड सब स्तरों और सब क्षेत्रों में अध्यापक-शिक्षा के लिए उत्तरदायी बनाया जाए; यथा–
    (अ) प्रशिक्षण-संस्थाओं के लिए स्तरों का निर्धारण;
    (ब) शिक्षक-शिक्षा के पाठ्यक्रमों, कार्यक्रमों, परीक्षाओं, पाठ्य-पुस्तकों, तथा शिक्षण-सामग्री में सुधार;
    (स) प्रशिक्षण-संस्थाओं की मान्यता के लिए प्रतिबन्धों का निर्धारण;
    (द) इन संस्थाओं के निरीक्षण की व्यवस्थता;
    (य) प्रशिक्षण-शिक्षा के विकास के लिए तात्कालिक तथा दीर्घकालीन योजनाओं का निर्माण।

24.7 वृत्तिक व्यावसायिक शिक्षा में सुधार (Improvement in Professional Education)

1. प्रशिक्षण-विद्यालयों के पाठ्यक्रमों की दशा और विषय-सामग्री को इस प्रकार परिवर्तित किया जाए कि छात्राध्यापकों को स्कूलों में पढ़ाए जाने वाले विषयों की जटिलताओं, धारणाओं और उद्देश्यों का पूर्ण ज्ञान हो जाए।
2. विश्वविद्यालयों में सामान्य और वृत्तिक व्यावसायिक शिक्षा के एकीकृत (Integrated) पाठ्यक्रम प्रारम्भ किए जाएँ।
3. वृत्तिक व्यावसायिक अध्ययन को सजीव बनाया जाए और शिक्षा में अनुसंधान का विकास करके इसको भारतीय स्थितियों पर आधारित किया जाए।
4. शिक्षण और मूल्यांकन की प्रगतिशील विधियों का प्रयोग किया जाए।
5. अध्यापन के अभ्यास में गुणात्मक सुधार किया जाए।
6. विशिष्ट पाठ्यक्रमों और कार्यक्रमों का निर्माण किया जाए।
7. अध्यापक-शिक्षा के सब स्तरों पर पाठ्यक्रमों और कार्यक्रमों को दोहराया जाए। ऐसा करते समय उन आधारभूत उद्देश्यों को ध्यान में रखा जाए, जिनको प्राप्त करने के लिए शिक्षकों को तैयार किया जा रहा है।

प्रशिक्षण काल (Training Period)

1. प्राइमरी स्कूलों के उन शिक्षकों के लिए जो सैकेण्डरी कोर्स पास हैं, प्रशिक्षण की अवधि 2 वर्ष की रखी जाए।

2. माध्यमिक स्कूलों के उन शिक्षकों के लिए, जो स्नातक हैं; प्रशिक्षण की अवधि कुछ समय तक 1 वर्ष की रखी जाए, पर इस अवधि को बढ़ा कर 2 वर्ष कर दी जाए।
3. यदि माध्यमिक विद्यालयों के शिक्षकों के प्रशिक्षण-काल को 2 वर्ष का करना सुगम न हो, तो उनको एक वर्ष में 230 दिन प्रशिक्षण दिया जाए।
4. शिक्षा में स्नातकोत्तर पाठ्यक्रम की अवधि को बढ़ाकर 4 सत्र (Terms) अथवा 1½ वर्ष का कर दिया जाए।

24.8 प्रशिक्षण संस्थाओं में सुधार (Improvement in Training Institutes)

1. प्रशिक्षण कॉलेजों में अध्यापकों के पास दो स्नातकोत्तर उपाधियाँ (Master's Degrees) होनी चाहिए। इन उपाधियों के साथ-साथ उनके पांस शिक्षा की उपाधि (Degree in Education) भी होनी चाहिए।
2. प्रशिक्षण कॉलेजों के अध्यापकों में से कुछ के पास 'डॉक्टर' (Ph.D.) की उपाधि होनी चाहिए।
3. विज्ञान, समाजशास्त्र, विज्ञान या गणित ऐसे विषयों को पढ़ाने के लिए योग्य विशेषज्ञों को नियुक्त किया जाना चाहिए, भले ही वे अप्रशिक्षित (Untrained) हों।
4. स्कूलों में कार्य करने वाले अप्रशिक्षित अध्यापकों को प्रशिक्षण देने के लिए 'ग्रीष्मकालीन संस्थाओं' (Summer Institutes) का आयोजन किया जाए।
5. उसी छात्र को किसी विषय के शिक्षण में विशेष योग्यता प्राप्त करने की अनुमति दी जाए, जिसने उस विषय में प्रथम उपाधि (B.A. etc.) या उसके समकक्ष परीक्षा पास की हो।
6. राज्यों तथा संघीय क्षेत्रों को यह नियम बनाना चाहिए कि माध्यमिक-स्कूलों में शिक्षक उन्हीं विषयों को पढ़ा सकते हैं, जिनका उन्होंने विश्वविद्यालय-उपाधि के लिए अध्ययन किया हो। यदि वे किसी अन्य विषय को पढ़ाएँ तो उन्हें उस विषय में पत्र-व्यवहार द्वारा या समर-इन्स्टीट्यूट में विशेष कोर्स का अध्ययन करना चाहिए।
7. प्रशिक्षण-कॉलेजों में प्रथम तथा द्वितीय श्रेणी प्राप्त छात्रों को प्रवेश देने का प्रयास किया जाए और उनको उपयुक्त छात्रवृत्तियाँ दी जाएं।
8. प्राइमरी स्कूलों के शिक्षकों को प्रशिक्षण देने वाली संस्थाओं के अध्यापक या तो शिक्षा विषय में एम.ए. (M.A. in Education) हों, या किसी अन्य विषय में स्नातकोत्तर उपाधि (M.A., M. Sc. आदि) के साथ बी.एड. (B. Ed.) की उपाधि प्राप्त कर चुके हों।
9. प्राथमिक स्कूलों में नये शिक्षकों की नियुक्ति उन व्यक्तियों में से की जाए, जो 10 वर्ष की 'सामान्य शिक्षा' (General Education) पूर्ण कर चुके हों। इस प्रतिबन्ध को जन-जातीय क्षेत्रों में तथा अध्यापिकाओं के लिए कठोरता के साथ लागू न किया जाए।

10. प्राथमिक स्कूलों में जो अप्रशिक्षित शिक्षक कार्य कर रहे हैं, उनके लिए पत्र-व्यवहार द्वारा शिक्षा की व्यवस्था की जाए और उन्हें अध्ययन करने के लिए अवकाश दिया जाए, जिससे वे अपनी योग्यता में उन्नति कर सकें।
11. प्राथमिक स्कूलों में आने वाले स्नातक शिक्षकों के लिए विशेष पाठ्यक्रमों का आयोजन किया जाए।
12. प्रशिक्षण संस्थाओं में छात्रों से शुल्क न लिया जाए और उनके लिए छात्रवृत्तियों तथा ऋण की व्यवस्था की जाए।
13. प्रत्येक प्रशिक्षण-संस्था से सम्बद्ध एक प्रयोगात्मक (Experimental) स्कूल होना चाहिए।
14. छात्राध्यापकों तथा शिक्षकों को आवास की उपयुक्त सुविधाएँ प्रदान की जाएं।
15. प्रचलित प्रशिक्षण-संस्थाओं में पुस्तकालयों, प्रयोगशालाओं, वर्कशॉपों आदि की स्थिति बहुत असन्तोषजनक है। अत: इनकी दशा में सुधार किया जाए।

24.9 राष्ट्रीय शिक्षक आयोग I स्कूल शिक्षक आयोग 1983-1985 की अध्यापक प्रशिक्षण के लिए संस्तुतियाँ (Recommendations of National Teacher Commission I— School Teacher Commission)

राष्ट्रीय शिक्षक आयोग I ने निम्न संस्तुतियाँ कीं-

1. एकीकृत चार वर्षीय पाठ्यक्रम (Integrated Four-Year Course)- माध्यमिक स्कूलों में कार्य करने वाले अध्यापकों के प्रशिक्षण हेतु उच्चतर माध्यमिक शिक्षा के बाद एक चार वर्षीय एकीकृत प्रशिक्षण पाठ्यक्रम (कोर्स) तथा यदि हो सके तो पाँच वर्ष का आरम्भ किया जाए। इस प्रकार के चार वर्षीय कोर्स के कॉलेज को अपनी भौतिक सुविधाओं को बढ़ाने व सुधारने के लिए 20 लाख रुपए की अनुदान राशि की आवश्यकता होगी। जिसे पूरा किया जाए।

एक वर्षीय बी.एड. कोर्स में कार्य के घण्टे बढ़ाकर 220 दिनों को सुनिश्चित किया जाए।

संघटित चार वर्षीय पाठ्यक्रम वाली शिक्षा की डिग्री के लिए दो घटकों को होना चाहिए, साधारण शिक्षा एवं व्यावसायिक उपक्रम।

साधारण शिक्षा में शामिल हों-

1. भाषा का अध्ययन।
2. स्कूल में पढ़ाए गए विषयों में से तीन या चार विषय।
3. सेमिनार, परियोजनाएँ तथा अध्ययन भ्रमण।

व्यावसायिक भाग में निम्नलिखित शामिल हों-

(i) शैक्षिक मनोविज्ञान, शैक्षिक समाजशास्त्र तथा शैक्षिक दर्शनशास्त्र सहित शिक्षा का अध्ययन विषय के रूप में।

(ii) शिक्षण का अभ्यास तथा इसके विषय व पद्धति तंत्र; तथा

(iii) अध्यापक के कार्य से सम्बन्धित विभिन्न शैक्षिक तकनीक का पठन जिसमें शैक्षिक तकनीकी विज्ञान तथा सॉफ्टवेयर की तैयारी सम्मिलित हो।

2. शैक्षिक तकनीकी अथवा प्रौद्योगिकी–शैक्षिक तकनीकी में अध्यापक शिक्षकों का एक वर्ग बनाया जा सकता है। एक ऐसा प्राध्यापक शिक्षक शिक्षा के प्रत्येक कॉलेज में नियुक्त किया जा सकता है।

3. अध्यापक शिक्षा संयुक्त जिम्मेवारी (Teacher Education-A Cooperative Affair)–अध्यापक का निर्माण शिक्षक कॉलेज व अभ्यास प्रशिक्षण स्कूल की संयुक्त जिम्मेदारी जानी चाहिए।

सहपाठ्यक्रम (Co-curricular Activities) अध्यापन के तरीकों के अतिरिक्त छात्र अध्यापकों को अन्य भूमिकाओं में अनुभव प्राप्त होना चाहिए जैसे सह-पाठ्यक्रम कार्य-कलापों का संगठन तथा समुदाय के साथ कार्य करना।

4. नयी शब्दावली–अध्यापन के तरीकों के अतिरिक्त छात्र अध्यापकों को अन्य भूमिकाओं में अनुभव प्राप्त होना चाहिए जैसे सह-पाठ्यक्रम कार्य-कलापों का संगठन तथा समुदाय के साथ कार्य करना।

इन्टर्नशिप (Internship) की अवधि अध्ययन काल के तीसरे वर्ष में चार सप्ताह व चौथे वर्ष में तीन सप्ताह से कम नहीं होनी चाहिए। इस अवधि में, अन्य क्रियाओं के साथ-साथ, ब्लैकबोर्ड पर लिखने, आरेखण कला, अध्ययन के लिए सहायक एवं सुधार लाने से संबंधित पुस्तक बनाने तथा तकनीकी उपकरणों का प्रयोग करने पर जोर देना चाहिए। सह-पाठ्यक्रम कार्य-कलापों में भाग लेना जैसे, खेल, क्रीड़ा, संगीत, नाच, नाटक अनिवार्य होना चाहिए।

5. मूल्यांकन (Assessment)–संकाय (Faculty) को कक्षा में छात्र-अध्यापक के निष्पादन के मूल्यांकन के लिए सही उपकरण बनाने चाहिए तथा कार्य की ओर रुझान, बच्चों के लिए प्यार, वैज्ञानिक दृष्टिकोण आदि जैसे तत्त्वों पर भी ध्यान रखना चाहिए। स्वयं आकलन (Self Assessment) तथा पाठ-पूर्व एवं पाठ-पश्चात् के चर्चा को बढ़ावा देना चाहिए।

6. शिक्षक शिक्षा पाठ्यक्रम का पुनरीक्षण (Review of Teacher Education)–अध्यापक शिक्षा की राष्ट्रीय परिषद् 1978 द्वारा निर्मित अध्यापक शिक्षा के पाठ्यक्रम का विभिन्न विश्वविद्यालयों के बोर्ड ऑफ स्टडीज इन एजूकेशन द्वारा पुनरीक्षण होना चाहिए और उचित तरीके से उसमें सुधार होना चाहिए।

7. अध्यापक शिक्षकों की योग्यताएँ (Qualifications of Teacher Educators)–अध्यापक शिक्षक की न्यूनतम योग्यता विषय में स्नातकोत्तर डिग्री तथा बी.एड. होनी चाहिए। यदि एम.एड. डिग्री हो तो अति उत्तम।

अध्यापकों के प्रशिक्षण कॉलेजों में कुछ प्राध्यापक सौंपे गए विषयों को पढ़ाने में योग्य नहीं हैं। ऐसी मुश्किल के निवारण के लिए, यह वांछनीय होगा कि अध्यापन प्रशिक्षण कॉलेज ऐसे विषय रखें जिनके पढ़ाने के लिए उनके पास निर्धारित योग्यता वाले शिक्षक हों।

अध्यापक प्रशिक्षकों को स्वयं उन कुशलताओं के प्रयोग में दक्ष होना चाहिए जिन्हें

वे अपने प्रशिक्षणार्थियों में विकसित करने की खोज में हैं। विशेष तौर पर, उन्हें शैक्षिक तकनीकी विज्ञान की सामग्री के प्रयोग एवं अनुरक्षण में दक्ष होना चाहिए तथा सम्बन्धित सामग्री के लिए प्राप्य स्रोतों की जानकारी होनी चाहिए।

8. शिविरों आदि का आयोजन (Organisation of Camps)–कॉलेजों को अपने अध्यापक प्रशिक्षणार्थियों के लिए शिविर आयोजित करके सह-पाठ्यक्रम कार्यकलापों में संगठनात्मक कुशलताओं को विकसित करने चाहिए। इस कार्य के लिए बाल भवन (Bal Bhawan), नेशनल स्कूल ऑफ ड्रामा (National School of Drama) तथा नेशनल फिल्म इन्स्टीट्यूट (National Film Institute) जैसी संस्थाओं की मदद ली जा सकती है।

9. कुशलताओं का विकास (Promotion of Skills)–वृत्तिक व्यावसायिक तैयारी के लिए शिक्षण कुशलताओं का विकास, जैसे कहानी सुनाना, पाठ, ब्लैकबोर्ड पर लिखना, नई तकनीक का प्रयोग आदि महत्त्वपूर्ण हैं। इसी प्रकार कला, संगीत, क्राफ्ट तथा नाच पर अधिक बल देना जरूरी है।

10. शिक्षक प्रशिक्षकों का अलग केडर (Separate Cadre for Teacher Educators)–आयोग ने यह नोट किया कि कभी-कभी कम प्रभावी स्कूलों के जिला इन्स्पेक्टरों का तबादला अध्यापक प्रशिक्षण संस्थाओं में कर दिया जाता है। आगे से इस प्रक्रिया को समाप्त करने की संस्तुति दी है। यदि आवश्यक हो तो अध्यापक प्रशिक्षण, सेवारत शिक्षा और अनुसंधान कार्य में लगे व्यक्तियां का एक अलग से संवर्ग बनाया जाए।

11. पत्राचार कोर्स (Correspondence Course)–बी.एड. प्रशिक्षण के लिए पत्राचार-व-संपर्क पाठ्यक्रमों के लिए कोई आपत्ति नहीं होनी चाहिए। यदि अभ्यास तथा निरीक्षण की संतोषजनक व्यवस्था हो उन्हें स्वीकार कर लेना चाहिए।

12. शिक्षक कॉलेजों के लिए मापदण्ड (Norms for Colleges of Education)–आरम्भिक तथा माध्यमिक अध्यापक प्रशिक्षण संस्थाओं के भौतिक तथा स्टॉफ स्रोतों के लिए एन.सी.टी.ई. द्वारा विकसित मानदण्ड, विशेषतया हमारी सिफारिशों के आधार पर चार वर्षीय संगठित पाठ्यक्रम तथा व्यावहारिक कुशलताओं को प्राप्त करने के और अधिक प्रयास के पक्ष में पुनरीक्षित किए जाएं।

13. वित्तीय सहायता (Financial Grants)–प्रत्येक कॉलेज को उसकी चलने वाले प्रशिक्षण आधारिक-संरचना को सुधारने के लिए अनावर्ती अनुदान दिया जाना चाहिए।

14. अध्यापक प्रशिक्षण के लिए चुनाव (Selection of Candidates for Teacher Training)–अध्यापक को प्रशिक्षण के लिए चुनते समय निम्नलिखित बातों का ध्यान रखना चाहिए–

(i) अच्छा स्वास्थ्य,
(ii) भाषा योग्यता तथा सम्प्रेषण दक्षताएँ,
(iii) मानसिक कुशलता,
(iv) संसार की सामान्य जानकारी,
(v) जीवन का निश्चित दृष्टिकोण, तथा
(vi) अच्छे मानवीय संबंधों की क्षमता।

प्रशिक्षणार्थियों का चयन ऑब्जेक्टिव टैस्ट, श्रेणी के मापदण्ड, ग्रुप-विचार विनिमय तथा वैयक्तिक साक्षात्कारों के माध्यम से होना चाहिए।

15. **पहले भर्ती फिर चुनाव (First Appointment then Training)**–अप्रशिक्षित प्रथम श्रेणी के स्नातक/स्नातकोत्तर की भर्ती करने, तथा बाद में उन्हें सेवाकाल में पत्राचार या संपर्क प्रोग्राम द्वारा पूर्ण प्रशिक्षण देने का प्रयास भी किया जा सकता है।

प्राथमिक स्कूलों के अध्यापकों के लिए प्रशिक्षण (Education/Training of Teachers for Primary Schools)

राष्ट्रीय अध्यापक आयोग ने निम्नलिखित सिफारिशें की हैं–

1. प्राथमिक अध्यापकों के लिए कक्षा बारह के बाद दो साल का प्रशिक्षण कोर्स अपेक्षित है। प्राथमिक अध्यापकों के प्रशिक्षण के लिए इस पैटर्न को सामान्य पैटर्न के रूप में स्थापित करने में यथाशीघ्र कदम उठाए जा सकते हैं। कक्षा दस के बाद चार वर्षीय संघटित प्रोग्राम के विकास की संभावना के सब ऊर्ध्ववर्ती गतिशीलता की गठित व्यवस्था (In Built Provision for Upward Mobility) के बारे में खोज भी की जानी चाहिए।

2. प्राथमिक अध्यापकों के लिए प्रशिक्षण पाठ्यक्रम में सामान्य शिक्षा और व्यावसायिक तैयारी भी शामिल हो। भाषा में पाण्डित्य और संचार कुशलताओं तथा प्रशिक्षणार्थियों के मूल्य अभिविन्यास पर पर्याप्त बल देने की आवश्यकता है।

3. प्राथमिक प्रशिक्षण संस्थान के लिए अध्यापक प्रशिक्षक पहले अभ्यासरत प्राथमिक स्कूलों के संवर्ग से लेने चाहिए। अन्य स्टाफ की कम से कम योग्यता स्नातकोत्तर डिग्री के साथ बी.एड. प्रशिक्षण होना चाहिए। उनकी सेवारत शिक्षा उतनी ही महत्त्वपूर्ण है।

24.10 राष्ट्रीय शिक्षा नीति 1986 तथा 1992 तथा अध्यापक प्रशिक्षण (National Policy on Education and Teacher Education)

राष्ट्रीय शिक्षा नीति के भाग 9 के अन्तर्गत शिक्षकों की भूमिका तथा प्रशिक्षण के लिए निम्न प्रकार के निर्देशनों का विवरण है–

9.1 अध्यापक का दर्जा समाज के सामाजिक-सांस्कृतिक स्वरूप को प्रदर्शित करता है; ऐसी कहावत है कि लोग अपने अध्यापकों के स्तर से ऊपर नहीं उठ सकते। सरकार और समुदाय को ऐसी परिस्थितियाँ उत्पन्न करने के लिए प्रयास करने चाहिए जो रचनात्मक और सक्रिय रूपरेखाओं पर अध्यापकों को गतिशील बनाने और उनके प्रेरणा देने में सहायक होंगी। अध्यापकों के समुदाय की आवश्यकताओं और उनसे संबंधित योग्यताओं के अनुरूप क्रियाकलापों और संचार के नए तथा उपयुक्त तौर-तरीके ईजाद करने के लिए स्वतंत्र होना चाहिए।

9.2 अध्यापकों की भर्ती प्रणालियों का पुनर्गठन किया जाएगा ताकि योग्यता तथा उद्देश्यात्मकता को सुनिश्चित किया जा सके और वे कार्यात्मक आवश्यकताओं के अनुरूप हों। अध्यापकों के वेतन और सेवा-शर्तों को उनके सामाजिक और व्यावसायिक उत्तरदायित्वों के अनुरूप बनाना होगा ताकि इस व्यवसाय के प्रति प्रतिभाशाली व्यक्तियों को आकर्षित किया जाए सके। देश-भर में अध्यापकों के लिए समान परिलब्धियों, सेवा-शर्तों तथा शिकायत निवारक तंत्र वांछनीय उद्देश्य को सुनिश्चित करने की रूपरेखाएँ तैयार की

जाएंगी। अध्यापकों के लिए एक स्पष्ट मूल्यांकन सहभागिता और आँकड़ों पर आधारित एक प्रणाली का सृजन किया जाएगा जिसमें उच्च ग्रेड में पदोन्नति के लिए समुचित अवसर प्रदान किए जाएंगे। अच्छे कार्य संपादन के लिए प्रेरणा देने के लिए उपयुक्त मानदण्ड निर्धारित किए जाएंगे और कार्य-निष्पादन न करने के लिए उन्हें प्रोत्साहन नहीं दिया जाएगा। शैक्षिक कार्यक्रमों को तैयार करने और उनके कार्यान्वयन में अध्यापक निरंतर महत्त्वपूर्ण भूमिका निभाएंगे।

9.3 अध्यापक संघों को अपनी व्यावसायिक सत्यनिष्ठा को बनाए रखने और अध्यापकों की गरिमा में वृद्धि करने के लिए उत्कृष्ट भूमिका निभानी चाहिए; उन्हें व्यावसायिक अवचार को दूर करने के लिए भी सहायता करनी चाहिए। सरकार के सहयोग से अध्यापकों से राष्ट्रीय स्तर के संघों को अध्यापकों के लिए एक राष्ट्रीय व्यावसायिक नीतिपरक संहिता तैयार करनी होगी और वे देखें कि उनका सुचारू रूप से पालन हो।

शिक्षक प्रशिक्षण (शिक्षा)

9.4 शिक्षक प्रशिक्षण भी एक सतत् प्रक्रिया है और इससे पूर्व-सेवा और सेवारत घटक अभिभाज्य है। एक पहले उपाय के रूप में शिक्षक शिक्षा प्रणाली की पूरी तरह से जाँच की जाएगी।

9.5 शिक्षक शिक्षा के नए कार्यक्रम सतत् शिक्षा और इस नीति में बताई गई महत्त्वपूर्ण बातों पर बल देंगे।

9.6 प्रारम्भिक स्कूली शिक्षकों और गैर-औपचारिक तथा प्रौढ़ शिक्षा में कार्य कर रहे कार्मिकों के लिए पूर्व-सेवा और सेवारत पाठ्यक्रमों का आयोजन करने की क्षमताओं वाले जिला शिक्षा तथा प्रशिक्षण संस्थान स्थापित किए जाएंगे। जैसे ही जिला शिक्षा तथा प्रशिक्षण संस्थान स्थापित हो जाएंगे तो निचले स्तर की संस्थाएँ समाप्त हो जाएंगी। चुनिंदा माध्यमिक शिक्षक-प्रशिक्षण कॉलेजों को राज्य शैक्षिक अनुसंधान तथा प्रशिक्षण परिषदों के कार्य को पूरा करने के लिए उन्नत किया जाएगा। राष्ट्रीय शिक्षक शिक्षा परिषद् को शिक्षक शिक्षा की संस्थाओं को मान्यता प्रदान करने की क्षमता और अपेक्षित संसाधन उपलब्ध कराए जाएं तथा पाठ्यचर्चा और प्रविधियों से संबंधित मार्गदर्शन प्रदान किया जाएगा। शिक्षक शिक्षा संस्थाओं तथा विश्वविद्यालय शिक्षा विभागों के बीच बाना बुनने से संबंधित प्रबंधों का सृजन किया जाएगा।

24.11 अध्यापकों की सेवाकालीन शिक्षा (In Service Education of Teachers)

24.12 अध्यापकों की सेवाकालीन शिक्षा का अर्थ (Meaning of In-Service Education)

इस शिक्षा का आशय अध्यापक की उस शिक्षा से है, जो वह सेवा में आने पर और प्रशिक्षण प्राप्त कर लेने के पश्चात् प्राप्त करता है। इसके अधीन वे सभी शैक्षिक, सामाजिक

या दूसरे कार्यक्रम आते हैं जिनमें अध्यापक भाग लेता है। इसके अधीन अध्यापक की वह सभी शिक्षा आती है, जो वह विभिन्न संस्थान में वृत्तिक उन्नयन पाठ्यक्रम और अभिनवन करने वाले पाठ्यक्रमों तथा भ्रमण द्वारा प्राप्त करता है। इन सभी से उसके अनुभव और दृष्टिकोण का विकास होता है।

अमरीका के अध्यापक शिक्षा आयोग ने इसे इस प्रकार स्पष्ट किया है, "अध्यापकों की निरन्तर शिक्षा का अर्थ उनकी कमियों को दूर करने से अधिक है। इसका अर्थ अध्यापन योग्यता को निरन्तर बढ़ाना है। इसका अर्थ मानव-विकास और उसके जीवन की जानकारियों को विकसित करना है। अब स्कूल इतिहास में इसका अर्थ अध्यापकों के उस विकास से लिया जाता है, जिससे वह अध्यापन कार्य के लिए विभिन्न क्रियाओं का उचित प्रयोग कर सके और अभिभावकों, सामाजिक नेताओं और विभिन्न आयु के बच्चों से उचित व्यवहार कर सकें।"

24.13 अध्यापकों के लिए सेवाकालीन शिक्षा का महत्त्व तथा आवश्यकता (Significance and Need for In-Service Education of Teachers)

इंग्लैण्ड के विख्यात स्कूल रगबी (Rugby) के प्रसिद्ध प्राध्यापक थॉमस आरनल्ड (Thomas Arnold) ने अध्यापक सेवाकालीन शिक्षा के बारे में बहुत ही सुन्दर शब्दों में इस प्रकार लिखा, "मैं इस बात को पसन्द करता हूँ कि मेरे छात्र खड़े पानी को पीने की बजाय बहती नदी से पानी पीएँ।"

भारत के प्रसिद्ध विचारक तथा शिक्षाविद् रवीन्द्रनाथ टैगोर ने बहुत ही सारगर्भित शब्दों में सेवाकालीन शिक्षा का महत्त्व इस प्रकार बताया, "एक दीपक दूसरे दीपक को कभी भी प्रज्ज्वलित नहीं कर सकता जब तक उसकी अपनी ज्योति जलती न रहे। एक अध्यापक कभी भी वास्तविक अर्थों में नहीं पढ़ा सकता जब तक वह स्वयं न सीखता रहे।"

इसी संदर्भ में विश्वविद्यालय शिक्षा आयोग 1948-49 ने कहा, "यह एक अनोखी बात है कि हमारे स्कूल अध्यापक जो कुछ भी सीखते हैं वह 24 या 25 वर्ष की आयु तक सीखते हैं और इसके पश्चात् भावी शिक्षा को अनुभव पर छोड़ देते हैं, जिसका दूसरा नाम स्थिरता है। हमें यह समझ लेना चाहिए कि अनुभव तभी पूर्ण होता है, जब उसका प्रयोग कर लिया जाता है। इसलिए अध्यापक को सचेत रहने के लिए समय-समय पर सीखने की क्रिया में भाग लेना चाहिए। सीखने और सिखाने की क्रिया से ही अनुभव होता है और पुरानी क्रियाओं का नई क्रियाओं द्वारा परीक्षण करना चाहिए।"

कोठारी शिक्षा आयोग 1964-66 के अनुसार, "शिक्षा के सभी क्षेत्रों में तेजी से हो रही उन्नति के कारण और अध्यापन के सिद्धान्तों और प्रयोगों में निरन्तर हो रहे विकास के कारण सेवाकालीन शिक्षा की आवश्यकता बहुत बढ़ गई है।"

राष्ट्रीय शिक्षा आयोग 1983-85 (National Commission on Teachers) ने सेवाकालीन शिक्षा के महत्त्व पर इस प्रकार प्रकाश डाला, "ज्ञान के विस्फोट हो जाने, संचार के क्षेत्र में क्रान्ति आ जाने, समसामयिक घटनाओं पर तत्काल ध्यान देने की आवश्यकता पैदा होने, मूल्यों में गिरावट आ जाने के कारण शिक्षकों को वर्तमान परिस्थितियों की पूरी जानकारी होनी चाहिए, इस बात से इन्कार नहीं किया जा सकता।"

इंग्लैण्ड के शिक्षा मंत्रालय ने इसे इस प्रकार बताया है, "अच्छा अध्यापक वह है, जो

निरन्तर सीखता रहता है और बालकों के प्रति जानकारियाँ प्राप्त करने का निरन्तर प्रयास करता रहता है। संक्षेप में, आज का अध्यापक पुराने अध्यापक से अधिक शिक्षित है और वह भविष्य में भी अधिक शिक्षित होगा; क्योंकि वह ज्ञान और विचार तथा अपने साथियों और अपने जीवन के प्रति अधिक जानने के लिए जागरूक है।"

राष्ट्रीय शिक्षा नीति 1986 में कहा गया है, "अध्यापकों की शिक्षा एक सतत् प्रक्रिया है और इसके सेवापूर्व और सेवाकालीन अंशों को अलग नहीं किया जा सकता।"

24.14 सेवाकालीन शिक्षा के उद्देश्य
(Objectives of In-Service Education)

संक्षेप में सेवाकालीन शिक्षा का उद्देश्य इस प्रकार है–

1. स्कूलों के अध्यापकों को उनके व्यवसाय में लगातार उन्नति कराना।
2. अध्यापकों को नई खोजों से परिचित कराना।
3. अध्यापकों को व्यवसाय सम्बन्धी विचार-विमर्श के अवसर प्रदान कराना।
4. अध्यापकों को नये पाठ्यक्रम से परिचित कराना।
5. नए अध्यापक को किसी विशेष स्कूल स्थान की परिस्थितियों से परिचित कराना।
6. शिक्षा-सम्बन्धी समस्याओं का समाधान निकालना।
7. शिक्षा एक गतिशील प्रक्रिया है अतः इस गतिशील प्रक्रिया में शिक्षक को भी गतिशील बने रहना है।

24.15 सेवाकालीन अध्यापक शिक्षा की कमियाँ
(Shortcomings of In-service Education)

राष्ट्रीय शिक्षक आयोग (1983-85) ने सेवारत अध्यापक शिक्षा के बारे में इस प्रकार टिप्पणी की, "सेवारत शिक्षा की वर्तमान सुविधाएँ प्राथमिक व माध्यमिक दोनों स्तर के अध्यापकों के लिए मात्रा की दृष्टि से दुर्भाग्यवश अपर्याप्त हैं तथा प्रासंगिक व महत्त्व की दृष्टि से बहुत खराब हैं।" अध्यापक सेवाकालीन शिक्षा के निम्नलिखित दोष हैं–

1. कार्यक्रम का ठीक प्रकार से नियोजन न करना।
2. अध्यापक की वास्तविक कठिनाइयों को न समझना।
3. विशेषज्ञों का वास्तविक स्थिति से परिचित न होना।
4. सुचारू उपकरणों तथा फर्नीचर की कमी।
5. अध्यापकों को प्रेरणा देने वाले तत्त्वों की कमी।
6. संस्थाओं के मुख्याओं का ऐसे कार्यों में रुचि न लेना।
7. अध्यापक को सेवाकालीन कार्यक्रम में भेजने के पश्चात् स्कूल में अध्यापक की कमी का अनुभव करना।

24.16 सेवाकालीन अध्यापक शिक्षा में सुधार
(Improvement in Teacher Education)

राष्ट्रीय शिक्षक आयोग ने इस सम्बन्ध में शिक्षक सेवाकालीन शिक्षा के लिए निम्नलिखित सुझाव दिए हैं–

1. कार्यक्षेत्र के सर्वेक्षण व अध्ययन द्वारा अध्यापकों की कक्षा तथा इससे बाहर व्यावहारिक आवश्यकताओं को पहचानना चाहिए।

2. आगामी प्रोग्रामों की काफी पहले घोषणा कर देनी चाहिए और उन्हें अधिक लोकप्रिय आवश्यकता पर आधारित व प्रभावी बनाने के लिए कार्यक्षेत्र से सुझाव आमंत्रित करने चाहिए।

3. स्रोत साधन व्यक्तियों (Resource Persons) को केवल शिक्षकों की/श्रेणियों से नहीं आना चाहिए, उनको दूसरे क्षेत्रों, जैसे उद्योग तथा कृषि से तथा जिसमें विश्वविद्यालय से विशेषज्ञ एवं अभ्यासरत अध्यापक तथा सर्वेक्षण सम्मिलित हैं, लिए जा सकते हैं।

4. प्रत्येक कोर्स सामान्यत: कार्यशिविर की प्रकृति का होना चाहिए, जिसमें वास्तविक क्रियात्मक कार्य को करने का अवसर हो तथा अनुदेशक सामग्री को तैयार करना हो जिसे भाग ले रहे अध्यापक अपने साथ अपने स्कूलों में प्रयोग के लिए ले जा सकें।

5. सेवारत प्रोग्रामों में रेडियो, टेलीविजन ऑडियो तथा वीडियो कैसेटों, ओवरहैड प्रोजेक्टर, फिल्म प्रोजेक्टर तथा कम्प्यूटर का विस्तृत प्रयोग होना चाहिए।

6. भाग लेने वालों को स्थानीय सामग्री के उत्पादन में प्रशिक्षण को प्रधानता देनी चाहिए।

7. कोर्स के अन्त में प्रोग्रामों का मूल्यांकन निष्पक्ष व खुले वातावरण में करना चाहिए।

8. कुछ मुख्य क्षेत्र, जहाँ सेवारत शिक्षा अध्यापकों के गुणात्मक सुधार में वास्तविक सहयोग दे सकती है, निम्न हैं–

(क) संदर्भ और अध्ययन कुशलताओं का विकास।

(ख) पाठ्य-पुस्तक तथा सम्बन्धित सामग्री जैसे पाठ्यक्रम निर्देशिका, यूनिट परीक्षण आदि का निर्माण।

(ग) सह-पाठ्यक्रम के कार्यकलापों का क्राफ्ट, नाट्यशास्त्र, सहगान, लोकनृत्य इत्यादि के जरिये संवर्धम।

(घ) विशिष्ट क्षेत्र में अच्छा काम कर रहे प्रतिभाशाली अध्यापकों को पहचानना तथा उन्हें विजिटिंग फैलोशिप, अध्ययन अवकाश और उच्च शिक्षा के केन्द्रों पर कार्य करने के लिए प्रतिनियुक्ति के जरिए पुरस्कार देकर प्रोत्साहित करना।

9. सेवारत शिक्षा प्रोग्रामों में भाग लेने पर उदार पद्धति के आधार पर प्रमाणीकरण।

10. प्रत्येक अध्यापक के लिए कम से कम पाँच वर्ष में एक बार सेवारत शिक्षा कोर्सों में उपस्थिति अनिवार्य होनी चाहिए। यह मान कर कि सेवारत प्रोग्राम औसतन दो सप्ताह की औसत अवधि का है, 500 रुपये प्रति प्रशिक्षाणार्थी दिए जाएँ, जिसमें 300 रुपये दैनिक भत्ते के लिए तथा 300 रुपये यात्रा आदि के लिए।

11. एजेन्सियाँ जो सेवारत शिक्षा में प्रशंसनीय कार्य कर रही हैं उन्हें उदारतापूर्वक सहायता दी जानी चाहिए जैसे स्टेट इंस्टीट्यूट ऑफ एजूकेशन तथा स्टेट काउंसिल ऑफ एजूकेशन रिसर्च एण्ड ट्रेनिंग (एन. सी. ई. आर. टी.) आदि। शिक्षा के क्षेत्रीय संस्थानों की भूमिका भी उतनी ही महत्त्वपूर्ण है।

12. **सेवारत अध्यापकों के लिए स्कूल के अन्तर्गत कार्यक्रम**–स्कूल में अनेक प्रकार के क्रियाकलाप किए जा सकते हैं। स्कूल में समय-समय पर फैकल्टी मीटिंग बुलाना, विशेषज्ञों को बुलाना, पुस्तकालय का प्रयोग, फिल्म प्रदर्शन आदि कार्यक्रमों का आयोजन किया जाए।

24.17 सेवाकालीन अध्यापक शिक्षा के क्रियाकलाप (Programmes of In-Service Education)

1. गोष्ठी (Seminar)
2. कार्यशाला (Workshop)
3. अभिनव कोर्स (Orientation Course)
4. अध्ययन समूह (Study Group)
5. सम्मेलन (Conference)
6. व्यावसायिक विषयों पर निबंध आदि (Essay Writing on Professional Subjects)
7. भ्रमण यात्राएं (Educational Tours)

विचारगोष्ठी विधि (Seminar)

विचारगोष्ठी का अर्थ–विचारगोष्ठी शिक्षण की वह प्राविधि है, जिसमें विषय के जानकार व्यक्ति किसी समस्या पर अपने-अपने विचार सहभागियों के सम्मुख प्रस्तुत करते हैं। विचारगोष्ठी में उपस्थिति श्रोता प्रस्तुत किए गए विचारों को ध्यानपूर्वक सुनते हैं। समस्या पर विचारों को सुन कर चिंतन तथा मनन करते हैं। यह प्राविधि प्रायः स्कूल स्तर पर तथा अन्य उच्चस्तरीय कक्षाओं में प्रयोग की जाती है।

विचारगोष्ठी के प्रमुख उद्देश्य

1. सहभागियों को नये विचार अथवा नवीन ज्ञान देने हेतु।
2. सहभागियों की विश्लेषण शक्ति का विकास करने हेतु।
3. सहभागियों को नए अनुभवों से साक्षात्कार प्राप्त करने हेतु।
4. सहभागियों की तर्क शक्ति की विकास करने हेतु।
5. सहभागियों में विचार-प्रस्तुतीकरण कौशल का विकास करने हेतु।

विचारगोष्ठी प्रक्रिया

विचारगोष्ठी के आयोजन के लिए सब से पहला पग है आयोजकों द्वारा विषय का चयन करना जिस पर विचारगोष्ठी आयोजन की जानी हो।

दूसरा पग है विचारगोष्ठी के सम्पादन के लिए कार्ययोजना बनाना। जैसे विचारगोष्ठी की तिथि, समय, स्थान आदि।

तीसरा पग है विचारगोष्ठी के सभापति का चुनाव करना।

चौथा पग है सहभागियों का चुनाव।

पाँचवां पग है विचारगोष्ठी का संचालन तथा रिपोर्ट तैयार करना।

विचारगोष्ठी के लाभ

1. छात्रों को इससे नवीनतम ज्ञान सीखने को मिलता है।
2. छात्रों को विद्वानों के विचार प्रत्यक्ष रूप से सुनने को मिलते हैं।
3. छात्रों की तर्क शक्ति का विकास होता है।
4. छात्रों की प्रस्तुतीकरण करने की क्षमता में सहायता मिलती है।
5. छात्रों में स्वाध्याय की आदत का विकास होता है।
6. प्रविधि छात्र को विषय की गूढ़ता में जाने के लिए प्रेरित करती है।
7. इससे छात्र में वाद-विवाद कौशल का विकास होता है।

विचारगोष्ठी की सीमाएँ

1. इसका प्रयोग केवल उच्च स्तर के शिक्षण में ही किया जा सकता है।
2. इसमें अधिक बोलने वाला वक्ता कभी-कभी अपनी बात मनवाने में सफल हो जाता है।
3. यह प्रविधि शर्मीले छात्रों के लिए उपयुक्त नहीं है।
4. इसका केवल उसी प्रकरण के शिक्षण में प्रयोग किया जा सकता है जहाँ वाद-विवाद की संभावना अधिक हो।

सम्मेलन (Conference)

शैक्षिक सम्मेलन का अर्थ–शैक्षिक सम्मेलन का अर्थ उस शैक्षिक आयोजन से है जिसमें बड़ी संख्या में छात्र, अध्यापक, निर्देशक तथा विशेषज्ञ आदि एकत्रित होकर वाद-विवाद तथा चिंतन के द्वारा एक निश्चित समय में किसी निश्चित समस्या का समाधान या विशिष्ट कार्य का सम्पादन करते हैं। सम्मेलन विशेष वर्गों के अलग-अलग भी होते हैं। जैसे शिक्षक सम्मेलन, शिक्षा अधिकारी सम्मेलन, अभिभावक सम्मेलन तथा छात्र सम्मेलन।

सम्मेलन के मुख्य तत्त्व

मूल रूप में शैक्षिक सम्मेलन में निम्नलिखित तत्त्व पाए जाते हैं–

1. सम्मेलन में सम्भागियों की संख्या अपेक्षाकृत अधिक होती है।
2. सीखने वाले तथा शिक्षण करने वाले दोनों ही समान रूप से भाग लेते हैं। वैसे यह स्थिति सम्मेलन के उद्देश्यों पर निर्भर करती है।
3. एक सम्मेलन प्रायः एक उद्देश्य तक ही सीमित रहता है।
4. मूल प्रकरण के उपखण्डों में विभक्त करके प्रत्येक उपखण्ड पर अपने विचार प्रस्तुत करने हेतु सहभागियों को भी उपखण्डों में विभक्त किया जाता है।
5. सम्मेलन के प्रमुख चरण इस प्रकार होते हैं–उद्घाटन, कार्य-वितरण, उपवर्ग कार्य, कार्य प्रस्तुतीकरण, समापन आदि।

शैक्षिक सम्मेलन के उद्देश्य

1. छात्रों को किसी विशेष प्रकरण से संबंधित तथ्यों, घटनाओं, प्रत्ययों तथा विचारों से अवगत कराना।
2. किसी विशेष प्रकरण से संबंधित तथ्यों, विचारों तथा प्रत्ययों का विश्लेषण, विवेचन तथा मूल्यांकन करने की क्षमता का छात्रों में विकास करना।
3. शिक्षण-अधिगम प्रक्रिया में छात्रों की भागेदारी बढ़ाना।
4. छात्रों में स्वाध्याय की आदत का विकास करना।
5. छात्रों में तर्क देने, चिंतन करने तथा तथ्यों को प्रस्तुत करने की योग्यता का विकास करना।
6. छात्रों में भाव-प्रकाशन तथा भाव-ग्रहण करने के कौशलों का विकास करना।
7. छात्रों में भाषण कला का विकास करना।
8. छात्रों में सुन कर अर्थ-ग्रहण की योग्यता का विकास करना।
9. छात्रों को विषय-विशेषज्ञों के विचार सुनने का अवसर प्राप्त होना।

कार्यशाला अथवा कार्य गोष्ठी (Workshop)

कार्यशाला का अर्थ–कार्यशाला जैसा कि इसके नाम से ही ज्ञात होता है, इसमें 'कार्य' पर विशेष बल दिया जाता है। कार्य-गोष्ठी अथवा कार्यशाला एक ऐसा प्राथमिक समूह है, जिसमें सामाजिक अन्त:क्रिया अधिक निकटवर्ती तथा प्रत्यक्ष होती है तथा जिसमें सदस्यों पर अधिक सामाजिक नियन्त्रण रहता है। कार्यशाला प्रत्यय इंजीनियरिंग से शिक्षा में लिया गया है।

कार्यशाला की विशेषताएँ

कार्यशाला में प्राय: 'भाषण' अथवा 'बोलने' के स्थान पर 'क्रिया' पर बल दिया जाता है। उदाहरणार्थ–गणित की कार्यशाला में गणित के प्रश्नों का हल कार्यशाला में भाग लेने वाले स्वयं निकालते हैं।

कार्यशाला में सिद्धान्त की अपेक्षा 'कौशल' पर बल दिया जाता है। सिद्धान्तों के आधार पर समस्याओं के क्रियात्मक हल निकालने को प्राथमिकता दी जाती है।

कार्यशाला के उद्देश्य

कार्यशाला उद्देश्यों के अनुसार दो प्रकार की हो सकती हैं:

1. वे उद्देश्य जो कौशल के उन्नयन के लिए होते हैं।
2. वे उद्देश्य जो किसी निर्णय करने के लिए होते हैं।

शैक्षिक सम्मेलन तथा शैक्षिक गोष्ठी में भाषणों तथा वाद-विवाद पर बल दिया जाता है परन्तु कार्यशाला में क्रियात्मकता पर।

कार्य गोष्ठी में गत्यात्मकता प्रधान कौशल होता है।

कार्य गोष्ठी में कुछ विशिष्ट समस्याओं के संबंध में सामूहिक निर्णय लिए जाते हैं।

कार्य गोष्ठी में ठोस कार्य किया जाता है।

कार्यशाला के लिए कुछ विषय

1. पाठ-योजना का नया रूप।
2. उद्देश्यों को व्यवहारात्मक शब्दावली में लिखना।
3. कक्षा-समस्याओं पर क्रियात्मक अनुसंधान।
4. सूक्ष्म शिक्षण।
5. उद्देश्य आधारित वस्तुनिष्ठ प्रश्नों का निर्माण।
6. अध्यापक आचार संहिता निर्माण।
7. भारत तथा विभिन्न राज्यों के विभिन्न प्रकार के मानचित्र बनाना।

कार्यशाला के प्रमुख लाभ

1. उच्च बोधात्मक तथा गत्यात्मक कौशल का विकास करना।
2. नवीन शैक्षिक अवधारणाओं से छात्रों को परिचित करना।
3. व्यावसायिक क्षमता बढ़ाना।
4. ग्रुपकार्य को बढ़ावा देना।

कार्यशाला की सीमाएँ

1. प्रत्येक समस्या समाधान के लिए कार्यशाला का आयोजन नहीं किया जा सकता।
2. बड़े समूहों के लिए कार्यशालाओं के आयोजन में अनेक कठिनाइयाँ आती हैं।
3. अध्यापक प्रायः वर्कशॉप में उत्साह नहीं दिखाते क्योंकि इसमें सभी को स्वयं कुछ क्रियात्मक तथा ठोस कार्य करना पड़ता है।
4. कार्यशाला के संचालन के लिए अनेक प्रकार की सुविधाओं तथा उपकरणों की आवश्यकता पड़ती है जो प्रायः उपलब्ध नहीं होते हैं।

अध्ययन समूह (Study Group)–इन अध्ययन समूह का गठन एक प्रकार के ही विषय, व्यावसायिक उत्तरदायित्व एवं रुचियों वाले कुछ अध्यापक मिलकर करते हैं तथा समय-समय पर बैठकें करते हैं।

व्यावसायिक विषयों पर निबन्ध आदि (Essay Writing on Professional Subjects)–एन.सी.ई.आर.टी. तथा राज्य शिक्षा संस्थान आदि कई प्रकार की ऐसी प्रतियोगिताओं का आयोजन करते हैं जिनमें सेवारत अध्यापक शैक्षिक विषयों पर अपने अनुभव निबन्ध के रूप में भेजते हैं।

विविध कार्यक्रम (Miscellaneous Activities)–ये इस प्रकार हैं (i) शिक्षा सम्बन्धी यात्राएँ, (ii) अध्यापकों का आदान-प्रदान, (iii) रेडियो तथा दूरदर्शन कार्यक्रम, (iv) फिल्म प्रदर्शन, (v) शिक्षण प्रदर्शन कार्यक्रम, (vi) विशेषज्ञों के भाषण, (vii) अध्यापक पुस्तकालय तथा वाचनालय का प्रयोग (Use of Teacher's Reference Library and Reading Room) आदि।

अभिनव कोर्स (Orientation or Refresher Courses)–इन कोर्सों का उद्देश्य नई शिक्षण विधियों, नये शिक्षा उद्देश्यों, नये प्रयोगों आदि से अध्यापकों को अवगत कराना है। वास्तव में ऊपर लिखे गए सारे कार्यक्रम इसके अन्तर्गत आ जाते हैं।

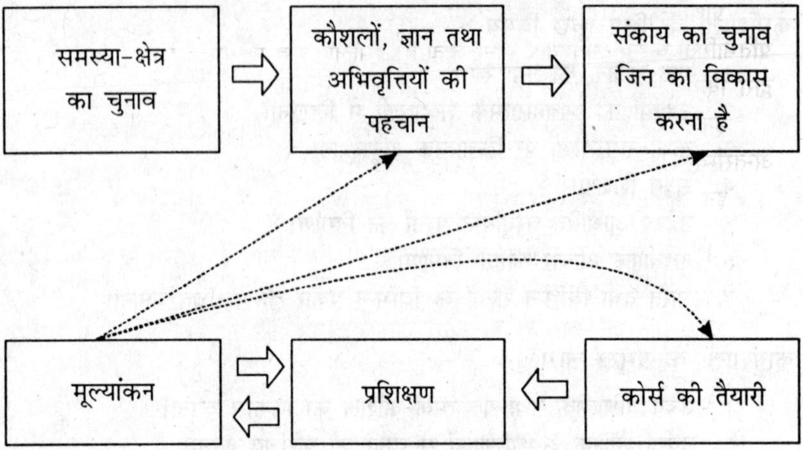

चित्र 24.1: शिक्षक सेवाकालीन मॉडल (Teacher In-Service Education Model)

1. **समस्या क्षेत्र का चुनाव**–समस्या क्षेत्र का चुनाव सर्वेक्षण, साहित्य का अध्ययन तथा परिचर्चा द्वारा किया जा सकता है।

2. **कौशलों आदि की पहचान**–समस्या के आधार पर तत्सम्बन्धी कौशलों, ज्ञान तथा अभिवृत्तियों की पहचान की जानी चाहिए।

3. **संकाय का चयन**–सेवाकालीन शिक्षा के लिए उपयुक्त शिक्षाविदों का चुनाव किया जाए जो वास्तविक स्थिति से परिचित हों।

4. **मूल्यांकन**–इसका संबंध 2 के संदर्भ में उद्देश्य को परिभाषित करना है तथा उनको पूरा करने के लिए कार्यक्रमों का क्षेत्र निर्धारण करना।

प्रशिक्षण: इसका सम्बन्ध दैनिक समय चक्र विभाग बनाना है।

कोर्स का तैयार करना–इससे तात्पर्य है कोर्स की सार्थकता का मूल्यांकन करना, अर्थात् यह जानना कि कोर्स किस प्रकार से अध्यापकों के लिए लाभदायक सिद्ध हुआ है।

अध्यापक केन्द्र (Teacher Centre—TC)

अध्यापक केन्द्र मुख्यत: उन अध्यापकों के लिए होते हैं जो सेवारत हैं, अर्थात् स्कूल में शिक्षण कार्य कर रहे होते हैं। प्राय: यह केन्द्र एन.सी.ई.आर.टी. के विस्तार सेवा विभाग (Extension Services) तथा उससे सम्बन्धित राज्य इकाइयों में सेवारत अध्यापकों को निरन्तर अद्यतन ज्ञान तथा कौशल से सुसज्जित करने के लिए ग्रीष्मकालीन पाठ्यक्रम आदि की व्यवस्था की जाती है जो कि विस्तार शिक्षा के लिए अपरिहार्य है। विशेषकर विभिन्न विषयों में नवीन शिक्षण तकनीकों, प्रविधियों एवं व्यूह-रचनाओं के बारे में नवीनतम ज्ञान तथा कौशल प्राप्त करने की सुविधा इस प्रकार के आयोजनों से प्राप्त हो जाती है।

प्राथमिक और माध्यमिक स्तरीय अध्यापकों के लिए इस प्रकार के कार्यक्रमों में प्रतिभागिता करना आवश्यक माना जाता है। इसलिए उन्हें प्रोत्साहन देने का कार्य इन केन्द्रों द्वारा किया जाता है।

इन केन्द्रों का कार्य सेवापूर्व और सेवाकालीन अध्यापक शिक्षा कार्यक्रमों के मध्य अन्तर्सम्बन्ध और तालमेल बनाए रखना होता है।

इन केन्द्रों के महत्त्वपूर्ण लाभ इस प्रकार हैं–

1. ये कार्यक्रम प्राय: अवकाश काल में किये जाते हैं जिससे सेवारत अध्यापक लाभ उठा सकते हैं।
2. प्रादेशिक स्तर पर कार्यक्रम आयोजन करने से विभिन्न स्थानों से आए हुए अध्यापकों के लिए आदान-प्रदान सरल हो जाता है।
3. इन केन्द्रों पर अनेक प्रकार के शैक्षिक कार्यक्रमों अर्थात् संगोष्ठी, सम्मेलन तथा कार्यशाला का आयोजन किया जाता है।
4. संदर्भ ग्रंथ पढ़ने के लिए मिलते हैं।
5. अध्यापकों को समुचित प्रेरणा मिल सकती है।

केन्द्रों में कार्यक्रमों का इस प्रकार से आयोजन किया जाए कि वे शिक्षकों की वास्तविक शिक्षण-अधिगम की समस्याओं का समाधान करने में सहायक हों। केवल पुस्तकीय ज्ञान की बातें न हों। कार्यक्रम क्रियात्मक हो।

24.18 सारांश (Summary)

अध्यापक शिक्षा प्रशिक्षण में सुधार के उपाय

1. प्रशिक्षण संस्थाओं को विश्वविद्यालयों के शैक्षिक जीवन की धारा से जोड़ना।
2. शिक्षण संस्थाओं का स्कूलों के साथ घनिष्ठ सम्बन्ध स्थापित करना।
3. शिक्षण संस्थाओं का आपसी अलगाव दूर करना।
4. प्रशिक्षण कार्यक्रमों और प्रशिक्षण संस्थाओं में गुणात्मक सुधार लाना।
5. प्रशिक्षण सुविधाओं का विस्तार करना।
6. अध्यापकों की शिक्षा के स्तर को बनाए रखने के लिए केन्द्र और राज्य सरकारों द्वारा उपयुक्त अभिकरणों का निर्माण करना।
7. सभी अध्यापकों के सतत् वृत्तिक शिक्षण की समुचित व्यवस्था करना।
8. प्रशिक्षण केन्द्रों के मानदण्ड तथा उनमें संशोधन करना।
9. स्वतन्त्र वातावरण की व्यवस्था करना।
10. शोध कार्यों की पर्याप्त व्यवस्था करना।
11. व्यर्थता की समस्या का उचित समाधन करना।
12. प्रवेश के लिए उचित नीति का निर्माण करना।

प्रशिक्षण कॉलिजों में प्रवेश के मापदण्ड

अध्यापक प्रशिक्षण कॉलिज में प्रवेश देने की विधियाँ बहुत ही दोषपूर्ण हैं। प्रायः यह देखा गया है, कि योग्यता तथा रुचि को आधार न बनाकर गैर-सरकारी संस्थाओं में 'जान-पहचान' 'दान' अथवा 'चन्दा' आदि ही प्रवेश का आधार बनाए जाते हैं। परिणामस्वरूप बहुत-से अनुपयुक्त व्यक्ति अध्यापक बनकर सारी शिक्षण व्यवस्था को दाग लगा देते हैं।

प्रवेश के लिए एक निश्चित विधि बनाई जाए जिसमें व्यक्तिगत प्रभाव को कम-से-कम किया जाए। अध्यापन विषय में 'रुचि' को जानने के लिए मनोवैज्ञानिक परीक्षा होनी चाहिए। यदि चुनाव करने के कुल अंक 100 हैं तो साक्षात्कार के लिए 10 से अधिक अंक नहीं रखने चाहिएँ। मापदण्ड इस प्रकार रखा जा सकता है–

1.	प्रत्याशी की शैक्षिक योग्यता (विभिन्न परीक्षाओं के परीक्षाफल के आधार पर)	30 अंक
2.	अन्य उपलब्धियाँ	10 अंक
3.	रुचि को जाँचने के लिए मनोवैज्ञानिक परीक्षा	30 अंक
4.	साधारण ज्ञान परीक्षा	20 अंक
5.	साक्षात्कार	10 अंक

पर्याप्त स्वतंत्र वातावरण की व्यवस्था

प्रायः देखा गया है कि अध्यापक प्रशिक्षण कॉलेजों में छात्र-अध्यापकों को कठोर नियमों का पालन करना पड़ता है। छात्राध्यापकों को विचाराभिव्यक्ति के बहुत कम अवसर मिलते हैं। प्रशिक्षण संस्थाओं को 'स्वतंत्र एवं सक्रिय समाज' में संगठित किया जाए। उन्हें प्रशिक्षण काल में नए-नए परीक्षण करने की स्वतन्त्रता प्रदान की जाए।

अध्यापन की पद्धतियों में सुधार–विचार गोष्ठियों, वर्कशापों, प्रसार भाषणों, पुस्तकालय पठनों आदि पर जोर देना चाहिए। श्रव्य-दृश्य सामग्री का भी प्रयोग करना चाहिए।

मूल्यांकन की पद्धतियों में सुधार–(i) आन्तरिक परीक्षा रीतिबद्ध, सुदृढ़ तथा स्तरीय होनी चाहिए।

(ii) निबन्ध प्रणाली के साथ वस्तुनिष्ठ पद्धति भी अपनायी जाए।

(iii) प्रत्येक छात्र सम्बन्धी रिकॉर्ड सँभालकर रखे जाएँ तथा उन का मूल्यांकन किया जाए।

अभ्यास अध्यापन–(i) लघु-खण्ड अभ्यास तथा दीर्घ-खण्ड अभ्यास अध्यापन ठीक ढंग से आयोजित किए जाएँ।

(ii) विषय-विशेषज्ञों द्वारा दिए जाने वाले प्रदर्शन पाठों की संख्या बढ़ाई जानी चाहिए।

(iii) छात्र-अध्यापक द्वारा दिए गए पाठ के मूल्यांकन के लिए कसौटी तैयार की जानी चाहिए।

(iv) छात्रों का विषयों के चुनाव, संदर्भ सामग्री चुनाव, श्रव्य-दृश्य सामग्री चुनाव, पाठ-टिप्पणियाँ आदि में निरीक्षकों द्वारा मार्गदर्शन किया जाना चाहिए।

व्यावहारिक पाठ्यक्रम–इस समय अध्यापक प्रशिक्षण का पाठ्यक्रम अधिकतर सिद्धान्तक है इसे व्यावहारिक बनाने की आवश्यकता है।

अध्यापक संबंधी आँकड़े

Table 24.1: Number of Teachers by Type of Schools and Pupil Teacher Ratio (% of Trained Teachers and Pupil Teacher Ratio)

Type of Schools	*No. of Teachers (in lakh)*	*% of Trained Teachers*	*Female Teachers per 100 Male Teachers*	*Pupil Teacher Ratio*
Primary	21.8	86	65	46
Upper Primary	16.7	87	67	34
High Schools	11.2	89	61	32
Hr./Sr. Secondary	10.3	90	62	34

25

महत्त्वपूर्ण शैक्षिक अभिकरण
(Important Educational Agencies)

25.1 केन्द्रीय शिक्षा सलाहकार बोर्ड
(Central Advisory Board of Education)

यह मण्डल सबसे प्राचीन संस्था है। शिक्षा सम्बन्धी मामलों में प्रान्तीय सरकारों को सलाह देने के लिए इसकी स्थापना सन् 1921 ई. में की गई थी। सन् 1923 में इसको 'Retrenchment Committee' की सिफारिश पर विघटित कर दिया गया था। परन्तु हर्टाग समिति (Harto Committee) की सिफारिश के परिणामस्वरूप इसको सन् 1935 ई. में पुनः स्थापित किया गया और मार्च 1994 तक कार्य करता रहा। 2004 में यह पुनः स्थापित किया गया।

यह सलाहकार बोर्ड मानव संसाधन विकास मन्त्रालय की समस्त क्रियाओं की महत्त्वपूर्ण धुरी है जिसके चारों ओर सम्पूर्ण कार्यक्रम फैला हुआ है।

केन्द्रीय शिक्षा सलाहकार बोर्ड (मण्डल) के प्रमुख कार्य
(Chief Functions of CABE)

इस मण्डल के दो प्रमुख कार्य हैं:

1. किसी भी शिक्षा सम्बन्धी प्रश्न पर, जो केन्द्रीय सरकार या राज्य सरकार द्वारा उसके समक्ष प्रस्तुत किया जाए, परामर्श देना।
2. भारत सरकार के शैक्षिक विकास से सम्बन्धित महत्त्वपूर्ण सूचनाओं एवं परामर्शों को एकत्रित करना तथा उनकी जाँच करके अपनी सिफारिशों के साथ भारत सरकार तथा राज्य सरकारों को प्रस्तुत करना।

इस मण्डल की वर्ष में एक बार बैठक अवश्य होती है। यह अपनी बैठक में देश की प्रमुख शैक्षिक समस्याओं पर विचार-विमर्श करता है तथा उनके सम्बन्ध में अपने सुझाव प्रदान करता है। यह मण्डल कई समितियों के माध्यम से कार्य करता है।

मण्डल की प्रमुख विभिन्न गतिविधियाँ

केन्द्रीय शिक्षा सलाहकार मण्डल अपने अनेक उत्तरदायित्त्वों तथा कर्त्तव्यों का निर्वाह उपर्युक्त समितियों की सहायता से करता है। वर्तमान स्थिति में मण्डल के विभिन्न कार्य समझे गये हैं:

1. सम्पूर्ण देश की शिक्षा-व्यवस्था एवं शिक्षा-समस्याओं के निराकरण हेतु विचार करना।
2. शिक्षा के विभिन्न स्तरों पर शैक्षणिक विकास तथा प्रसार करने एवं शिक्षा सम्बन्धी परिवर्तनों में नेतृत्व करना।
3. केन्द्रीय तथा राज्य स्तर पर सरकार द्वारा प्रस्तुत की गयी कठिनाइयों को दूर करने में दक्ष-मण्डल के रूप में कार्य करना।
4. शिक्षा सम्बन्धी नवीन योजनाओं का निर्माण करने, उनको कार्यान्वित करने तथा उनकी सफलता हेतु परामर्श देना।
5. शैक्षणिक प्रकरणों, विवादों एवं विषयों पर केन्द्रीय तथा राज्य सरकारों को समय-समय पर परामर्श देना।
6. शिक्षा के विभिन्न स्तर पर गठित समितियों से सम्पर्क स्थापित कर शिक्षा के कार्यक्रमों, योजनाओं तथा क्रियाओं का सफल रूप में कार्यान्वित करना।
7. शिक्षा सूचना कार्यालय के माध्यम से राष्ट्रीय तथा अन्तर्राष्ट्रीय स्तर की शैक्षणिक सूचनाओं को एकत्रित करके प्रतिवेदन के रूप में प्रकाशित करना।
8. शिक्षा के विकास की दृष्टि से गठित समिति द्वारा किये गये किसी भी सुझाव, परामर्श अथवा सूचनाओं का मूल्यांकन करना तथा स्वयं की अनुशंसा के साथ केन्द्र तथा राज्यों के समक्ष उन्हें प्रस्तुत करना।
9. शिक्षा के आय-व्यय पर विचार करना तथा सम्पूर्ण देश के लिए राष्ट्रीय शिक्षा नीति निर्धारित करना।

केन्द्रीय शिक्षा सलाहकार बोर्ड के सदस्य

1. अध्यक्ष–मानव संसाधन विकास मन्त्री।
2. उपप्रधान–मानव संसाधन विकास राज्य मन्त्री।
3. भारत सरकार के विभिन्न मन्त्रालयों के आठ प्रतिनिधि।
4. राज्यों तथा संघशासित क्षेत्रों के प्रतिनिधिः (i) शिक्षा मन्त्री, (ii) उपराज्यपाल/शिक्षा मन्त्री।
5. चुने गये सदस्य–(i) 4 लोक सभा सदस्य, (ii) 2 राज्य सभा सदस्य।
6. पदेन सदस्य–15 विभिन्न विभागों के, विशेषकर राष्ट्रीय स्तर की शैक्षिक परिषदें।
7. विभिन्न वर्गों के नामित प्रतिनिधि–31
8. सदस्य सचित–माध्यमिक तथा उच्च शिक्षा विभाग, भारत सरकार।
9. 10 आमंत्रित सदस्य।

25.2 राष्ट्रीय शैक्षिक अनुसन्धान एवं प्रशिक्षण परिषद् (National Council of Education Research and Training)

मानव संसाधन विकास मन्त्रालय का शैक्षिक विंग (Academic Wing)

भारत सरकार ने 1961 में एक स्वायत्तता प्राप्त संस्था के रूप में राष्ट्रीय शैक्षिक अनुसन्धान परिषद् एवं प्रशिक्षण परिषद् की स्थापना की।

स्कूल शिक्षा के क्षेत्र में राष्ट्रीय स्तर की यह बहुत ही महत्त्वपूर्ण संस्था है। यह संगठन

मानव संसाधन विकास मन्त्रालय, भारत सरकार के शैक्षिक विंग के रूप में कार्य करता है। साथ ही यह संगठन राज्यों तथा संघ प्रशासित क्षेत्रों के शिक्षा विभागों को शिक्षा के क्षेत्र में महत्त्वपूर्ण नीतियों को बनाने में तथा उन्हें कार्यरूप में लाने में, विशेषकर स्कूली शिक्षा की गुणवत्ता बढ़ाने के लिए सलाह देता है तथा सहायता करता है।

राष्ट्रीय शैक्षिक अनुसन्धान एवं प्रशिक्षण परिषद् के मुख्य कार्य

इस संगठन के प्रमुख कार्य निम्नलिखित हैं:

1. विद्यालय शिक्षा से सम्बन्धित अध्ययन एवं पर्यवेक्षण करना।
2. विद्यालय शिक्षकों के लिए उन्नत स्तर के प्रशिक्षण की व्यवस्था करना।
3. शैक्षिक विस्तार सेवाओं को संगठित करना।
4. विद्यालयों में उन्नत शैक्षिक प्रविधियों एवं व्यवहारों को लागू करना।
5. विद्यालय शिक्षा से सम्बन्धित सभी मामलों में विचारों तथा सूचनाओं के लिए एक निकासी-गृह (Clearing House) के रूप में कार्य करना।

यह संगठन उक्त कार्यों को सुचारू रूप से चलाने के लिए राज्यों के शिक्षा विभागों, विश्वविद्यालयों तथा स्कूल शिक्षा से सम्बन्धित अन्य शिक्षा संस्थाओं से सदैव घनिष्ठ सम्पर्क बनाये रखता है। इसके अतिरिक्त यह परिषद् अन्तर्राष्ट्रीय संगठनों—यूनेस्को (UNESCO), यूनीसेफ (UNICEF) से भी घनिष्ठ सम्पर्क बनाये रखती है। इस परिषद् ने स्कूल शिक्षा तथा शिक्षक-शिक्षा पाठ्यक्रम तथा पाठ्य-पुस्तक निर्माण एवं मूल्यांकन आदि को बहुत प्रभावित किया है।

प्रमुख घटक (Main Constituents)

1. राष्ट्रीय शिक्षा संस्थान, नई दिल्ली [National Institute of Education (NIE), New Delhi].
2. केन्द्रीय शैक्षिक प्रौद्योगिकी संस्थान, नई दिल्ली [Central Institute of Education Technology (CIET), New Delhi]
3. पं. सुन्दरलाल शर्मा केन्द्रीय व्यावसायिक शिक्षा संस्थान, भोपाल [Pandit Sunderlal Sharma Central Institute of Vocational Education (PSSCIVE), Bhopal]
4. रीजनल (क्षेत्रीय) शैक्षिक संस्थान, अजमेर [Regional Institute of Education (RIE), Ajmer]
5. रीजनल (क्षेत्रीय) शैक्षिक संस्थान, भोपाल [Regional Institute of Education (RIE), Bhopal]
6. रीजनल (क्षेत्रीय) शैक्षिक संस्थान, भुवनेश्वर [Regional Institute of Education (RIE), Bhuvaneswar]
7. रीजनल (क्षेत्रीय) शैक्षिक संस्थान, मैसूर [Regional Insitute of Education (RIE), Mysore]
8. उत्तर-पूर्व रीजनल (क्षेत्रीय) शैक्षिक संस्थान शिलांग [North-East Regional Institute of Education (NE-RIE), Shillong]

राष्ट्रीय शिक्षा संस्थान के विभिन्न विभाग
(Various Departments of National Institute of Education)

	विभाग	मुख्य कार्य
1.	प्राथमिक शिक्षा विभाग (Department of Elementary Education—DEE)	स्कूल जाने वाले तथा न जाने वाले बच्चों की प्राथमिक शिक्षा से सम्बन्धित विभिन्न समस्याओं का समाधान करना–पाठ्यक्रम आदि।
2.	समूहों की विशेष आवश्यकताओं सम्बन्धी शिक्षा विभाग (Department of Education of Groups with Special Needs—DEGSN)	अनुसूचित जातियों, अनुसूचित जन-जातियों, अल्पसंख्यकों, विकलांगों तथा अन्य समूहों की विशेष आवश्यकताओं की समस्याओं के बारे में अनुसंधान तथा विकास आदि कार्य करना।
3.	महिला अध्ययन विभाग (Department of Women's Studies—DWS)	लड़कियों तथा स्त्रियों की शिक्षा सम्बन्धी समस्याओं का अध्ययन, उनकी शिक्षा का विकास तथा उन्हें सशक्त बनाने आदि के कार्य।
4.	विज्ञान तथा गणित शिक्षा विभाग (Department of Education in Science and Mathematics)	विज्ञान तथा गणित की शिक्षा से सम्बन्धित विषयों तथा समस्याओं पर अनुसंधान–पाठ्यक्रम निर्माण, उपकरण निर्माण, शिक्षण विधियाँ आदि।
5.	अध्यापक शिक्षा तथा विस्तार विभाग (Department of Teacher Education and Extension—DTEE)	अध्यापक शिक्षा संस्थानों के विभिन्न स्तरों सम्बन्धी अकादमिक सहायता–केन्द्रीय सहायता योजनाएँ, अध्यापक शिक्षा में खोज आदि, राष्ट्रीय अध्यापक शिक्षा परिषद् से तालमेल।
6.	सामाजिक विज्ञान और मानवीय शिक्षा विभाग (Department of Education in Social Science and Humanities)	अपर प्राथमिक शिक्षा के उच्चतर माध्यमिक स्तर तक भाषा और सामाजिक विषयों, जैसे–अर्थशास्त्र, नागरिकशास्त्र, इतिहास, भूगोल आदि के पाठ्यक्रमों आदि का रचना।

अन्य विभाग इस प्रकार हैं–

7. शिक्षा मनोविज्ञान तथा शिक्षा के आधार विभाग (Department of Educational Psychology and Foundations of Education—DEPEE)
8. शैक्षिक मापन तथा मूल्यांकन विभाग (Department of Educational Measurement and Evalution—DEME)
9. शैक्षिक सर्वेक्षण तथा आँकड़ा प्रक्रिया विभाग (Department of Educational Surveys and Data Processing Department—DES and DPP)
10. शैक्षिक अनुसन्धान और नीति संदर्श विभाग (Department of Educational Research and Policy Perspection—DERPP)
11. कम्प्यूटर शिक्षा और प्रौद्योगिकीय सहायता विभाग (Department of Computer Education and Technological Aids—DCETA)

12. प्रकाशन विभाग (Department of Publication)
13. योजना, प्रोग्रामिंग, परिवीक्षण और मूल्यांकन प्रभाव (Planning, Programming, Monitoring and Evaluation Division—PPMED)
14. अन्तर्राष्ट्रीय सम्बन्ध प्रभाग (International Relations Division—IRD)
15. पुस्तकालय, प्रलेखन और सूचना प्रभाग (Division of Library, Documentation and Information—DLDI)

पंडित सुन्दरलाल शर्मा व्यावसायिक शिक्षा संस्थान, भोपाल (मध्य प्रदेश) में स्थापित यह संस्थान औपचारिक तथा अनौपचारिक दोनों स्तरों पर व्यावसायिक शिक्षा अनुसन्धान, प्रशिक्षण, सूचनाओं का आदान-प्रदान करता है।

क्षेत्रीय शिक्षा संस्थान (R. IEs)—अजमेर, भोपाल, भुवनेश्वर, मैसूर तथा शिलांग में स्थित ये संस्थान सेवापूर्व व सेवाकालीन शिक्षकों की शैक्षिक आवश्यकताओं व समस्याओं का समाधान करते हैं।

राष्ट्रीय शैक्षिक अनुसंधान तथा प्रशिक्षण परिषद् की संगठनात्मक संरचना (Organisational Structure of N.C.E.R.T.)

1. अध्यक्ष (पदेन) मानव संसाधन विकास मन्त्री परिषद् के महानिकाय (General Body of NCERT)।
2. सभी राज्यों के शिक्षा मन्त्री, सभी संघशासित क्षेत्रों के शिक्षा मन्त्री।
3. अध्यक्ष, विश्वविद्यालय अनुयोग (Chairperson UGC)
4. चार क्षेत्रों से चार विश्वविद्यालयों के उपकुलपति।
5. अध्यक्ष, केन्द्रीय माध्यमिक शिक्षा बोर्ड।
6. आयुक्त, केन्द्रीय विद्यालय संगठन।
7. निदेशक, केन्द्रीय स्वास्थ्य शिक्षा ब्यूरो।
8. निदेशक प्रशिक्षण, प्रशिक्षण तथा रोजगार महानिदेशालय, दिल्ली।
9. शिक्षा प्रभाग योजना आयोग के एक प्रतिनिधि।
10. भारत सरकार द्वारा मनोनीत छः व्यक्ति जिसमें कम-से-कम एक तथा अधिकतम चार स्कूल अध्यापक हों।

रा.शै.अनु. तथा प्र. परि. के सचिव इस महानिकाय के संयोजक होते हैं।

25.3 विश्वविद्यालय अनुदान आयोग (University Grants Commission—UGC)

भारत सरकार द्वारा 1948 में नियुक्त 'विश्वविद्यालय शिक्षा-आयोग' के सुझाव के अनुसार 1953 ई. में 'विश्वविद्यालय अनुदान-आयोग' की स्थापना की गई। 1956 में संसद के अधिनियम द्वारा इसे वैधानिक संस्था (Statutory Boby) स्वीकार कर लिया गया। इस अधिनियम के अनुसार चेयरमैन तथा सचिव के अतिरिक्त विश्वविद्यालय अनुदान आयोग के 9 सदस्य होंगे। इसके 9 सदस्यों में से 3 सदस्य विश्वविद्यालयों के कुलपति, 4 प्रसिद्ध भारतीय शिक्षा-मर्मज्ञ एवं दो केन्द्रीय सरकार के प्रतिनिधि होते हैं।

इस आयोग के निम्न कार्य हैं:

1. विश्वविद्यालय-शिक्षा में सुधार करने एवं शिक्षण-स्तर को उच्च बनाने के लिए विश्वविद्यालयों को सलाह देना।
2. भारतीय विश्वविद्यालयों में शिक्षा के स्तर में समन्वय रखने तथा विश्वविद्यालय-शिक्षा से सम्बन्धित समस्याओं पर एक विशेषज्ञ-संस्था के रूप में भारत सरकार को परामर्श देना।
3. विश्वविद्यालयों को अपने कोष से दी जानी वाली धनराशि का वितरण करना तथा इस सम्बन्ध में अपनी नीति का निर्धारण करना।
4. नवीन विश्वविद्यालयों की स्थापना एवं प्रचलित विश्वविद्यालयों के कार्य-क्षेत्र की वृद्धि पर पूछे जाने पर अपना मत प्रकट करना।
5. भारत सरकार एवं विश्वविद्यालयों द्वारा पूछे गये प्रश्नों का उत्तर देना तथा उनकी शंकाओं का समाधान करना।
6. विश्वविद्यालयों की आर्थिक स्थितियों की जाँच करना और केन्द्रीय सरकार द्वारा उनको सहायता-अनुदान में दी जाने वाली धनराशि के सम्बन्ध में सुझाव देना।
7. विश्वविद्यालय-शिक्षा के विस्तार एवं विकास से सम्बन्धित आवश्यक कार्यों को पूरा करना।
8. विश्वविद्यालयों से उनकी परीक्षाओं, पाठ्यक्रमों, अनुसन्धान-कार्यों आदि के सम्बन्ध में सूचना प्राप्त करना।
9. विश्वविद्यालयों के लिए उपयुक्त समझी जाने वाली सूचनाओं को भारत तथा विदेशों से एकत्रित करके विश्वविद्यालयों को भेजना।
10. विश्वविद्यालय तथा विविध सेवाओं के लिए प्रदान की गई उपाधियों के सम्बन्ध में भारत सरकार तथा राज्य सरकारों को अपनी सलाह देना।[1]

आचार्य राममूर्ति समिति ने विश्वविद्यालय अनुदान आयोग ने पुनर्गठन के लिये सुझाव दिया था। समिति का विचार था कि:

1. आयोग के पाँच सदस्य पूर्णकालिक होने चाहिये। ये सदस्य शिक्षण, अनुसन्धान, प्रसार (Extension), प्रबन्ध (Management) तथा वित्त से सम्बन्धित होने चाहिये।
2. इनके अतिरिक्त आयोग के चेयरमैन तथा वाइस चेयरमैन होने चाहिये।
3. आयोग के क्षेत्रीय कार्यालय स्थापित किये जाने चाहिये जिससे समस्याओं का तत्काल निबटारा किया जा सके।

वर्तमान में विश्वविद्यालय अनुदान आयोग निम्नांकित उत्कृमित क्षेत्रों (Thurst areas) में महत्त्वपूर्ण भूमिका का निर्वाह कर रहा है:

1. स्वायत्त कॉलेजों (Autonomous Colleges) की स्थापना अब तक 280 कॉलेजों की स्थापना कर चुका है।
2. शिक्षकों के प्रबोधन के लिये शैक्षिक स्टॉफ कॉलेजों की स्थापना की गई है।

---

1. University Grants Commission Act, 1956, Section 12.

3. **प्रवक्ताओं की नियुक्ति के लिये पात्रता-परीक्षा**-आयोग ने लेक्चररशिप हेतु पात्रता निर्धारित करने या मानविकी व सामाजिक विज्ञान में जूनियर रिसर्च फैलोशिप प्रदान करने के लिये पात्रता परीक्षा आयोजित करता है।
4. सामान्य शिक्षा में अवर स्नातक पाठ्यक्रमों की पुन:संरचना की योजना लागू की गई है जिससे पाठ्यक्रमों को पर्यावरण के प्रति और अधिक संगत तथा रोजगारोन्मुख बनाया जा सके। इन पाठ्यक्रमों को आधुनिक बनाने, इनकी पुनः संरचना करने तथा वैकल्पिक शैक्षणिक मॉडलों को विकसित करने के लिये कदम उठाये जा रहे हैं।
5. आयोग ने विश्वविद्यालयों तथा कॉलेजों को कुछ विषयों में स्नातकोत्तर स्तर पर अतिरिक्त विषय आरम्भ करने के लिये संगणक सुविधाएँ सस्वीकृत की है।
6. आयोग उच्च अध्ययन के लगभग 40 केन्द्रों तथा विज्ञान, इन्जीनियरी तथा प्रौद्योगिकी के विभिन्न विभागों को विशेष सहायता प्रदान कर रहा है।
7. आयोग समग्र साक्षरता के कार्यालन्वयन के लिये विश्वविद्यालयों को अपने प्रौढ़ सतत व विस्तार शिक्षा विभागों द्वारा सहायता प्रदान करता है।
8. विश्वविद्यालय अनुदान आयोग ने उच्चतर शिक्षा के लिये दिये गये समय का उपयोग करने तथा 'देशव्यापी कक्षा' (Countrywide Classroom) शीर्षक से उच्चतर शिक्षा में दूरदर्शन पर कार्यक्रमों को प्रसारित कराने की पहल की है। इस समय आयोग विभिन्न विश्वविद्यालयों तथा केन्द्रीय अंग्रेजी एवं विदेशी भाषा संस्थान (हैदराबाद) में स्थित शैक्षिक साधन अनुसन्धान केन्द्रों (Educational Media Research Centres—EMRC) को सहायता प्रदान कर रहा है।
9. आयोग विश्वविद्यालयों व कॉलेजों में अनुसन्धान के विकास के लिये विभिन्न विषयों में जूनियर अनुसन्धान शिक्षावृत्तियाँ प्रदान करता है। उत्कृष्ट योग्यता वाले शिक्षकों को अनुसन्धान तथा लेखन कार्य में प्रवृत्त करने के लिये विशिष्ट अवधि हेतु राष्ट्रीय शिक्षावृत्तियाँ प्रदान की जाती है।
10. आयोग विजिटिंग प्रोफेसरों की नियुक्ति के लिये विश्वविद्यालयों को सहायता प्रदान करता है।
11. आयोग अल्पसंख्यक समुदायों में कमजोर वर्गो के लिये प्रतियोगी परीक्षाओं के वास्ते कोचिंग कक्षाओं के आयोजन में सहायता प्रदान करता है।
12. आयोग विश्वविद्यालयों को महिला अध्ययन में अनुसन्धान के लिये सुस्पष्ट परियोजनाएँ शुरू करने तथा अपर स्नातक तथा स्नातकोत्तर स्तरों पर एवं संगत विस्तार कार्यों (Extension activities) में पाठ्यचर्या के विकास के लिये सहायता प्रदान करता है।

25.4 राष्ट्रीय विश्वविद्यालय योजना और प्रशासन, नई दिल्ली (National University of Educational Planning and Administration—NUEPA, New Delhi)

संस्थान की स्थापना-इस संस्थान को भारत सरकार ने शैक्षिक एवं प्रशासन के क्षेत्र में राष्ट्रीय स्तर की संस्था के रूप में सन् 1962 में यूनेस्को (UNESCO) के साथ दस

वर्षीय संविदा के तहत स्थापित किया। उस समय इसका नाम था–'एशियन इन्स्टीट्यट ऑफ एजूकेशनल प्लानिंग एण्ड एडमिनिस्ट्रेशन' (Asian Institute of Educational Planning and Administration)। इस संविदा की समाप्ति के बाद भारत सरकार ने शिक्षा आयोग (1964-66) की सिफारिश पर इस संस्थान को अपने हाथों में ले लिया तथा उसका नाम रखा–'नेशनल स्टाफ कॉलेज फॉर एजूकेशनल प्लानर्स एण्ड एडमिनिस्ट्रेटर्स (National Staff College for Educational Planners and Administrators) मई: 1979 में भारत सरकार ने इस संस्थान को वर्तमान नाम–राष्ट्रीय शैक्षिक योजना एवं प्रशासन संस्थान (National Institute of Educational Planning and Administration—NIEPA) दिया। वर्ष 2006 में इसे विश्वविद्यालय बना दिया गया। यह संस्थान नई दिल्ली में स्थित है।

संस्थान के कार्य: इस संस्थान के कार्यों का विवेचन निम्नलिखित शीर्षकों के अन्तर्गत किया जा रहा है–

1. **शिक्षा-नियोजकों तथा प्रशासकों का प्रशिक्षण:** यह संस्थान भारत के शैक्षिक कार्यकर्त्ताओं के प्रशिक्षण के लिए विभिन्न प्रशिक्षण कार्यक्रम संचालित करता है। यह शैक्षिक नीतियों पर विचार-विमर्श करने के लिए विभिन्न सेमीनारों तथा वर्कशॉपों का भी आयोजन करता है। इसने अब तक भारत के विभिन्न राज्यों तथा संघ प्रदेशों के हजारों अधिकारियों को प्रशिक्षित किया है। संस्थान जिला शिक्षा अधिकारियों के लिए डिप्लोमा कोर्स भी संचालित कर रहा है। इनमें से प्रमुख 'DEPA' (Diploma in Educational Planning and Administration) है। जिसकी अवधि छः माह की है। इस अवधि में उनको तीन माह में पाठ्यक्रम कार्य कराया जाता है और शेष तीन माह में व्यवसाय से सम्बन्धित प्रोजेक्ट कार्य कराया जाता है। यह संस्थान विदेशी कर्मचारियों के लिए भी प्रशिक्षण कार्यक्रम संचालित करता है। इस संस्थान द्वारा आयोजित सेमीनार तथा प्रशिक्षण कार्यक्रमों में अफगानिस्तान, भूटान, बांग्लादेश, चीन, इथोपिया, हंगरी, इण्डोनेशिया, कोरिया, मलेशिया, नेपाल, मॉरीशस, पाकिस्तान, फिलीपीन्स, श्रीलंका, थाईलैण्ड, संयुक्त राज्य अमेरिका, यूगोस्लाविया आदि देशों ने भाग लिया है।

2. **अनुसन्धान:** यह संस्थान प्रबन्धात्मक अनुसन्धान के क्षेत्र में महत्त्वपूर्ण भूमिका अदा करता है। इसकी अनुसन्धानात्मक क्रियाएँ विभिन्न प्रकार की हैं। इनमें सर्वेक्षण, विश्लेषणात्मक अध्ययन तथा अनुसन्धान प्रायोजनाएँ प्रमुख है।

3. **नवाचारों का प्रसार**–यह संस्थान नवाचारों के प्रसार के लिए महत्त्वपूर्ण कार्य कर रहा है। इसके लिए सन् 1983 ने इस संस्थान में अन्तर्राज्यीय भ्रमणों (Visits) का आयोजन किया। इसके साथ ही उसने विभिन्न राज्यों में प्रयुक्त नवाचारों को प्रसारित करने के लिए अन्य माध्यमों का प्रयोग किया।

4. **परामर्शदात्री सेवा:** यह संस्थान विभिन्न राज्यों तथा संघ शासित प्रदेशों के लिए परामर्शदात्री सेवाएँ प्रदान करता है। इसने जम्मू व कश्मीर, सिक्किम, दादरा व नगर हवेली, हरियाणा आदि में सेवाएँ प्रदान की हैं। संस्थान ने हरियाणा की प्रार्थना पर विद्यालयों की स्थापना तथा विद्यालयों को प्रोन्नत करने के मानकों का निर्माण किया।

5. **प्रकाशन कार्यक्रम:** संस्थान शैक्षिक नियोजन तथा प्रशासन से सम्बन्धित विभिन्न प्रकाशनों को प्रकाशित कर रहा है। इनमें पुस्तकें, पत्र-पत्रिकाएँ, प्रतिवेदन आदि प्रमुख हैं।

6. सहयोग: यह संस्थान विभिन्न राष्ट्रीय संगठनों–विश्वविद्यालय अनुदान आयोग, राष्ट्रीय शैक्षिक अनुसन्धान एवं प्रशिक्षण परिषद् विज्ञान एवं औद्योगिक अनुसन्धान परिषद् (Council of Scientific and Industrial Research—CSIR). योजना आयोग, इण्डियन इन्स्टीट्यूट ऑफ पब्लिक एडमिनिस्ट्रेशन, इण्डियन सामाजिक विज्ञान अनुसन्धान परिषद् नेशनल इन्स्टीट्यूट ऑफ एप्लाइड मेनपॉवर रिसर्च, केन्द्रीय विद्यालय संगठन, प्रौढ़ शिक्षा निदेशालय आदि से सहयोग एवं सम्बन्ध रखती है। यह संस्थान अन्तर्राष्ट्रीय संगठनों से भी घनिष्ठ सम्बन्ध रखता है। इनमें यूनेस्को, रीजनल ऑफिस बैंकॉक, इन्स्टीटयूट ऑफ एजूकेशन प्लानिंग, पेरिस, कॉमनवेल्थ सचिवालय, लन्दन आदि प्रमुख हैं।

7. सर्वशिक्षा अभियान: इस क्षेत्र में यह संस्थान प्राथमिक शिक्षा के विकास के सम्बन्ध में बहुमूल्य जिलावार रिपोर्ट कार्ड (District Report Cards) तथा राज्यवार रिपोर्ट कार्ड (State Report Cards) प्रकाशित करता है।

25.5 केन्द्रीय शैक्षिक प्रौद्योगिकी संस्थान, नई दिल्ली (Central Institute of Educational Technology, New Delhi)

राष्ट्रीय शैक्षिक अनुसंधान एवं प्रशिक्षण परिषद् ने शैक्षिक प्रौद्योगिकी को बढ़ावा देने के लिए 1972-73 में शैक्षिक प्रौद्योगिकी केन्द्र (Centre of Educational Technology) की स्थापना की। 1984 में परिषद् ने इस केन्द्र तथा शैक्षिक साधन विभाग को मिलाकर केन्द्रीय शैक्षिक प्रौद्योगिकी की स्थापना की।

केन्द्रीय शैक्षिक प्रौद्योगिकी संस्थान के उद्देश्य

केन्द्रीय शैक्षिक प्रौद्यागिकी संस्थान के प्रमुख उदेश्य निम्नलिखित हैं:

1. शैक्षिक स्तरों के उन्नयन एवं प्रसार हेतु शैक्षिक तकनीकी की अवधारणा का स्पष्टीकरण एवं उपयोग करना।
2. शिक्षा के व्यय में कमी, अपव्यय का निराकरण तथा उपलब्ध मानवीय एवं भौतिक साधनों के अधिकतम प्रभावी उपयोग हेतु प्रभावी प्रणाली का विकास करना।
3. शैक्षिक सम्प्रेषण अर्थात् शिक्षण अधिगम प्रणाली को प्रभावी बनाने हेतु विभिन्न सस्ते शिक्षण साधनों एवं जनसंचार साधनों का विकास एवं उपयोग करना।
4. शैक्षिक तकनीकी सिद्धान्तों के उपयोग द्वारा शिक्षण अधिगम आवश्यकताओं के अनुरूप कोमल यन्त्रेतर सामग्री का विकास एवं उत्पादन करना।
5. प्रशिक्षण, सलाह एवं प्रसार कार्यक्रमों द्वारा देश में शैक्षिक तकनीकी साधनों के उपयोग हेतु चेतना एवं उपयोग की क्षमता का विकास करना।
6. विभिन्न शोध एवं मूल्यांकन कार्यक्रमों की रूपरेखा तैयार करना तथा उन्हें कार्यरूप देना।
7. देश में शैक्षिक तकनीकी से सम्बन्धित उपलब्ध साधनों एवं कार्यक्रमों से सम्बन्धित ज्ञान के प्रसार हेतु साहित्य उपलब्ध कराना।

केन्द्रीय शैक्षिक तकनीकी संस्थान के कार्यक्रम

इस संस्थान के प्रमुख कार्य निम्नलिखित हैं:

1. शिक्षा की समस्याओं के निराकरण हेतु विभिन्न शिक्षण प्रणालियों का विकास किया जाता है।
2. शैक्षिक नियोजकों, प्रशासकों एवं शिक्षकों को शैक्षिक तकनीकी की सम्भावनाओं एवं प्रक्रिया का प्रारम्भिक ज्ञान प्रदान करने हेतु पाठ्यक्रमों को आयोजित किया जाता है।
3. विभिन्न श्रव्य-दृश्य साधनों, जैसे-रेडियो, टी.वी., फिल्म, टेप स्लाइड कार्यक्रम, फिल्मस्ट्रिप, चार्ट्स, मॉडल आदि के उत्पादन तथा उपयोग एवं उपकरणों के उपयोग में सक्षम बनाने हेतु विशिष्ट प्रशिक्षण कार्यक्रमों को आयोजित किया जाता है।
4. प्रभावी शिक्षण-अधिगम प्रक्रिया हेतु आवश्यक शिक्षण सामग्री का उत्पादन किया जा रहा है।
5. शिक्षण प्रणालियों, विधियों एवं शैक्षणिक उत्पादनों के सुधार हेतु प्रयोग एवं शोधकार्य किया जा रहा है।
6. शैक्षिक फिल्म उपलब्ध कराने हेतु केन्द्रीय फिल्म लाइब्रेरी का संचालन किया जा रहा है।
7. शैक्षिक तकनीकी एवं प्रौद्योगिकी के सम्बन्ध में उत्पन्न समस्याओं के निराकरण हेतु सलाह सेवा एवं समन्वय कार्य किया जा रहा है।

केन्द्रीय शैक्षिक तकनीकी संस्थान के संगठन

इस संस्थान के निम्न विभाग हैं:

1. शैक्षिक प्रौद्योगिकी-नियोजन एवं सिस्टम्स डिजाइन प्रभाग,
2. शैक्षिक तकनीकी एवं प्रशिक्षण विभाग,
3. ग्राफिक्स प्रदर्शनी एवं मुद्रण विभाग,
4. सूचना एवं अनुलेख विभाग,
5. दूरदर्शन प्रभाग,
6. फिल्म एवं फोटो प्रभाग,
7. शोध, मूल्यांकन एवं समन्वय प्रभाग,
8. तकनीकी नियोजन तथा रख-रखाव विभाग,
9. श्रव्य रेडियो प्रभाग,
10. दूर शिक्षा विभाग
11. विशिष्ट परियोजना प्रभाग।

25.6 राष्ट्रीय शिक्षक शिक्षा परिषद् (National Council for Teacher Education—NCTE)

राष्ट्रीय शिक्षक शिक्षा परिषद् की स्थापना (Establishment of NCTE)

कोठारी शिक्षा अयोग की संस्तुतियों के पश्चात् 1973 में केन्द्रीय और राज्य सरकारों को अध्यापक शिक्षा के क्षेत्र में व्याप्त समस्याओं एवं विभिन्न कठिनाइयों के निराकरण हेतु

आवश्यक सुझाव देने के लिए ही मूलतः इस परिषद् का गठन किया गया। सन् 1993 में 'National Council for Teacher Education Act' बनाया गया तथा इसका मुख्यालय दिल्ली में स्थापित किया गया। 1995 में इस परिषद् को वैधानिक दर्जा दिया गया और एन.सी.ई.आर.टी. के समान ही स्वायत्तशासी होने का अधिकार भी मिल गया। नई दिल्ली में आज इस परिषद् का भी अपना पृथक् कार्यालय है।

1993 से पूर्व राष्ट्रीय अध्यापक परिषद् के मुख्य कार्य (Main Functions of NCTE before 1993)

1. अध्यापक शिक्षा से सम्बन्धित समस्त विषयों में भारत सरकार को सुझाव एवं परामर्श प्रदान करना और सेवापूर्व तथा सेवाकालीन अध्यापक शिक्षा पाठ्यक्रम का मूल्यांकन करना और सुधार हेतु योजना निर्माण करना।
2. राज्य सरकारों को भी आवश्यकतानुसार अध्यापक शिक्षा के क्षेत्र में किसी योजना के गठन में सहायता एवं सुझाव प्रदान करना।
3. पंचवर्षीय योजनाओं में जिन योजनाओं को अध्यापक शिक्षा के परिप्रेक्ष्य में तैयार किया गया हो, उनकी निरन्तर प्रगति की समीक्षा करना।
4. सरकार को इस बारे में निर्णय ग्रहण में सहयोग करना कि देश में अध्यापक शिक्षा के स्तर को किस प्रकार से अपेक्षित एवं अभीष्ट वर्गीय बनाया जाए।
5. परिषद् से किसी सम्बन्धित आयाम के सन्दर्भ में यदि सरकार के द्वारा राय माँगी जाती है तो उपयुक्त सुझाव एवं अभिमत प्रस्तुत करना।

1995 के अधिनियम के अनुसार कार्य

1995 के एन.सी.टी.ई. अधिनियम के तहत इस परिषद् के कार्यक्षेत्र में विस्तारण हो पाया जिन्हें अग्रानुसार प्रस्तुत किया जा सकता है:

1. मान्यता प्रदान करना: अध्यापक शिक्षा के विभिन्न स्तरीय पाठ्यक्रमों के संचालन के लिए विश्वविद्यालय, महाविद्यालय या संस्थानों के शिक्षा विभागों को परिषद द्वारा मान्यता प्राप्त करना आवश्यक माना गया और संसाधन एवं सुविधाओं की उचित जाँच करने के बाद जो कि सम्बन्धित विभाग में उपलब्ध हो, परिषद् का कार्य उन्हें मान्यता प्रदान करना है।

2. प्रमाणीकरण करना: अध्यापक शिक्षा हेतु निर्धारित मानकों को ध्यान में रखते हुए परिषद् का कार्य अध्यापक शिक्षा संस्थानों की निरीक्षण समितियों के माध्यम से जाँच करने के बाद उनका प्रमाणीकरण करना भी है। मान्यता में जहाँ उपाधि को वैध करार दिया जाता है वहीं पर प्रमाणीकरण में संस्थान को अध्यापक शिक्षा के किसी भी स्तरीय पाठ्यक्रम को संचालित करने के लिए योग्य माना जाता है जो कि शिक्षण-प्रशिक्षण सम्बन्धी आवश्यक साधन एवं सुविधाओं की पर्याप्तता पर निर्भर करता है।

3. अधिकार-पत्र प्रदान करना: इसके तहत परिषद् को उपयुक्त उपाधिकारी किसी व्यक्ति को शिक्षण कार्य को करने के लिए अधिकार-पत्र प्रदान करना आता है। पहले इसे दो वर्ष तक के लिए ओर पुनः बाद में 5 या 10 वर्ष की अवधि हेतु और अन्ततः आजीवन वैध अधिकार प्रदान किये जाने का प्रावधान किया गया है।

4. अन्य कार्य: इन प्रमुख कार्यों के अतिरिक्त जिन अन्य कार्यों को परिषद् के लिए निर्दिष्ट किया गया है उनमें से अध्यापक शिक्षा के क्षेत्र में विभिन्न वैषयिक सर्वेक्षण को कराना और प्राप्त परिणामों का प्रकाशन करना, अध्यापक शिक्षा कार्यक्रमों के लिए समन्वयन और नियमन (कोऑर्डीनेटिंग मॉनीटरिंग) करना, अध्यापक-शिक्षकों के लिए न्यूनतम योग्यता सम्बन्धी दिशा-निर्देश तैयार करना, किसी स्तर पर अध्यापक शिक्षा पाठ्यक्रम में सम्मिलित होने के लिए मानक (न्यूनतम शैक्षिक योग्यता, कुशलता, दक्षता आदि) को निर्धारित करना, अध्यापक शिक्षा में नवीन पाठ्यक्रम एवं कार्यक्रमों के प्रारम्भीकरण के लिए उपयुक्त दिशा-निर्देश और विशिष्ट आवश्यकताओं की सूची तैयार करना जिनमें सामान्य तथा विशिष्ट दोनों ही स्तरीय अध्यापक शिक्षा शामिल हों (वर्तमान में विशिष्ट अध्यापक शिक्षा के क्षेत्र में भारतीय पुनर्वास परिषद् के द्वारा सम्बन्धित दिशा-निर्देशन तथा अपेक्षा सूची तैयार की गई है, नियमित रूप से नवाचारिक और शोध सम्बन्धी गतिविधियों को अध्यापक शिक्षा के क्षेत्र में संचालित करना, समस्त अध्यापक शिक्षा कार्यक्रमों का निरीक्षण एवं अनुदान हेतु प्रबन्ध करना, अध्यापक शिक्षा के क्षेत्र में अन्तर्राष्ट्रीय सम्बन्धों को विकसित करना, सेवाकालीन अध्यापक शिक्षा योजना निर्माण और उनका क्रियान्वयन करना ताकि सेवारत अध्यापक/अध्यापिकाओं को नवीनतम अनुसन्धान और सूचनाओं के बारे में अभिज्ञता प्राप्त हो सके, अन्य संगठनों की सहभागिता को अध्यापक शिक्षा के क्षेत्र में सुनिश्चित करना ताकि व्यवस्था का विकेन्द्रीकरण हो सके, अध्यापक शिक्षा के क्षेत्र में वाणिज्यिकरण को रोकते हुए गुणवत्ता स्तर के उन्नयन एवं नियन्त्रण को सुनिश्चित करना, अध्यापक शिक्षा कार्यक्रमों को उत्तम अध्यापक/अध्यापिकाओं की तैयारी के लिए दायित्त्वशील बनाना आदि प्रमुख हैं।

अध्यापक परिषद् के क्षेत्रीय कार्यालय (Regional Offices of NCTE)

परिषद् ने निम्नलिखित क्षेत्रीय कार्यालय स्थापित किये हैं:

1. उत्तरी क्षेत्रीय कार्यालय, जयपुर।
2. पश्चिमी क्षेत्रीय कार्यालय।
3. दक्षिणी क्षेत्रीय कार्यालय।
4. पूर्वी क्षेत्रीय कार्यालय।

परिषद् के सदस्य (Members of the NCTE)

इस अधिनियम द्वारा परिषद् में निम्नलिखित को प्रतिनिधित्व प्रदान किया गया है:

1. भारत सरकार द्वारा नियुक्त चेयरमैन।
2. भारत सरकार द्वारा नियुक्त वाइस चेयरमैन।
3. भारत सरकार द्वारा नियुक्त सदस्य सचिव (Member Secretary)
4. शिक्षा विभाग में भारत सरकार का सचिव, पदेन सदस्य।
5. विश्वविद्यालय अनुदान आयोग का चेयरमैन या उसके द्वारा मनोनीत सदस्य, पदेन सदस्य।
6. राष्ट्रीय शैक्षिक आयोजन एवं प्रशासन (नीपा) का निदेशक, पदेन सदस्य।
7. आयोजन आयोग का (शिक्षा) सलाहकार, पदेन सदस्य।

8. केन्द्रीय माध्यमिक शिक्षा बोर्ड (CBSE) का चेयरमैन, पदेन सदस्य।
9. शिक्षा विभाग में भारत सरकार का वित्त सलाहकार, पदेन सदस्य।
10. अखिल भारतीय तकनीकी शिक्षा परिषद् का सदस्य सचिव, पदेन सदस्य।
11. क्षेत्रीय समितियाँ (पूर्वी, उत्तरी, दक्षिणी तथा पश्चिमी) के चेयरमैन, पदेन सदस्य।
12. शिक्षा या प्रशिक्षण के क्षेत्र के 13 व्यक्ति जिनको भारत सरकार द्वारा इस प्रकार नियुक्त किया जायेगा–(i) 4 शिक्षा संकाय तथा प्रोफेसर, (ii) माध्यमिक शिक्षक-शिक्षा का एक विशेषज्ञ, (iii) तीन पूर्व-प्राथमिक तथा प्राथमिक शिक्षक शिक्षा के विशेषज्ञ, (iv) दो प्रौढ़ शिक्षा एवं गैर-औपचारिक (Non-formal) शिक्षा के विशेषज्ञ तथा (v) तीन प्राकृतिक विज्ञानों, समाज विज्ञानों, भाषाशास्त्री, व्यावसायिक शिक्षा, कार्य-अनुभव, शैक्षिक तकनीकी तथा विशेष शिक्षा के विशेषज्ञ।
13. भारत सरकार द्वारा नियुक्त तीन संसद सदस्य जिनमें से दो लोकसभा तथा एक राज्य सभा का सदस्य।
14. भारत सरकार द्वारा नियुक्त तीन सदस्य जो प्राथमिक तथा माध्यमिक स्कूलों के सदस्यों में से होंगे।
15. भारत सरकार द्वारा नियुक्त 9 सदस्य राज्यों तथा संघ शासित प्रदेशों के प्रतिनिधि होंगे।

25.7 केन्द्रीय माध्यमिक शिक्षा बोर्ड, दिल्ली
(Central Board of Secondary Education Delhi)

केन्द्रीय माध्यमिक शिक्षा बोर्ड की बैठक 1929 में अजमेर में हुई तथा 1962 में भारत सरकार ने इसे पुनः स्थापित किया।

बोर्ड ने मुख्य कार्य इस प्रकार हैं:

1. माध्यमिक तथा उच्चतर माध्यमिक शिक्षा के लिए पाठ्यचर्या का निर्माण तथा निर्धारण करना।
2. माध्यमिक तथा उच्चतर माध्यमिक स्कूलों को मान्यता तथा सम्बन्धित करना।
3. माध्यमिक तथा उच्चतर माध्यमिक स्कूलों के लिए अध्ययन सामग्री का विकास करना।
4. माध्यमिक तथा उच्चतर माध्यमिक परीक्षाओं का आयोजन करना।
5. पाठ्य-पुस्तकों को निर्धारित करना तथा संस्तुतिकरण करना।
6. केन्द्रीय माध्यमिक शिक्षा बोर्ड भारत से बाहर अन्य देशों में भी भारतीय स्कूलों को मान्यता प्रदान करता है।

   केन्द्रीय माध्यमिक से जुड़े हुए इस समय लगभग 10,000 स्कूल हैं। भारत से बाहर 20 देशों में इस प्रकार के स्कूल हैं।

25.8 नवोदय विद्यालय समिति तथा नवोदय विद्यालय
(Navodaya Vidyalaya Simiti and Navodaya Vidyalayas)

राष्ट्रीय शिक्षा नीति (1986) में यह परिकल्पना की गयी कि विशिष्ट प्रक्रिया वाले बच्चों को अच्छी शिक्षा सुविधाएँ उपलब्ध कराकर तेज गति से आगे बढ़ने के अवसर

प्रदान किये जाने चाहिए। तदनुसार ग्रामीण क्षेत्रों में विशेषकर अच्छी आधुनिक शिक्षा प्रदान करने के लिए भारत सरकार ने देश के प्रत्येक जिले में नवोदय विद्यालय स्थापित करने की योजना प्रारम्भ की। इन विद्यालयों के प्रबन्धन तथा संचालन के लिए नवोदय विद्यालय समिति का गठन किया गया। इस समिति द्वारा चलाये जाने वाले स्कूल केन्द्रीय माध्यमिक शिक्षा बोर्ड से सम्बद्ध हैं। इन विद्यालयों के उद्देश्य इस प्रकार हैं:

1. समानता एवं सामाजिक न्याय के साथ उत्कृष्टता के उद्देश्यों को पूरा करना।
2. देश के विभिन्न भागों के बच्चों को साथ रहने तथा सीखने का अवसर प्रदान करने के माध्यम से राष्ट्रीय एकता को बढ़ावा देना।
3. बच्चों की क्षमता का पूर्ण रूप से विकास करना।
4. बच्चों को राष्ट्रीय विकास के लिए प्रेरणादायक बनाना।
5. ये विद्यालय आवासी हैं।
6. ये विद्यालय सहशिक्षा पद्धति पर हैं।
7. प्रयास किये जाते हैं कि इन विद्यालयों में लड़कियों का कम-से-कम 33 प्रतिशत अवश्य हो।

अब ये विद्यालय 'जवाहर नवोदय विद्यालय' कहे जाते हैं। 2003-2004 में 506 जवाहर नवोदय विद्यालयों में 1.55 लाख छात्र पढ़ रहे थे।

25.9 केन्द्रीय विद्यालय संगठन (Kendriya Vidyalaya Sangthan—KVS)

केन्द्रीय सरकारी कर्मचारियों के बच्चों को शिक्षा प्रदान के लिए सन् 1963-64 में केन्द्रीय विद्यालय संगठन की एक स्वायत्त निकाय के रूप में स्थापना की गयी। इस संगठन ने स्कूली शिक्षा में गति निर्धारक के रूप में अपना अस्तित्व बनाया है। इन स्कूलों के खुलने से उन सरकारी कर्मचारियों के बच्चों को विशेष सुविधा मिल रही है जिनका स्थानान्तरण होता रहता है।

25.10 मुक्त स्कूली शिक्षा का राष्ट्रीय संस्थान (National Institute of Open Schooling)

1989 में राष्ट्रीय मुक्त विद्यालय (National Open School) खोला गया। यह केन्द्रीय सरकार (शिक्षा विभाग, मानव संसाधन विकास मन्त्रालय) की स्वायत्त शैक्षिक संस्था है। इसका मुख्य उद्देश्य दूरस्थ शिक्षा के माध्यम से समाज के वंचित वर्गों को शिक्षा के अवसर प्रदान करना है। मुक्त विद्यालय द्वारा दिये गये प्रमाण-पत्रों को उच्च शिक्षा में प्रवेश पाने के लिए मान्यता मिली हुई है। इस विद्यालय में अध्ययन तथा परीक्षा का ढंग लचीला है। इसने अनेक अध्ययन केन्द्र खोले हुए हैं जो छात्रों को सहायता सेवा उपलब्ध कराते हैं। इस मुक्त विद्यालय में प्रतिवर्ष दो लाख नामांकन होते हैं। देश और विदेश में 10 क्षेत्रीय केन्द्र तथा लगभग 1700 अध्ययन केन्द्र है। आदिवासी भारतीय तथा विदेशी छात्रों के लिए शिक्षा को सहज बनाने के लिए राष्ट्रीय मुक्त विद्यालय के मान्यता प्राप्त केन्द्र दुबई, आबूधावी, कुवैत, नेपाल तथा कनाडा में हैं। अब मुक्त विद्यालय का नाम बदलकर National Institute of Open Learning कर दिया गया है।

25.11 जिला शिक्षा एवं प्रशिक्षण संस्थान (District Institute of Education and Training—DIETs)

भूमिका–जिला शिक्षा प्रशिक्षण संस्थान–जि.शि.प्र.सं. की अवधारणा शिक्षा नीति 1986 की उपज है। शिक्षा नीति में प्राथमिक स्तर पर अध्यापक शिक्षा को सुदृढ़ करने के लिए इस अभिकरण की संस्तुति की गयी। इस सन्दर्भ में क्रियान्वयन कार्यक्रम (Programme of Activity) में कहा गया कि प्रत्येक जिले में एक डायट की स्थापना की जायेगी।

599 जिलों में से 498 जिलों में ये संस्थान स्थापित किये गये हैं।

जिला शिक्षा एवं प्रशिक्षण संस्थान के मुख्य कार्य (Main Functions of DIETs)

1. प्राथमिक स्तर पर सेवाकालीन तथा सेवापूर्व अध्यापक शिक्षा कार्यक्रमों को व्यवस्थित करना।
2. अनौपचारिक और साक्षरता शिक्षण कार्यकर्ताओं के लिए प्रारम्भिक तथा निरन्तर प्रशिक्षण/शिक्षा का प्रबन्ध करना।
3. संख्या के मुख्यालयों के लिए शैक्षिक आयोजन तथा प्रबन्धन से सम्बन्धित प्रशिक्षण प्रदान करने के लिए प्रबन्ध करना।
4. ऐच्छिक संगठन तथा सामाजिक कार्यकर्ताओं के लिए जागरूकता सम्बन्धी प्रशिक्षण/शिक्षण प्रदान करना।
5. राज्य शिक्षा बोर्ड जैसी शैक्षिक संस्थाओं को अपेक्षित सहयोग तथा सहायता आदि प्रदान करना।
6. क्रियान्वयन अनुसंधान (Action Research), प्रायोगिक कार्य (Project Work), प्राथमिक तथा अनौपचारिक शिक्षा केन्द्रों का मूल्यांकन करना, संसाधन सेवा, अधिगम केन्द्रगत सुविधा को उपलब्ध कराना आदि।

25.12 राज्यवार डाइटों की संख्या (Statewise Number of DIETs)

क्र. स.	*राज्य*	*संख्या*	*क्र. स.*	*राज्य*	*संख्या*
1.	आन्ध्र प्रदेश	23	2.	अरूणाचल प्रदेश	11
3.	असम	19	4.	बिहार	24
5.	छत्तीसगढ़	07	6.	गोवा	01
7.	गुजरात	07	8.	हरियाणा	17
9.	हिमाचल प्रदेश	12	10.	जम्मू तथा कश्मीर	04
11.	झारखण्ड	10	12.	कर्नाटक	20
13.	केरल	14	14.	मध्य प्रदेश	38
15.	महाराष्ट्र	30	16.	मणिपुर	08
17.	मेघालय	07	18.	मिजोरम	08
19.	नागालैण्ड	06	20.	उड़ीसा	17
21.	पंजाब	17	22.	राजस्थान	30

(*क्रमशः*)

23.	सिक्किम	03	24.	तमिलनाडु	29
25.	त्रिपुरा	04	26.	उत्तर प्रदेश	70
27.	उत्तरांचल	10	28.	पश्चिम बंगाल	16
29.	अण्डमान व निकोबार	01	30.	चण्डीगढ़	–
31.	दादरा और नगर हवेली	–	32.	दमन और दीव	–
33.	दिल्ली	07	34.	लक्षद्वीप कुल	01
35.	पाण्डिचेरी	1		कुल	498

25.13 राज्य शैक्षिक अनुसंधान तथा प्रशिक्षण परिषद्
(State Council of Educational Research and Training, SCERT)

राष्ट्रीय शैक्षिक अनुसंधान और प्रशिक्षण परिषद् के समान ही राज्य स्तर पर एस.सी.ई.आर.टी. द्वारा कार्य किया जाता है। कई राज्यों में इसे राज्य शिक्षा संस्थान (State Institute of Education, SIE) के नाम से जाना जाता है। यह क्षेत्रीय शिक्षा अधिकारियों, जिला शिक्षा अधिकारियों, ब्लॉक शिक्षा अधिकारियों तथा विद्यालय के प्राचार्यों को दिशा-निर्देश देती है। इसका मुख्य अधिकारी इसका निदेशक व संयुक्त निदेशक होता है। शिक्षा के क्षेत्र में जिन लक्ष्यों तथा अनुसंधान कार्यों को NCERT द्वारा निश्चित किया जाता है, उन्हें प्रत्येक राज्य अपनी भौगोलिक स्थिति, आवश्यकता तथा प्राप्त संसाधनों के अनुसार अपनाता है।

एस.सी.ई.आर.टी. के कार्य (Functions of SCERT)

1. राज्य के प्राथमिक से लेकर उच्चतर माध्यमिक स्तर की पाठ्यचर्या का निर्माण करना।
2. पाठ्य-पुस्तकों का निर्माण तथा प्रकाशन करना।
3. प्रत्येक विषय हेतु शिक्षण सामग्री का निर्माण व अध्यापकों की शिक्षा हेतु प्रशिक्षण कार्यक्रमों का आयोजन करना।
4. विशिष्ट समूहों जैसे जनजातियों की अधिकता वाले क्षेत्र में अलग से इकाइयों को खोलकर उनके विशेषज्ञों की नियुक्ति करना व उनकी शिक्षा व्यवस्था करना।
5. राष्ट्रीय शैक्षिक अनुसन्धान शिक्षण परिषद् तथा राष्ट्रीय अध्यापक शिक्षा परिषद् व अन्य केन्द्रीय संगठनों से शैक्षिक सम्बन्ध स्थापित करना।
6. विभिन्न नवाचारों, शिक्षण व मूल्यांकन की आधुनिक प्रविधियों व शिक्षण-सहायक सामग्री के विकास का ज्ञान अध्यापकों को प्रशिक्षण द्वारा प्रदान करना।
7. अनुसूचित जाति, जनजाति व पिछड़ी जाति के बच्चों व अल्पसंख्यकों हेतु छात्रवृत्तियाँ, भत्ते आदि की परियोजनाएँ बनाना।
8. सेवारत स्कूल निरीक्षकों का उन्मुखीकरण करना।

9. स्कूल शिक्षा से सम्बन्धित क्षेत्रों में स्वयं अथवा अन्य संस्थाओं के माध्यम से शोधकार्य करना।
10. शिक्षक प्रशिक्षण कार्यक्रम में सहयोग, विशेषकर शिक्षक-प्रशिक्षक मण्डल के कार्यक्रमों की संकल्पना और क्रियान्वयन करना।
11. अध्यापकों के लिए पत्राचार पाठ्यक्रम की व्यवस्था करना।
12. शैक्षणिक साहित्य पत्रिका का प्रकाशन करना।
13. शिक्षा विभाग द्वारा सौंपे गये कार्यक्रमों का मूल्यांकन करना।
14. पाठ्यक्रमों/पाठ्य-पुस्तकों के पुनर्निरीक्षण व सुधार के लिए सुझाव देना।
15. प्रतिभावान छात्रों को छात्रवृत्ति अथवा आवासीय विद्यालयों में प्रवेश हेतु विभिन्न प्रकार की चयन परीक्षाओं का आयोजन करना अथवा इस प्रकार की परीक्षाओं में शिक्षा विभाग को सहयोग देना।
16. ग्रामीण छात्रवृत्ति योजना का राज्य स्तर पर संचालन व प्रशासन करना।
17. आदर्श विद्यालयों के विकास में सहायता प्रदान करना।
18. स्कूल स्तर पर विज्ञान शिक्षण हेतु चल रहे कार्यक्रमों में मार्गदर्शन एवं पर्यवेक्षण के रूप में सहयोग प्रदान करना।
19. इन कार्यों के अतिरिक्त समय-समय पर केन्द्र, एन.सी.ई.आर.टी. तथा अन्य शैक्षिक संस्थाओं द्वारा जो कार्य सौंपे जायें, उन्हें पूरा करना।

राज्य शैक्षिक प्रौद्योगिकी संस्थान (State Institute of Educational Technology—SIETs)

शैक्षिक प्रौद्योगिकी को बढ़ावा देने के लिए कुछ राज्यों में राज्य शैक्षिक प्रौद्योगिकी संस्थान स्थापित किय गये हैं।

राज्य शैक्षिक प्रौद्योगिकी संस्थानों के कार्य (Functions of SIETs)

1. शैक्षिक स्तरों के उन्नयन तथा प्रसार हेतु शैक्षिक तकनीकी की अवधारणा का स्पष्टीकरण करना।
2. शिक्षा में व्यय की कमी, अपव्यय का निराकरण तथा उपलब्ध मानवीय एवं भौतिक साधनों के अधिकतम प्रभावी उपयोग हेतु प्रभावी प्रणाली का विकास करना।
3. शैक्षिक सम्प्रेषण अर्थात् शिक्षण अधिगम प्रणाली को प्रभावी बनाने हेतु विभिन्न सस्ते शिक्षण साधनों एवं जनसंचार साधनों का विकास तथा उत्पादन करना।
4. शैक्षिक तकनीकी सिद्धान्तों के उपयोग द्वारा शिक्षण अधिगम तथा शिक्षा के विभिन्न पक्षों के अनुरूप कोमल सामग्री का विकास करना।
5. प्रशिक्षण, सलाह एवं प्रसार कार्यक्रमों द्वारा देश में शैक्षिक तकनीकी साधनों के उपयोग हेतु चेतना एवं उपयोग की क्षमता का विकास करना।

6. विभिन्न शोध एवं मूल्यांकन कार्यक्रमों की रूपरेखा तैयार करना।
7. देश में शैक्षिक तकनीकी से सम्बन्धित उपलब्ध साधनों एवं कार्यक्रमों से सम्बन्धित ज्ञान के प्रसार हेतु साहित्य उपलब्ध कराना।

25.14 राष्ट्रीय प्रत्यायन (आकलन) तथा निर्धारण परिषद् बैंगलूरो (National Assessment and Accreditation Council Bangalore)

कार्यक्षेत्र (Subject Matter)

इस संस्था को स्थापना का मुख्य उद्देश्य उच्च शिक्षा स्तर की संस्थाओं की गुणवत्ता का मूल्यांकन करता है। यह संस्था विश्वविद्यालय अनुदान आयोग (University Grants Commssion UGC) द्वारा स्थापना की गई है। इस संस्था द्वारा मूल्यांकन तथा रेटिंग से सम्बन्धित मानक (Norms) तथा किए गए हैं जिनके आधार पर उच्च शिक्षा संस्थाओं की गुणवत्ता (Quality) पर रखी जाती है। इसकी स्थापना 1994 में हुई।

गुणवत्ता की कसौटी (Norms of Quality)

गुणवत्ता के सन्दर्भ में मापन निम्न प्रकार के तत्त्वों के आधार पर किया जाता है:

क्र.स.	*तत्व (मानक)*	*अंक*
1.	पाठ्यक्रम कार्यक्रम (Curriculum Aspects)	15
2.	शिक्षण अधिगम तथा मूल्यांकन (Teaching Learning and Evaluation)	25
3.	अन्वेषण परामर्श (मन्त्रणा) तथा विस्तार (Research Consultancy and Extension)	20
4.	अवसंरचना तथा अधिगम संसाधन (Infrastructure and Learning Resources)	10
5.	छात्र सेवाएँ (Students Services)	10
6.	संगठन तथा प्रबन्धन (Organisation and Management)	15
7.	प्रक्रियाएँ (Practices)	5
8.	नवाचार (Innovative)	5

इस संस्था द्वारा लगभग 150 विश्वविद्यालय तथा 4000 कॉलेजों का आंकलन किया गया है। संस्था के चार क्षेत्र हैं।

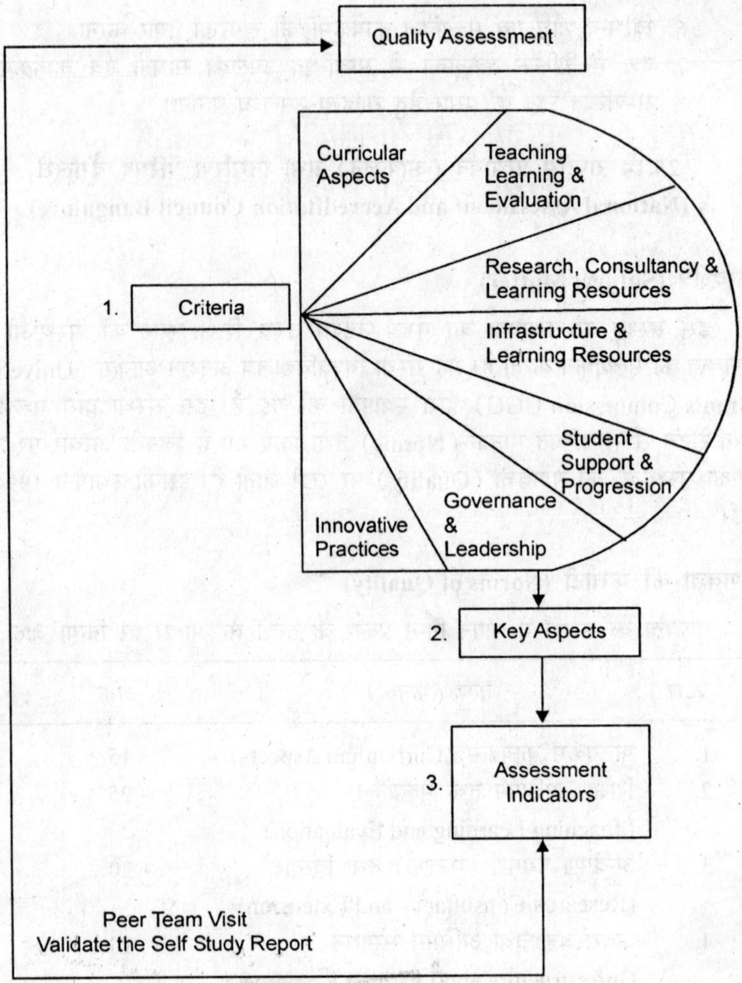

2. NAAC for Quality and Excellence in Higher Education